赵定东 著

村改居

城镇化与居民需求

VILLAGE TO RESIDENCE
URBANIZATION
AND RESIDENTS' NEEDS

社会科学文献出版社
SOCIAL SCIENCES ACADEMIC PRESS (CHINA)

　　本书是国家社会科学基金重点项目"新型城镇化进程中的长三角区域农民利益诉求形态及其治理机制研究"（15ASH011）研究成果之一，本书获得杭州师范大学"人文社会科学振兴计划"出版经费资助。

序

　　快速城镇化背景下的村落总体变迁，是中国社会进入 21 世纪以来最值得研究和关注的学术话题。由于 20 世纪 50 年代中期以来形成的中国城乡二元结构的影响，同时也由于我国地域辽阔，地方性社会文化传统绵长，上述变迁呈现极其多元和丰富的形态和模式。对此，学术界应该基于自身所在的地域，展开持续性的跟踪研究。在这一意义上，赵定东教授所著的《村改居：城镇化与居民需求》一书便具有了重要的学术价值和现实意义。

　　本书是赵定东教授在其完成的国家社会科学基金重点课题结题成果基础上修改而成的。该书广泛收集了长三角区域特别是浙江省村改居数据并进行了深入研究，用 10 章、近 40 万字的篇幅，对长三角区域农民利益诉求形态做了富有新意的细致考察。作者选择长三角区域农村居民中的一个特殊群体"村改居居民"展开研究。以城镇化为基本背景，聚焦长三角区域，从村改居居民利益诉求的几个方面展开分析，包括社会保障问题、合作问题、产业发展问题、基础设施建设、户籍福利平等，所研究的利益诉求与该群体的未来走向密切相关。该书框架合理，结构紧凑，步步深入，论证深刻，内在逻辑关系科学；数据有来源，案例选择得当，提出了一些富有思考性的学术发现。

　　作者认为，选择空间转向中的农民利益诉求、身份转换中的农民利益诉求和生活方式转型中的农民利益诉求展开实证研究，可以使其数据测量做到有的放矢，同时根据私人生活领域、公共生活领域和国家公共领域三个学界通用的范围，将农民利益观构成划分为六个观点，并分别将空间转向、身份转换、生活方式转型中的农民最关心的利益诉求划分为不同的维度予以测量。将"利益诉求"变为可以科学测量的工具，有利于从实质上抓住当前农民利益转变的真正内涵，目的在于通过研究实现农民生活方式的改变和生活质量及社会质量的全面提高。这是该书的突出特色和主要学术研究贡献。这一研究思路及研究结论在学界和实践层面已引起较大反响。该项目成果不仅具有鲜明的学术价值，而且对了解新型城镇化进程中农村居民利益诉求的不同形态并提出治理对策，具有十分重要的实践指导作用。总之，该书总体性把握了村改居过程中的经济、政治、社会、文化的嬗变，个体、集体与国家关系的调整，以及农民个人心态、制度样态与社会结构的微妙变化，有助于读者全面了解中国城镇化过程。

如作者在该书第三章提出，失地农民的土地补偿金和村改居居民的社会保障设计是目前可以保护村改居居民完成城镇化目标的两大支柱。其中，土地补偿金改革是实现失地农民"土地换保障"的显性措施，而社会保障政策变革是保证失地农民社会保障水平可持续性的隐性措施。二者缺一不可，相互作用才能切实推进失地农民社会保障的公正性。上述观点具有很强的政策蕴涵和实践操作意义。

该书对于居民间的合作问题也有重要的发现。作者认为，村改居居民在身份上从农村户口转变为城镇户口，但是其思想观念、行为方式以及生活习惯并没完成从原先的农村村落到城市社区的转变，面对城镇化推进带来的剧烈变动，面对生活以及生产方式的巨大变化，面对可能的权益受损风险，村改居居民处于茫然被动、无所适从的境地。乡贤参事会基于自身的优势与特点广泛参与社区事务，不仅有效地推动了村改居社区居民自治，而且还推动了村改居社区公共事业的发展。但是，乡贤参事会作为一种新型社区社会组织，在为村改居社区的稳定与发展带来积极作用的同时，其本身也存在一定的局限性：乡贤参事会的发展存在地域限制性，发展的可持续性存疑，"人治"因素明显。作者认为，"统"文化的缺位成为限制村改居居民合作效率的深层原因。如果说小农意识是限制村民合作的分散力，那么"统"文化就是促进村民合作的聚合力。在城镇化推进之后，特别是对于非就地城镇化的村改居居民而言，其居住环境的剧变，导致过去"守望相助"的社会支持格局崩溃，再加上现代城市社区中邻里交流的衰减化和疏离化态势，因而有形成"陌生人社区"的风险。目前村改居居民对社区事务的参与热情普遍不高，社区活动的开展效率也普遍低下，其中固然有居民的市民意识尚未形成、社区资源不足等问题，但更重要的是社区"统"文化的缺位导致社区凝聚力不足。此观点有利于基层治理体系建设的完善。

赵定东教授是我带的第二批研究生之一。十七八年前，一位从新疆远道赶来的青年人，以优异的成绩敲开了其在吉林大学的求学之门。赵定东入学后，我才知道他此前已有近十年的从军经历，并屡立战功，是书生中的"武将"。在从我学习期间，赵定东给我留下最为深刻的印象是，勤奋刻苦，思维敏捷，文字流畅，讲话富有激情，说起来便滔滔不绝，极其连贯，同时具有极强的"突击作战"能力和吃苦精神，具备了成为一位优秀学者所必备的核心品质。记得在 2002 年寒假时，赵定东为了做论文，放弃回新疆过年，留校鏖战，给各位导师留下了深刻的印象。从吉大毕业后，赵定东先后在沈阳、杭州工作打拼，又在京攻读博士后，学术事业大进，如今已成为颇具影响的青年学者。他用勤奋和睿智证明了有志竟成的道理。我也常用赵定东的成长故事激励在校研究生。正是在这一意义上，我非常愿意为赵定东的学术新著作序，并祝其在未来的岁月里能在学术和事业上获得更大的成功。

田毅鹏

2019 年 3 月 30 日于吉林大学东荣大厦

目　录

第一章

如何认知村改居居民的利益及利益观

党的十九大报告提出，我国社会主要矛盾已经转化为人民日益增长的美好生活需要和不平衡不充分的发展之间的矛盾①。党对我国社会主要矛盾判断的改变，反映了我国经济社会发展变化的实际，这也是我国当前乃至未来相当长时期内社会科学研究理念重新定位的理论基础。基层社会研究关键在于把握普通居民所需所思所想，从居民关切的利益出发，完善基层治理的理念。于利益治理而言，人民日益增长的美好生活需要就是居民幸福感、获得感及安全感不断增长的需求，不平衡不充分的发展就是政府共建共享共治手段的完善过程还需要进一步推进。

中国基层社会治理实践与西方社会所强调的社会中心主义和公民个人本位有很大的差异②。其治理的价值导向强调关怀意识，从一定意义上说，关怀意识的实质就是坚持以民众幸福感、获得感和安全感为导向，形成法治、德治、自治"三位一体"的基层社区治理格局，依照"惠民、利民、强民"的治理路径提升基层治理能力和治理体系现代化水平。这是基层利

---

① 习近平：《决胜全面建成小康社会　夺取新时代中国特色社会主义伟大胜利——在中国共产党第十九次全国代表大会上的报告》，2017年10月18日。原文表述为"中国特色社会主义进入新时代，我国社会主要矛盾已经转化为人民日益增长的美好生活需要和不平衡不充分的发展之间的矛盾。我国稳定解决了十几亿人的温饱问题，总体上实现小康，不久将全面建成小康社会，人民美好生活需要日益广泛，不仅对物质文化生活提出了更高要求，而且在民主、法治、公平、正义、安全、环境等方面的要求日益增长。同时，我国社会生产力水平总体上显著提高，社会生产能力在很多方面进入世界前列，更加突出的问题是发展不平衡不充分，这已经成为满足人民日益增长的美好生活需要的主要制约因素"。

② 赵定东、龚上华、张孝廷、赵光勇：《农村社区"上下联动"协同治理的机理与效用》，《观察与思考》2017年第5期。

益治理的要义所在。

幸福感、获得感和安全感是不可分离的三个支点，幸福感作为一种满足的心态以获得感为支撑、以安全感为保障；获得感作为一种尊重的需要以幸福感为基础、以安全感为内容；安全感以幸福感和获得感为依赖，三者互为犄角。对于基层治理而言，实现政府治理和社会调节、居民自治的良性互动是居民幸福感、获得感和安全感的真实体现。

基层社区治理之所以成为重要话题，是因为社会变革过程中的社会问题多为不断产生的、新的现实性利益问题。例如随着社会工业化和城镇化的发展，接踵产生的村改居①这个"过渡性亚社区"带来了社会保障、户籍改革、环境等方面各种错综复杂、难以解决的问题，也带来了民众利益"弱化"与"强化"的保护问题。这些问题直接关系着民众对美好生活需求的切身感受，也关系着国家的稳定和社会的可持续发展。

村改居是在中国城镇化推进过程中出现的特殊现象。就村改居居民切身利益诉求类型而言，可以分为直接受到侵害的个体利益诉求、直接受到侵害的集体利益诉求和间接可能受到侵害的利益诉求②等，这是普通村改居居民直接利益所体现的幸福感、获得感和安全感的具体形态。

在现代社会中，社区已经逐渐成为治理社会问题的基础场所，村改居社区虽然是中国城镇化过程中的社区特殊形态，但作为一种有组织的区位性社会行为载体，其社区治理更需要引入利益协调机制，建立和完善社区自我发展的机制，动员社区内各团体、各社会成员共同为社区发展献计出力③，推进社区建设社会化，即运作社区资源，解决社区发展困难，实现

---

① 特别说明：村改居是一个特定用语，主要指城镇化后农村户籍改变、土地被征用后农村社区的新形态。即农村户口改为居民户口的行为，也可以称之为"农转非"；村委会改为居委会或社区委员会。当农村不再从事农业生产，农民不再从事农业劳动——至少有 2/3 的农民不再从事农业劳动，不以农产品收入为来源时，就满足了村改居的条件。但在当前，村改居有两种形态：一是彻底改制，如上；二是村委会并没有改为居委会，但事实上已经完成了农村的产业化变革，即实现了农业产业化、农村城镇化、居住社区化、农民工人化。因此，对于经济发达的长三角区域（或称长三角地区，全书下同。——编者注）而言，几乎所有的农村社区不再是严格意义上的农村社区，本书的范围也不局限在改制后的村改居，在个别论述中事实上包含了全部的农村社区。

② 梁平等：《政治诉求与权利救济》，《河北师范大学学报》2013 年第 4 期。

③ 吴毅：《"权力－利益的结构之网"与农民群体性利益的表达困境》，《社会学研究》2007 年第 5 期。

社区建设的可持续发展，同时提高社会治理能力，最终实现增强人民幸福感、安全感和获得感的治理目标。

一 利益与利益关系：学界研究的一个简单考察

学界公认，"利益"概念最早出现于马基雅维利的著作中，当时的利益概念及利益观念主要是指导君主和政治家的原则，后来才演变为国家利益，再后来由于其对个人利益的否定和忽视而遭受批判，但利益关系协调研究也因此逐渐被纳入，成为学界辩论的重要议题①。

"所谓利益，就是一定的客观需要对象在满足主体需要时，在需要主体之间进行分配时所形成的一定性质的社会关系的形式。"② "利益问题是一个关系到人的生存和发展的根本性问题，追求利益是人类一切社会活动的动因。人们奋斗所争取的一切，同他们的利益有关。"③ 每一个社会的经济关系，首先是作为利益表现出来的。利益在实质上是人与人之间的一种利害关系，是人们对于有价值的事物的追求。利益关系是人类社会最基本的关系，社会成员之间的利益关系构成了一定的社会利益结构。由此形成的利益观是人们所有思想观念的基础和核心，思想观念上的差异和对立是不同利益主体之间的差异和对立。

利益关系研究起始于利益动机，利益动机的最初显露是在将经济行为与在中世纪占统治地位的道德动机分离的那些最早的努力中。

理解利益关系首先应从利益用语入手。利益用语实际上包含了利益概念、利益差别、利益结构及利益关系协调等内容。所谓利益，它有两个方面的内涵。一方面是指表达一种人对其存在有关的对象物直接的对象性关系；另一方面是指表达一种抽象的、不具有形态的对象性关系。但无论意义如何，其共性是指在受生产力发展制约的一定经济关系中的社会成员为实现自身需要而形成的一种社会关系。市场经济是竞争经济，同时更是差

---

① 有关利益概念的相关论述见赵定东《俄罗斯社会转型模式研究》，人民出版社，2007，第5～18页。

② 王伟光：《利益论》，人民出版社，2004，第74页。

③ 《马克思恩格斯选集》第1卷，人民出版社，1972，第82页。

别经济，在前计划经济国家从计划经济体制向市场经济体制转型的过程中，产生了诸如社会分配关系失衡、社会机会不均等及相应的社会心理失序等现象，这些现象与利益差别等概念密切关联。所谓利益差别，是指社会成员在利益的分配中出现的不均等现象，于社会学特有的视角而言，它是社会资源分配结果的不均等及社会成员占有社会资源能力不等同的实践表现。所谓利益结构，是指利益差别过大导致的利益分化在社会成员之间超过一定限度所形成的层级关系。它具有两个方面的不同属性，即社会整体利益与多元利益主体的对立；宏观层次上的个别利益与整体利益及微观层次上的生产资料所有者利益与劳动者利益等的双重对立。典型的是利益集团的形成及其功能①。所谓利益协调，主要是指利益关系的协调原则及方法。一般而言，它包括四点，即机会均等原则、规则平等原则、得益与付出对等原则及效率与公平兼顾原则②。从其运作逻辑来看，制度是内核，即必须按照公平正义的价值准则来进行制度和政策设计；从其表现形式来看，体制运作方式、社会结构的转型状态和国家与社会的关系变化成为其分析的焦点。

但从学理上看，自西方的古希腊、中国的春秋战国始，对这个问题的探讨就已经很深入了。于此，本书将以马克思的历史唯物主义为基本标准，从马克思之前的利益关系协调理论研究、马克思主义的利益关系协调理论研究及马克思之后的利益关系协调理论研究三部分进行评述。需要说明的是，由于中国学界的利益关系研究缺乏学理主流，因此本书在理论综述中重点探讨西方的有关观点。

西方古典的利益关系协调理论主要是以古希腊学者的观点、中世纪的经院学派及后来文艺复兴时期出现的一些理论观点为代表。亚里士多德主要是从交换行为的道德动机出发论及利益关系，也因此奠定了西方古典利益关系协调理论的基础。亚里士多德认为，经济可以分为两部分，即作为家务管理的技术和获得财产的技术，前者的职务是运用，后者的职务是供

---

① 西方古典的经济学家崇尚"利益的自然和谐"，假定整个社会有一个单一的共同利益，它通过"看不见的手"指导人的行动，使人们彼此冲突的利益达到和谐。这是一种真正"原始共产主义神话"。它事实上忽视了个人与社会关系形成的复杂逻辑，即冲淡了利益差别所导致的社会冲突及阶级对立。

② 邹农俭：《社会利益关系：变化·矛盾·调整》，《江苏行政学院学报》2001 年第 2 期。

应。他认为供应的方式又分为两种：一种是以满足人们的需要为目的的获取财产的方式，即靠自己的劳动而不凭交换和经营来取得生活资料的方式；另一种是"贩卖"，特别是对金钱的贩卖，也即"获取金钱（货币）的技术"。他认为，前一种方式是合乎自然的，而后一种方式是不合乎自然的，因为物物交换是以适应相互的需要而自然地发展起来的，人们通过交换已经满足了各自的需要，因此不应该进行无限制的谋利贩卖①。在这里，可以看到自然经济状态下的利益协调观点强调道德动机，强调实现共同体的"善德"。

从亚里士多德的理论出发，历经一千余年，西方的理论直至中世纪才有所发展。这时期占统治地位的是经院学派所提出的"公平价格"理论。在中世纪，"公平价格"理论实际上具有两个流派的性质，即道德的公平价格理论和市场的公平价格理论。所谓道德的公平价格理论也是亚里士多德理论的延续，它从托马斯·阿奎那开始，将神学的教条与当时的经济情况结合起来，认为交换活动的合理性取决于交换双方所给予的和取得的货物是否具有同等的价值，也就是说，看所交换的东西的价格和取得的货物是否具有同等的价值②。但这种公平价格理论的基础是伦理道德，即它不认为价格是由客观的规律性过程确定的，而是由某种伦理道德规定的。所谓市场的公平价格理论是相对于道德的公平价格理论而言的，它是由16世纪"萨拉曼卡学派"的西班牙经济学家首先提出来的。它认为，不应该以生产或经营商品的人的成本来衡量价格，而应当以从市场中人们的需要与欲望出发，通过协议而实现的价格来看待价格，价格不决定于某种应当遵循的原则，而是决定于"事实"依据的原则③。在这里可以看出，学界的讨论是围绕两种利益原则如何来协调利益关系的，而且也可看出，二者都缺乏对社会利益的研究。

文艺复兴运动在一定意义上终结了这种争论。主要是在中世纪后期，随着重商主义的到来，经济的"利益"已经被人们普遍认可，人们越来越将经济行为视为一种与道德无关的谋利行为，经济利益关系在社会关系的

---

① 亚里士多德：《政治学》，吴寿彭译，商务印书馆，1965，第25页。
② 张晓明：《伟大的共谋——市场经济条件下的利益关系研究》，中国人民大学出版社，2002，第70～75页。后面的部分理论也转自这部著作，不再注释。
③ 晏智杰：《亚当·斯密以前的经济学》，北京大学出版社，1996，第11～13页。

总体结构中独立化，而且在个人之间的关系中成为支配性的因素。从西方的研究考察中可以看出，利益关系研究在西方事实上经历了三个阶段的变化，即先将经济生活与社会的其他生活领域分离，然后再将经济生活中的个人利益与社会整体利益分离，最后在个人利益的基础上建立起个人与社会整体利益的稳定联系。文艺复兴运动于利益关系研究的学理贡献正如张晓明后来所总结的，主要体现在两个方面：一方面是从复兴古希腊罗马城邦文化中重新发现人，并以个人自由为中心建设城邦社会生活；另一方面是从经院哲学传统出发，认识使个人自由实现成为可能的社会和政治生活形式，即完成了从追求荣誉到追求利益的转变。关于这方面的研究成果很多，笔者不再赘述。但可以看到的是，虽然较前面有明显进步，但社会利益关系仍然没有进入研究者的真正视野。

真正将社会利益关系研究深入社会学领域的当属马克思创设的利益群体理论。由马克思创设、后来的马克思主义者深入扩展的利益研究，在历史唯物主义的指导下，第一次将社会利益关系纳入学术分析中。其观点及主要内容体现在以下几个方面：其一，"人们奋斗所争取的一切，都与他们的利益有关"，即认为利益是人们一切社会活动的动因；其二，提出了利益决定思想的观点，即奠定了利益关系分析的基点；其三，认为利益的社会本质在于物质的生产关系，即立足于人与人之间的经济关系来看待利益，突破了以前利益只是单个个人的盲目指向和欲望冲动的观点；其四，利益是与道德、国家、法等社会现象相关联的一个社会因素，即随着利益格局的变换，道德、国家、法等社会现象将随之或缓或快地变动，从而构成具体的社会利益协调机制；其五，分工、交换等的发展促进了利益矛盾的现实化，即分工所导致的利益集团的分化使利益差别、对立乃至冲突不可避免①，这样诱发出来的利益矛盾是科学历史观必须予以注意的一个基本事实，历史唯物主义也正是从这个基本事实出发，才得到了社会基本矛盾推动社会形态更替的规律性认识，等等。

综上看来，马克思主义利益群体理论站在历史唯物主义的高度上，从经济关系、利益关系入手，对社会利益关系协调进行了科学分析，同时也为本书的研究提供了基本的理论指导视角，从而不难得出市场经济条件下

---

① 彭劲松：《利益理论：历史唯物主义的重要一环》，《重庆社会科学》1998 年第 1 期。

的利益关系是经济关系—利益关系—社会结构"三位一体"的结论。经济关系从对象的角度看利益问题；利益关系从主体的角度看利益问题；而社会结构则说明，为了实现人与人之间公正而持久的利益交换，社会应该建立机制。利益关系的建立意味着一种普遍的社会关系准则的出现。

马克思之后的其他学科虽然围绕马克思及马克思主义的利益理论展开了激烈争论，但总体而言没有突破马克思主义的基本框架。于社会学而言，最具代表性的是马克斯·韦伯的利益契约论和以达伦多夫等人为代表的社会冲突论。

从一定意义上说，利益关系研究是社会学分析中的历史与现实间的走向。因为自人类社会产生以来，利益问题就一直是伴随人类社会生活的一个焦点问题，人类的全部社会活动都与利益和对利益的追逐有关，人们之间的全部社会关系也都建立在利益关系的基础之上，"利益是人的行动的唯一动力"，这在马克思主义和西方社会学理论的论述中充分显露出来。利益关系研究之所以成为社会学分析中历史与现实之间的走向，一方面是社会学研究传统取向所致，另一方面是中国社会发展的现实所需。社会学研究传统取向正如米尔斯所总结的，自社会学创始以来，主流社会学家的研究方向主要分为三种。第一种趋势是历史理论。其研究方法主要是处理和用到有关过去的材料，其研究目的是发现历史发展过程中的"各个阶段"和社会生活的规律性，其代表人物是孔德、马克斯·韦伯和马克思等。第二种趋势是倾向于关于"人与社会的本质"的系统性理论。其研究方法是将社会学设想为用于划分一切社会关系和洞察它们所假设的普遍一致的特征，其研究目的是揭示人与社会的本质，其代表人物是齐美尔和帕森斯等。第三种趋势是倾向于对当代社会事实和问题的经验研究。其研究方法是以经验调查为主，其研究目的是对单个社会事实进行相对性解释。米尔斯认为，每种趋势都易"遭扭曲，甚至走火入魔"，他主张要发挥"社会学的想象力"，力图"连续不断地将各要素结合在一起，以求得出总体的认识"[1]。

从大视角而论，利益关系研究特别是社会转型过程中的利益调整研

---

[1] 赖特·米尔斯：《社会学的想象力》，陈强、张永强译，生活·读书·新知三联书店，2005，第 21～22 页。

究，包含了诸如体制变革、社会结构变迁及国家与社会关系的变化以及对
历史文化、社会特质的分析；从小视角而论，可以说它是对城镇化过程中
的农民转型即村改居社区转型实质的总体性把握。从这个意义上说，其被
赋予了社会学研究的学科价值。

二　为何研究村改居居民的利益关系?

中国的改革开放首先是从农村开始的。1978 年以后，家庭联产承包责
任制在全国范围内推广，随之而来的是乡镇企业的异军突起，这从根本上
改变了农民的经济和社会生态。从 20 世纪 90 年代开始，党和政府在农村
推行一系列惠及"三农"的政策，如取消农业税、组织农村合作医疗、加
快农村的公共服务均等化改革等，这些改革触发了较大规模的人口流动和
社会流动，诱发了利益诉求问题的外显化，也使得固化的农民利益意识发
生了重大变化，出现了诸如结构冲突、机制冲突、规范冲突、利益冲突、
角色冲突和观念冲突等多种利益交织的复杂化局面。

自 2000 年以来，中央加快了推进城镇化的步伐。根据国家统计局发布
的数据，中国城镇化率由 1978 年的 17.92% 提高到 2016 年的 57.3% 和
2017 年的 58.2%，1978～2017 年年均提高 1.03 个百分点。其中，1996～
2013 年，中国城镇化率年均提高 1.37 个百分点，是 1978～1995 年的 2.1
倍，是改革开放以前的 5.5 倍。1981～2010 年，中国城镇化率年均提高
0.99 个百分点，而世界为 0.41 个百分点，其中发达地区为 0.25 个百分
点，欠发达地区为 0.55 个百分点①。

2013 年，中国城镇人口达 7.31 亿人，城镇化率为 53.73%，已超过世
界平均水平。2014 年，世界城镇化率 53.6%，中国为 54.4%②。2016 年，
中国城镇常住人口比例为 57.35%，与 2012 年相比，常住人口城镇化率提
高 4.78 个百分点，年均提高 1.2 个百分点；城镇常住人口增加 8116 万人，
年均增加 2029 万人。2001～2012 年，全国城市建成区面积和建设用地面
积分别年均增长 6.08% 和 6.25%，但城镇人口年均增长仅有 3.72%。2016

① 资料来源：全部是国家统计局网站公布的数据。
② 联合国经济与社会事务部：《世界城镇化展望 2014》，2014 年 7 月 10 日。

年，我国户籍人口城镇化率为 41.2%，与常住人口城镇化率相比差距为 16.15 个百分点，比 2012 年降低 1.1 个百分点。但需要说明的是，2012 年，我国户籍人口城镇化率仅有 35.29%，户籍人口城镇化率与常住人口城镇化率的差距从 2000 年的 10.5 个百分点扩大到 17.3 个百分点。

中央在 2014 年 3 月 16 日发布的《国家新型城镇化规划（2014—2020 年）》中指出，城镇化对于中华民族复兴而言具有重大的意义，体现为以下几点。城镇化是现代化的必由之路，城镇化是保持经济持续健康发展的强大引擎，城镇化是加快产业结构转型升级的重要抓手，城镇化是解决农业农村问题的重要途径，城镇化是推动区域协调发展的有力支撑，城镇化是促进社会全面进步的必然要求。2014 年政府工作报告指出，新型城镇化今后一个时期要着重解决好"三个一亿人"的问题，即促进约一亿农业转移人口落户城镇，改造约一亿人居住的城市棚户区和城中村，引导一亿人在中西部地区就近城镇化①。根据推算，2030 年前，全国大约有 3.9 亿农业转移人口需要实现市民化，其中存量 1.9 亿人，增量 2 亿人；2050 年，中国城镇化率将超过 80%，届时中国的城乡人口结构和空间结构将基本上趋于稳定。

快速城镇化是以农民身份的转变为基础的。在传统农民与城市居民之间出现了一个新群体，即村改居居民。在一定意义上，村改居居民既非城市居民，又非农民；但也可以说，村改居居民既是城市居民，又是农民。因为村改居居民在户籍上完成了从农民到城市居民的转化，但从生活方式、收入来源及思维习惯来看，他们更多地具有农民的特点。农民非农化处于"农民—农民工—土城市市民"的"半城市化"尴尬困境。究其原因，主要有四个。一是城乡分离的户籍制度派生出的城市就业、社会保障、教育、住房等制度都将农民排斥在城市资源配置体系之外，城乡发展机会不均等导致农民进城、上楼的主动性不足。二是农民自身禀赋条件的限制。农民人力资本低、技能缺乏，致使其城市生活能力不强；思想观念和心理素质不高，致使其融入城市社会文化困难；低层次的初级社会网络关系使其社交圈子有限，阻碍了其在城市的进一步发展。三是农民城市融

---

① 数据来源于李克强在 2014 年 3 月 5 日召开的第十二届全国人民代表大会第二次会议上的报告。

入机制缺乏。国家长期实行城乡分治，形成了"农民"和"市民"身份的差异，阻碍了农民的城市身份认同，进而导致农民对城市人际、城市社会的信任度、适应度降低。四是巨大的制度变革成本，使地方政府的动力受到压制①。

从 2014 年开始的新型城镇化以"人的城镇化"为核心，其目的在于通过城镇化实现农民生活方式的改变和生活质量及社会质量的全面提高②。所谓生活质量，是指"社会提高国民生活的充分程度和国民生活需求的满足程度，是建立在一定物质基础条件上的社会全体对自身及社会环境的认同感"③。它起源于 20 世纪 60 年代美国的"社会指标运动"，代表了美国临近后工业社会时期的一种学术关怀。主要是针对当时因美国经济的发达和物资总量的快速增长与一系列社会问题如资源、环境及社会治安严重恶化的二极矛盾的困境而产生的理论解释框架④。社会质量是指"人们在多大程度上参与其共同体的社会与经济生活，并且这种生活能够提升其福祉和潜能"⑤。从研究的体系而论，它涉及 4 个假设、18 个领域、45 个亚领域和 90 多项指标。从研究的内容而论，根据张海东的理解，主要包含了四个方面：社会经济保障，即人们获取可用来提升个人作为社会人进行互动所必需的物资资源和环境资源的可能性；社会凝聚，即以团结为基础的集体认同；社会包容，即人们在何种程度上可以获取来自制度和社会关系的支持；社会赋权，即社会关系能在何种程度上提升个人的行动能力⑥。

对社会福利水平提升的诉求成为城镇化质量的主要评价标准，与此相关，作为城镇化主体的村改居居民的生活状况自然成为当今各学科研究的聚焦点。村改居居民承受了城市和乡村变革的两重冲击，利益观点发生巨大变化。如从更多地关注集体利益向更多地关注个人利益转变，社会责任

① 赵定东：《农民市民化迟滞问题的供给侧改进路径》，《嘉兴新农村》2016 年第 12 期。
② 王雪莲、王绪朗：《论农村城镇化与农民生活质量》，《小城镇建设》2004 年第 11 期。
③ 周长城主编《主观生活质量：指标构建及其评价》，社会科学文献出版社，2008，第 13 页。
④ 赵定东、张英英、毕婧千：《社会质量和生活质量研究的规范、目标分歧及其融合》，《山东社会科学》2015 年第 6 期。
⑤ Beck, Maesen V. D., Thomese, and Alan Walker, eds., 2001: 6 – 7. 转引自张海东主编《社会质量研究：理论、方法和经验》，社会科学文献出版社，2011，第 240 页。
⑥ 张海东：《从发展道路到社会质量：社会发展研究的范式转换》，载张海东主编《社会质量研究：理论、方法和经验》，社会科学文献出版社，2011，第 240 ~ 241 页。

感有所削弱；社会的组织化程度大大下降，许多社会成员游离在组织之外。同时，伴随体制转轨、社会转型的是利益结构的巨大调整，利益调整中的得与失、利益调整中的公平与不公平，都会影响人的心理，进而影响社会政治稳定。

中国的城市化被认为是当今世界最重大的事件之一，意味着整体社会结构和社会面貌的深刻变革，不仅影响着中国，也影响着世界的现代化格局。城镇化进程的快速推进，对农民、农村以及乡土文明带来了巨大的压力和挑战。对农民而言，面对空间转向、身份转换和生活方式转型的全新问题，由此引发农民利益思想状况的变迁与激荡；利益诉求既是农民利益思想风向标，又是农民思想的呈现形式。如果说农民利益思想状况是农民"想什么"的问题，那么，农民的利益诉求则是农民"要什么"的问题。在中国城市化的汹涌大潮中，东部先发地区以其适宜的地理环境和较为均衡、发达的区域经济，使新型城镇化有了长足的进展，因而也较早地遭遇了城镇化进程中的农民利益思想状况和利益诉求问题。

笔者根据早年对杭州市萧山区衙前镇 12 个村改居社区①的观察发现，村改居居民与农民相比，至少发生了如下变化②。

其一，村镇社会成员的职业结构完成了非农的结构转变。

一方面，随着非农经济的迅速发展，村镇社会成员的农外就业机会增多；另一方面，村镇社会成员从事农业生产经营劳动强度大、比较利益差、社会地位低。两方面因素的综合作用使村镇社会成员纷纷从农业中转移出来，开始从事非农生产经营。笔者在调查中发现，整个村落几乎空落，白天只有老人，晚上才有部分村民打完工回家，因此笔者的很多调查不得不在晚上进行。目前绝大多数村镇社会成员已经改变职业身份，由农

---

① 萧山区衙前镇有 12 个村落（社区），即衙前村、凤凰村、明华村、山南富村、项漾村、新林周村、四翔村、螺山村、吟龙村、南庄王村、杨汛村和毕公桥社区。全镇有 600 多家企业，平均每百名衙前人就有 3 家企业，每平方公里年工业产值 12.5 亿多元。其中，年产值在亿元以上的企业有 20 家，建有博士后工作站 2 个、国家级企业技术中心 1 个，形成了化纤纺织、钢结构两大支柱产业。该镇先后被命名为"中国化纤名镇"和"国家钢结构产业化基地"。该镇综合经济实力居全省百强乡镇第三位，全市、全区第二位。先后被命名为"浙江省历史文化名镇"、"浙江省教育强镇"、"浙江省卫生镇"和"杭州市文明镇"。

② 赵定东、郭旭鹏：《完善乡镇治理机制的思路和举措 ——基于杭州市的 12 个村落调查》，《杭州研究》2010 年第 3 期。

业劳动者变为从事第二、第三产业的非农劳动者。除村镇非农经济相对落后的一些村庄还有部分社会成员从事农工兼业或专业性养殖业外，其他村镇的社会成员中从事农业生产经营的已经很少。按村民的话说："村庄里稍聪明一点的人都在办厂，至少搞点家庭小工厂或开个店之类，其他的要么去打工，纯粹种田的人几乎没有了。"如此，村庄社会形成了一个非农性的社会成员结构，即一个以商业为主、工业劳动者为次，按"三、二、兼业、一"排序的比例关系和职业结构。

其二，村镇社会成员阶层结构中的私营企业主群体成为强势力量。

改革以来，衙前镇 12 个村落（社区）的村镇经济变迁突出表现为个体、私营、非农经济的迅速发展。进村调查时，我们观察到每个村内都分布着数十家大大小小的各种工厂。如杨汛村共有大小企业 15 家，明华村有企业 19 家，项漾村有企业 95 家。企业主的家庭成员几乎都在本企业内工作，并个个身居要职，控制着企业的核心岗位。衙前镇 12 个村落（社区）的个体、私营企业大都雇用外地民工从事生产劳动。私营企业主群体在衙前镇 12 个村落（社区）社会成员结构中占据了主导地位。私营企业主拥有较高收入和较丰富的社会资源，无论是其收入，还是其地位、声望，均处于现阶段农村社会地位排序中的前列，获得了一致性高地位[1]。私营企业主的崛起，既为村庄治理准备了条件，又对参与乡镇治理提出了迫切要求。

其三，村镇社会成员之间的利益关系中出现了众多小型利益集团。

家庭经营使村镇社会成员有了相对独立的利益，农村经济变迁及其造成的多元性社会分化使得村镇社会成员具有了多样化的利益来源和利益需求，并在此基础上形成了极其复杂、多元的利益关系格局。正是基于这种新的农村社会利益关系，村镇社会成员为保护和扩大自身利益，以业缘和

---

① 有关私营企业主的地位问题详见以下文献。董明：《政治格局中的私营企业主阶层》，中国经济出版社，2002。赵丽江：《中国私营企业主的政治参与》，中国经济出版社，2006。陈光金：《私营企业主的社会来源、阶层意识与政治——社会参与分析》，《中国私营企业发展报告 No. 4（2002）》，社会科学文献出版社，2004。朱光磊、杨立武：《中国私营企业主政治参与的形式、特点、意义和限度》，《南开学报》2004 年第 5 期。李宝梁：《从超经济强制到关系性合意——对私营企业主政治参与过程的一种分析》，《社会学研究》2001 年第 1 期。周炳泉：《"先富群体"竞选"村官"现象的调查与思考》，中国村民自治信息网，2002 年 8 月 19 日。托马斯·海贝勒：《作为战略群体的企业家——中国私营企业家阶层的社会与政治功能研究》，吴志成等译，中央编译出版社，2002。

血缘、亲缘为主要纽带联结成一个个以利益诉求为主要宗旨的利益集团，出现了若干小集团并存于同一村庄场域、彼此竞争的现象。在调查过程中，我们收集到大量关于村民推举某私营企业主为利益集团领袖，竞选村党支部书记、村委会主任职位；或者以私营企业主为领袖和核心，组织部分村民构成小集团，参与村干部竞选，保护小集团成员利益之类的故事。为了更好地保护和扩大小集团成员的共同利益，各集团积极谋求村庄公共权力；为了保证小集团在村庄公共权力竞争中取得有利地位和最终胜利，各小集团往往推举出集团内最有实力的精英作为集团领袖或骨干。因此，在现有乡镇环境下，居于社会上层的私营企业主顺理成章地成为各集团的领袖和骨干，由此形成了私营企业主主导的多集团并存与竞争的政治社会格局①。

其四，乡村传统的亲缘、地缘和业缘关系正在解体，人伦"差序格局"正在转向利益"差序格局"。

众所周知，"差序格局"一词是费孝通老先生提出的，旨在描述亲疏远近的人际格局，如同水面上泛开的涟晕一般，由自己延伸开去，一圈一圈，按与自己距离的远近来划分亲疏。他认为，中国乡土社会以宗法群体为本位，人与人之间的关系是以亲属关系为主轴的网络关系，是一种差序格局。在差序格局下，每个人都以自己为中心结成网络。这就像把一块石头扔到湖水里，以这个石头（个人）为中心点，在四周形成一圈一圈的波纹，波纹的远近可以标示社会关系的亲疏。

但我们的调查发现，这种由乡村传统的亲缘、地缘和业缘关系构成的人伦"差序格局"正在转向利益"差序格局"，即以权和利为自己评价一个人或交往的主要依据。利益"差序格局"的形成使得乡镇淳朴的民风受到极大冲击，同时也使得"富人"越发占据发展的有利地位。

其五，单一、同质和稳定的农村社会关系网络正在朝复杂、临时、不确定的方向转变。

传统乡村社会关系网络构建，有三种主要途径：一是亲戚之间的社会关系，这是建立在严格的血缘关系基础上的网络构建；二是近邻团转

① 2017 年笔者去调研时这个情况已经得到改善，这主要是由于 2017 年 5 月开始换届选举，政府按照选举程序，对候选人资格做了严格限定。

的社会关系，这是建立在地缘关系基础上的网络构建；三是朋友间的社会关系，这是建立在业缘或趣缘基础上的网络构建。无论哪种网络构建，只要相互往来，就会形成一种持续性的关系，你来我往，并非瞬间结清关系，而是因事而来、因事再往，相互有着长久的预期，有着基于事务及信任和感情的互动，因此它是单一、均质和稳定的。但我们的调查发现，在萧山，随着农村家庭联产承包责任制的实行以及乡镇企业的迅速发展，农村的所有制结构发生了变动，农民的社会流动加快，相互之间那种高度同质化的状况已经不复存在。如前所述，农民已经分化为从事不同职业、具有不同利益、拥有不同社会地位的多个阶层。农民的阶层分化意味着利益格局的重组，即社会关系网络的重建，复杂、临时、不确定的社会关系网络正在成为一个新趋势，而功利化正在成为村民构筑关系的基础。

其六，村民的个体化和原子化导致村民正在丧失村居集体事务管理主体地位。

在我国传统社会，乡村精英一直具有不可忽视的影响力，但是，他们扮演的不是公共空间的领导角色，而是接续行政对乡村社会的影响，也就是以政府的"经纪"角色出现的。在理论上，村民自治及村镇秩序的获得同样有赖村民的合作或村民之间建立的强有力的关系。正是村民之间强有力的关系，使得村民会议通过的决策不是只对赞同者具有约束力，而是对全体村民都具有约束力。这种约束力不是凭借暴力，而是凭借村民心中的正义和他们对村庄正义的敬畏。但我们在调查中发现，个体化的农民是无法对村务决策产生实质性影响的①。

其七，集团收益效应正在村居集体事务管理上发挥作用。

奥尔森认为，在一个集团范围内，集团收益是公共性的，即集团中每个成员都能共同且均等地分享它，而不管成员是否为之付出了成本。集团收益的这种性质促使集团的每个成员想"搭便车"、坐享其成②。所以，在

---

① 根据目前对浙江、江苏近20个村改居的调研，笔者发现，居民参与集体事务的热情和能力都在加强，主要的原因还是政府介入，如各地都在基层建立了诸如参事会、议事会等载体，且规定没有大多数居民的认可，集体事务利益的决策不能通过。
② 曼瑟尔·奥尔森：《集体行动的逻辑》，陈郁、郭宇峰等译，生活·读书·新知三联书店、上海人民出版社，1995，第23页。

严格坚持经济学关于人及其行为的假定条件下，经济人或理性人都不会为集团的共同利益而采取行动。我们对萧山的调查在一定意义上验证了这种效应。我们知道，在实行家庭联产承包责任制之后的经济基础上，国家期望通过村民自治制度的实施，逐步实现基层政治的民主化。然而，这种制度实际上是自下而上由较小区域的农民创造，而最终由国家自上而下在全国范围内推动。农民的"私"的意识并未因为历经人民公社制度的控制而消退，农民的"公"的意识也没有因为村民自治而得到进一步的培育和提高。当前以尊重农民意愿为政策实施的前提，却忽视了乡村社会农民"私"的治理基础。乡村发展过程中所形成的熟人社会病，即人们在信仰、道德观、价值观以及所有言行上过分打上"关系"远近、"熟识"程度等亲情的烙印，忽视公正、公平的社会伦理道德，专业制度，组织原则甚至法律等集团行为效应正影响着目前的村镇治理。

究其根源，以下几个因素值得考量。

其一，是市场化体制催生了村改居居民个体经济利益诉求保护意识。

身份等级观念是我国旧有的城市化观念，这种身份等级观念在当下的表现是"城乡不同"和"区域有别"。"城乡不同"指的是"城里人"和"乡下人"的身份有着较大差异。"区域有别"指的是不同地区的人身份也有较显著差异。受前者观念的影响，政策制定者会在相关制度方面向城市倾斜。后者则与各区域经济发展水平挂钩，根据各区域居民福利待遇的不同，在强化区域有别的身份等级观念的同时拉大了各地区的福利差距。村改居居民由农民转换而来，在传统农业生产中，土地是农业生产发展的唯一资源。由于缺乏规模化的农业生产条件及科学化的农业技术指导，农民的生产积极性并不高，生产力水平也较低，农民的思维意识更拘束于方圆之内，对于走出栅栏、探视墙外的世界总是信心不足，封闭、保守的思想意识较强。农民更注重自留地的产品积累，承担风险的能力缺乏，所以易出现悲观保守情绪。而农村的市场化改革带领农村走上乡村经济发展的道路，农村社会不再是单一的集合体，而是逐渐开放，推动农村人口进行流动。这体现在农业生产技术的提高及生产力水平的大跳跃上。市场化改革推动了劳动力的解放，家庭单位不再局限于土地，剩余农村劳动力涌向城市，这些人成为沟通城市与农村的一道桥梁。村改居居民在完成户籍改变后，失去土地和开始享受城市的公共服务，数量庞大的劳动力不仅为城市的经济发展提供了丰富的劳动力资源，同时也将城市的开放观念和文明思想带回农村。新的思想观念是一种活跃的社会影响力，逐步将农村的共同体意识打破，并且瓦解了农村与城市之间的屏障，最后深刻地改变了农民的思想观念和心理结构。

其二，是土地使用制度缺陷使得政府、村集体与村民个体利益分配失衡。

毋庸置疑，村改居居民都是以土地失去为交换，但也以土地利益为基本收入来源。土地利益是村改居居民利益的交汇点。1986 年通过的第一部《中华人民共和国土地管理法》将国家建设用地和乡（镇）村建设用地分成两章规定，"国有土地可以依法确定给全民所有制单位或者集体所有制单位使用，国有土地和集体所有的土地可以依法确定给个人使用"。"乡（镇）村企业建设需要使用土地的，必须持县级以上地方人民政府批准的设计任务书或者其他批准文件，向县级人民政府土地管理部门提出申请，按照省、自治区、直辖市规定的批准权限，由县级以上地方人民政府批准。"① 得益于当时在建设用地管理方面相对宽松的环境，农民在集体所有的土地上办起了乡镇企业。乡镇企业的高速发展，改变了传统的国家工业化模式，让几亿中国农民以自己拥有使用权的土地、劳动力参与到工业化的进程中，兴起的乡镇企业也因而得到了中央政策的许可与支持。

1998 年修订的《中华人民共和国土地管理法》将国家建设用地和乡（镇）村建设用地的相关条款统一到"建设用地"一章，增加了"建设占用土地，涉及农用地转为建设用地的，应当办理农用地转用审批手续"，"农民集体所有的土地依法用于非农业建设的，由县级人民政府登记造册，核发证书，确认建设用地使用权"的规定，还增加了"任何单位和个人进行建设，需要使用土地的，必须依法申请使用国有土地"的条款，虽然留有"兴办乡镇企业和村民建设住宅经依法批准使用本集体经济组织农民集体所有的土地的，或者乡（镇）村公共设施和公益事业建设经依法批准使用农民集体所有的土地的除外"的空间，但"农民集体

---

① 有关土地制度变革的相关文件条款转引自蒋省三、刘守英、李青《土地制度改革与国民经济成长》，载《管理世界》，2007。

所有的土地的使用权不得出让、转让或者出租用于非农业建设"，"涉及农用地转为建设用地的，应当办理农用地转用审批手续"等规定，使农村集体组织将自身有使用权的土地转为非农建设用途较为困难，而且"占补平衡"的规定也大大提高了用地成本。

由于特殊的土地制度，中国的土地资本化收益的归属、使用和分配更显失衡。现行《中华人民共和国土地管理法》规定，只有集体为"兴办乡镇企业和村民建设住宅"或者"乡（镇）村公共设施和公共事业"，经依法批准才可以使用集体经济组织农民集体所有的土地乡镇集体企业存在产权不明、利益不清、政企不分、制度不健全等问题，绝大部分村民不支持集体直接办企业，就算是用土地入股合办企业，也存在集体产权所有者缺位，资金入股方常常由内部人控制，人为造成企业虚亏实赢，土地投入方难以分红，而企业亏损则还要由村集体背负等问题。因此，大多采取监管容易、问题较少的（土地、厂房或商铺）出租形式。以土地经营为主的农村股份合作制等社区集体经济组织形式逐步推广，经营土地也成了发展集体经济的重要途径。但现行土地管理法却不允许农民集体将集体所有的土地出让、转让或出租用于非农业建设，集体组织出租非农建设用地不受法律保护，农民集体出租、转让非农建设用地是违法行为，甚至集体建设用地也不能出让、转让或出租。由此形成的格局是，房地产的开发由开发商在土地上进行，农民在得到按土地原有用途的一定倍数补偿之后，从此割断与土地的联系，被排除在土地资本化收益的分配之外。

其三，征地的不透明性、模糊性使得村民对村委会及地方政府有抵触情绪。

由于现行征地范围既没有明确的、罗列式的具体规定，也没有法律明确界定公共利益，所以存在"公共利益"被扩大和滥用的现象。农民在各种"公共利益"面前，往往缺少话语权，如被征地农民对征地有异议，只能向所在地方政府寻求解决办法。同时，由于个别基层干部（主要是村委会干部，也有乡镇干部）利用权力在集体土地上谋求个人利益引发农民不满，如发包土地中为己谋私、私自租售集体提留地、分配宅基地过程中"寻租"，尤其是村民认为征地补偿款被基层干部侵吞等，这都可能导致村民与基层干部发生冲突。

从全国已发生的案例来看，地方政府垄断土地资本化收益以外的类型大致有两种：一种是在政府规划和土地管制框架下，政府在征用农民土地的同时，给农民集体一定比例的"留用地"用于非农产业的发展，农民一般会将这些土地通过土地出租或厂房出租的方式，获得土地资本化的部分收益；另一种是农民集体自行将土地通过出租或盖厂房出租的方式，获得土地资本化的收益。第一种情形是将土地非农化纳入政府整体规划和发展框架之中，但农民只是获得很少的发展机会，并没有改变他们的土地资本化收益大部分被剥夺的情况。第二种情形是农民获得了土地的部分级差收益，但农民只是吃租，租金受外来企业影响，波动很大①。地方政府自由裁量权大，如在补偿倍数的确定上，补偿安置费的最低产值倍数为 10 倍，最高为 30 倍，地方政府部门的自由裁量权竟有 20 倍之多。若每公顷产值为 15000 元，则每公顷补偿标准最少为 15 万元，最高为 45 万元，每公顷补偿标准最多可以相差 30 万元。在这个范围内，政府可以自由制定、裁定补偿标准，造成村民土地收入差距拉大。在这种背景下，村民对村委会及上级政府有抵触情绪就完全可以理解了。

农民要求保护自己的土地，不仅仅因为土地是村民所有，还因为土地是农民赖以生存的保障。农民的土地观念，不仅包括如何保护自己的土地，还包括如何分配土地。国家在处理与农民社会的关系中，往往交替使用征收和交换两种方式。在办理农转非手续后，这些农民成为市民，却面临着思想意识、就业能力和生活方式转化等挑战。现在不少地方对失地农民采用一次性补偿、一次性安置的方式，这种方式存在缺陷。这种短期行为必然将矛盾冲突带入城市的进一步发展中，这种矛盾冲突可能会在城市发展的某个时期突然爆发。

其四，是国家强有力的制度保障促进了农民个体利益意识的形成和提升。

众所周知，"创新社会治理体制"是党的十八届三中全会明确提出的，在十八届四中、五中和六中全会上被进一步细化，特别是党的十九大提出，"打造共建共治共享的社会治理格局。加强社会治理制度建设，完善党委领导、政府负责、社会协同、公众参与、法治保障的社会治理体制，提高社会治理社会化、法治化、智能化、专业化水平"。这预示着我党在

---

① 蒋省三、刘守英、李青：《土地制度改革与国民经济成长》，载《管理世界》，2007。

推进国家治理体系和治理能力现代化方面面临着重大革新①。在政府强有力的制度要求下，各地都在制定相关政策以确保农民的利益。

如笔者调研的杭州市余杭区径山镇径山村党总支通过"党建＋治理"积极推进管理变治理。一是实施参与式治理，提升村民参与村级事务的积极性。农村治理要和谐稳定，协商民主不能少。如村里的百步林道项目，因为涉及农户土地和青苗，赔偿问题较多，所以以前一直下不了决心推进。后来通过"五议两公开"方式，村党总支广泛听取群众意见，引导农户自行协商、联合签名、事前补偿承诺，村民由"要我做"转变为"我要做"，仅用53万元就完成了原来预算300万元的工程。二是通过协同化服务，形成工作合力。村党总支要做好服务工作，村级配套组织作用发挥不能少。径山村设有一门式服务大厅，配备全程代办员，村民办事不用出村，村里设立的卫生服务站和计生服务室方便了村民日常求医问诊。三是开展多方位联动，变社会性管理为系统性治理。基层社会治理是一项系统性工作，上下联动、党群合力不能少。村党总支调整支部设置，把支部建在综治网格中，由镇里组团，联村干部担任网格指导员，党员、组长、村民代表等担任网格参与员，引领带动村民自治，让村民自己化解网格内的矛盾问题。

其五，是村改居后村级经济的发展强化了农民维护个体利益的动力。

伴随城镇化、工业化的发展进步，农村地区的建设用地规模不断扩大，各地同时出现了不同的经济发展形态。近年来，农村现代化建设改善了农村的生产生活条件，在一定程度上推动了城乡的统筹发展。经济的繁荣会带来文化、政治等方面的发展，农民在村落的整治改造中享受到实惠，会激增个体对利益维护的重视。

如笔者调研的杭州市富阳区春江街道八一村，该村在通过行政村的整治后，开展生产、生活、生态三方面的建设。以发展集体企业，增加集体收入为主；同时在生活文化方面为村民建设了运动休闲广场和传统文化礼堂；在企业生产发展的同时，不忘富阳整体的生态趋势，进行三改一拆、五水共治，在村民的配合下进行美丽庭院整治。在各方面硬件设施建设的

---

① 李攀：《新目标：中国特色社会主义的战略部署》，《北京日报》（理论周刊）2017年10月23日。

稳步推进下，村民对于集体经济的重视和认同度比较高。八一村下设"一事三议、四事协商、六维监督"民主议事决策监督机制，加强村级民主监督建设，完善相关的机构和规章制度。沟通及监督渠道的建设方便了村民维护权益，集体经济下的个体利益相伴相生、相互促进。另一个具有特色的村落是富阳区东洲街道黄公望村，该村依傍富春江，拥有良好的生态环境以及历史底蕴。在政府的引导下，该村进行生态旅游开发建设，全力打造生态文明，通过浓郁的特色风光吸引了大量外地观光客。通过几十家的农家乐以及富春农居的经营方式，村落被改造成一个生态优良、功能完善、文化丰厚、风情浓郁的特色小镇。在调查过程中，我们通过落户访谈了解到，村民几乎实现了每家每户有独立的农家乐或者民居，在经济来源上实现了依靠旅游业带来经济效益。调查数据也显示，村民对于村落环境治安的满意程度为良好，同时对于监督村落行政表达了积极意愿。第三产业的发展带来的效益，从长远来看更具有长效性和完整性，村民个体得益于经济的发展，同时也积极投身于产业的再生。

其六，公欲的模糊性弱化了村改居居民利益诉求的价值。

私欲与公欲的关系极其复杂，学界对其众说纷纭，莫衷一是。有人将其概括为两种基本观点，即冲突论和对立统一论。随着我国城镇化速度和质量的不断提升，在社会生产力不断得到解放的同时，公共利益高于一切的社会思维模式也发生了改变，私欲与公欲的界限不断摩擦碰撞，与此同时，两者之间由单纯的互相博弈转换为互相交融混合的多维模式，两者之间的关系也日益错综复杂。个别地方村改居居民在基本生活水平得到保障的情况下，在自身不完善的个人价值意识的判断下，越来越重视其他新的财产性利益，私人利益的内容不断丰富，私欲的外延不断扩大，甚至有部分村改居居民将自身利益等同于公共利益，私欲与公欲之间的界限不断被翻越，以致当个人利益受损时，其模糊的公欲界定冲击膨胀的私人欲望，导致农民利益诉求的社会价值合理性不断下降，在一定程度上弱化了农民利益诉求的价值与能力。

基于上述判断，本书认为，村改居社区事实上是城镇化过程中城乡利益冲突的交织点，在一定意义上也成为中国各种利益冲突的交汇点。城镇化过程中利益冲突产生的机理除了心理因素、决策透明和公正性因素、经济因素、利益集团因素和专家因素等非实质机理外，还有诸如民众目的理性的增长、个体利益维权意识的过度支付和地方政府决策的执行能力削弱等实质性机理。利益诉求与思想上的困惑呈现多面性，赋予了村改居居民利益问题立体化分析的代表性。

三　村改居居民利益的研究样本和研究内容

本书研究对象主要是城镇化过程中的长三角区域农民利益诉求形态及其治理机制问题。本研究将农民利益诉求形态操作化为空间转向中的农民利益诉求、身份转换中的农民利益诉求和生活方式转型中的农民利益诉求三个类型。由于村改居社区是城镇化的载体和代表，本书主要聚焦村改居社区。

在一般的学术研究中，城镇化研究更多地是从经济增长和城市功能规划的视角论述，对市民化过程中的农民以客体化或者虚化的方式处理、对待，这或许会导致在系列转向过程中农民主动性的、主体性的利益诉求无法落实，或许会导致农民在从农村转向城市过程中出现无法落地的问题。本书选择空间转向中的农民利益诉求、身份转换中的农民利益诉求和生活方式转型中的农民利益诉求进行实证研究，使测量可以做到有的放矢。同时根据私人生活领域、公共生活领域和国家公共领域三个学界通用的范围，将农民思想构成划分为生存观念、发展观念、生态观念、合作观念、权利观念、家国观念等六个观念，将空间转向中农民最关心的利益诉求划分为土地房产权益，产业结构的合理化供给，农民生活、交往的舒适保障，农民交往的组织网络和社会融入的诉求保障，农民发展的制度空间和精神空间的供给和保障等，如农民进城的权利空间供给和权利获取机会以及行使的制度化供给等；将身份转换中农民最关心的利益诉求划分为就业机会、劳资关系、人格尊严、社会支持、户籍待遇、福利保障指标；将生活方式转型中农民最关心的利益诉求划分为人居平安、邻际交往、风尚民俗、休闲品质、政治参与、信仰信念等。这样可以使"思想"和"利益诉求"变成可以科学测量的工具，有利于从实质上抓住当前农民利益转变的真正内涵。在具体研究过程中，本书主要集中于组织化与村改居农民的合作诉求、健康化与村改居村落的社区环境诉求、富裕化与村改居农村的产业发展、公平化与村改居农民的保障利益诉求、便利化与村改居基础设施建设、平等化与村改居农民的户籍变革需求、尊严化与村改居社区建设需求、交往化与村改居农民的生活方式变革需求、融入化与村改居农民社会支持网络需求等几个方面。至于其他研究内容，将在书中附带说明。

本书研究视角，主要从农民利益观念构成的核心要素入手，以政策、结构和过程三个维度，力图突破学界现有的研究局限，并在农民的利益激励、利益约束及其图景的模型构建方面有所建树，为揭示当代农民的满意度逻辑提供理论和决策支持。政策是现实的直接表现，从政策的维度解析村改居居民的利益诉求类型有利于"问题聚焦"；结构维度主要是针对区域的"地方性知识"，因为利益诉求会受到地域结构的直接影响，宏大叙事性的分析虽能体现出总体特征，但忽视地域文化、地域习惯、地域传统、地域经济、地域政治等方面的特殊性就很难从实质上把握研究结论的科学性；过程维度主要是针对利益的复杂性而言的，因为就个人和社会的关系而言，个人利益随着社会环境的不断变迁而不断变换。

就具体的研究方法而言，本书主要采用以下三种。一是问卷调查法。根据本书指定的长三角区域范围和近郊程度，在浙江的杭州余杭区、萧山区、江干区，杭州经济技术开发区下沙街道、下城区石桥街道及富阳区，安吉市，台州市，宁波的镇海区，金华的兰溪县和嘉兴的南湖区、海盐县，温州瑞安的湖岭镇，安徽铜陵五松镇和淮北刘桥镇，江苏常州和张家港永联镇，上海的宝山区和嘉定区，共选定 27 个有代表性的村改居社区，按照不同研究内容发放两套问卷共 2800 份，有效回收 2252 份。其中，第一套问卷分析的样本是 1252 份，第二套问卷分析的样本在其他各个区域不同。如衙前镇共发放 540 份问卷，回收 513 份问卷，其中有效问卷 495 份；安吉市有效回收问卷 83 份。二是个案访谈法。根据研究的内容，采用结构性访谈和非结构性访谈，共收集访谈代表性个案 43 个。三是比较法。在上述问卷调查和个案访谈的基础上，对这些村落的历史、城镇化过程、利益诉求的主要指标等相关资料进行比较分析，同时完成京津和珠三角及中西部区域等地城镇化资料的二次比较分析。

从调查的总体情况来看，村改居改革的基本要求是：村集体经济已完成股份经济合作制改革，集体土地已基本征用完毕，村庄已全部或大部分完成拆迁，或近期已列入规划需整体征用土地和搬迁，且村民已落实安置计划中的行政村，可进行撤村建居。综上，大致分为三类：一是撤村建居型，村民不改变居住地点，只是按照原有村落集中居住，目前的村改居大部分是这类形式；二是集中搬迁型，将不同村落打乱集中居住，按照小区类型安置，这次调研的主要有 12 个村；三是留村就地城镇化型，住房为统一样式，根据地形按照小组分散居住。

从村改居的改革方式来看，各个村庄大都一致，只是在补偿经费和社区建设经费上略有不同。根据已经收集到的 12 个村改居政府文件，焦点都在村股份经济合作社和公共服务的提供上。对于土地，大部分是征用或由当地政府管理。村改居居民的具体利益诉求，笔者将在下文分别阐述。

第二章

村改居居民生活方式变革的状况与问题

生活方式是一个含义广泛的社会经济范畴，它是指在一定的生产方式基础上，在一定的价值观指导下，人们的物质生活和精神生活活动的形式和条件。物质生活通常指人们的吃穿住用等方面的生活，而精神生活一般指文教娱乐方面的生活。总的来说，生活方式是一种重要的利益形态。

在村改居之前，由于农村实行了30多年的家庭联产承包责任制，农民的独立性、自主性大大增强，个体从集体主义掩盖下逐渐被解放出来，个人利益得到充分展示。但同时这种变化促使农民在国家、集体和个人利益关系认识上出现了偏颇，具体表现为：只管自己，不管集体；只要自己，不要他人；只讲索取，不讲奉献；利己主义、功利主义倾向十分明显。特别是在生活方式上，这引发了个体主义的蔓延，甚至引发了抵触集体公共生活的问题，农民对"共同富裕"的政策也产生怀疑。从这个背景上说，21世纪初，国家在顶层政策设计层面开始实施农村社区建设，在基础设施、村民联系、村落文化、村落公共服务等方面进行精细化改革，力图通过夯实农民的交往基础来重塑农民的生活方式，虽然取得一定的成就，但由于乡村的空心化日益严重，这种努力的效果大打折扣。不仅农民的个体化和原子化问题没有得到彻底解决，而且农民对开放后实施的村民自治主动参与的积极性也呈弱化趋势。农村城镇化是改变农村现有生活方式的重要手段，目前各地根据自身条件开展的村改居建设在一定意义上是满足农民生活方式变革需求，是实现农民生活城镇化、经济收入方式产业化的重要举措，研究农民从村变为居的生活方式变革过程逻辑，有利于揭示农民的利益诉求，特别是交往需求利益的实景。

城镇化是指我国由农业经济向工业经济、农业化社会向工业化社会迈进的过程，中央倡导"以人为本，集约高效，绿色智能，和谐发展"的发展模式并在 2014 年 3 月 16 日发布《国家新型城镇化规划（2014—2020 年）》，为统筹城乡发展、建设新型城镇化、促进城乡一体化提供了政策指导。在城镇化过程中，农民的生活方式首先发生重大变化。可是，谈及城镇化建设时，不论就实践工作还是理论探讨来说，认知上都存在忽视农民生活方式变迁本质的问题。我们对长三角区域 50 余个村的调查，特别是对浙江省嘉兴市、温州市、安吉市，杭州市余杭区、富阳区、萧山区，江苏省常州市、太仓市、盐城市建湖县近湖镇和张家港市永联镇，以及上海的宝山区和嘉定区等地的调查，发现农民的生活方式并没有发生实质性的变化。如浙江省嘉兴市是全国城镇化特别是就地城镇化①的典范，通过当地政府推动的以农村土地使用制度改革为核心的"两分两换"② 这一平台建设，2008～2014 年，其城镇化率从 41% 提升到 75%，收入状况也接近浙江城市收入水平，那么，农民的生活方式变革为什么不明显，甚至有些农民排斥城镇生活呢？这种不变何以影响"人的城镇化"目标的实现？是政策推力、乡愁抑或城市性缺场？本章主要通过上述调查分析揭示就地城镇化中农民生活方式变革的利益影响因素。

一　生活方式研究的缘起及其理论和实践问题

在西方，作为群体现象的"生活方式"研究大致经历了从短语（生活的方式）到合成词（生活方式）的演变过程。

从发生学的角度来看，"生活的方式"研究起源于卡尔·马克思对法国农民的分析。在其著名的《路易·波拿巴的雾月十八日》里，他把生活方式作为辨别阶级的重要特征，指出"既然数百万家庭的经济条件使他们

---

① 就地城镇化是指区域经济社会发展到一定程度后，农民在原住地一定空间半径内，依托中心村和小城镇，就地就近实现非农就业化和市民化的城镇化模式。其主要表现形式：一是人口集聚程度比较高；二是生产方式上实现一、二、三产业联动，并以二、三产业为主；三是享受的公共服务已经达到或接近城镇水平。

② 所谓"两分两换"，就是将宅基地、承包地分开搬迁与土地承包经营权流转分开，以土地承包经营权换股、换租、增保障，推进集约经营，转变生产方式；以宅基地换钱、换房、换地方，推进集中居住，转变生活方式。

的生活方式、利益和教育程度与其他阶级的生活方式、利益和教育程度各不相同并互相敌对，所以他们就形成一个阶级"①，之后其又在《〈政治经济学批判〉序言》和与恩格斯合著的《德意志意识形态》等多篇论述里进行了更为详尽的阐述。根据高丙中的理解，马克思和恩格斯大致在两种意义上使用"生活方式"概念②。其一，生活方式是区别阶级的重要指标。其二，生活方式与生产方式是紧密联系的，而这种联系可以概括为：生产方式决定生活方式，生产方式在更广泛的意义上是生活方式的一个方面。

马克思主义创始人的论述得到了包括凡勃伦和马克斯·韦伯等人在内的认同和继承。凡勃伦在其名著《有闲阶级论》里把生活方式作为阶级地位和尊荣的社会标志，他运用历史社会学的方法，充分展示了生活方式概念对于阶级和社会地位的认识价值和解释力。马克斯·韦伯将生活方式作为社会地位的评判标准，认为社会地位的尊卑是由生活方式的高低代表的，社会地位的范围是由特定生活方式的圈子标志的。与马克思主义创始人不同的是，他认为在方法上可以从生产关系、分配制度角度认识阶级，从生活方式角度认识社会地位，但二者基本的理论出发点是统一的。

从 20 世纪 80 年代开始，生活方式转向合成词，其研究的中心点也发生了变化。如果说从 19 世纪 60 年代到 20 世纪 70 年代短语式研究的基础是将生活方式作为客观的不容改变的阶级或社会地位标志，那么 20 世纪 80 年代后研究则主要从主观的个人认知的角度将生活方式作为群体性风格或文化认同和文化活动的辨别性标志。

中国学界的生活方式研究基本上综合了西方研究的两个阶段成果。从已有的成果来看，20 世纪 80 年代到 90 年代主要是理论引进和梳理阶段。据粗略统计，十多年的时间内，国内各种报刊上发表的论文和研究报告有上千篇，专著十余部③。1981 年于光远发表在《中国社会科学》第 4 期中的《社会主义建设与生活方式、价值观和人的成长》和 1982 年杜任之发表在《社会》第 1 期中的《谈谈生活方式》掀起了中国学界研究的热潮，

① 马克思：《路易·波拿巴的雾月十八日》，《马克思恩格斯选集》（第 1 卷），人民出版社，1972，第 693 页。
② 高丙中：《西方生活方式研究的理论发展叙略》，《社会学研究》1998 年第 3 期。
③ 王雅林：《生活方式研究评述》，《社会学研究》1995 年第 4 期。

之后邓伟志所著的《生活的觉醒：漫话生活方式》（上海人民出版社，1985）、王玉波、王辉、潘允康合著的《生活方式》（人民出版社，1986）、王雅林《生活方式概论》（黑龙江人民出版社，1989）、王伟光等《社会生活方式论》（江苏人民出版社，1988）、刘崇顺《新时代与生活方式》（湖北人民出版社，1986）等构成了这一阶段的主要成就。1988 年以后，"生活方式研究热"开始降温，继续从事生活方式研究的学者转向了生活质量研究和社会质量研究，周长城、张海东、邢占军等进行了大量实证性研究，但不是纯正的生活方式研究，话语体系也发生了变化。从中国学界的研究成果来看，主要有 5 个理论内容和 7 个实践性应用研究。5 个理论内容即关于生活方式的含义及相关概念、关于生活方式范畴的结构和特征、关于生产方式与生活方式两个概念的区别和联系、关于生活方式的民族性和世界性问题及对我国社会生活方式建构目标的表述。7 个实践性应用研究即描述、分析、预测中国社会生活方式的变革趋势研究，对城市或农村生活方式状况组织实施的大型综合社会调查，对不同领域生活方式社会问题的研究，对不同社会群体的生活方式进行的考察，对市场经济条件下文明健康生活方式的建构问题探讨，对我国社会生活方式的发展模式问题进行的研究和对建立生活方式指标体系的研究。

综观上述相关研究，共识主要体现为两点：生活方式是以社会人为研究对象的综合性概念，它探讨关于人的生存发展活动方式的总体结构和模式；生活方式是在一定社会历史条件下形成的人类生活活动形式的总和，是一定客观条件和主观条件相结合的产物。这两个共识是本书探讨生活方式变革因素的起点。但也存在一些问题，如理论的探讨多，具体的研究少；定性的研究多，定性定量结合的研究少；生活方式单项的研究多，全面的研究少。特别是结合重大事件的动态性研究更少，即便有，也大多持批判而非建设性的态度。基于此，本书通过观察和研究把困难和难题显现出来，把里面的制约的因素揭示出来[1]，即为了更好地推进城镇化建设。

作为个人核心生活利益之一的生活方式呈现多面性，它虽然是一种群体现象，但更多体现的是个人利益。因为生活方式覆盖了生活的各个方面，受到他所在的社会群体以及跟其他人之间的关系的影响，许多核心利

---

① 黄平：《生活方式与消费文化：一个问题、一种思路》，《江苏社会科学》2003 年第 3 期。

益塑造了一个人的生活方式，比如家庭、工作、休闲和年龄、性别、民族、社会阶层、宗教等。这就要求对农民生活方式变革因素的研究必须立足于立体化分析。在具体案例描述中，职业素养、收入、生产方式、生活状况、居住方式等成为操作性指标①。

二 村改居居民职业素养转变与其生活方式转型问题

城镇化的发展是一个自然的历史过程，现如今，城镇化水平的高低成了衡量一个国家或地区经济社会发展水平的标准之一。随着我国社会经济的快速发展，农村城镇化成为我国农村发展的必然趋势。大量农村剩余劳动力流入城镇是城镇化发展的必然要求，但是从整体上来说，我国农村劳动者的综合素质与我国当前的社会变革要求不符，而且如今城镇化的发展趋势是高质量发展。作为城镇化过程中的主体，农民各方面的发展水平直接影响城镇化的发展质量，这也就对广大农民的自身素质提出了更高的要求。在城镇化的趋势下，农民的各个方面都会产生不同的变化，职业的转变则是农民变化中最为明显的一方面，而职业转变的质量高低则体现在职业素养水平的高低上。素养是一个很大的概念，包括个人的态度、思想、专业、行为规范、技能等，体现在职场上就是职业素养，体现在生活中就是个人素质或者道德修养。农民的职业素养主要包括职业道德、职业意识、职业行为习惯和职业技能。职业素养的转变与村改居居民生活方式转型密切相关。

职业素养是指人类在社会活动中需要遵守的行为规范，是职业的内在要求，是一个人在职业活动过程中表现出来的综合品质，其最早是由 San Francisco 提出的②。职业道德就是职业所要求的道德准则、道德情操与道德品质的总和，它既是对本职人员在职业活动中行为的要求，又是职业对社会所负的道德责任与义务。职业意识是人们对职业劳动的认识、评价、

---

① 赵定东、张慧：《政策推力、乡愁与城市性缺场：就地城镇化中的农民生活方式变革困境分析》，《社会科学战线》2017 年第 4 期。

② 转引自鲍海君、冯科《隐性职业素养：失地农民培训的关键领域》，《成人教育》2010 年第 4 期。

情感和态度等心理成分的综合反映，包括创新意识、竞争意识、协作意识和奉献意识等。职业行为习惯是人们对职业劳动的认识、评价、情感和态度等心理过程的行为反映，是职业目的达成的基础。职业技能是指就业所需的技术和能力。

村改居居民职业素养转变问题主要有以下几方面。

1. 参与职业培训的主动性不是太强

村改居居民的职业转变是关系到我国城市化进程和整体发展水平的一个重要方面，其职业能力高低又是影响其能否完成职业转变的一个重要因素。其中，职业培训直接影响其职业能力的形成。

我们常说人是最重要的生产力，劳动力是城镇化的一个大资源，但这个资源就像尚未被发现的矿藏一样深埋在地下，不见日月，如果没有被发掘，这个资源就不能叫资源，只能叫潜在资源。要发掘这些资源，只有进行更多的组织、教育和训练。相对于村改居居民而言，政府或企业具有完善的组织系统和教育系统，干部培训班、村支书报告会等，这些系统组织和教育活动显然并没有把村改居居民纳入其中。而且，更重要的是，政府提供的教育与村改居居民的实际生产生活有较大的距离，即使村改居居民有机会接受这样的教育，他们也不易从中获益。正因如此，本书把村改居居民主动参与培训作为一个指标。从调查结果来看，长三角区域各地村改居居民参与培训的主动性不一，如浙江嘉兴和上海参与的比例在44%以上，而浙江富阳、温州和江苏相对较低。其中有区域发展水平和区域发展历史的差异。

村改居是在20世纪90年代以后发生并在2010年以后大力推进的新型城镇化路径。客观来讲，村改居居民职业培训教育尚处于起步阶段，还存在不容忽视的问题。从农民自身素质来看，一是留守农民老龄化问题突出，农业生产后备力量匮乏。随着大量村改居居民转移就业留在城市或从事二、三产业，留居劳动力老龄化严重。以嘉兴为例，非农率在80%以上，留居劳动力中51岁以上的占了71%，平均年龄57岁，老龄化、兼业化现象比较严重，并有进一步加剧的趋势。二是留居劳动力素质低。据统计，嘉兴市农村劳动年龄段内平均受教育时长为8.52年，远低于世界上许多国家平均12年的水平。又如，在嘉兴市农村实用人才数据库中，初中以下文化程度的占全市村改居实用人才总量的75.4%，高中（中专）文化程度的占 13.5%，大专以上的仅占 4.4%。三是村改居劳动力专业技能、经营能力与产业发展需求不相适应。全市有一技之长的村改居实用人才仅占全市农村劳动力的 4% 左右①，具有一定技能和经营能力的专业性人才及具有创业兴业能力的复合型人才、领军人才更加稀少，专业化、组织化、规模化程度偏低，难以适应现代农业发展和新农村建设需要。

更深层的原因是现有培训方式和培训水平的问题。从现阶段村改居居民培训工作来看，有以下几个问题。

一是村改居居民培训缺乏总体部署。目前，许多部门在抓村改居居民教育培训工作，如劳动、教育、农业、民政、科协、科联等部门都从各自的业务出发，为培训村改居居民做了大量工作。虽然各地成立了协调领导小组，但由于各种原因，其并没有很好地发挥协调作用。各部门之间缺乏必要的衔接和配合，没有形成合力，效果不佳。

> 刘女士，39 岁，小学毕业，现在房产中介公司工作。她说："刚开始妇联主任找我，说区里有个帮助农村剩余劳动力转移的阳光工程，现在免费到咱这培训，帮助咱掌握一门技术，我看挺好，也没什么限制，还不用花钱，就去报名了。学了一个多月的蒲草编织（就是用蒲草做各种手工艺品），学会了 80%，现在可以自己独立接活。后来村长又叫我去学旅游，说是民政局组织的。之前我丈夫还被安排参加科协组织的物联网培训。类似的培训太多了。"

二是培训多数还停留在初级阶段。大多数培训以初级技能培训为主，培训层次不够丰富，特别是围绕村改居居民发展职业需求的职业教育和高层次创业培训更少，设置的培训项目大多技术含量不高，就业培训大多数集中在技术要求较低、工作条件较差、劳动强度较大、劳动报酬较低的岗位上，少有培训能培养出现代职业发展需要的人才。

> 王先生，男，35 岁，小学毕业，现为 w 市 s 公司工人。他说："我以前是种地的农民，后来村里（指村支部）有人上我家来问我想不想接受这个培训，不要钱，那时地里也没啥活，我就去了。学了半

---

① 《嘉兴市村改居新型职业居民培训问题》，载《嘉兴市农办调研报告》，2016 年 11 月。

个月吧，有个老师给我们讲一些进城务工的法律啥的，还有一些安全生产法的东西，学完之后考试，通过了给发个证。那时候正好我们这个公司刚开始办，社区就来人联系让我们到这来。我们进来时先要经过单位领导的面试，面试合格了，签订了合同，我们就算正式进公司了。"

三是培训能力不足。教育培训体系有待进一步完善，基地建设相对滞后，实训基地缺乏，优秀师资匮乏，教学手段不够灵活。对培训对象的需求把握不准，培训内容针对性不强、培训方式单一等问题在不同程度上存在。培训质量和效果也缺乏科学的考核评估和跟踪服务。此外，还存在投入不足、"上热下冷"等问题。

2. 对地方政府主办的职业培训期待感表现不一，但整体强烈

众所周知，当前中国的城镇化是政府主动推动的，村改居居民职业转移项目也是完全由国家通过其基层意志载体，即由社区或者相关政府职能部门开展的，村改居居民只是根据一定的市场收益对其进行衡量并选择性地接受它。在整个中国社会中，仍然在很大程度上保留着计划经济时期的"强政府—弱市场"模式。在这种模式下，一方面，政府继续扮演强势的统筹管理者的角色，通过其职能部门和社区实行资源统一管理和分配；另一方面，虽然市场经济已经初步形成，并且市场力量也逐步发展强大，但就目前来看，市场经济规则还不完善，以市场为依托的调解力量还未完全形成。正是由于这些，国家对市场的干预才有了存在的可能性和必要性。随着市场经济的发展，虽然资源配置的方式有了一定的改观，政府的职能范围也在不断地向小而精的方向发展，但是改革还没有真正触及旧有管理体制的内核，政府主导型管理体制仍然盛行。村改居居民对政府主办的职业转移项目期待值很高，"非常必要"和"有必要"的选择人数占据了70%以上。

我也出去打过工，文化程度不够，做别的也不行，只能给人家"卖体力"，我家的地都被征用了，我又没有其他收入来源，政府不管谁管啊。

传统二元城乡差距及户籍制度的长期实行是村改居居民对政府主办的

职业转移项目期待值很高的主要因素。我国的城乡二元社会结构是我国计划经济体制的独特产物，在这种体制下，国家以牺牲农业换取工业的发展。长期以来，国家在一些优惠政策和发展政策上偏向于城市，导致农村居民的职业水平发展严重落后于城市，这种传统的城乡二元差距间接体现在村改居居民进入城市后身份和地位与城市居民的不平等及城市社会对他们的排斥上。绝大部分村改居居民从未接受过系统的职业培训，由于缺少一技之长，外出的劳动者大都从事简单的体力劳动，从事技术工种的很少。但政府举办的各类培训确实解决了部分人的生活来源问题。

> 李女士，42 岁，和丈夫在路边开饭店。"我们社区主任通知我去报名学习，主要是学厨师面点，这个培训没啥限制，只要年龄符合条件就行了。以前这个点就我对象一个人炒菜，我当服务员。我学了半个月后，现在面食都是我一个人做，有时也炒一些特色菜，确确实实让我们学到了一技之长，挺好的。和我一起培训的还有开蛋糕店的、卖饼干的。"

村改居是产业转移与空间迁移同时完成，离农与进城并举，必须充分考虑村改居居民强烈的自发性，通过提升其职业素养，达成其以个人兼业形式进入非农产业工作所必需的要求。

3. 村改居居民职业素养还没有达到"人的城镇化"要求

一般而言，村改居居民文化水平的高低对于其职业素养的高低有很大影响，他们所接受的教育越全面、越开放，那么他们的学习能力、理解能力以及接受能力就越好，在城镇化过程中就能更自如地面对及解决职业生活方式转型方面的问题。同时，文化水平越高的农民在职业转变后也能更好地适应就业市场的需求，而不一定局限于从事劳动密集型产业。

此外，农村的教育与城市的教育相比仍存在较大差距，在城镇化过程中，经历职业转型的这一代人大部分只有小学、初中的文化水平，而造成这一问题的主要原因就是农村教育的投入少。师资力量弱、基础设施差是一般农村学校的共同特点，虽然我国自 2006 年以来在真正意义上实行了九年制义务教育，但是农村的教育质量与城市相比仍有相当差距，部分农村学校只能简单地教学生一些文化课程，而无法提供与时代发展相适应的科技、信息技术等方面的教学，所以农村的学生在完成义务教育以后就难以与他人竞争，其综合职业素养也就落于人后了。

本书针对村改居居民职业素养问题，特别选择了浙江省安吉市作为深入研究的样本①。山川乡是中国竹乡，位于安吉市南端，全乡共有 6 个行政村，43 个村民小组，1639 户，6018 人，行政区域面积 46.72 平方千米。近年来，山川乡注重生态资源保护和合理有序开发，既保护了良好的生态环境，又促进了经济快速发展和社会全面进步，成为全国第一个环境优美乡。全乡 6 个村实现村村生态村、文明村，其中 5 个村成功创建省级全面小康示范村。2016 年，山川乡地区生产总值达到 2.15 亿元，财政总收入 1080 万元，农民人均收入 22700 元，是全国村改居的试点乡镇。根据我们的调查，其职业素养主要有以下几个问题。

（1）抱怨工作，责任感较低

从图 2-1 可以看出，当工作和私事相冲突时，被调查者中有 72.5% 的人觉得处理自己的私事比较重要，更倾向于把工作交给同事、跟老板请假去处理私事。由此可以看出，职业转型后的村改居居民在工作中的责任感偏低。责任感是从事任何工作都必须有的，无论是个体户、在私营单位上班，还是临时工，责任感都是最基本的要求。在图 2-2 中，有 77.5% 的人在工作中有不良现象，最多的是抱怨工作，其次是迟到/早退。在职业道德素养中，很重要的一点就是敬岗爱业，而这些不良行为所反映出来的正是与道德品质中的敬岗爱业这一品质所相反的特征，其中无故请假等行为就是对工作的不负责任。

农民在以前从事的农业生产活动中，没有区分工作与生活的意识，农耕工作与私人生活是紧密相连的，并没有明显的区分标准。在没有把农业生产看作独立职业的情况下，也因此欠缺相应的职业道德，但在职业转变后，村改居居民对于工作的责任感欠缺就可以认为是其职业素养没有达到城镇化要求。

---

① 安吉市（原为安吉县）地处浙江西北部，为湖州市辖市之一。全市总面积 1886 平方千米，常住人口 46 万人，下辖 8 镇、3 乡、4 街道，共 208 个村、社区。安吉市区域条件优越，地处长三角经济圈，是国家首个生态县、省级生态文明建设试点县、省级文明县城、国家卫生县城、国家园林县城和国家可持续发展实验区，是省级联合国人居奖唯一获得县。

直接扔下工作
去处理私事
2.5%

先让朋友帮忙处理，
自己工作结束后再去
27.5%

把工作交给同事，
自己去处理私事
37.5%

跟老板请假去
处理私事
32.5%

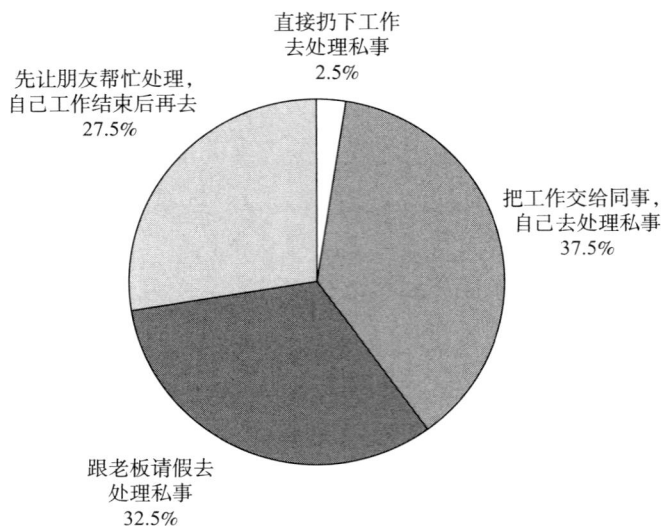

图 2 - 1 工作和私事冲突时怎么做

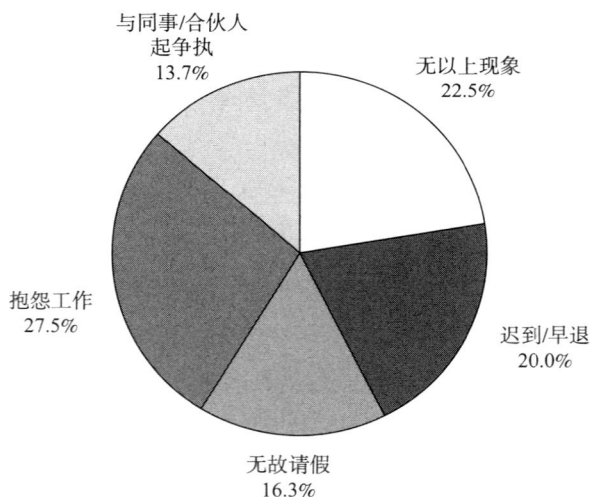

与同事/合伙人
起争执
13.7%

无以上现象
22.5%

抱怨工作
27.5%

迟到/早退
20.0%

无故请假
16.3%

图 2 - 2 工作中最常出现的不良现象

（2）维权意识增强，但道德观念有待内化

从调查结果来看，村改居居民的维权意识还是比较强的。对于工资或货款被拖欠这种情况，只有2个人选择忍气吞声，其他人都选择采取相应的措施。在所采取的措施里，最理想、最符合职业道德的措施是向有关部门投诉，但只有53.8%的人选择会投诉，其他人则选择传统的讨要方式。

选择向有关部门投诉的人大多是 20 ~ 40 岁这一阶段的，所接受的教育也是以高中文化为主，所以法律观念与道德观念比较强，而年龄较大或受教育程度低的人道德观念则较弱。

（3）自主意识较强，但择业观念单一

调查发现，绝大部分被调查者是主动放弃农耕生产的，其中有 25% 的人放弃农耕转变职业的原因是想跟上时代发展的步伐，这说明，大多数被调查者在工作的选择上自主性还是很高的。但是，放弃农耕的最大原因是想要获得更多的收入。被调查者在选择职业的过程中最看重的就是薪酬的多少，其次就是工作是否稳定。他们择业观念单一，比较注重实际需求，较少关注自我发展的需求。这一情况与被调查者的年龄有很大关系，处在 30 ~ 50 岁这一阶段的村改居居民是家庭的主要劳动力，所以在选择职业的时候往往会偏向于工资高及稳定性好的工作，这一因素在一定程度上造成了被调查者择业观念单一，但也有村改居居民的自我发展意识不强烈的原因。

（4）缺少职业规划意识

从问卷调查结果来看，被调查者中有 58.8% 的人制订过职业规划，而仍有 41.2% 的人从来没有制订过职业规划。制订过职业规划的人大部分年纪在 20 ~ 40 岁这个阶段，年龄偏大却制订过职业规划的人存在文化程度较高这一特点。在没有制订过职业规划的人中，66.7% 是因为不会制订，33.2% 是因为根本没想过，剩余的 12.1% 则认为没有必要制订职业规划。由此可以看出，村改居居民的职业规划意识是很欠缺的。山川乡的城镇化发展也有近十年了，村改居居民职业的转变经历了很长一段时间，但是仍有部分村改居居民对于自己的职业没有任何规划。良好的职业规划可以让人有更清晰的发展目标，缺少职业规划就可能使个人的职业生涯变得盲目被动。

（5）创新意识缺乏

对"认为自己最缺乏哪一项品质"一题的调查，63.8% 的人选择了缺乏创新意识；其次是缺乏管理能力，有 18.8% 的人选择；再就是缺乏人际交往能力，有 12.5% 的人选择；而选择缺乏实干精神和团结精神的人只有少数，分别占 3.8% 和 1.3%。由此可以看出，对于大部分村改居居民来说，自我认为最缺乏的就是创新意识，这也是对于村改居居民这类群体来说较难培养的品质，与村改居居民转变职业之前的农耕生产活动有关。

（6）日常职业行为不规范

对"工作中最常发生的不良现象"一题的调查，有77.5%的被调查者在工作过程中有不良的职业行为发生，如迟到早退、无故请假等。在对农家乐的管理人员进行个案调查的过程中，当被问及职员的日常行为是否规范时，他也表示职员的日常行为规范有待提高，虽然老板对于职员的日常工作行为规范都有明文规定，也有相应的处罚措施，但是职员仍没有很好地遵守，迟到早退、消极怠工的现象还是时有发生。由此可以看出，村改居居民在工作过程中的职业行为并不十分规范，这也是职业转变后的不适应造成的。从没有条款约束的农耕职业转变为要求分明的非农耕职业，若没有良好的适应过程，就职者的职业行为就难以达到规范水平。

（7）行为自律性有待提高

对"对于单位或所在工作地方制定的规章制度的看法"一题的调查结果显示，会严格遵守规章制度的人与不会严格遵守的人大致各占一半，在不会严格遵守的人中，大部分是只遵守自己认为合理的制度，对于自己认为不合理的就基本不遵守，还有人根本不在乎这些规章制度。

> 我是农家乐服务员，说到底就是农民，不是城里的线上工人，干吗要制定这么多的规章制度。有客人来的时候我也会认真工作，但农家乐不是时刻有客人来的。不过老板在的时候我会严格遵守规章办事，主要怕扣工资，但在没有人监督的情况下，我觉得不遵守也没有关系。

就职者是否能较好地遵守单位的规章制度在很大程度上取决于其自身的自律性，被调查者不能严格地遵守其所从事职业的要求反映出村改居居民的自律性不高，其往往在监督和惩罚等压力下会较好遵守，而不会自觉遵守。

综上看来，村改居居民的职业素养存在诸如就业观念差、学习观念薄弱等问题，究其原因，主要还是城乡二元分离。因为村改居居民过去长期在农村生活，深受传统思想观念和保守的小农意识的影响，在城镇化快速发展的同时，村改居居民职业观念却没有相应地转变。村改居居民在转变职业的过程中，传统的生活习惯和方式较难改变，并且他们的就业意识薄弱，对职业没有规划。村改居居民习惯了农耕生产的随意自由，对于转型后有规范、约束的工作难以适应，对于工作的追求更多的在于工资高、稳定性高，缺少对自我发展的追求。城镇化后的村改居是焕然一新的，与以前的农耕生活相去甚远，产生了许许多多新的事物，而所有新事物都是需要学习的。在放弃农耕生产后，若想找到一份好工作，那么就要学习文化、技能等，也要学习如何进行人际交往、与人协作等，而村改居居民即使知道自己在这些方面薄弱，却缺乏主动学习的积极性和渠道。因为长期的自给自足的农耕生活使他们的学习观念变弱，难以提高在职业竞争中所需要的职业素养。

三　村改居居民生活收入来源及消费方式转变与其生活方式市民化转型问题

村改居居民生活方式变革的核心取向是实现市民化，即完成"人的城镇化"。城镇化分为数量城镇化和质量城镇化。

数量城镇化即统计意义上的城镇化率。改革开放以来，我国不仅创造了经济高速增长的改革奇迹，还创造了城镇化快速发展的奇迹。1978—2016 年，我国的城镇化率即城镇常住人口占总人口的比例从 17.92% 提升到 57.30%，平均每年新增城市人口 1000 多万人。我国户籍制度的存在导致城乡二元结构根深蒂固，城镇常住人口的比例虽有大幅度增加，但获得城镇户口真正成为城镇居民的人口仅为 36%，二者相差较大，农民市民化迟滞情况严重。城镇户籍人口比例与城镇常住人口比例之间的巨大差距导致目前我国城镇化过程呈现"半城市化"特征[1]。

质量城镇化即社会学意义上的农村人口的市民化。其基本内涵包括四个方面。第一，职业的转换，即农业转移人口的职业由从事农业生产向从事非农生产转换，由劳动力市场上的农民变为工人；第二，地域的转移，即农业转移人口"离土又离乡"，把农民转移到城市集中居住；第三，户

---

[1]　赵定东：《当前我国农民"半城市化"问题及破解路径》，《社会学（智库报告）》2016 年第 3 期。

籍的转变，即农业转移人口由农村户口向城市户口转变，真正实现"农民—农民工—市民"三个身份的转换；第四，素质的提升，即农业转移人口改变传统的生活方式，逐步融入城市的主流社会。在农民市民化的进程中，政府需要保障农民的基本权利，促进农民的广泛参与，给予农民与市民同等的社会待遇和公共服务。其中，前三个方面是农民市民化的外在体现，主要取决于我国社会主义市场经济的发展和相关制度、政策的创新；第四个方面是农民市民化的内在要求，是衡量农民市民化的最高评判标准。

前文具体对村改居居民职业素养进行了深入的探讨，接下来主要对村改居居民生活收入来源、消费方式及生产居住方式转变等方面的问题展开分析。

1. 村改居居民生活收入来源的多样化和非农化是实现其生活方式变革的基础

马克思认为，生产力决定生产关系，经济基础决定上层建筑。经济发展水平的高低直接影响劳动力的流动情况，经济发展水平的差异是劳动力流动的主要原因，追求经济利益是激发村改居居民市民化的强大动力。虽然我国已经成为世界第二大经济体，但不同地区、不同行业之间的发展仍旧不平衡，特别是对于村改居居民而言，其收入来源和生活来源直接决定了其主动市民化的进程。

生活来源是村改居居民在城市立足和生存的最基本条件。在20世纪80年代改革以前，存在城乡之间资源配置的分割，即统购统销政策、人民公社制度和户籍制度这一传统体制的"三套马车"，把城乡资源人为地分割开来，农村生活来源和城市生活来源都具有刚性特征。城市居民在传统体制下得到充分的保障，由劳动部门或人事部门按照整体经济计划和资源配置优先原则为其安排就业和岗位。农村的生活来源主要依靠农业生产。从生活来源而论，二者具有统一性，即依靠自己的劳动获取报酬。

自20世纪90年代以来，城市居民普遍建立了比较完善的诸如城镇职工基本养老制度、城镇职工基本医疗制度、失业保险制度和最低生活保障制度等，建构了生活来源多元化的体系。特别是从城市最低生活保障对象的构成来看，在职、下岗、失业、退休人员和其他困难人员占3/4，其余1/4为无劳动能力、无生活来源、无法定赡养人和抚养人的城镇孤老。农村到目前没有发生根本性变化。村改居居民作为从农村转移过来的特殊群体，其生活来源的多元化直接关系其能否融入城市。

从调查结果来看，村改居居民生活来源呈现一强多弱状态，即主要依靠工资收入，但农业生产是重要补充。我们知道，现有的农村社会化服务体系基本延续了传统体制下的运行模式，涉农服务多部门、多主体的运作特征明显，导致农村基层服务资源分散和细碎化。各涉农部门呈纵向垂直结构运行，部门设置一般从中央延伸到乡镇一级，有的甚至延伸到村，各部门服务沿着这种自上而下的相对封闭管道运行，导致"各用各的钱、各唱各的调"。这些部门之间服务职能交叉，在单一服务项目上重复服务、过度服务，大大增加了服务成本，而在面对综合性的服务需求时，往往单兵游勇式供给，服务效率低下，远远不能满足当前新型经营主体的多样化需求。更何况一些农村服务部门的逐利动机日益增长，竞相选择进入高利润的经营性服务领域，甚至利用其行政权力，在竞争逐利中排挤市场经营主体，使得市场经营主体难以公平地进入农村社会化服务的经营性服务领域，最终导致市场难以在经营性服务领域中发挥配置资源的基础作用。一些涉农服务部门对于公益性服务领域则或以"改革"名义退出，或部门之间"互踢皮球"，造成缺位严重。这就导致农村居民生活来源过度单一化，在村改居居民生活来源的政策没有根本改变以前，这种单一化的生活来源可能会给村改居居民生活方式转变带来阻碍。

2. 村改居居民生活收入来源的多样化和非农化正在成为现实

如前所述，浙江省嘉兴市是全国村改居的典范，其村改居变革来源于其大力推进城乡一体新社区建设①。1999 年以来，嘉兴市的大部分经济指标高于全国水平，综合竞争力排名进入全国 200 个城市前 41 强，各县（市）全部进入全国百强县前 30 强。同时，随着个体私营经济的快速发展和区域特色块状经济的迅速崛起，农民的收入水平和农村集体组织的资本积累有了较大的提高，且呈现稳健的增长势头。截至 2009 年，嘉兴市城市化水平超过了 50%，农业占全市 GDP 的比例降到了 6% 左右，人均 GDP 已经超过 5000 美元，农村劳动力 70% 以上脱离了农业生产，已经进入农业向生态区转移、农民向社会人转移的全面转型时期。当时嘉兴市共有 858 个行政村，17000

---

① 赵定东、王洲：《新型城镇化进程中城乡一体新社区建设的新单位化现象——基于浙江嘉兴市的实践分析》，《华中农业大学学报》（社会科学版）2013 年第 6 期。

多个自然村落，而农村劳动力非农就业和非农收入比例均在80%以上，城乡居民收入比为1.95：1①。与全国相比，其更具备了新型工业化、新型城镇化、农业农村现代化的发展条件。嘉兴市将"城乡一体化战略"作为"十二五"时期的七大战略之一，明确提出"全面深化'十改联动'，扎实推进现代新市镇和城乡一体新社区建设，促进城乡资源合理流动，加快形成城乡区域一体化发展新格局"。截至2019年，全市已经完成"1640+X"规划体系，即1个中心城市（嘉兴市），6个县区市行政中心，40个左右新市镇，376个城乡一体新社区。目前完成集聚"1+X"（47+376）规划点，其中，"1"为新市镇，目前全市有47个新市镇，376个城乡一体新社区。根据嘉兴市新调整的"1+X"村镇规划，"X"的实际数量已经大大多于目前的行政村数量，也就是说，不少"X"布点完成了村改居。通过整合，城乡一体新社区成为嘉兴市广大村改居居民居住生活的重要场所。

调查数据显示，从总体上看，自2007年以来，嘉兴农民的收入水平基本保持平稳、较快的增长态势（见表2-1）。主要特点如下。

表2-1　嘉兴市村改居居民人均纯收入来源结构

单位：%

收入来源 \ 年份			2007	2008	2009	2010	2011	2012	2013	2014	2015
一 全年纯收入	（一）工资性收入		59.5	60.7	60.8	61.3	61.2	63.0	63.8	61.6	61.0
	（二）家庭经营纯收入		35.5	34.6	34.2	33.1	31.3	30.7	30.5	31.5	31.4
		第一产业	18.5	17.4	18.2	17.5	15.7	14.6	14.9	13.8	13.1
		第二产业	5.9	6.8	5.2	5.0	6.0	6.7	6.9	7.9	9.0
		第三产业	11.2	10.5	10.7	10.6	9.6	9.4	8.7	9.7	9.3
	（三）财产性收入		3.2	2.9	3.0	3.1	4.5	3.6	2.5	3.1	3.4
	（四）转移性收入		1.8	1.7	2.1	2.5	2.9	2.6	3.3	3.8	4.2
二 全年现金纯收入			97.1	96.6	97.5	97.1	97.8	97.8	98.5	97.9	98.5
三 全年实物纯收入			2.9	3.4	2.5	2.9	2.2	2.2	1.5	2.1	1.5

资料来源：根据嘉兴市统计局、农经局资料整理。

---

① 嘉兴市民政局：《关于对农村社区建设工作的调研与思考》，2015年5月。

其一，嘉兴市农村居民人均纯收入水平高。嘉兴市农村居民人均纯收入自 2003 年以来已经连续 9 年居浙江省 11 地市首位，远远高出浙江省与全国农民的人均纯收入水平。2013 年，嘉兴市人均纯收入 20556 元，比上年净增 1920 元，增长 10.3%，扣除价格因素后实际增长 8.5%，高出全省平均水平 4450 元，列省内 11 地市第 2 位的舟山（20573 元）之后，略高于宁波（20534 元）；在长三角区域 16 个城市中位居第 4（前 3 位是苏州 21578 元、无锡 20587 元、舟山 20573 元），高出全国平均水平 11660 元[①]。

其二，嘉兴市农村居民人均纯收入持续增长。据统计分析，改革开放以来，嘉兴市农民收入水平除个别年份（1980 年、1998 年）是负增长和低速增长（1991 年、1999 年、2002 年）外，其余年份均呈增长态势。在 1997 年全国农民人均纯收入增幅比上年回落 4.4 个百分点的情况下，嘉兴市比上年增长了 3.72 个百分点。全国农民人均纯收入在 1997~2003 年一直低速增长，没有一个年份超过 5%，2000 年只有 2.1%。嘉兴市在 2000 年率先走出低谷，特别是 2003 年以来，嘉兴市农民人均纯收入已经连续 11 年保持两位数快速增长，名义增长率均高于浙江省和全国平均水平。2000 年，农民人均纯收入为 4734 元，还不到 5000 元，2007 年收入绝对值过万元（10163 元），2013 年收入绝对值超过 2 万元（20556 元）。

其三，收入来源以工资性和家庭经营性收入为主。从农村居民的收入结构来看，收入来源中工资性收入和家庭经营性收入一直是嘉兴市农民人均纯收入的主体，二者之和占农村居民人均纯收入的比例自改革开放以来一直保持在 92% 以上，个别年份占比超过 97%。从农村居民人均纯收入的增量角度来看，工资性收入和家庭经营收入的增长占农村居民人均纯收入增量的比例一直维持在 84% 以上。

从增收轨迹来看，2004 年以前，随着农村工业化和城镇化建设的不断推进，农民转移就业人数快速增加，工资性收入及非农产业收入成为农民收入的主要来源。随着农民转移就业的推进，农民纯收入中的工资性收入比例快速上升，1993 年至 2004 年，工资性收入的比例由 37.02% 提高到 60.38%，提高了 23.36 个百分点，而家庭经营收入的比例则由 57.03% 下降到 34.90%，下降了 22.13 个百分点。但 2005 年以后，农民转移就业基

① 资料来源：笔者据浙江省各市 2015 年统计公报整理。

本达到动态平衡，工资性收入占比趋于稳定。财产性和转移性收入在 2005 年以后分别稳定在 3% 上下和 2% ~ 4%。

3. 家庭教育消费成为村改居居民家庭生活消费的重要部分

子女的教育成为家庭生活的重要部分，教育消费越来越成为村改居居民家庭支出的重要部分。

在采访中，大部分村改居居民说，教育经费在家庭支出中占据了重要部分。

> 原来农民生活中的消费主要包括三大部分，即生活消费、教育消费和医疗消费。以前农民生病住院要花掉好多钱，现在衢前镇的很多村都实行了农村公费医疗，一些钱基本上都可以报了，所以农民现在看病也不要花自己很多钱了。现在剩下的就主要是生活消费和教育消费了，相比之下，教育消费占的比重可能要更大一些。现在小孩子需要用钱的地方太多了，英语补习班、奥数补习班、钢琴班、围棋班……一个月下来要很多钱的。

我们可以从上述谈话中发现，村改居居民教育消费的内容已经从学校内扩大到学校外。一些村改居居民将自己的孩子送去少年宫以及各种业余培训学校，希望孩子能在学习的同时，得到更加全面的发展。这些业余学校的收费标准往往是要高于学校的。以乐器培训班为例，比较普通的价格是每次课 100 元（每次课的时间为 15 ~ 30 分钟不等）。

在短时间内骤然增长的高等教育学费，使得村改居居民的教育成本大大增加。

> 我家目前最大的消费是教育消费。家中有两个女儿，小的女儿还在上中学，花销不是很大。家中的大女儿现在在宁波大学工业工程专业就读，她每年的消费在 15000 元左右。学费每年 6000 多元，生活费每月 800 块左右。我女儿的生活费还不算多的，她的同学一个月花一两千元的也有很多。我一年的收入是 5 万元左右，大女儿就拿走了收入的 1/3，觉得蛮有压力的。虽然我觉得贵，但还是比较值得的。

在我们所做的个案访谈中，95% 以上的家长认为孩子的教育消费在家庭生活消费中占较大的比例。家长们表示，目前高等教育消费的支出让他们觉得家庭负担比较重。同时也表示，只要孩子自己有意愿继续读书，花钱让孩子接受高等教育就是值得的。

村改居居民教育消费观念的变迁还体现在教育消费类别的增加上。中学阶段择校中的"买校行为"就是一个明显的例子。"买校行为"简单地说，就是没有被该学校录取的学生在符合一定条件的情况下，可以选择向学校缴纳一定的费用后在该校进行学习的一种行为。农民中有很多人是赞同"买校"的，他们认为，买进好的学校，可以给孩子一个更好的教育环境，多花些钱是值得的。

> 我上学那会儿，家里的（经济）条件不好，兄弟姐妹又多，家里需要劳动力，就让我下地干活了。我连小学也没有上完。哪里会像现在，家家经济条件都好了，只要你肯读书，家里给你花多少钱都不心疼。就算你没考上好的学校，家长花钱也要让你去好的学校读。"买校"这个到底对不对、好不好，我也说不准，不过我倒是不反对。给孩子创造个好的学习环境总没错吧！现在和过去完全不一样了，过去是只要你吃饱、没病，爸妈就开心了，不会去管你学习的。现在的家长就不一样了，对学习更重视了，也舍得花钱。我认为，以后家长对孩子的教育投入会越来越大的，教育消费在生活消费中所占的比例也会越来越大的。

从以上几个方面可以看出村改居居民对于子女教育的关注和投入。绝大多数家庭为了子女的教育可以不计成本、牺牲自我。

四　村改居居民生产方式和生活习惯转变问题

就生活方式转型而言，如果说职业素养转变是基础，生活来源及消费方式转变是外在表现，那么生产方式的变革就是内核，而生活习惯的改变则是内在表现。生产方式的变革又主要体现在产业结构的变迁上，因为只有产业结构发生变化，才能带来生产方式的变革。生产方式是人类社会赖以生存发展的基础，是生活方式变革的前提。

1. 村改居的产业结构是工农并重

我国要发展城市化，土地征收是必经过程，是符合我国经济发展的必然规律。一定程度上，产生失地农民也是必然现象。随着工业化、城市化的快速推进，我国城市用地需求急剧增长，大量城市、城镇周边农用土地被征收，越来越多的农民失去赖以为生的土地，他们已经或者即将成为失地农民，成为"种田无地、就业无岗、社保无份"的"三无"人群。在村改居之前，农民收入主要是来自土地的收益，这是农民最基本、最可靠的经济收入来源。土地的收益对于农民来说不仅是一项普通财产，更是一笔价值极高的财富，是家庭致富的资本，更是他们赖以生存的基本。因此，对绝大多数农民来说，土地是他们最基本的就业岗位依托。但村改居之后，村改居居民的产业形态必然发生变化，这是他们进入城市的必要条件。

从调查结果来看，虽然调查的区域差异性比较大，但结果几乎一致。农业生产已经不是最主要的支柱，工业生产在个别地方的占比已经达到70%。因为工业生产是有严格的规章制度、严谨的工作程序的，它与农业生产的随意性不同。即便是现代农业生产，村改居之后，居民从农民转为农业工人，其产业形态也会发生巨大变化。

以嘉兴市为例。嘉兴市现有 64.25 万户农村家庭，242.06 万亩耕地，150 万名农村劳动力。生产方式有家庭承包经营、合作经营、农业龙头企业带动经营、市场流通带动经营型、休闲观光农业经营型等，其农业产业发展的主要特点与传统不同。

家庭承包经营型。据农经部门统计，截至 2015 年底，嘉兴市农村有承包经营户 58.19 万户，其中约有 27.17 万户（占 46.7%）的农户是以单个农民家庭的自由小生产者方式生产经营，主要依靠个体农民的个人信用开展农业生产经营活动。

家庭农场经营型。这是在家庭承包经营基础上发展起来的，核心是在稳定家庭经营的同时，通过多种方式，按依法、自愿、有偿的原则，将一部分土地向专业大户集中，流转到懂市场、会经营的家庭农场主手里。家庭农场需要在工商部门注册，并受工商、税务和农业等部门的监督和管理。据调查统计，嘉兴市在工商部门注册的家庭农场超过 1000 家，在农经部门备案的家庭农场有 515 家。2013 年，嘉兴家庭农场实现销售收入 5.96 亿元，利润 1.18 亿元，平均每个家庭农场的销售收入和利润分别为 115.7 万元和 22.9 万元，家庭从业人员年均净利润达 8.1 万元，高于普通农户的平均收入水平。

农业龙头企业带动经营型。目前嘉兴市已培育市级以上农业龙头企业 229 家（生产加工型企业 207 家，市场型企业 15 家，中介型企业 7 家），其中省级以上骨干农业龙头企业 32 家，农业产业化国家级重点农业龙头 4 家。207 家生产加工型农业龙头企业资产总额达到 155 亿元，实现年销售收入 253 亿元。如浙江虹越花卉有限公司等已成功上市。生产加工型农业龙头企业以"订单"方式联结基地和农户，形成了"公司 + 基地 + 农户"的产业化经营模式。如海盐县的青莲食品股份有限公司，通过"龙头企业 + 专业合作社 + 农户"的产业化经营模式，把生猪产业的产前、产中、产后环节有机地结合起来，形成龙型产业链，实现专业化生产、一体化经营。南湖区凤桥绿叶蔬菜专业合作社同样采用"合作社 + 公司 + 基地 + 农户 + 订单"的模式经营，目前拥有社员 183 人，中心基地 302 亩，标准化基地面积 200 亩；收购农产品场地 1650 平方米，冷库 3700 立方米；辐射农户 8000 多户，面积 10000 多亩。2013 年，组织收购、销售社员种植的青菜心、莴笋等各类蔬菜 4387.65 吨，全年实现销售收入 1075.23 万元。

市场流通带动经营型。以蔬菜、水果两大市场为例，水果市场中地产水果比例为 8%，蔬菜市场中地产蔬菜比例为 25% ~ 30%。嘉兴市水果市场经过 20 多年的发展，已成长为集果品包装加工、批发配送、零售连锁于一体的大型水果批发市场，主要交易辐射浙江全省及江苏、安徽、江西、福建、山东、上海等省市。2015 年市场统计交易额 90 亿元，同比增长 30.5%，交易量 157 万吨，同比增长 15.4%，是长三角区域交易规模最大的果品集散中心市场。为服务本地果农，水果市场推进"果农 + 专业合作社 + 基地 + 市场 + 品牌"的运作模式，带动水果生产专业合作社的梨、葡萄、西瓜、桃等水果种植面积 1.8 万亩，带动嘉兴市果品基地 15 万亩，带动嘉兴市农户 70000 户。已建设省级示范社 1 家，区、市级规范社各 1 家，注册商标 3 个，市级名牌产品 2 个，建设省级无公害水果基地 2 个。市场地产水果交易量 17.86 万吨，交易额 6.6 亿元，同比分别增长 2.75% 和 5.6%。其中，主要交易品种为西甜瓜、葡萄和梨，其他品种还有桃、草莓、甘蔗等。嘉兴市种植的葡萄已远销江苏（扬州、南京、苏州、昆山、常熟、无锡、连云港、徐州）、安徽、上海、福建（漳州）、广东（东莞）、山东（临沂、青岛）和东北三省等地区。

休闲观光农业经营型。嘉兴市充分利用长三角中心地带的区位优势，立足平原水乡特色，引入现代旅游理念，充分发挥农业、旅游两个行业的优势，拓展农业功能，弘扬农耕文化，发展农家乐休闲旅游业。目前，嘉兴市已发展休闲农业园区 84 个；市级以上农家乐特色村（点）118 个，市级农家乐旅游服务质量三星级经营点（户）116 个；省级农家乐特色村 14 个、特色点 28 个、省级四星级经营点（户）11 个。全市 84 个园区提供就业岗位约 3600 个，平均每个区（点）约 42 个，平均每个农户年收入 3.45 万元。从业者多数为当地农民，特别是失地的中老年农民，他们的身份由原先纯粹的农民变成了现在的园区产业工人。休闲观光农业发展为他们创造了就业新天地。农旅结合使传统农产品变成了旅游商品，身价提高；游客参与农事活动，获得了体验的快乐，也降低了农户的生产成本，增加了农户收入。

2. 居民主要生活习惯呈现出传统与现代并存的特点

从狭义而论，生活方式是人类生存发展的一种交往方式，主要是指人们个体或群体日常生活中的习惯行为，包括饮食习惯、衣着习惯、运动习惯、作息习惯、交流习惯等所有的生活习惯。

（1）分散居住型的村改居居民生活

本书以嘉兴市分散居住型的村改居居民生活状态为考察对象。例如，我们在嘉善县姚庄镇姚庄村里随机访问一农户。户主为男性，年龄 72 岁，妻子 74 岁，有 3 个女儿。大女儿招的上门女婿，两人均在附近工厂打工，午饭也在工厂食堂吃。二女儿家种植大棚蘑菇。三女儿 19 岁，打工。村里许多村民已经通过"两分两换"获得了新居，但这位老人不去。他认为新居楼层高，老人腿脚不好，上下楼不方便，车库又不适合老人居住，再加上生活习惯等原因，还是喜欢住老屋。他平时生活简单，白天在承包地里干活，晚上早早休息。

分散居住型的村改居居民生活方式一般比较单一，观念比较传统。具体表现在以下几方面。其一，是生产方式单一。他们的收入来源主要有两部分：一是纯农业收入，二是非农业收入（例如在工厂打工的收入）。嘉兴市大多数农民以非农业收入为主，但是主要还是局限在第一产业和第二产业。其二，是投资方式单一。他们基本没有现代投资理念，剩余资金主要是存入银行。其三，是消费结构单一。在消费观念上，勤俭持家是我国农民的传统美德，一般农户消费去农贸市场，很少去高档的消费场所，农民消费结构中食品所占的比例最大，村改居居民收入的提高与生活水平的提高不一定成正比。其四，是文化生活单一，宗族邻里观念强。农村邻里之间多有同姓兄弟、叔伯之亲，他们更注重义气亲情。遇有大事小情，邻里之间经常互相帮忙照顾。由于宗族观念根深蒂固，农村重男轻女思想仍然存在。文化设施较少，村改居居民在农闲时一般看电视，也有人从事赌博、迷信等活动。另外，农村的医疗、教育设施相对落后，信息相对闭塞，影响了居民生活质量。同时，虽然农民普遍有通过读书求学成为城里人的想法，但是很多家长仍然对子女的教育不够重视。

（2）村改居居民新社区生活

本书以村改居新社区居住的居民生活状态为考察对象。例如，嘉兴市南湖区凤桥镇"1+7"城乡一体新社区布局，即1个新市镇社区、7个城乡一体新社区，规划总户数10888户，总人口36449人，总建设用地323.97公顷，户均建设用地298平方米。其中，永红村的永红社区规划用地23.21公顷，规划户数698户，人口2337人，目前已集聚村改居居民145户。在永红社区清香园一期，我们看到已建住房36幢，入住村改居居民63家，成立了小区管委会。社区建有属于国家项目的秸秆沼气示范工程，免费为村民提供生活燃气，生活污水采用集中式污水处理池处理，小区道路上有太阳能路灯照明。社区建有700平方米的公共事务中心，可为新社区居民举办婚丧酒席，还有1500平方米的休闲健身广场，可以丰富新居民业余文化生活。

对搬入新区的住户实施双重管理。新社区偏重生活管理，村里偏重生产管理。在生产方面，由于住户分散在周边各新社区，一些政策的宣传、传达是社区协助村委会帮忙的。双重管理只是过渡阶段，最后由社区管。村改居居民对于搬迁的看法是居住环境改善了，干净了，交通也方便了，但新社区离承包地较远，劳动不方便。另外，居民开支增加，在乡下能种点菜，在新社区找不到工作或工资较低，生活负担就加大了。通常60~70岁的老人想待在农村，但为了子孙结婚需要新房，就搬了。

　　较分散居住型的村改居居民的生活有了较明显的变化。一是生活环境的变化。从分散的村落组织到集中的居民小区，生活环境发生了巨大变化。例如，垃圾处理统一化，治安管理规范化，绿化种植花园化等，优美的生活环境提高了生活质量。二是生活质量的提高。青壮年都有自己的就业门路，老年人冬天晒太阳，夏天乘凉，三五成群，或唠家常，或打牌、搓麻将，娱乐活动丰富多彩。在集中居住的居民小区，建设娱乐设施、锻炼器材更为方便、安全。此外，社区的医疗、教育环境有所改善。三是生活理念的变化。文化娱乐、教育、医疗保健、体育等各类活动开始得到关注和重视。

　　（3）拆迁安置型的村改居居民生活

　　本书以城乡接合部和拆迁安置村改居居民的生活状态为考察对象。例如，嘉北街道阳海社区由 3 个小区组成。北区主要是 7 个村搬迁过来形成的，南区是一个正在开发的高档小区。北区 3274 套房，1352 户长住户，1361 户在住户，住房出租率较高，一半住房被用来出租。由于是拆迁小区，居民彼此较熟悉，社区管理者由选举产生。刚搬入的居民往往带着原有的习惯：乱扔垃圾，随意毁坏草皮改种蔬菜等，甚至养鸡、鸭等。居民生活来源方面，达到退休年龄的人每月有 800 元左右收入，另有部分居民有出租收入。居民对搬入新区比较满意。

　　社区组织的活动为居民沟通提供了平台。我们的调查组正好碰上每季度举办一次的老人生日聚会，大家一起吹蜡烛、吃蛋糕，听一些知识讲座或看戏，彼此聊聊家常。活动拉近了社区与居民、居民与居民之间的距离。调查发现，社团组织类型多样，如周五合唱队、戏迷组织、排舞队，年龄层次各不相同。维权小组也发挥了极大作用，如由一位退休阿姨组织，为一位 70 多岁的老人讨回了 2000 多元货款。

　　嘉北街道阳光社区由阳光小区、西区、南区组成，70% 为农村拆迁户，共 3000 多人。社区服务中心由街道投资 60 万元建成，有健身室、舞蹈室（排舞、乐器、戏剧活动中心）、美术室、会议室、老年餐厅（早上喝茶免费，中午提供 5 元一份的快餐，并提供老年人交流场所）以及老年日托室等一些为老年人服务的设施。这些设施或免费，或象征性收费。在参与活动的老人中，60 岁以上者 1000 多人，来社区活动的老人逐渐增多。

　　城乡接合部的村改居居民生活情况有所不同。以嘉北街道南淘浜村为例，11 个村民小组中有五个半小组已征迁，该村还有 202 户共 602 人为农业人口，另有近 4000 人的流动人口租住本村。村改居居民收入主要来自出租房屋，每月房租收入多的有 5000～6000 元，少的也有 2000～3000 元，再加上打工收入，村民收入不低，但环境卫生、治安状况差些。已征迁的 1000 多人已转非农户口，养老金每月有 700 多元，其他年龄段的人有每月 100 多元的失业补贴。村民对新村搬迁态度不一：从卫生环境来看，新居好；但从外来人口租住的收入来看，还是不搬迁好。

进入城市后，村改居居民的生活体现了复杂多样性，具体表现在以下几点。一是生产方式的多样性。失土农民在现实面前不得不另谋出路，于是他们八仙过海、各显神通，深入各个行业——交通、餐饮、旅游、环卫、建筑等，收入来源多种多样。二是投资方式的多样性。城市社会因其信息、交通等优势，投资渠道多种多样。有一定知识水平、胆识谋略的人将多余资金投入房地产、证券股票市场。三是消费结构的复杂性。与拆迁之前相比，城市生活新增物业、燃料等费用，而且水电、教育、交通等费用增加，消费结构日益复杂，使村改居居民的消费理念发生变化。四是文化生活的多样性。城市作为文化中心，各类文化设施齐全，各小区也都建有棋牌室、健身房等设施，村改居居民的业余活动就有了更多的选择。从农民到市民的转变，最大、最难、最深刻的莫过于思想观念。虽然还有很多旧的痕迹，但我们也看到了人们生活理念的悄然变化。例如，在农村，一些家长对子女的教育不够重视，他们认为实在不行还有门前的"一亩三分地"；但到了城市，就业的压力迫使他们对教育加大投入，因为知识水平的高低直接影响未来的工作出路，这个前有所述。

3. 休闲方式朝个体化方向发展

近年来，对休闲行为的研究逐渐增多，大多数是针对高收入、高学历群体。随着城镇化研究的不断推进，从不同的视角考察村改居居民的休闲方式也是研究其生活方式变革的重要指标。

我们知道，看书、看报不同于看电视、听戏曲，它是通过文字阅读接收外来信息，并与个人的感受产生共鸣，它不是感性的认知，更多的是理性的思考。因此，它是将居民与外界联系起来的重要途径，是避免居民个体化和原子化的重要手段。但从我们的调查来看，不喜欢看书、看报的村改居居民占 67.6%。当然，这里面的因素可能很复杂，如村改居居民文化程度不高、缺乏可以阅读的书报、农闲时间不多等，但从村改居居民生活方式变革的角度而言，如果他们没有自我思想的觉醒，没有自我管理意识的形成，没有对外界事物变化的思考和感知，仅仅靠自上而下地灌输和引导，就只能导致村改居居民生活方式变革的虚假性和外表性。

电视节目作为我国普及率最高的大众传媒，是现代性传入乡村、影响乡村居民生活的一种最有效的途径。电视媒介让村改居居民有更多机会了解外面的世界，感受与自身生活相异的文化和生活方式。调查发现，村改居居民在休闲时大多选择看电视，比例占到 68.7%。很遗憾的是，我们的调查指标中没有列举电视节目的相关内容。但在访谈中，我们发现村改居居民喜欢看的电视节目大多是连续剧之类的，对于国家和经济社会发展的政策之类的节目并不感兴趣，认为"不关我们的事"。这里我们不重点讨论这个问题，类似的问题将在后面部分重点探讨。

一般而言，打麻将是村改居之前农民打发闲暇时间的最主要方式，相比上网、看电视、听广播及看书、看报，打麻将是一种消极的集体活动。在一般的分析中，我们往往将打麻将视为赌博、堕落的一种无聊活动。当然利用麻将赌博这种行为肯定需要制止，但除去赌博，其实打麻将还有很多正向功能，诸如有利于加强村民之间的群体性联系，有利于互通信息，有利于村民心态的放松，等等。笔者在本次调查中发现，村改居居民中不喜欢打麻将的占 96.5%，说明作为"国粹"的麻将在村改居中根本没有市场。

在过去很长一段时间里，人们曾把旅游与物质生产对立起来，认为旅游是一种非再生产性的活动，消耗物质生产资源，是一种浪费。特别是勤劳而又淳朴的农民，对于旅游非常陌生，很少有机会出去旅游。从中国的消费传统来看，一直是物品消费占绝对主导地位。长期以来，仍然是衣、食、住、用这几大项，特别是衣和食占主导地位。至于玩（娱乐与旅游），人们似乎觉得无关紧要，总认为这是一种铺张，即使是有支付能力的家庭，真正安排自费外出旅游的也并不太多。在过去很长一段时间里，农民都被束缚在土地上，很少出去走走看看。自 20 世纪 80 年代以来，农民旅游市场得到开发，可是我们所调研的农民出游率依然不高。相关部门和旅游企业对农民旅游宣传少，主要是城镇居民出去旅游，农民还在充当边缘角色，有些先富起来的农民想外出旅游却不知道该怎么去，该去何地，旅游过程中的吃、住、行等应如何安排。农民旅游总量不高，农民旅游发展处于初级阶段。

新林周村的朱大妈说：

> 以前日子过得那么苦，哪会想到旅游啊，别说去，想都不会想啊。大家都是先把肚子填饱了，不为吃发愁就好啦，哪能和现在比啊。现在日子过好了，有时间的话就可以出去走走，玩一下，看看风景啊。

随着经济社会的现代化，人们收入水平不断提高，闲暇时间增多，旅游消费不再是少数富人的奢侈品，开始进入平常百姓家。农民旅游也逐渐成为一种新时尚，得到很大的发展。每逢节假日，尽管众多旅游景区"人满为患"让不少人望而却步，但依旧有更多的人乐于在节假日外出，享受大自然的乐趣。

村改居居民闲暇生活的限制性条件主要是经济因素、空闲时间和闲暇活动设施与场所。目前，多数村改居社区基础设施虽然有很大改进，但仍然不健全，各类文化设施较少，不能满足村改居居民的需求。很多社区没有公共图书馆、文化活动室和娱乐设施。看电视依然是广大村改居居民的主要消遣方式。

4. 村改居居民居住方式变迁为其生活提供了坚实的基础

从抽样调查结果来看，除了极少数（占比 2.6%）的居民由于土地拆迁补偿、房屋改建及中心村建设安置、宅基地置换等原因暂时没有自己的住房外，受访村改居居民普遍拥有自己的宅基地住房，住房面积主要在 51 ~ 200m^2，其中 26.9% 的家庭居住面积在 51 ~ 100m^2，30.0% 的为 101 ~ 150m^2，17.9% 的在 151 ~ 200m^2。实际上，受访村改居居民家庭居住面积通常计算的是一层居住面积，若以普遍性的三层来计算，则实际居住面积要大得多。总之，新时期的村改居居民居住条件朝舒适、安全和享受型方向发展，为村改居居民的舒适型生活方式提供了坚实的基础。

综上所述，村改居居民生活水平在不断地提高，村改居居民开始注重生活质量的改善，而生活质量的改善也推动着村改居居民生活方式的转变。但笔者在调查中也发现，村改居居民的收入、生产和生活都还存在一些问题。如村改居居民收入方面存在收入差距拉大及结构限制等问题。工资性收入已经成为村改居居民收入的主要来源，但占比快速增长的趋势受到抑制。随着村改居居民转移就业的推进，其纯收入中的工资收入比例快速上升，家庭经营性收入比例呈下降趋势。工资收入占比基本稳定在 60%~64%，成为村改居居民收入的第一来源，但是其扩大趋势明显受到抑制。财产性和转移性收入分别稳定在 2% 和 4%，且收入水平差距明显。以嘉兴市为例，村改居居民中 20% 的高收入人群人均纯收入为 35637 元，20% 的低收入人群人均纯收入为 6699 元，两者之比为 5.32:1。

综上可以发现，村改居居民基本上处于"半城市化"状态。

五　本部分的小结和讨论

从上述的事实描述可以看出，城镇化确实带动了村改居居民生活方式的变革，但也有一些明显的问题，如果从政策、过程和结构的维度来判断，政策推力、乡愁抑或城市性缺场都发挥了不同的功能，但效用不一致。

1. 对政策推力的反叛是影响村改居居民生活方式变革的主要外在动力

众所周知，市民的生活方式不同于农民的生活方式。一般的分析认为两种生活方式的差异主要是由居民职业分化造成的；居民职业不同，其空闲时间、劳动收入、生活需求都不一样，从而造成不同职业群体在生产方式、消费方式、休闲方式、交往方式上的种种差异[1]；还有学者认为，农民的转型是一个渐进的过程，并不是随着居住形式、户籍身份的转变而自然转型为城市居民[2]，但也要看到城镇化后的村改居居民在生活方式、文化心理、思想观念等方面完成的不同转型进程，其实质就是村改居居民市民化迟滞问题，这种迟滞问题将对经济和社会都产生重要影响，且不能简单地用城镇化的"时序"来解答，必须寻找更为深层次的原因。

于此而言，"政策推力"就成为探究这种现象发生的一个重要考量因

---

① 谷中原、朱茂静：《不同职业群体农民生活方式的差异——基于四川省 Y 镇的调查》，《湖南农业大学学报》（社会科学版）2012 年第 2 期。

② 苏燕平、王建敏：《撤村建居后"农民"社会交往状况分析——以杨凌示范区 W 小区为例》，《中国市场》2015 年第 21 期。

素。众所周知，社会政策是一个结构完整的理论系统，整体而论，社会的
进步和发展除了经济因素外，是社会政策作为整体，其各部分彼此协调、
相互作用产生综合效应的结果，在适应社会变动的动态发展中，特别是每
当社会政治经济制度发生新的变更和社会处于转型过程中时，社会政策的
重要性就会凸显出来。对于以利他性规范为主要内容的社会政策的含义，
学界有不同的理解，因而产生了对其研究的不同路径。概括说来，到目前
为止，对社会政策的各种理解基本可以分为两个类别：一是对社会政策的
狭义的解释，即社会政策包括的具体内容主要是对国家有关政策和项目本
身的解释；二是广义的解释，即对社会政策的理解不仅仅是对国家或政府
既有社会政策的解释，还包括对可能和应该的社会政策的思索①。在这种
背景下，社会政策的研究呈现三种不同的研究维度，即静态论、动态论和
实践论。静态论关注政府的主体地位，认为社会政策包括了社会保险、社
会救助、住房政策等，它以蒂特姆斯、沃尔克尔等为代表人物。这一研究
视角主要是对政策本身的解释。动态论认为，社会政策不仅属于政府行
为，更重要的是它反映了不同社会群体在资源和社会关系等方面的分配结
果，而左右社会政策产生不同结果的是社会经济及政治部门的制度安排。
社会政策的意识形态及国家目标投入是起重要作用的②。这一视角主要关
注社会政策的结果及产生这种结果的社会根源。实践论认为，社会政策是
一定时期、一定区域内的各种社会力量为解决社会问题协调的结果，是只
能放在特定社会环境中来理解的政治过程③。这一视角更多地把社会政策
合法性作为研究的重点。

　　但无论如何，政策作为主文化的权威性是学界公认的事实。这里要指
出的是，中国的社会政策具有国家拥有直接支配权力、具有明显的传统社

---

① 狭义的解释一般是列举出有关的政府政策，同时说明这些政策与公民福利有关。如汤
　姆·伯登认为，"社会政策与国家干预的形式有关，而国家干预影响着人们生活的社会机
　会和条件。社会政策研究通常集中于诸如教育、社会保障、福利和健康服务、住房提供
　等干预领域"。广义的解释，学者之间存在巨大的分歧。如英国的米沙拉认为，"社会政
　策这个术语的使用，在一般意义上涉及与需求有关的社会行动的目的和目标，以及这些
　需求被满足的结构模式和安排"。还有，美国的瑞恩等也有不同的认识。详见杨伟民编著
　《社会政策导论》，中国人民大学出版社，2004，第46～54页。
② 王卓祺、雅伦·获加：《西方社会政策概念转变及对中国福利制度发展的启示》，《社会学
　研究》1998年第5期。
③ 杨团：《社会政策的理论与思索》，《社会学研究》2000年第4期。

会思想路径依赖、过度关注功利性且政策之间非连贯性等四个特点，虽然其作为推动城镇化的政策，在推动农民进城及改变农民生活方式方面确实发挥了无可代替的作用，这在前述的调研材料中可以清晰地看出，但在一定意义上，其并没有完全切合农民的自身利益。更何况，历史上国家"大传统"与地方"小传统"之间的张力一直存在。这种"持有异议的亚文化"对外是一种反抗权威的力量，起到保护地方利益的作用；对内则是一种地方"道德观念"，是农民群体凝聚力的来源和生活意义的源泉①。这种反权威的亚文化在农村是普遍存在的，只不过在今天的农村，这种亚文化已经逐渐异化为一种"单向度的策略文化"，即只保留了个体巧妙地反抗权威和维护个人利益的策略性成分，而失去了保护地方共同体利益以及维持内部团结的功能。这是当今农村城镇化过程中部分农民对城市化后的生活方式不愿意或者迟滞变革的一个重要根源。我国当前的农民城镇化问题已经不是纯粹的经济问题，而是文化问题；不是纯粹的生产方式问题，而是生活方式问题。在我国部分村改居居民收入不可能得到迅速提高的情况下，站在这些村改居居民主体立场上的城镇化应该从社会建设和文化建设政策方面为村改居居民提供更多新的认同依据，努力构建一种与其生活水平相适应的社会生活方式，切实尊重他们的真实愿望，不可"一刀切"地强行完全城镇化。

改革开放以来，伴随城乡一体化的加快，中国农村进入了生活共同体构建的新的转型时期，"尤其是东部相对发达的地区正大力推进合村并居，通过旧村改造和撤村并居等形式进行新农村社区建设"②。随着合村并居工作的广泛展开，许多地方出现了大规模的"造城运动"，村落数量快速减少，而新建的集中化楼房居住区大量涌现。从全国来看，行政村（村民委员会）的数量在1990年时多达100万个，此后数量明显减少，2000年有73万多个，到2010年减至59万多个③。据预测，我国到2020年城市化率

---

① 詹姆斯·C. 斯科特：《农民的道义经济学：东南亚的反叛与生存》，程立显、刘建等译，译林出版社，2001，第239页。
② 林聚任：《村庄合并与农村社区化发展》，《人文杂志》2012年第1期
③ 中华人民共和国国家统计局编《中国统计年鉴2011》，中国统计出版社，2011，第864页。

将接近 60%，比 2010 年提高近 10 个百分点①，这意味着"未来 15 年内将有大约 1.5 亿农村人口转变为城市人口，因此大量的村落将走向终结"②。村改居未来将成为中国农村向城市过渡的主要基层社会组织和生活共同体。毫无疑问，这种新社区的规划和建设正如学者所总结的："社区制的建设将是我国农村基层组织与管理体制的第三次重大变革。"③ 村改居将为新居民精神共同体的形成确立相对稳定的空间地域。

2. 乡愁的魅力构筑了城镇化居民生活方式不变的主要内在根源

一般的分析将农民市民化严重迟滞的原因归结为四个。一是城乡分离的户籍制度派生出的城市就业、社会保障、教育、住房等制度都将农民排斥在城市资源配置体系之外，城乡发展机会不均等导致农民进城上楼的主动性不足。二是农民自身禀赋条件的限制，农民人力资本低、技能缺乏，致使其城市生活能力不强；思想观念和心理素质差、农村生活陋习难改，致使其对城市社会文化融入困难；低层次的初级社会网络关系、社交圈子有限，阻碍了其在城市的进一步发展。三是农民城市融入机制缺乏。国家长期实行城乡二元体制，造成了"农民"和"市民"身份的巨大差异，阻碍了农民的城市身份认同，进而导致农民对城市社会的信任度降低。四是巨大的制度变革成本，致使地方政府的动力受到压制④。可以看出，这些分析没有认真探讨乡土传统的影响力。

乡愁是中国乡土社会的最典型体现。乡土社会是费孝通在对乡村社区的经验考察基础之上所做的理论总结，他说，"从基层上看去，中国社会是乡土性的。我说中国社会是乡土性的，那是因为我考虑到从这基层上曾长出一层比较上和乡土基层不完全相同的社会，而且在近百年来东西方接触边缘上发生了一种很特殊的社会"⑤。乡土社会理论高度凝炼了中国传统乡村社会与文化的经验事实，为理解乡村社会结构及乡土文化功能提供了一个重要框架，让我们可以把较多的乡村社会现象和问题置于这个框架之

① 蔡昉主编《中国人口与劳动问题报告》（No. 11），社会科学文献出版社，2010。
② 林聚任：《村庄合并与农村社区化发展》，《人文杂志》2012 年第 1 期。
③ 戚学森主编《农村社区建设理论与实务》，中国社会出版社，2008，第 2 页。
④ 赵定东：《当前我国农民"半城市化"问题及破解路径》，《社会学（智库报告）》2016 年第 3 期。
⑤ 费孝通：《乡土中国　生育制度》，北京大学出版社，1998，第 6 页。

中加以分析和认识。

乡村社会的特质集中体现在三个方面：一是村落共同体；二是熟悉关系；三是情感与道义联系。乡村社会的存在和延续是以村落或村庄为物质基础和空间载体的，就物质形态和空间形态而言，乡村社会就是由一个个村落或村庄构成的。如果没有村落，乡村社会也就无从谈起。所以，村落或村庄是乡村社会的核心标志。乡村居民聚村而居，共同分享一定边界范围内的资源，在一定边界范围内共同生活，并对这一边界范围内的人有着认同心理，也就在此基础上形成了村落共同体。村庄不仅是一种区域性的社会空间，也是一种社会生活共同体。作为一种共同体，村落有地域的共同性，即村民聚居在这个共同的地方已有历史的延续性。此外，村落也有社会经济与文化心理的共同性，也就是指村民在生产生活与文化心理上有着密切的互动和联系，因而具有许许多多的共同之处。

村落共同体的维持、延续和变迁为乡村社会结构特质的形成奠定了时空基础。正是因为村落共同体内的各家各户长期生活于这个时空场域，祖祖辈辈在此繁衍生息，彼此守望，由此也就相互熟知、知根知底。从这个意义上说，乡村社会在结构上仍是由熟悉关系构成的，熟人社会仍是乡村社会的特质。

这种乡愁的留念是扎根于村改居居民灵魂中的。对政府推行的城镇化而言，它成了反叛或者阻碍农民自觉市民化的一道山梁。从另外一个角度来看，它又是村改居居民对目前城市化幼稚病的心灵抵抗。在当今中国，一些地方的政府以为，把户籍一改，再把农民赶进城市，就是城市化了。病因有幼稚的成分，但更重要的还是一种急功近利，而无论是前者还是后者，都是对农民主体的不尊重。于此而言，在中国目前这个急剧城镇化时期，如果不从根本上解决好农民变市民的政策配套问题，农民的生活方式不能实现质的转变，也就不可能实现真正的城市化。因此，当务之急是强化城市化中的系统政策，把农民进城仅仅作为一个起点，而不是终点，通过各种政策、措施的配合，帮助进城农民尽快完成由农民向市民的转变。

3. 城市性缺场成为影响城镇化居民生活方式变革的重要因素

如果说政策推力是将农民推向城市，并尽快完成其生活方式的变革，那么乡愁则主要是将农民留在农村，或者将进城的农民拉回农村。这种推拉战构筑了当今城镇化农民"半城市化"的生态景象。如果单从这两个方面展开剖析，显然失之偏颇。主要依据如下。

其一，不可轻视政策推力的影响作用。如前所述，中国的社会政策具有国家权力强、传统社会思想影响大等特点，从地方政府对政策的执行力来看，农民进城上楼也是必然的趋势。所谓国家权力强，是指在社会政策的制定和执行过程中，政府以其强有力的社会资源支配能力发挥强制性的作用，因而它又更多地表现为自上而下的运行。城镇化是中国的长期国策，是不以农民个体意志为转移的。

其二，不可过度重视农民的乡愁力量。事实上，从现有的农村社会基础来看，就横向而言，农村社会趋向原子化，随着市场经济的深入发展，商品意识和交换规则不断渗透到农民潜意识中，相比传统时期，农民的价值观日益理性化和世俗化，无直接利益的农民合作很难展开。同时，随着城镇化持续推进和农民流动性增强，外出务工农民对村庄公共事务关心不足，甚至不参与合作，有关农民合作的村规民约和公共舆论，他们也视而不见、置若罔闻。就纵向而言，农村社会呈现去组织化，税费改革后，在财政紧缺的条件下，基层政府和村级组织的工作重心由向农民收税转变为向上级政府跑项目、要项目，对于组织农民合作进行公共物品供给并不是很关心，农民与村民小组、村级组织、乡镇政府的联系越来越松散，基层组织动员能力也在不断降低。从这个意义上说，农民已经失去了乡愁的基础。

综上而论，当今村改居居民生活方式变革的根源应该从其他方面去寻找。城市性缺场成为影响城镇化农民生活方式变革的重要因素。

陆益龙认为，当下中国乡村社会的基本性质可以概括为"后乡土中国"，即家庭农业、村落和熟悉关系的存在，维持、延续着部分延存的"乡土性"，原来稳定的村庄已呈现流动性，农村结构的分化以及多样性，增加了农村社会空间的公共性①。这几个特征的核心恰恰是城市性的重要指标。就生活方式本身而言，可以套用涂尔干的论述，即城市的生活方式不仅在于这种"物质密度"，包括居住类型和居住形态，而且更重要的是体现在"精神密度"上，即农民主体性所体现出来的对城市生活融入的程度，也就是农民本身对于这种城市生活方式的主观性适应和认同。

---

① 陆益龙：《后乡土中国的基本问题及其出路》，《社会科学研究》2015 年第 1 期。

必须承认的是，传播媒介、经济的发展，物质水平的提高，奠定了人们对城市生活方式想象的基础，催生了对农民主体性的认同，并开始了对城市生活方式的模拟。因而，这种对主体性的认同和模拟在一定程度上加剧了农村的城市生活方式的产生。特别是人口集聚和流动带来的外来文化和多元文化的汇集，引起了中国农村生活方式和价值观的变迁，为农村生活方式变革提供了文化支持。

由于长期以来城乡二元结构的贯彻实施，城镇化农民仍处在乡土性和城市性矛盾的纠结之中，即存在城市性缺场的问题。虽然在乡村建设过程中始终存在一个预设的观念，就是城市优于农村，长期以来往往把城市作为乡村发展的模板，将城市的设施和生活方式复制到乡村发展的过程中，同时用城市社区的生活方式和手段来应对乡村社会的发展，把推进以城市为模板的乡村现代化作为发展目标。但这种城市性理念下的发展模式由于忽视乡村的地域性、差异性和农民的自主性，盲目跟风模仿，不但造成资源的浪费，而且导致部分农民对城市性社会水土不服和反感。即便是就地城镇化的农民，虽然没有远离乡土，但这种无意识的城市性缺场也导致其无法自觉转变其固有的生活方式。

总而言之，影响生活方式变革的因素有很多，如自然环境、历史传统、经济文化水平、生产方式及农民的自觉认同等。这些因素作用的方向和大小各不相同。相对来说，自然环境、历史传统稳定不变，起着维护现存生活方式的作用；经济文化水平、生产方式易于变化，起着改变现存生活方式的作用。在这类因素中，对村改居居民的主体性尊重乃是具有决定意义的东西，村改居居民的自觉认知和转变是农民生活方式转变的核心，一切外在的影响因素只能起到催化剂的作用，这是我国当前及以后的城镇化政策推行必须注意的地方。

第三章

村改居居民的社会保障利益问题及其诉求

　　1958 年 1 月，全国人大常委会审议通过了《中华人民共和国户口登记条例》，标志着我国城乡分割的二元户籍制度开始形成。在这一制度背景下，资源向城市倾斜，城市人口享有更多由国家财政补贴的社会保障制度，而人口众多的农村以土地为自给自足的社会保障底线。这种二元户籍制度随着社会的发展越来越成为阻力，如在限制人口流动的同时扩大了贫富差距，阻碍了社会公平的实现，进而引发了一系列的社会问题。改革开放以来，随着经济发展，国家对户籍制度进行了多次细微的调整，如 1984 年 10 月，国务院发布了《关于农民进入集镇落户问题的通知》，规定有进集镇落户意愿的农民可以通过自理口粮的方式进集镇落户，开启了城乡户籍制度改革之路。2011 年 2 月，国务院办公厅发布了《关于积极稳妥推进户籍管理制度改革的通知》，开始对户籍制度进行正式的改革。2014 年 7 月，《国务院关于进一步推进户籍制度改革的意见》公布，明确提出取消农业户口与非农业户口之间的性质区分，建立起城乡统一的户口登记制度，并建立与城乡统一的户口登记制相适应的教育、卫生、社保、就业和土地制度。截至 2016 年 9 月 19 日，在北京出台户籍改革意见后，已经有 30 个省市区（不包括港澳台和西藏）出台了户籍制度改革方案，普遍取消农业户口与非农业户口的性质区分并统一登记为居民户口。这种釜底抽薪式的改革看似将城市居民与农村居民两类人合二为一，其实是两类人群中的一类一分为二了。在三个群体中，村改居居民这一转型人群的社会保障问题比单纯的城市居民和单纯的农村居民的社会保障问题更具不稳定性和不确定性，其社会保障的可持续性和公正性困境已经成为其利益诉求的主要内容，同时也成为影响城镇化国策推进的一个重要方面。检视农村、城市及村改居的社会保障政策，并对三者进行相关比较研究，有利于揭示村改居居民的社会保障利益问题。

一 中国农村社会保障政策的
历史回顾与问题

养老政策是农村社会保障政策的主要内容。中国快步进入老龄化社会已经成为不争的事实。2010 年第六次全国人口普查数据显示，"我国人口平均预期寿命达到 74.83 岁，比 2000 年的 71.40 岁提高 3.43 岁"[1]，"60岁及以上人口为 17765 万人，占总人口的 13.26%，其中 65 岁及以上人口为 11883 万人，占总人口的 8.87%"[2]。《2016 年社会服务发展统计公报》的统计数据显示，"截至 2016 年底，全国 60 岁及以上老年人口 23086 万人，占总人口的 16.7%，其中 65 岁及以上人口 15003 万人，占总人口的10.8%"[3]。短短的 6 年时间，60 岁以上老人增加了 5000 多万人，其中农村老人达到 8500 万人。"预计到 2020 年，全国 60 岁以上老年人口将增加到 2.55 亿人左右，占总人口比重提升到 17.8% 左右；高龄老年人将增加到 2900 万人左右，独居和空巢老年人将增加到 1.18 亿人左右，老年抚养比将提高到 28% 左右。"[4] 由此可见，农村老人数量将进一步增加。从一定意义上说，农村养老问题是解决好农村社会保障的关键所在，是推进社会现代化进程、提高人民生活幸福感的主要问题之一。

1. 农村养老政策发展的宏观历史脉络[5]

新中国成立以来，中央政府和地方政府十分重视农村养老政策的制定，针对不同时期的特殊发展要求和特殊状况，制定出各有侧重的养老政

① 中华人民共和国国家统计局：《我国人口平均预期寿命达到 74.83 岁》，http://www.stats.gov.cn/tjsj/tjgb/rkpcgb/qgrkpcgb/201209/t20120921，2012 年 9 月 21 日。
② 中华人民共和国国家统计局：《2010 年第六次全国人口普查主要数据公报（第 1 号）》，2017 年 2 月 28 日。
③ 民政部：《2016 年社会服务发展统计公报》，2017 年 8 月 3 日。
④ 国务院：《国务院关于印发"十三五"国家老龄事业发展和养老体系建设规划的通知》（国发〔2017〕13 号），2017 年 3 月 6 日。
⑤ 赵定东、周刘晶：《中国农村养老政策的历史回顾与展望》，《北华大学学报》（社会科学版）2018 年第 2 期。

策。根据养老政策的重大取向转变，本书将新中国成立以来的农村养老政策从宏观上分为三个阶段，分别是萌芽期（1949～1977 年）、转型期（1978～1999 年）、发展期（2000 年至今）。

萌芽期（1949～1977 年）。新中国成立以前，实行封建地主土地所有制，农民没有土地所有权，收入低下，养老没有保障。土地改革废除封建半封建土地所有制，将土地重新分给农民，养老的土地保障由此开始。新中国颁布的第一部《宪法》（1954 年）第九十三条提出，"中华人民共和国劳动者在年老、疾病或者丧失劳动能力的时候，有获得物质帮助的权利。国家举办社会保险、社会救济和群众卫生事业，并且逐步扩大这些设施，以保证劳动者享受这种权利"①，《宪法》肯定了国家对养老负有责任。伴随农业合作化的蓬勃发展，农村开始出现农业社保健站。1955 年，山西省高平县米山乡联合保健站开创了我国农村具有保险性质的集体保健医疗费制度，农村合作医疗制度由此拉开序幕。1956 年，社会主义三大改造完成，生产资料私有制转变为生产资料公有制，我国正式迈入社会主义建设时期。同年，《高级农村合作社示范章程》颁布，农村五保供养制度开始兴起，并伴随集体经济的发展不断壮大。1958 年，我国确立了人民公社—生产大队—生产队三级所有的人民公社体制。人民公社实行"人七劳三"的口粮分配制度，无劳动能力者也可获得集体的保障，农民的生老病死与集体经济紧密相连②。1959～1961 年三年经济困难时期，国家加大了对农村的社会救济力度。20 世纪 70 年代初，《关于做好计划生育工作的报告》颁布，中国开始推行计划生育制度，提倡少生优育。与此同时，国家开始探索对计划生育家庭的补助。"文革"期间，党政工作受到严重的破坏，五保供养制度、合作医疗保健制度等的实施也受到影响，但合作医疗保健制度的普及范围不断扩大。1978 年以前，国家采取临时救济和定量救济的方式帮助贫困者，在一定程度上缓解了农村贫困人群的养老负担。

转型期（1978～1999 年）。1978 年是个重要的转折点，诸多养老政策开始转变。其一，新中国颁布的第二部《宪法》（1978 年）第五十条提出，"劳动者在年老、生病或者丧失劳动能力的时候，有获得物质帮助的

---

① 《中华人民共和国宪法》（1954 年），中国人大网，通过时间：1954 年 9 月 20 日。
② 多吉才让：《中国最低生活保障制度研究与实践》，人民出版社，2001，第 121 页。

权利。国家逐步发展社会保险、社会救济、公费医疗和合作医疗等事业，以保证劳动者享受这种权利"①，这意味着"合作医疗"被正式写入《宪法》，合作医疗制度发展到一个新的高度。其二，1978 年家庭联产承包责任制创立，土地所有权与经营权适当分离，一方面农民获得更大的土地使用权，另一方面集体经济的财政基石开始受到影响。1979 年，《农村合作医疗章程（试行草案）》颁布，推动了以村卫生室、乡卫生院、县级医疗卫生机构为基础的农村三级医疗预防保健网的发展，进一步规范了农村合作医疗制度。1982 年，计划生育政策成为一项基本的国策。1983 年，人民公社体制被取消，农村合作医疗制度和五保供养制度失去集体经济的支撑，发展陷入困境。原本严重依赖集体经济的农村养老保障不断失去资金保障，养老保障资金的空缺亟须填补。这一时期的集体保障被逐渐削弱，土地保障和家庭保障的养老地位逐渐增强。20 世纪 80 年代末，农村社会养老保险制度出现萌芽；90 年代初，民政部成为农村社会养老保险的主管部门，其推出的《县级农村社会养老保险基本方案（试行）》开始发挥效应，农村社会养老保险由此正式推出。1993 年，《中共中央关于建立社会主义市场经济体制若干问题的决定》颁布，提出建设社会主义市场经济体制，建立集"社会保险、社会救济、社会福利、优抚安置和社会互助、个人储蓄积累保障"于一体的多层次的社会保障制度，建立统一的社会保障管理机构，并且将社会保障行政管理和社会保障基金管理分开，发展和完善农村合作医疗制度，农民养老以家庭保障为主，并结合社区扶持②。国家从计划经济体制迈入社会主义市场经济体制的新阶段，经济体制的转型也带动养老政策的变动。1994 年，《农村五保供养工作条例》出台，提出五保户的资金来源于"村提留或者乡统筹费中列支"，结束了人民公社体制取消后五保供养制度资金来源的不明确性，五保户制度发展由此进入新阶段。1995 年，广西壮族自治区武鸣县成为农村居民最低生活保障制度的首个试点县，其颁布了《武鸣县农村最低生活保障线救济暂行办法》，开启了农村最低生活保障制度。1996 年，《中华人民共和国老年人权益保障

① 《中华人民共和国宪法》（1978 年），中国人大网，通过时间：1978 年 3 月 5 日。
② 《中共中央关于建立社会主义市场经济体制若干问题的决定》，通过时间：1993 年 11 月 14 日。

法》颁布，老年人的权益有了法律的保障。1999 年，《国务院批转整顿保险业工作小组保险业整顿与改革方案的通知》发布，提出"整顿农村社会养老保险，停止接受新业务，有条件的过渡为商业保险"。1998 年，劳动和社会保障部接手原民政部负责的农村社会养老保险工作，叫停《县级农村社会养老保险基本方案（试行）》，农村社会养老保险制度发展遇阻。1999 年，我国 60 岁及以上老年人口占总人口的比例超过 10%，我国正式步入老龄化社会。

发展期（2000 年至今）。进入 21 世纪以来，国家加快了发展的步伐，农村养老政策也在不断发展。2001 年，《人口与计划生育法》通过，并于 2002 年实施，从法律层面推动计划生育政策的发展。这一时期的中国农村社会家庭小型核心化且老龄化现象加重，养老问题不断加剧。2003 年，《关于建立新型农村合作医疗制度的意见》出台，决定建设新型农村合作医疗制度，开始新农合的试点，农村合作医疗制度有了新的进展。自 2006 年元旦起，《农业税条例》被废止，极大地减轻了农民的负担，调动了农民的生产积极性，加强了养老的土地保障。同年，国家重新修订并颁布《农村五保供养工作条例》，将五保户的资金来源划入地方人民政府的财政预算中，而且中央财政也给予支持，提高了五保户资金的统筹层次。2007 年，《国务院关于在全国建立农村最低生活保障制度的通知》颁布，决定在全国普及农村最低生活保障制度，进一步保障了农村贫困老人的养老需求，这标志着农村最低生活保障制度的正式确立。2008 年，《中共中央关于推进农村改革发展若干重大问题的决定》颁布，提出要"健全农村社会保障体系。按照个人缴费、集体补助、政府补贴相结合的要求，建立新型农村社会养老保险制度，巩固和发展新型农村合作医疗制度，完善农村医疗救助制度，坚持计划生育的基本国策，完善和落实计划生育奖励扶助制度，全面落实农村五保供养政策，发展以扶老、助残、救孤、济困、赈灾为重点的社会福利和慈善事业，发展农村老龄服务"，"推进农村扶贫开发"[①]。2009 年，《国务院关于开展新型农村社会养老保险试点的指导意见》颁布，决定开启新型农村社会养老保险的试点工作，这标志着农村社

---

① 《中共中央关于推进农村改革发展若干重大问题的决定》，新华社，通过时间：2008 年 10 月 12 日。

会养老保险制度进入全新的发展阶段。2010 年，《农村五保供养服务机构
管理办法》颁布，农村五保供养制度得到进一步的完善。2013 年，《中共
中央关于全面深化改革若干重大问题的决定》通过，决定实施"单独二孩
政策"，即准许一方是独生子女的夫妇生育两个孩子。《中华人民共和国老
年人权益保障法》自颁布后又经历了四次修订，2015 年的修正版提出，
"家庭成员应当关心老年人的精神需求，不得忽视、冷落老年人。与老年
人分开居住的家庭成员，应当经常看望或者问候老年人"，这表明国家从
法律层面重视老年人在精神世界方面需要关爱的需求。

2015 年，《基本养老保险基金投资管理办法》颁布，促进了养老保险
基金的保值增值投资。2015 年末，《关于修改〈中华人民共和国人口与计
划生育法〉的决定》颁布，新法决定改"独生子女政策"为"全面两孩
政策"。同年最后一天，《中共中央 国务院关于实施全面两孩政策 改革
完善计划生育服务管理的决定》通过，进一步规划两孩政策，并继续支持
原计划生育政策中对计划生育家庭的补助，从人口政策层面进一步完善养
老保障。2016 年，《中华人民共和国国民经济和社会发展第十三个五年规
划纲要》颁布，提出要完善社会保险体系，健全社会救助体系，健全以扶
老、助残、爱幼、济困为重点的社会福利制度。积极应对人口老龄化，建
立以居家为基础、社区为依托、机构为补充的多层次养老服务体系[①]。这
表明，"十三五"时期，养老愈发受到国家的重视，养老的体系越来越完
善，养老事业不断发展。2016 年，《关于做好农村最低生活保障制度与扶
贫开发政策有效衔接的指导意见》发布，农村最低生活保障制度开始助力
扶贫事业的发展，农村低保制度进入新的发展阶段。2017 年，《国务院关
于印发"十三五"国家老龄事业发展和养老体系建设规划的通知》颁布，
在"十三五"规划的基础上，进一步提出到 2020 年形成"多支柱、全覆
盖、更加公平、更加可持续的社会保障体系"的目标，在养老服务体系方
面增加了"医养相结合"的内容[②]。总的来说，进入 21 世纪以来，国家日
益重视人口老龄化问题，关注养老的复杂性和养老需求的多样性，大力支

[①]《中华人民共和国国民经济和社会发展第十三个五年规划纲要》，新华社，发布时间：
2016 年 3 月 17 日。

[②] 国务院：《国务院关于印发"十三五"国家老龄事业发展和养老体系建设规划的通知》
（国发〔2017〕13 号），成文日期：2017 年 2 月 28 日。

持养老事业的发展，逐渐完善养老体系，不断完善农村养老政策。

从新中国成立以来农村养老政策发展的历史脉络来看，萌芽期体现的是底线公平但保障水平有限的政府全能养老模式，转型期体现的是政府和个人分责且底线分化差异大的政府有限责任养老模式，发展期体现的是政府全面介入且底线相对公平的普惠制养老模式。三种模式反映了政府对农村养老问题解决的不同思路，表明了农村养老问题的复杂性。

2. 农村养老特殊制度的变迁

前述有关政府农村养老政策主要从纵向上依据政策变化的背景实施，这种分析便于充分认识中国农村养老制度的理论特征。与城市相比，由于城乡二元体制的长期运行，农村有特殊的养老制度支撑着养老事业。本部分主要从影响农村老人切身养老利益的五保供养制度、农村养老保险制度、农村合作医疗制度、最低生活保障制度等四个方面展开，便于从横向上把握农村养老制度的变化。

五保供养制度简称五保户制度，即"对无依无靠无劳动能力的孤寡老人、残疾人和孤儿，由集体实行保吃、保穿、保烧、保教孤儿、保葬"①。1956 年 6 月，第一届全国人大三次会议通过了《高级农村合作社示范章程》，标志着农村五保户制度的初步创立。1960 年，《全国农业发展纲要》进一步完善了五保户制度。家庭联产承包责任制出现后，五保供养制度渐渐失去集体经济的财政支持，由民政部门负责维持。1994 年 1 月，国务院颁布了《农村五保户供养工作条例》，标志着国家开始从法规层面为农村弱势人群提供帮助，条例包括五保供养的对象、内容、形式、财产处理、监督管理等内容。2006 年，国家重新修订并颁布《农村五保供养工作条例》，标志着五保户制度进入全新的发展阶段，有了更完善的法制保障，新条例包括五保供养的对象、内容、形式、监督管理、法律责任等内容。新旧条例都规定农村五保供养工作由民政部主管，为五保户提供穿、吃、住、医、葬帮助。新条例供养对象更细化，对象为老年、残疾、未成年人，并将未成年人改为未满 16 周岁的村民，而且五保供养对象的审批流程更规范化。条例较大的变动之一是将五保户的供养资金从"村提留或者乡

---

① 徐文芳：《中国农村养老保障制度研究》，博士学位论文，武汉大学，2010。

统筹费中列支"① 改为从 "地方人民政府财政预算中安排"，并且 "中央财政对财政困难地区的农村五保供养，在资金上给予适当补助"②。新条例将农村集体经济支撑转变为以地方财政支持为主、中央财政支撑为辅的新方式，资金统筹层次和统筹能力大大提高。条例另一较大的变动是对五保供养制度增加了明确的法律责任，推动了五保供养制度的法制化进程。2010 年 10 月，民政部颁布《农村五保供养服务机构管理办法》，加强对农村五保供养服务机构的管理。

农村养老保险制度可分为两个时期，分别为旧农保时期和新农保时期。旧农保产生于 20 世纪 80 年代末，新农保产生于 21 世纪之初。1986 年，全国农村基层社会保障工作座谈会召开，选取农村部分经济较发达的地方，发展以社区乡镇、村为单位的养老保险，由此开启了农村社会养老保险的试点工作③。1987 年，民政部印发《关于探索建立农村基层社会保障制度的报告》，提出由民政部作为在农村建立社会保障制度的主管部门，探索社会保障基金的筹集方法，继续推进农村的社会保险工作。1991 年，民政部被正式指定为农村社会养老保险改革的主管部门。1992 年民政部出台了《县级农村社会养老保险基本方案（试行）》，并于 1992 年 1 月 3 日正式实施，提出 "坚持资金个人交纳为主，集体补助为辅，国家予以政策扶持"④。另外，县级政府成为发展农村社会养老保险制度的责任主体，从部门规章层面开启了政府探索农村社会养老保险的进程。1992 年 12 月，全国农村社会养老保险工作会议召开，总结了 600 个县市的试点经验，掀起了全国推广农村社会养老保险的浪潮。1998 年，农村社会养老保险的负责机构由民政部转为新设立的劳动和社会保障部，因主管机构的变动以及难以解决之前出现的农村养老保险的运转障碍，《县级农村社会养老保险基本方案（试行）》被叫停。"1998 年底，全国有 30 个省（自治区、直辖市）的 2123 个县开展了农村社会养老保障工作，参保人数达到 8025 万人。

---

① 国务院：《农村五保供养工作条例》（国务院令第 141 号），颁布时间：1994 年 1 月 23 日。
② 国务院：《农村五保供养工作条例》（国务院令第 456 号），颁布时间：2006 年 1 月 21 日。
③ 汪沅：《中国农村养老保障制度改革研究》，博士学位论文，东北师范大学，2008。
④ 民政部：《县级农村社会养老保险基本方案（试行）》（民办发〔1992〕2 号），颁布日期：1992 年 1 月 3 日。

2004 年农村社会养老保险参保人数下滑到 5378 万人，仅占 9 亿农民的 6%。"① 至此，农村养老保险不断失去农民的信任，退保人数不断增多，农村社会保险失去了应有的保障之意。1999 年 7 月，《国务院批转整顿保险业工作小组保险业整顿与改革方案的通知》发布，提出我国农村不具备普遍实行社会保险的条件，并整顿原民政系统负责的农村社会养老保险，停止接收新业务，有条件地将其过渡为商业保险②。此后几年，农村社会养老保险发展缓慢。2003 年，虽然劳动和社会保障部下发了《劳动和社会保障部关于当前做好农村社会养老保险工作的通知》等文件，想重新推动农村社会养老保险的发展，但是旧农保制度已失去发展的活力③。

2008 年 10 月，中共十七届三中全会通过《中共中央关于推进农村改革发展若干重大问题的决定》，提出"加快健全农村社会保障体系。按照个人缴费、集体补助、政府补贴相结合的要求，建立新型农村社会养老保险制度"④。新农保制度成为完善农村社会保障体系的重要一步。2009 年 8 月，北京召开了全国新型农村社会养老保险试点工作会议，拉开了新型农村养老保险制度的序幕。2009 年 9 月，《国务院关于开展新型农村社会养老保险试点的指导意见》颁布，决定于 2009 年开启新农保试点，将试点覆盖面定为全国 10% 的县（市、区、旗），并逐渐扩大试点范围，在 2020 年前实现农村适龄居民全覆盖的目标⑤。这标志着国家在新世纪重启了农村社会养老保险制度。2015 年 8 月，国务院印发《基本养老保险基金投资管理办法》，规范了基本养老保险基金的投资管理行为，增强了基金保值增值的能力，也进一步完善了新农保制度的基金投资举措。

合作医疗是一种中国特有的解决医疗卫生难题的有效措施，其最早萌芽于 20 世纪 40 年代的陕甘宁边区，当时被称为卫生合作社，只是民办公

---

① 容锦屏、毕名铭：《中国农村社会养老保险的突出问题及政策建议》，《经营管理者》2009 年第 18 期。

② 国务院：《国务院批转整顿保险业工作小组保险业整顿与改革方案的通知》（国发〔1999〕14 号，颁布时间：1999 年 7 月 2 日。

③ 汪沅：《中国农村养老保障制度改革研究》，博士学位论文，东北师范大学，2008。

④ 《中共中央关于推进农村改革发展若干重大问题的决定》，新华社，发布时间：2008 年 10 月 19 日。

⑤ 国务院：《国务院关于开展新型农村社会养老保险试点的指导意见》（国发〔2009〕32 号），颁布时间：2009 年 9 月 1 日。

助的医疗机构。新中国成立后，农业合作化运动兴起，农村开始出现农业社保健站。1955 年，山西省高平县米山乡联合保健站开创了由社员出"保险费"进行"医社结合"以解决农民看病问题的集体保健医疗费制度，这标志着我国农村开始出现具有保险性质的合作医疗保健制度①。1958 年，人民公社体制建立后，合作医疗制度蓬勃发展。1959 年，卫生部上报中央《关于全国农村卫生工作山西翟山现场会议情况的报告》及附件《关于人民公社卫生工作几个问题的意见》，并于 1960 年得到中共中央的肯定及转发，合作医疗逐渐成为农村医疗卫生工作的重要组成部分②。"文革"期间，合作医疗保健制度受到影响，但总体来看，不断在全国普及。"合作医疗"于 1978 年被写入《中华人民共和国宪法》。1979 年，卫生部颁布《农村合作医疗章程（试行草案）》，指出农村合作医疗属于社员群众的集体福利事业，是一项具有社会主义性质的医疗制度③。自此，以村卫生室、乡卫生院、县级医疗卫生结构为基础的农村三级医疗预防保健网开始发展。1993 年，《中共中央关于建立社会主义市场经济体制若干问题的决定》颁布，决定"发展和完善农村合作医疗制度"④。1997 年，国务院批转卫生部等多部门的《关于发展和完善农村合作医疗的若干意见》，提出"举办农村合作医疗，要坚持民办公助、自愿量力、因地制宜的原则。筹资以个人投入为主，集体扶持，政府适当支持，并加强三级医疗预防保健网和农村卫生队伍建设"⑤。

进入 21 世纪以来，国家确定了重启农村合作医疗制度的建设目标。2002 年 10 月，《中共中央　国务院关于进一步加强农村卫生工作的决定》颁布，提出要逐步建立以大病统筹为主的新型农村合作医疗制度，并鼓励开展试点工作，推动重建农村医疗保障制度。2003 年初，国务院办公厅转发卫生部等部门的《关于建立新型农村合作医疗制度的意见》，提出"新型农村合作医疗制度是由政府组织、引导、支持，农民自愿参加，个人、

---

① 张自宽、赵亮、李枫：《中国农村合作医疗 50 年之变迁》，《中国卫生》2006 年第 3 期。
② 国务院：《农村五保供养工作条例》（国务院令第 141 号），颁布时间：1994 年 1 月 23 日。
③ 卫生部：《农村合作医疗章程（试行草案）》，颁布日期：1979 年 12 月 15 日。
④ 徐嘉辉：《我国农村社会保障法律制度研究》，博士学位论文，东北农业大学，2009。
⑤ 杨红燕：《中国农村合作医疗制度可持续发展研究》，中国社会科学出版社，2009 年，第 304 页。

集体和政府多方筹资，以大病统筹为主的农民医疗互助共济制度"，并决定于 2003 年开展新农合的试点工作，到 2010 年基本实现覆盖全国农村居民的目标。这标志着新型农村合作医疗制度的正式重建。此后，涉及新农合的法律法规不断完善。2003 年 11 月，《民政部、卫生部、财政部关于实施农村医疗救助的意见》出台，提出要全面推行和完善农村医疗救助制度，为开展新农合的地区和未开展新农合的地区的困难者提供医疗救助。2004 年 1 月，《农村医疗救助基金管理试行办法》出台，规范了对农村医疗救助资金的管理。2004 年 6 月，《财政部、卫生部关于完善中央财政新型农村合作医疗救助资金拨付办法有关问题的通知》出台，对中央财政新农合救助资金的拨付标准、程序、方法进行了明确规定。2006 年 1 月，卫生部等七部委发布《关于加快推进新型农村合作医疗试点工作的通知》，推进了新农合的试点。2011 年 2 月，国务院办公厅印发《医药卫生体制五项重点改革 2011 年度主要工作安排》，推进了基本医疗保障制度建设。2013 年 9 月，国家卫生和计划生育委员会下发《关于做好 2013 年新型农村合作医疗工作的通知》，宣布将新农保的补助标准提高到每人每年 280 元。2014 年 5 月，财政部等部门发布《关于提高 2014 年新型农村合作医疗和城镇居民基本医疗保险筹资标准的通知》，宣布继续提高补助标准，提高到每人每年 320 元。2017 年 2 月，国务院印发《"十三五"国家老龄事业发展和养老体系建设规划》，提出要"完善养老保险制度……健全医疗保险制度……探索建立长期护理保险制度"[①]。这表明，我国农村合作医疗制度不断向前发展，国家也在不断探索能够满足老年人多样医疗需求的医疗制度。

最低生活保障制度在我国起步较晚。1995 年，全国民政厅局长会议决定开展农村最低生活保障制度的试点。同年 12 月，广西壮族自治区武鸣县颁布了《武鸣县农村最低生活保障线救济暂行办法》，这是我国首个县级农村最低生活保障制度的文件。1996 年，全国民政工作会议明确提出改革农村社会救助制度，探索农村居民最低生活保障制度，并以经济发展水平为依据，划分出三种农村社会保障体系建设的试点县市。同年，民政部下发《关于加快农村社会保障体系建设的意见》，提出对人均收入低于最低

---

① 徐文芳：《中国农村养老保障制度研究》，博士学位论文，武汉大学，2010。

生活保障标准的农村家庭实施差额补助，即用农村最低生活保障制度保障贫困者的基本生活。此外，民政部还制定了《农村社会保障体系建设指导方案》，进一步规范了农村最低生活保障制度的建设。2007 年 7 月，《国务院关于在全国建立农村最低生活保障制度的通知》颁布，决定在全国建立农村最低生活保障制度，提出"将符合条件的农村贫困人口全部纳入保障范围，稳定、持久、有效地解决全国农村贫困人口的温饱问题"的目标，并进一步规范农村最低保障制度的保障标准、对象范围、管理要求、资金落实、领导方法等内容。这标志着农村最低生活保障制度在全国范围内的正式建立。2016 年 9 月，国务院办公厅转发民政部等部门的《关于做好农村最低生活保障制度与扶贫开发政策有效衔接的指导意见》，提出加强农村低保制度与扶贫开发政策的衔接，从而确保 2020 年脱贫任务的完成，从此农村最低生活保障制度进入新的发展阶段。

从上述对中国农村养老政策纵向和横向的分析来看，政府在履行养老责任方面做出了巨大努力，也取得了巨大成就。但相对于城市养老政策而言，农村养老政策存在这样几个问题：一是政策变动性大；二是保障水平低；三是保障理念适度落后；四是农民个体承担的责任过大。于此而言，建立起更为适用农民的养老政策十分迫切。

二 城市养老保险政策的变迁与问题

由于村改居居民介于农民和市民之间，因此研究城市社会保障成为必然。但由于城市社会保障十分复杂，本部分特别从城市养老保险政策入手进行了分析。自新中国成立以来，我国城市的养老保险根据机关事业单位、城镇职工和城市居民等不同的身份体系①采用不同的保险政策。

---

① 职工是指以工资收入为主要生活来源的体力和脑力劳动者，过去也被称为工人，分布在城市的集体所有和国家所有的各行各业中；公务员是依法履行国家各项公职，由政府财政发放工资和提供福利的工作人员；城市居民主要是指具有城市有效户籍，并长期居住在城市中，从事非农业劳动生产的自由择业公民。三类群体由于身份的不同，养老保险的历史发展状况不同，产生的社会效应也不同。

1. 我国企业职工养老保险制度的起步与发展[①]

企业职工基本养老保险制度是我国养老保险制度的主体部分，它的覆盖范围广，参保人数众多，是我国城市养老保障体系中的重要组成部分。综观新中国成立以来企业职工基本养老保险制度的发展历程，可将其划分为五个阶段。

企业职工养老保险制度的创建阶段（1951～1965年）。新中国成立之初，全国处于百废待兴的状态，国内面临经济、社会问题。为了快速恢复国民经济和稳定城市，提高人们的生活水平，1951年2月26日，国务院批准颁布实施了《中华人民共和国劳动保险条例》，标志着中国城镇职工养老保险制度的建立。这一条例提到养老保险采取逐步推广的办法，最初只是在有限的范围内实施，主要包括几类企业：一是职工人数过百的国营、公私合营以及合作社经营的工厂、矿场；二是铁路、航空、邮电的各企业单位[②]。条例中明确规定了劳动保险所缴纳的各项保险费用，全部由推行劳动保险的企业行政部门负担，不能从职工的工资中扣除相关费用，企业必须每月按职工工资总额的3%缴纳保险费，其中70%留在企业里用于直接支付退休职工的养老金，剩下的30%上交全国总工会[③]作为劳动保险总基金，以确保企业之间、地区之间调剂资金的充裕。

随着国家经济条件的逐渐转好，政府财政收入有所提高，劳动保险的实施范围开始扩大，并酌量提高养老待遇。1953年，劳动部门修订了《中华人民共和国劳动保险条例》，不仅扩大了养老保险的实施范围，覆盖工、矿、交通事业等基础建设单位和国营建筑公司，而且做出了详细的政策规定，特别是对井下矿工、低温或高温工作场所人员的退休年龄提出了具体要求："男工人与男职员年满五十五岁，女工人与女职员年满四十五岁"[④]。除此之外，别的项目没有增减变化。到1956年，国家对个体手工业和私营企业的社会主义基本改造完成，劳动保险条例的实施范围

---

① 赵定东、林敏：《新中国建立以来城市养老保险政策的变迁与未来展望》（未刊稿），2017。

② 国务院：《中华人民共和国劳动保险条例》（政务院1951年2月26日政秘字134号命令），1951年2月26日。

③ 全国总工会是负责地方养老保险支付费用的指导工作、全国总基金的管理和统筹的机构，而各级工会则主要负责实施分级管理。

④ 国务院：《中华人民共和国劳动保险条例》（1953年修正），1953年1月2日。

得到了进一步的扩大，所有国营企业实行了该条例，还有一些经营规模较大、经济状况比较好的集体所有制企业也加入进来，纷纷实行了劳动保险条例。至此，劳动保险延伸到商业、外贸、金融、民航等 11 个产业和部门①。

1958 年，为解决企业与国家机关、事业单位退休养老政策不一致所带来的种种弊端，《国务院关于工人、职工退休处理的暂行规定》公布施行，统一了企业和国家机关、事业单位三类工作人员的退休办法：男的年满 60 周岁，女工人年满 50 周岁，女职员年满 55 周岁，连续工作满 5 年的均符合退休标准；退休后领取的退休费的标准为 50% ～70%②。这一政策其实已经有了结束"双轨制"的意味。同时，国家适当放宽了一些职工退休条件，允许身体衰弱、丧失劳动能力的人员自愿选择退休，退休待遇标准为40% ～60%；而对于符合正常退休条件的人员，如果因为工作、岗位的特殊性需要，企业和单位仍然可以继续留用，并加发一定数额的在职养老补助费。这一时期的养老政策主要是随着城市的经济发展需求探索公有制的养老道路。

企业职工养老保险制度的搁浅阶段（1966 ～1977 年）。受"文化大革命"的影响，负责职工养老保险管理工作的工会组织被撤销，养老保险费用的征集和管理难以为继，养老金的领取被终止，社会保险事业的各项工作处于无人管理的状态。1969 年 2 月，财政部颁布《关于国营企业财务工作中几项制度的改革意见（草案）》，规定"国营企业一律停止提取劳动保险金，企业的退休职工、长期病号工资和其他劳保开支，改在营业外支出"③，这也就意味着各个企业要自行负担职工的养老费用。自此，劳动保险失去了全国统筹调剂的功能，职工退休养老实质上由社会事务转变为企业的内部事务，成为"单位保险""企业保险"，这无形之中给各类企业、单位带来了不同程度的负担，不利于企业之间的公平竞争和社会经济的平稳发展。对于结构简单、员工年轻化的企业来说，其所承担的养老负担必然很小，更有助于轻装上阵，促进不断发展；对于体量较大、退休职工数

---

① 国务院：《中华人民共和国劳动保险条例》（1953 年修正）1953 年 1 月 2 日。
② 国务院：《国务院关于工人、职工退休处理的暂行规定（草案）》，1958 年 3 月 7 日。
③ 财政部：《关于国营企业财务工作中几项制度的改革意见（草案）》，1969 年 2 月 10 日。

量多的单位来说，尤其是一些国有企业，其所支付的养老费用占企业支出的比例很大，是极其不利于扩大再生产的。这些问题在改革开放之初尤为明显。

企业职工养老保险制度的重振阶段（1978～1984年）。这段时期，我国职工养老保险制度开始逐步恢复重建。1978年，第五届全国人民代表大会常务委员会通过了《国务院关于工人退休、退职的暂行办法》，恢复了养老保险制度，规定了退休费根据职工工龄长短来计算，按本人退休前标准工资的一定比例发放，最高为80%，最低为60%[①]，而且规定了由企业承担退休人员的养老费用筹集和养老金领取的管理服务工作，所以这时的养老保险本质上仍是一种企业保险。1983年，中央政府根据财政经济状况对生活困难的退休、退职人员的养老金进行了调整，并适度提高了其养老金待遇水平。但是，这一时期的一系列调整措施仍未从根本上改变传统养老保险制度的特点。从覆盖面上看，只是包括城镇劳动者；从经费来源上看，实行单位责任制，职工个人不需要缴纳养老保险费；从给付方式上看，采取现收现付制，各个企业只负担本企业内部退休人员的养老支出，当较大的风险发生时，企业的承受能力很弱；从理念设计方面来看，企业之间都是封闭运行的，缺乏互助共济和风险共担的伦理道德。上述这些都显示出这一时期的养老保险制度客观上仍然是计划经济时期退休养老制度的延续。

企业职工养老保险制度的发展阶段（1985～1999年）。从1985年开始，中国的养老保险进入了崭新的发展阶段。改革开放以后，由企业承担养老金管理和发放模式的弊端日益凸显，问题也越来越严重，主要体现为不同行业、不同部门、不同领域间的企业养老保险负担能力的差异性导致的养老保险负担不均衡，原来由企业负担的"企业保险"已经不再适应市场经济条件下企业改革和经济发展的要求。许多职工年龄结构偏大的企业深感面对养老压力时心有余而力不足，企业的发展也受到了很大的制约；而新办企业的职工年龄结构轻，支付退休费用的负担小，所以发展迅猛。因此，各级政府认识到养老保险制度改革的重要性。但需要说明的是，在

---

① 国务院：《国务院关于工人退休、退职的暂行办法》，国发〔1978〕104号，1978年5月24日。

最初的一段时间，各地只是把养老保险制度改革看成是整个经济体制改革的配套措施之一，是社会经济向前发展的助力器。

自 1984 年起，国家开始在四川自贡市、江苏泰州市、辽宁黑山县、广东江门市等地进行国营企业退休人员退休费用社会统筹的试点改革。1986年，国务院颁布《国营企业实行劳动合同制暂行规定》，决定国营企业新招入的工人一律实行劳动合同制，对劳动合同制的工人按照完全积累的模式建立养老保险制度，企业按照工人工资总额的 15% 缴纳，工人按不超过本人标准工资的 3% 缴纳退休养老费用①，从此引入了个人缴费机制。这不仅使企业扔掉了养老包袱，推动了经济持续腾飞，而且也启发了工人的缴费意识，坚持体现了权利与义务对等原则。这一政策随后也逐渐扩大到各级城镇企业，产生的影响颇深。

1991 年，国务院发布了《国务院关于企业职工养老保险制度改革的决定》，这被称为中国养老保险改革的第一个里程碑。文件主要提到建立基本养老保险、企业补充养老保险和个人储蓄型养老保险三支柱相结合的多层次、可持续的养老保险制度。其中，基本养老保险是核心，它是由国家立法，在全国范围内强制统一实施的社会保险，资金筹集由国家、企业和个人三方共同承担，按照部分积累制的原则筹集养老保险基金，养老金实行定期调整，参考在职职工工资增长的情况和当时的物价水平，每年对养老金进行一定的调整，保证退休人员能够共享经济发展成果以及晚年基本生活水平不降低。企业补充养老保险则是各个企业依据自身的发展情况和经济实力为企业内的职工提供的额外养老保险，也就是商业养老保险，具有补充支持第一支柱的作用。国家颁布这一政策是为了在完善我国养老保险制度的基础之上，适当分散国家的经济负担，增强劳动者晚年抵御风险的能力，维护其晚年享受基本生活的权利。

1993 年，十四届三中全会通过了《中共中央关于建立社会主义市场经济体制若干问题的决定》，其中一个重大突破就是个人账户的设置，还提出了养老保险采取社会统筹和个人账户相结合的原则。为了推动"社会统筹与个人账户相结合"这一政策的实施，1995 年 3 月，国务院确定了我国

---

① 国务院：《国营企业实行劳动合同制暂行规定》（国发〔1986〕77 号），1986 年 7 月 12 日。

企业职工养老保险制度改革的目标和社会统筹与个人账户相结合的原则，对建立个人账户、基本养老金计发办法等重大问题做出了相应的调整①。这是中国养老保险改革的第二次历史跨越。"统账结合"的养老政策出台也使养老金的计发办法得到了进一步改进，按照"新人新办法，老人老办法，中人平稳过渡"的原则，新人和中人养老金的高低与本人缴费的多少挂钩。同时，文件还提到基本养老保险制度适用于城镇各类企业职工和个体劳动者；保障水平要与中国社会生产力发展相适应，过高或者过低的保障水平都会带来严重的经济问题和社会问题。到 1995 年，全国参加基本养老保险的职工已经占全部企业职工的 75%，"积累收缴基本养老保险基金2076 亿元，支付 2463 亿元，累计结余 418 亿元"②。

1997 年 7 月，国务院提出要继续扩大养老保险的覆盖范围，力图涵盖城镇所有企业及其职工，并开始推行全国统一的养老保险制度，即统一企业和职工的缴费比例；统一个人账户规模（11%）；统一基本养老险计发办法③，这被称为中国养老保险改革的第三座历史丰碑。

1998 年，国家又出台相关养老政策，要求各省、自治区、直辖市逐步过渡为企业职工基本养老保险省级统筹，"建立基本养老保险基金省级调剂机制，调剂金的比例以保证省、区、市范围内企业离退休人员基本养老金按时足额发放为原则"④，进一步增强了养老基金的互助共济性，提高了养老基金的管理效率和使用效率。

企业职工养老保险制度的完善阶段（2000 年至今）。2000 年至今，中国一直在不断地完善和改进养老保险制度。2000 年，《关于完善城镇社会保障体系的试点方案的通知》明确提出了进一步完善社会保障体系的基本原则和目标任务，并确定了调整和完善我国社会养老保险的主要政策。2005 年，国务院基于东北三省试点工作的经验，对基本养老保险制度进行了一系列改革，包括逐步做实个人账户、改革基本养老金计发办法，个人

①　国务院：《国务院关于深化企业职工养老保险制度的通知》（国发〔1995〕6 号），1995 年 3 月17 日。

②　袁守启：《中国社会保障制度改革评析与展望》，《经济研究参考》1996 年第 7 期。

③　国务院：《国务院关于建立统一的企业职工基本养老保险制度的决定》（国发〔1997〕26号），1997 年 7 月 16 日。

④　国务院：《国务院关于企业职工养老保险省级统筹和行业统筹移交地方管理有关问题的通知》（国发〔1998〕28 号），1998 年 8 月 6 日。

缴费工资的 11% 降至 8%，并确保养老金按时足额发放①。自 2006 年起，国家将改革试点扩大到除东三省之外的八个省、区、市，包括天津、上海、山东、山西、湖北、湖南、河南以及新疆。

2011 年 10 月，第十一届全国人民代表大会常务委员会第十七次会议通过了《社会保险法》，并自 2011 年 7 月 1 日起正式施行。《社会保险法》对职工参加基本养老保险做出了法律上的规定，同时还明确了个人、用人单位和政府三者之间的缴费责任，更好地维护了职工参加养老保险和享受养老待遇的合法权益。根据《社会保险法》的有关规定，经国务院同意，"从 2016 年 5 月 1 日起，企业职工基本养老保险单位缴费比例超过 20% 的省（区、市），将单位缴费比例降至 20%；单位缴费比例为 20% 且 2015 年底企业职工基本养老保险基金累计结余可支付月数高于 9 个月的省（区、市），可以阶段性将单位缴费比例降低至 19%，降低费率的期限暂按两年执行"②。

2012 年 6 月，人社部、发改委等部门制定的《社会保障"十二五"规划纲要》发布，提出"研究弹性延迟领取养老金的政策"。政策一出来就引起了人们广泛的关注，成为社会上热议的话题。面对养老基金支付困难日益严重的问题，延迟退休虽有提出的必然性，但又会给社会成员带来更多的不安全感。经过专家学者多年的研究讨论，"十三五"规划出台了渐进式延迟退休的政策，按照人社部的计划于 2017 出台延迟退休的方案，到 2022 年正式实施延迟退休政策。延迟退休政策的出台是保证社会基金可持续运行的重要方式之一，也是应对当前我国"未富先老""未备先老"的人口结构的手段之一。

从新中国成立以来城市企业职工养老保险政策的发展历程来看，国家责任与企业效益之间一直存在某种不可调和的矛盾。如初创阶段体现的是职工养老保险都由企业负担的模式，是国家通过企业分担责任，这在国有企业初创阶段是可行的，但随着企业规模的扩大和职工年龄的增长，这就会不可避免地增加企业发展的成本，阻碍企业经济效益的增大；恢复阶段和发展阶段的一些政策改革积极地促进了"企业保险"向"社会保险"的

---

① 国务院：《国务院关于完善企业职工基本养老保险制度的决定》（国发〔2005〕38 号），2005 年 12 月 3 日。

② 人力资源和社会保障部、财政部：《人力资源社会保障部　财政部关于阶段性降低社会保险费率的通知》（人社部发〔2016〕36 号），2016 年 4 月 14 日。

转变，从一定意义上说，虽然释放了企业负担，增加了企业发展效益，但又导致当时的社会严重不稳定，国家兜底的负面影响至今仍在；完善阶段虽然体现了权利与义务相对应、公平与效率兼顾的现代保险型养老保障制度的精髓，但由于国家责任与企业效益之间的矛盾没有彻底解决，中国特色的适用于职工的保险制度仍没有完全形成，探索仍需进行。

2. 机关事业单位养老保险制度的改革历程

我国机关事业单位工作人员养老金制度与企业职工养老金制度紧密关联，机关事业单位的养老保险是依据最先建立的企业职工养老保险制度创立起来的，在之后的发展过程中，许多政策规定是与企业职工政策同时出台的，因而产生的问题也与企业职工养老保险有着千丝万缕的关系。纵向而论，我国机关事业单位养老制度的发展大致可以划分为三个时间段：一是 1950～1991 年实行国家财政统包的退休政策阶段；二是 1992～2014 年逐步建立社会养老保险制度阶段；三是在 2015 年之后开始过渡到与企业职工相统一的基本养老险制度阶段。

国家财政统包的退休政策阶段（1950～1991 年）。在 1950 年至 1991 年这一时期，我国对公职人员采用供给制①办法，规定了退休后的养老待遇。当时所谓的老年优待金待遇是指凡是年满 50 周岁，参加革命工作五年以上的，不分干部与勤杂人员，每人每月都会得到一定的"工资分"②。1950 年，政务院发出《关于退休人员处理办法的通知》，但是这一政策的适用范围很小，仅限于机关、铁路、海关、邮局等单位的工作人员。

1955 年，国务院又颁布了《关于国家机关工作人员退休处理暂行办法》③，这个文件标志着我国建立起与企业职工不同的国家机关事业单位职工退休制度，机关事业单位工作人员暂时不能实行劳动保险政策。该办法首次对国家机关事业单位工作人员的退休条件和退休待遇做出了有关规定，要求男年满 60 岁、女年满 50 岁，有一定的工作年限即可退休，退休费的多少按照工作年限的长短来确定，退休金以本人工资的 50%～80% 计

---

① 供给制是新中国成立初期对部分工作人员实行的免费供给生活必需品的一种分配制度，是一种平均分配形式。

② 褚福灵：《机关事业单位养老金制度改革历程和经验》，《中国高等教育》2016 年第 7 期。

③ 1955 年 12 月 29 日，国务院颁布《关于国家机关工作人员退休处理暂行办法》，自 1956 年 1 月 1 日起执行。

发。国家机关事业单位的养老金待遇由国家机关的行政经费和事业单位的事业经费直接支付，简单来讲就是养老费用完全源于财政。

1978 年，国家相继颁布了《关于安置老弱病残干部的暂行办法》和《关于工人退休、退职的暂行办法》，这两个文件对机关事业单位工作人员的退休办法做出了调整，一方面将老弱病残干部与工人的退休办法分开实施，另一方面对国有企业职工和机关事业单位工作人员的退休条件、待遇水平做出了统一的规定。

自 1978 年改革开放以来，中国的发展站在新的历史起点上，国家的各个层面都在进行深刻的变革。为了适应经济体制改革的需要，机关事业单位的养老保险制度改革也逐步展开。1991 年发布的《关于企业职工养老保险制度改革的决定》成为中国养老保险改革的第一个里程碑，其中有提到一点，就是机关事业单位的养老保险制度改为国家人事部负责①，这也暗示机关事业单位的社会保险改革序幕已经拉开。

逐步建立社会养老保险制度阶段（1992～2014 年）。1992 年至 2014年是我国机关事业单位工作人员养老制度改革的关键阶段，也就是在这一时期，机关事业单位的养老保险制度改革取得了很大的进展，但养老保险"双轨制"带来的问题也越来越突出。

1992 年，人事部下发了《关于机关事业养老保险制度改革有关问题的通知》。该通知提到要在坚持国家、集体、个人共同承担的前提下，逐步建立起基本养老保险制度，转变现收现付下的养老金全部由国家承担的模式，建立适合中国国情、具有中国特色的机关事业单位社会养老保险制度。也是从 1992 年开始，机关事业单位基本养老保险制度的改革试点工作在各地展开，并逐渐增加试点地区，在不同范围和不同人员中开始试点。不同地区依据自身情况，有的省区市选择"逐步推进"的做法，将部分事业单位纳入养老保险范围之中；少数省区市则采用"一步到位"的办法，将机关事业单位所有人员纳入养老保险体系之中。各省区市改革的初衷都是实现城镇职工养老保险的一体化。

进入 21 世纪，我国一些地方对改革机关事业单位养老保险制度有了进

---

① 国务院：《国务院关于企业职工养老保险制度改革的决定》（国发〔1991〕33 号），1991年 6 月 26 日。

一步探索，随着中央和地方的一些事业单位相继开展将事业单位转为企业的改革，有关配套的养老保险政策也与时俱进——全部由财政供款的事业单位，仍维持显性养老保险制度；已改制为企业的，执行城镇职工基本养老保险制度，并保持已退休人员基本养老金不降低①。2008 年，国务院又通过了试点事业单位养老保险制度改革与事业单位分类改革配套推进的政策。

这些局部的改革探索实际上都为整体推进养老保险制度的发展奠定了基础，但同样的，局部的试点改革也带来了制度"碎片化"的问题，政策缺乏统一性，机关事业单位工作人员的退休问题未从根本上得到解决。

建立与企业职工相统一的基本养老保险制度阶段（2014 年至今）。这一阶段，随着我国城乡居民养老保险的全面建立，城镇居民和农村居民中参保的人数越来越多，加之企业职工的参保人数、社会养老保险的覆盖人数已经超过了 8.3 亿人②，但是机关事业单位的人员一直处在养老保险制度的边缘地带，是我国养老事业持续发展的"短板"和"漏洞"。2015 年1 月 3 日，《国务院关于机关事业单位工作人员养老保险制度改革的决定》颁布，标志着实行了半个多世纪的机关事业单位退休金制度终止，机关事业单位新的养老保险制度框架形成，养老保险"双轨制"问题从制度和机制上得到了有效化解，不仅解决了机关事业单位人员与企业职工退休待遇差距大引发的社会公平性问题，而且克服了机关事业单位与企业养老制度之间合理转移接续的困难，有利于人才在社会上合理流动。

同时，我国还提出了"一个统一，五个同步"③ 的改革思路④。按照改革的基本思路，机关事业单位工作人员养老保险制度应采取"基本养老保险＋补充养老保险"的模式。基本养老保险包括基础养老金和个人账户养

---

① 国务院：《关于印发完善城镇社会保障体系试点方案通知》（国发〔2000〕42 号），2000 年12 月 25 日。

② 人力资源和社会保障部：《2014 年度人力资源和社会保障事业发展统计公报》，2015 年 5月 28 日。

③ 所谓"一个统一"是指党政机关、事业单位要建立与企业相同的基本养老保险制度，实行单位和个人共同缴费的制度。而"五个同步"是指机关事业单位同步改革，职业年金与基本养老保险同步建立，养老保险制度改革与工资制度改革同步推进，待遇调整机制与计发办法同步改革，改革在全国范围内同步实施。

④ 2014 年 12 月 23 日，国务院副总理马凯在第十二届全国人大常务委员会第十二次会议上作《国务院关于统筹推进城乡社会保障体系建设工作情况的报告》，明确了机关事业单位养老保险制度改革方案。

老金，实行社会统筹与个人账户相结合的办法，其规模、个人缴费比例以及计发办法与企业职工基本养老保险制度保持一致。机关事业单位在参加基本养老保险的基础上，应为工作人员建立职业年金，与企业年金相对应。机关事业单位按本单位工资总额的8%缴费，个人缴纳本人工资的4%，机关事业单位工作人员退休后便可领取职业年金，既体现了其在职期间的服务贡献程度，又保障了其合理的退休待遇。

从制度一体化的角度考虑，公务员和事业单位人员的养老保险制度应当与养老保险体系中主体部分的企业职工养老保险制度相衔接，只有保证制度的统一，才能打通机关事业单位与企业之间人员流动的障碍，并为深化机关事业单位岗位管理和聘用制度提供保证。

从机关事业单位养老政策的历史发展脉络来看，养老政策的身份限制逐渐被打破，并向社会的公平化方向发展。国家保障型的机关事业单位工作人员退休制度阶段带有浓厚的职业身份限制色彩，是计划经济的直接产物，这种模式在社会主义市场经济时期逐渐被打破，如机关事业单位的养老政策与事业单位的分类改革配套推进，逐步建立起机关事业单位养老保险，向实现国家统一的养老保险制度迈出了重要一步。特别是在完善阶段，改革机关事业单位的养老制度并建立起企业职工、机关事业单位相统一的养老保险制度，加强了制度之间的衔接性，维护了公民之间的平等性，是我国养老保险体系建设的重大突破。

3. 城市居民基本养老保险制度的发展历程

我国城镇居民基本养老保险制度的发展起步较晚，是在21世纪之后，城镇职工基本养老保险制度和机关事业单位基本养老保险制度的改革和发展取得了显著成效的基础上建立的。

城镇居民基本养老保险制度的建立（2011～2013年）。根据《中华人民共和国国民经济和社会发展第十二个五年规划纲要》《中华人民共和国社会保险法》的规定，国务院决定，自2011年起开展城镇居民社会养老保险试点工作①。2011年7月1日，城镇居民养老保险在全国开始试点推行，这是继2009年新型农村养老保险试点后国家为加快建设覆盖城乡居民

---

① 《国务院关于开展城镇居民社会养老保险试点的指导意见》（国发〔2011〕18号），2011年6月13日。

的社会保障体系做出的又一历史性跨越动作，是促进和谐社会建设的一项重大民心工程，这意味着我国"老有所养"的千年夙愿将基本实现。到2012年，我国基本实现了城镇居民养老保险制度的全覆盖。

城镇居民社会养老保险制度是覆盖城镇户籍非从业人员的养老保险制度，坚持"保基本，广覆盖，有弹性，可持续"的基本原则，建立个人缴费、政府补贴相结合的筹资机制，实行社会统筹和个人账户相结合，与家庭养老、社会救助、社会福利等其他养老政策相衔接，以保障城镇居民的晚年生活。个人缴费部分被划分为多个档次，参保人员依据自身实际情况自主选择缴费档次，多缴多得；政府补贴则由中央财政和地方政府共同参与，保障居民的基础养老金。2011年7月开始施行的《中华人民共和国社会保险法》第二章第二十二条规定，"省、自治区、直辖市人民政府根据实际情况，可以将城镇居民社会养老保险和新型农村社会养老保险合并实施"。这一规定为之后二者的正式合并提供了法律依据，使国家建立统一的社会保险制度迈上法制化轨道。

城镇居民基本养老保险制度的完善（2014年至今）。城镇居民养老保险制度的建立确实是实现社会养老保险全面覆盖的一项重大举措，但是政策在推行过程中，也暴露出不少问题，一直饱受诟病：一是城乡之间的"碎片化"格局；二是无论是制度的设计，还是政策的实施，都缺乏激励性，居民的参保意愿不强烈；三是没有处理好制度间的衔接转换问题。这些问题的出现为之后的城乡居民基本养老保险一体化提供了现实可能性。

2014年2月7日，国务院决定合并新型农村养老保险制度和城镇居民社会养老保险制度，建立全国统一的城乡居民基本养老保险制度。这两个制度的统一是中国的基本养老保险制度走向全国统一的重要一步，不仅能让老年人"老有所依"，生活无忧，更增强了制度的稳定性和可持续性。此外，它还有利于促进人口流动，对于拉动消费、鼓励老年产品行业的发展同样具有重要意义。这次的改革可以进一步在全国范围内消除基本养老保险的城乡"二元制"问题，解决城乡居民身份差异导致的养老保险待遇差异化问题，其意义非同寻常。《国务院关于建立统一的城乡居民基本养老保险制度的意见》中提到，到"十二五"末期，在全国基本实现新农保和城居保制度的合并，并与职工基本养老保险制度相衔接；到2020年前，全面建成公平、统一、规范的城乡居民养老保险制度。

城镇居民养老保险制度是我国目前覆盖人数最多的基本养老保险制度。城镇居民养老保险政策是在职工、公务员、农村居民已经建立且运行的养老保险制度基础之上出台的。随着城镇化的推进，越来越多的居民将进入这个层次，如何完善地处理公平与效率、平等与差异的关系是未来发展城镇居民养老保险所面临的重要问题。

4. 中国城市养老政策不足

综观新中国成立以来城市养老保险政策的发展历程，无论是将养老保险体制作为一个整体来看，还是将其分割为三个主体部分来看，从建立伊始到发展完善，我国的养老保险政策都取得了有目共睹的成就，为中国的社会发展和经济增长提供了动力引擎，但这一过程中，其显现出来的问题也不容小觑。尤其是到 2015 年左右，"60 后"婴儿潮时代的人达到退休年龄和"90 后""00 后"低出生率的青年人开始步入社会①。一方面，我国人口红利消失、劳动力成本上升的问题越来越严峻；另一方面，在经济新常态下，国家的养老负担越来越重。因此，养老保险政策的弊端就越发值得我们重新审视。

第一，养老保险的立法方面匮乏。在养老保险制度确立之初，政府有关部门相继出台了许多发展养老保险的政策、规定和条例，在国家层面起到了宏观调控的作用。这些政策性文件的推出对于养老保险整个体系框架的构成起到了基础作用，但是在法律法规的保障程度上却不够。我国现行的《中华人民共和国社会保险法》是对整个社会保险体系的统筹规范，将养老、医疗、失业、工伤、生育等五个基本保险制度以法律的形式确定下来，虽然增强了制度的稳定性和约束力，但是宽泛的法律规定反而会影响法律的执行效力。例如第二章基本养老保险的内容，针对农村居民和城市居民，仅用两条法律规定就概括了国家要建立和完善新农保和城居保制度，缺乏细化的法律规定和要求。各级地方政府也没有在此基础之上进一步出台社会保障法律规章，只是在浅层次上依据《中华人民共和国社会保险法》实施社会保险和不断地扩大社会保险的覆盖范围，真正具体到根据各地区经济状况、社会习惯、民众认可等现实问题制定出来的法律条例，

① 杨华磊、黄少安、温兴春：《60 后婴儿潮退休背景下的养老和退休政策选择》，《经济评论》2016 年第 1 期。

依旧没有成形。此外，中央政府尚未有对社会保险进行分类立法和对其活动过程单独立法，这种状况使得我国的社会保险法既无法形成完整的法律体系，又不能单独作为一部分提供确切的参考依据。

第二，养老保险政策未能形成统一的制度体系。养老保险最先是在企业中试行的，在之后的几十年发展进程中，机关事业单位、农村以及城市居民才广泛建立。养老保险政策多以"分条块"的形式颁布。同时，在改革的过程中也存在分割成三类养老保险的问题。三类养老保险就像三条相互独立、互不影响的改革之路，缺乏相互协调的顶层设计和彼此支撑的制度衔接。

第三，我国的养老保险制度本身起步晚，发展速度缓慢，再加上十年"文革"的影响，整体的发展要远远落后于发达国家的福利保障制度。目前我国的人口老龄化问题是最严重的问题之一，"预计到 2020 年，全国 60 岁以上老年人口将增加到 2.55 亿人左右，占总人口比重提升到 17.8% 左右；高龄老年人将增加到 2900 万人左右，独居和空巢老人将增加到 1.18 亿人左右"[1]，用于保障老年人晚年生活的各项财政支出将快速增长，继续推行过去的退休年龄政策显然已经无法适应现在的劳动力需要，也不符合当前我国经济发展新常态下的发展理念。所以，我国的养老保险政策必须立足于时代，与世界接轨，不仅要能经得起社会实践的考验，也要能承担起未来养老的重任。

三　村改居居民社会保障公正性问题[2]

城镇化进程是当代中国城乡二元结构的最大转型过程。这一过程由于利益极其巨大、复杂与多元，可能会引发大量社会矛盾和社会冲突，因此，如何保证这一进程的公正性，如何维护好保障好村改居居民的切身利益，促进农村城镇化与农民市民化的同步实现，便成为各级政府和广大民

---

① 国务院：《国务院关于印发"十三五"国家老龄事业发展和养老体系建设规划的通知》（国发〔2017〕13 号），2017 年 2 月 28 日。

② 赵定东、袁丽丽：《城镇化过程中村改居居民社会保障公正性问题分析》，《中共杭州市委党校学报》2017 年第 6 期。

众最为关心的问题①。

如前所述，1958 年，城乡二元户籍制度开始形成，至 2016 年 9 月 19 日，全国普遍推出户籍制度改革方案，中国农村与城市之间经历了近 60 年的差异化发展，也导致如今城乡之间社会保障水平和社会保障理念的二元局面。城镇化的推进是有效改变这种城乡二元状态的必经之路。在农村传统户籍制度下，农民的保障是一种土地保障，主要表现为土地对农民生活、住房、养老、医疗、就业等方面的支撑。村改居居民一旦失去土地，其利益保障只能依靠国家新的制度设计加以弥补，即以社会保障弥补土地的利益缺失是维持村改居居民社会保障水平的可行方式。就此而言，在村改居居民失去土地并获得土地补偿和改变保障方式的过程中，公正性是维护村改居居民合法权益的重要指标，也是社会保障制度设计的首要原则。

现实的问题是，在城镇化进程中，许多村改居居民的处境比较尴尬。在身份上，他们已经属于市民，但是在生活方式、收入结构乃至社会保障方式上，他们仍将在未来较长一段时期内与农民相近，如果不能随着城镇化的进程真正融入城市，村改居居民将成为影响中国城镇化进程推进的最大障碍。村改居居民可持续性发展的关键在于如何成功完成土地保障的替代。因为在失去土地之前，土地是农民的保障，城镇化的顺利推进只有找到优于土地保障的其他保障方式，才能有效地体现社会保障的公正性。同样，单纯的土地补偿金不能满足村改居居民的可持续性发展需求，只有通过合理的土地利益补偿加上公正的社会保障制度的双层保护，才能实现失地农民由村改居居民向城镇居民的真正转化。村改居居民的公正社会保障有利于其顺利融入城市进而实现人的城镇化②。

由此可见，失地农民的土地补偿金和村改居居民的社会保障设计是目前可以保障村改居居民完成人的城镇化目标的两大支柱。其中，土地补偿金改革是实现失地农民"土地换保障"的显性措施，而社会保障政策变革是保证失地农民社会保障水平可持续性的隐性措施，二者缺一不可，相互作用才能切实推进失地农民社会保障公正性的实现。如何推进村改居居民在这两个环节得到公正性的对待，正是本部分研究的关键。

---

① 陈剑：《中国改革报告 2012》，法律出版社，2012，第 4 页。
② 赵定东：《改变重物轻人的传统城镇化思维》，《人民日报》2016 年 7 月 3 日。

1. "土地换保障"的公正性理念问题

不少学者如郑雄飞、王瑞雪等都提出了用"土地换社保"的方法来解决村改居居民的社会保障问题，认为："土地换保障"有利于完善农村土地流转和社会保障制度，该制度创新契合了"土地是农民社会保障"这一主流观点，部分解决了"农转非"后地价增值分配问题，有助于遏制被征地农民盲目攀比等非理性消费行为[①]。本书认为，这种方法虽然有效却是不准确的，这实际上是对社会保障公正性的误读，享受社会保障应是每一个公民应有的基本权利。我国宪法规定，中华人民共和国公民在年老、疾病或丧失劳动能力时有从国家和社会获得物质帮助的权利，获得社会保障是每一个公民的合法权利。毫无疑问，村改居居民同样拥有这种权利。在城乡二元结构中，由于诸多制度、政策原因，土地既是农民收入的重要来源，也是农民的基本保障支柱，但不能因此轻易提出"土地换社保"，将土地看作农民社会保障的替代，这种说法有损公正性，是一种城乡二元思维定式，而正确的提法应该是"土地续保障"。

"土地换保障"与"土地续保障"虽然只有一字之差，但二者具有实质区别，会使村改居过程中出现两种明显不同的有关土地补偿金的换算理念与方法。其中，"土地换保障"主张将失地农民与土地完全割裂开来，用经济补偿为其建立社会保险；"土地续保障"主张将农民原有的土地作为基础，使农民的社会保障水平提升。土地补偿金是对失地农民失去土地和融入城市生活的成本补偿，也是作为社会保障金持续性缴费的基础。公正合理的土地补偿金既是维护村改居居民的社会保障权利，也是有效避免社会保障制度"碎片化"的一种有效途径。现阶段我国大部分失地农民的土地补偿金偏少，土地补偿金不足以支持村改居居民向市民顺利转化，这是我国各地城镇化过程出现的最普遍问题之一。

按照土地换保障的思维，目前城镇化过程中的土地征用是按照土地原用途产值倍数法计算征地补偿金，而不是按土地的市场价值。《中华人民共和国土地管理法》规定的补偿一般包括按土地前三年平均产值的 4～6

---

① 这方面的分析在 20 世纪 90 年代和 21 世纪初特别多，可以参阅以下文献。郑雄飞：《从"他物权"看"土地换保障"：一个法社会学的分析》，《社会学研究》2009 年第 3 期。王瑞雪：《土地换保障制度的逻辑困境与出路》，《中国土地科学》2013 年第 6 期。宋明岷：《失地农民土地换保障模式评析》，《福建论坛》2007 年第 7 期。

倍计算土地补偿费、6～10倍计算安置人口补助费、青苗和附着物补偿金三个部分。虽然土地属于集体所有，但由于诸多原因，在土地转让的实际过程中，失地农民往往不参与土地补偿方案的讨论过程，而且按照目前的有关规定，补偿金原则上也归集体经济组织所有，失地农民只能得到安置人口补助费、土地附着物及青苗补偿费。虽然在实践中大部分土地补偿费也划归农民个体所有，并使部分区域的农民短期内集聚了大量财富，但由于我国农民的土地在使用过程中产出率较低，其社会保障水平较城市居民又长期处于较低水平，这使得村改居居民很难保证其城市化后的社会保障的可持续性。因为按照最高土地补偿和安置标准计算，土地补偿费用只能维持农村居民7年左右的正常消费，若将这些补偿全部投入社会保障，农村居民也只能领到相当于城市最低生活保障三分之一水平的养老金①。正如文贯中所言，农民不能凭借土地财富进入城市，城镇化造成的土地被廉价收回对农民来说是极不公正的②。

土地续保障是一种基于保证失地农民保障可持续性的理念，在当前它可以按照完全市场化原则而非农民社会保障现有水平，通过完善我国的土地价值评估机制进行。

按照完全市场化原则进行土地价值评估，国外有许多可供我们借鉴的经验。如英国不仅保护被征地者的利益，还设有专门的土地法庭，当谈判双方不能达成共识或者出现土地利益纠纷时，可以交由土地法庭进行裁决。德国也有土地法庭，补偿金以官方公布的交易价格为准，而且规定补偿金不能拖欠，必须在一个月之内给付。日本的土地征用也是按照土地市场价值进行补偿，不仅包括土地补偿金，还有对可能产生的附带性损失进行补偿。可以发现，这些国家都遵循土地的市场价值原则给予失地者补偿，补偿方式更为公正，致力于维护被征地者的利益。

上述国家虽然土地制度与我国不同，但我们也可以从这些国家的经验中借鉴、改变原有的补偿方式。土地续保障的补偿方式可以在补偿机制中体现出来。一是补偿的标准要体现公正，应该赋予土地应有的价值。考虑

---

① 丛旭文：《中国失地农民社会保障问题研究》，博士学位论文，吉林大学，2013。
② 文贯中：《吾民无地——城市化、土地制度与户籍制度的内在逻辑》，东方出版社，2014，第29页。

到我国土地并不是私人所有，因此最公正的方法是以土地的保障价值为标准补偿失地农民损失，不仅包括土地在农民手中的使用价值，还应包括各项附带价值，如生活、住房、失业等补贴。二是可以学习其他国家的经验，成立单独的土地评估机构和被征地者可以有效维护自身利益的土地法庭，作为失地者利益的第三方保护机制。三是在土地补偿问题中，针对许多人提出集体所有制可能会出现土地补偿金被截留或挪用，造成补偿金不能量化到失地农民本人的问题，应该建立专门的监督与投诉部门，这些部门应独立于征地过程中涉及的人和部门，最好是由农民和失地农民推举产生。四是失地农民的利益应由法律维护，应该从立法的高度确定公正的土地补偿制度，使失地农民在维护自身合法权益时有法可依。只有这样，才能从根本上保障农民的土地利益，进而完成土地续保障的使命。

2. 社会保障制度的公正性设计问题

村改居居民是中国城镇化过程中产生的特殊群体。考察当前全国各地的实践，有关这一群体社会保障的制度选择与设计还处于初步探索阶段，主要存在三种社会保障的方式：一是继续保持农村的社会保障方式，如江西九江市；二是单独建立属于村改居居民的社会保障体系，如湖北宜都市；三是加入城镇居民的社会保障体系，如浙江杭州市。需要指出的是，建立单独的社会保障体系容易造成保障制度的碎片化，不同群体保障方式之间的差异还有可能形成城、乡、村改居三元的局面，违背城乡一体化的初衷。就此而言，村改居居民既然在户籍上已经成为城市居民且失去了土地保障，不能回到原农民的保障方式，那么选择与城市居民一样的社会保障体系既符合城镇化要求，又能避免社会保障制度的碎片化，这也成为多数地方有关村改居居民社会保障的制度设计的主要方向。

在现实中，村改居居民多数加入了城市社保，但是这一群体的城市融入情况却不容乐观。对村改居居民而言，影响其融入城市生活的最大影响因素是养老、就业、住房、最低生活四个方面的保障。就此而言，在当前城镇化进程中要有序推进村改居，真正实现村改居居民的城镇化，就必须以既有的城市居民社会保障制度为参考，高度重视村改居居民社会保障制度设计的公正性。关于最低生活保障，各地的制度设计和做法基本上做到了程序公正，但对于养老、就业、住房等方面的保障，各地没有注重村改居居民身份转变以后与城市居民之间的差异转变。

其一，村改居居民的城乡养老保险与城镇职工养老保险相比有较大的差异性。村改居居民在融入城市的过程中一般会加入城镇居民养老保险，城镇居民养老保险是否公正是影响村改居居民能否融入城市的重要指标。2014 年 2 月 21 日，国务院办公厅下发《国务院关于建立统一的城乡居民基本养老保险制度的意见》，将新农保和城居保两项制度合并成统一的城乡居民基本养老保险制度①。村改居居民的养老保险制度也就变成了城乡居民养老保险制度。养老保险制度的合并是社会保障制度完善的过程，但是企事业单位的城镇职工养老保障待遇水平与村改居居民加入的城乡居民基本养老制度差别很大，基本养老保险的具体执行和利益分配过程中存在的不公正问题需要得到重视。

如表 3 - 1 所示，城镇职工与城乡居民的养老保险从 2012 年到 2015 年的变化是巨大的，两种制度参保人数虽然有差距，但差距并不是很大。我国城镇职工人数远远少于城乡居民人口数，城乡居民养老保险的参保率自然要低于城镇职工。我国每一年城乡居民养老保险基金的支出数额只占城镇职工的 7% 左右，即使考虑到两类制度养老金缴纳水平的差异，7% 的比例也与社会保险制度缩小收入差距、维护社会公正的原则不一致。如果按保险基金支出与参保人数的比例计算，城镇职工与城乡居民的人均养老金收入十分可观，从表 3 - 2 可以看出，我国城镇职工每年领取的养老保险金 2012 年为 5115元，2015 年则为 7299 元，而同期的城乡居民养老保险金则分别只有 238 元、419 元。城镇职工与村改居居民在步入老年后面临如此大的养老收入差距，这无疑也与养老保险制度对公正性的追求不一致。

表 3 - 1　城镇职工与城乡居民基本养老保险情况

单位：万人，亿元

年份	城镇职工养老保险人数	城镇职工养老保险基金收入	城镇职工养老保险基金支出	城乡居民养老保险人数	城乡居民养老保险基金收入	城乡居民养老保险基金支出
2012	30426.8	20001.0	15561.8	48369.5	1829.2	1149.7
2013	32218.4	22680.4	18470.4	49750.1	2052.3	1348.3

① 《国务院关于建立统一的城乡居民基本养老保险制度的意见》（国发〔2014〕8 号），中国人大网，2014 年 5 月 20 日。

续表

年份	城镇职工养老保险人数	城镇职工养老保险基金收入	城镇职工养老保险基金支出	城乡居民养老保险人数	城乡居民养老保险基金收入	城乡居民养老保险基金支出
2014	34124.4	25309.7	21754.7	50107.5	2310.2	1571.2
2015	35361.2	29340.9	25812.7	50472.2	2854.6	2116.7

资料来源：据 2013～2016 年的《中国统计年鉴》。

表 3-2　城镇职工与城乡居民人均养老金收入

单位：元

年份	2012	2013	2014	2015
城镇职工人均养老金收入	5115	5732	6375	7299
城乡居民人均养老金收入	238	271	331	419

资料来源：据 2013～2016 年的《中国统计年鉴》。

　　如果比较城镇职工与城乡居民内部养老基金收入与基金支出的数据，就能发现这种差距的根源（见表 3-3）。从 2012 年至 2015 年，我国每一年城乡居民养老金支出占收入的比例都是低于城镇职工的，也就是说，城乡居民缴纳养老金的回报率低于城镇职工缴纳养老金的回报率。城乡居民养老保险的缴费水平低于城镇职工，而回报率也低于城镇职工，这就合理解释了当前我国城镇职工与城乡居民人均养老金收入差距为何大了。通过对比城乡居民养老保险与城镇职工养老保险，同样可以发现，我国村改居居民在养老保险方面尚未得到与城镇职工一样的待遇，这种制度设计不利于缩小贫富差距，不利于实现社会保障制度维护社会公平正义的目标。

表 3-3　城镇职工与城乡居民养老金支出占收入的比例

单位：%

年份	2012	2013	2014	2015
城镇职工养老金支出占收入的比例	78	81	86	88
城乡居民养老金支出占收入的比例	63	66	67	74

资料来源：据 2013～2016 年的《中国统计年鉴》。

　　与同样参加城乡居民养老保险制度的原城市居民相比，村改居居民中的老年人不能参加工作，没有收入来源，只能通过土地补偿金和微薄的养老金度日；有工作能力的中年人即使找到工作并参加了养老保险，但受前期缴费的影响，年老时所领取的养老金也一定会低于原城市居民的养老金；对于刚参加工作的村改居年轻人来讲，在融入城市的过程中，机遇与挑战并存，与原城市居民相比，他们在就业技能和人脉方面都处于不利地位，这种不利地位会导致他们减少对养老保障的投入。在一个社会共同体中，出于公平正义的目的，弱势群体应当有权利得到政府提供的特别支持以及关心和尊重[1]，国家只有在政策设计上解除村改居居民养老的后顾之忧，才能使其顺利融入城市，帮助他们实现城市化的真正转型。

其二，村改居居民的医疗保障过低。村改居居民在转为城镇户口后，其所享受的医疗保险也转为了城镇居民医疗保险（也有极少数村改居居民自愿选择新农合医疗保险）。对于村改居居民而言，在享受城镇居民医疗保险后，他们的医疗待遇虽然有了一定的提高，但与城镇职工医疗保险相比仍有较大的差异。国家政策规定城镇职工在缴费达到一定年限且在达到法定退休年龄后不再需要缴费，而且可以继续享受医疗保险待遇；而城镇居民医疗保险则没有这个保护政策，居民必须年年缴费，否则就不能享受医疗保险。社会医疗保险的作用在于保障不同收入人群都能平等地享受医保的帮助，公正的政策应该保证人们享有平等的权利甚至是倾斜于弱势群体的，但我国城镇职工与城镇居民在所享有的医疗保险待遇方面却存在差异。2011年至2015年，虽然我国城镇居民与城镇职工人均享受医保数额的比例差距从1:8.5逐步缩小到1:5.5，但是二者在享受资金的额度上的差距却从2011年的1405元增大到2015年的2135元，而且差距在逐年增大（见表3-4）。

表3-4 2011年至2015年城镇职工与城镇居民人均享受医保资金额

单位：元

年份	2011	2012	2013	2014	2015
城镇职工人均医保额	1592	1838	2120	2367	2607
城镇居民人均医保额	187	248	328	457	472

资料来源：据2012~2016年的《中国统计年鉴》。

在医疗保险报销制度中，城镇居民医疗保险只能报销住院和国家规定

---

① 吴礼宁、韩兴华、高建军：《新型城镇化与农民权利保障》，法律出版社，2015，第63页。

的病种费用，挂号、门诊及未住院费用都要患者自己承担。医疗自付费用的压力会使村改居居民不敢轻易去医院就医，造成村改居居民对医疗保险补偿的利用率较低。这显然与社会保障制度的公正性原则不一致。

从城镇居民医疗保险制度内部来看，以家庭为单位，原城镇居民中的老人多为城镇职工退休人员，多数不用继续缴纳医疗保险费，大部分家庭成员加入了城镇职工医疗保险，就只有儿童、学生需要缴纳医保费用，而国家对儿童、学生的医保优惠颇多。反观村改居居民家庭，只有少数成员加入了城镇职工医疗保险，这意味着村改居居民整个家庭中各个年龄阶段的人都需要缴纳医疗保险费。村改居居民缴费能力要弱于原城镇居民，但村改居居民却成了城镇居民医疗保险费缴纳的主力军。从周钦等人对城镇居民医保受益公平性的实证研究中可以发现，按比例报销的医疗保险制度造成了"低收入群体总体'补贴'高收入群体"的不合理现象①。

其三，村改居居民的住房保障存在政策性缺陷。村改居居民无疑对于住房有着最为迫切的需求，因为这一人群在农村已经没有土地，只能随着城镇化进入城市生活。但是，城市的住房门槛不是村改居居民可以轻易跨越的。村改居居民在进入城市后并没有足够的经济能力购买城市商品房。部分经济发展水平较高的地区政府在征地后会给村改居居民安排住房，但是多数地区特别是在 2010 年以前的征地中，政府没有对村改居居民进行必要的住房安排，也没有给予其任何住房保障政策②。

此外，从微观层面来看，村改居居民与原城市居民间的差异较大。如果以家庭为单位，城市居民一般有住房公积金，购房时的压力要小一些。村改居居民在进入城市后的住房需求非常迫切，却因没有住房公积金可为其减轻购房负担。如果是贷款型住房，村改居居民的偿还能力要低于原城市居民，受教育水平、技术能力、人脉环境等因素的影响，村改居居民的收入一般低于原城市居民，村改居居民要承受的房贷压力可能更大。政府

---

① 周钦、田森、潘杰：《均等下的不公——城镇居民基本医疗保险受益公平性的理论与实证研究》，《经济研究》2016 年第 6 期。

② 苏东海：《银川市失地农民住房问题研究》，《人口学刊》2009 年第 2 期。需要说明的是，目前全国的征地住房补偿政策依据逐渐完善，但在 2010 年以前，征地导致的失地农民住房问题日益凸显，在部分经济不太发达的区域，政策依据不健全成为大问题，也成为影响社会稳定的一个诱发因素。

针对城市中的弱势群体和低收入者有安排经济适用房和廉租房等政策，却没有为住房需求更迫切的村改居居民在住房政策上提供实质性帮助①。

其四，村改居居民的就业弱势化趋势明显。村改居居民能否在城市中顺利就业是村改居居民能否真正融入城市以完成城镇化的决定性因素，关系其基本生活、医疗、养老、住房等各方面的可持续性发展。村改居居民在原生活方式中不担心就业，也不存在失业问题，但是村改居居民失去土地后意味着失去维持生计的工作。进入城市后，村改居居民必须同城市未就业人员一样寻找工作，但是受生活习惯和所接受教育程度不同的影响，村改居居民在寻找工作机会和适应工作的过程中一般比原城市居民更加困难。从自身条件来看，原城市居民从小接触的就是城市中各项工作的培训，村改居居民因为有土地作为就业保障，对城市中不同性质的工作缺乏了解，进入城市后也缺乏相关技能的培训，在就业竞争中处于相对弱势地位。当前村改居居民中最难实现就业的主要是"4050"人员，因为这部分人在失去土地之前大多从事的是跟务农有关的工作，对城市工作需要的技能不了解，接受再培训的能力相对也差，所以这些人的就业问题更加难解决。虽然原城市居民中的"4050"失业人员的再就业较为困难，但是很多地方政府对这部分人员尽力进行就业帮助或者提供社保补贴，而村改居居民则享受不到。

综上，在医疗、养老、住房、就业等社会保障项目中，村改居居民与原城市居民存在较大差距，需要在制度设计和实施过程中，探索保障村改居居民利益的政策。

四　村改居居民社会保障可持续性问题②

通过上述三个部分的分析，可以看到，虽然城乡一元化的统筹是发展

---

① 曹晓腾、廖和平：《城乡统筹背景下失地农民住房安置补偿政策研究——以重庆市璧山县璧泉街道安置房补偿为例》，《安徽农业科学》2012 年第 14 期；马良灿：《土地征用中的国家、基层政府与农民——土地征用问题研究评述》，《贵州大学学报》（社会科学版）2008 年第 4 期。

② 本部分以"村改居居民的社会保障可持续性困境分析"为题，发表在《浙江社会科学》2016 年第 12 期上（作者：赵定东、袁丽丽）。

的主流，但城乡差距是历史遗留下来的一道鸿沟，不可能在短期内实现统一或者通过任何即时的政策使城乡居民突然就可以和城镇居民站在同一起跑线上。在城镇化过程中，政府要做的应该是进行户籍制度改革后，给予农民更多的选择机会。对于有城镇化意愿和条件的农民，帮助其实现户籍的改变；有城镇化意愿但没有条件的，可以通过社会保障的完善或者其他形式的财政补助，帮助其实现城镇化；没有意愿进入城镇的，则在各项社会保障方面帮助其投入中国特色富裕农村的建设中。笔者推测在城乡二元制的情况下，也是可以缩小收入差距的，城乡二元制并非一定是社会保障制度发展的障碍，关键是社会保障制度如何配合城镇化。本部分主要通过对村改居居民社会保障可持续性问题的分析，揭示村改居居民的社会保障利益。

1. 村改居居民与城市居民、农村居民的社会保障政策差异

城镇化代表着农民向市民的转变，不仅包括户籍的改变、居住方式的改变、生活方式的改变，还有医疗养老等社会保障方式的改变。这一转变不可能在朝夕间实现，由于地区和经济差异，城镇化也存在时间、空间和方式上的差异。关于城镇化过程中失地农民的补偿方式，各地探索了多种路径，大部分地区采用支付一次性补偿金的方式使农民放弃土地，还有少数地区在试行补偿金与土地分红相结合的方式。失去土地的农民的社会保障既不同于农民也不同于城市居民，在医疗、养老、住房和就业方面都存在很大差异。

其一，城市居民、农民与村改居居民医疗保障待遇差异。2016 年，为加快推进城乡居民基本医疗保险的整合，中央在颁布的新农合工作要求通知中讲到：2016 年，各级财政对新农合的人均补贴标准在 2015 年的基础之上提高 40 元，达到 420 元；农民的个人缴费标准在 2015 年的基础上增加 30 元，全国缴费标准平均在 150 元左右；已经开展城乡居民医疗保险制度整合的地区要在科学测算的基础上确定合理统一的城乡筹资标准[①]。这一通知说明，为与城镇化相适应，我国医疗保险在政策方面已经进行了城乡统筹。但大部分地区在具体的操作层面上有明显的差异，典型的是城乡居民医疗保险仍然分为城镇居民医疗保险和新型农村合作医疗保险，即农

---

① 国家卫生和计划生育委员会、财政部：《关于做好 2016 年新型农村合作医疗工作的通知》，2016 年 4 月 29 日。

村人口参加新农合保险，城市居民参加城镇居民基本医疗保险，而城镇企业职工既可以按一定的比例和用人单位共同缴费参加职工基本医疗保险，也可以选择参加城镇居民基本医疗保险或者新农合保险。

从表 3 - 5 可以看出，由城镇居民基本医疗保险和新农合组成的城乡居民医疗保险的门槛较低，但是保障水平也低。虽然都有大病医保，但由于农民可支配收入低，一般只会选择低层次的医疗保险；城镇居民有最低生活保障制度，所以医疗保险缴费能力保障水平会高于农村。在城镇化进程中产生的村改居居民这一人群可以选择城镇居民基本医疗保险或者新农合制度，保障水平不高，需要终身缴费才能享受医疗保险。虽然政府有一定的财政补贴，但是对于只获得一次性土地补偿金的人来说，个人的持续缴费能力是不足的。如在浙江、广东等地，可以获得集体土地分红的人是少数。失去了土地的保障只用获得的土地补偿金来适应城镇化新的生活方式是捉襟见肘的，如果不对这一部分人进行保护，那么其在维持基本医疗保险方面就会缺乏可持续性。

表 3 - 5　农民、市民和城镇化后的居民参加医疗保险的情况

医疗保险类型	可参保人群	筹资方式	缴费标准和待遇	缴费要求
城镇职工基本医疗保险	城镇企业职工及退休人员、已经参加基本养老保险的城镇个体业主	员工和用人单位共同缴费，不享受政府补贴	高	设有最低缴费年限
城镇居民基本医疗保险	非从业城镇居民、城镇学生、城镇化后的农民	个人缴费，政府补贴	中	终身缴费
新型农村合作医疗保险	农村户籍人口、未参加城镇职工基本医疗保险的城镇企业职工、无雇工的个体工商户、城镇化后的农民	个人缴费，政府补贴	低	终身缴费

其二，城市居民、农民与村改居居民养老保障政策差异。20 世纪 90 年代以来，我国农村实行的是新型农村社会养老保险制度，即凡是年龄符合且没有参加城镇职工基本养老保险的农村居民都可以自主选择不同的档次进行缴费，缴费档次有 5 个，多缴多得。城镇居民中除了参加城镇职工养老保险以外的居民，可以参加城镇居民养老保险。城镇居民养老保险一

般分为 12 个档次，也是自主选择进行缴费，多缴多得。2014 年 2 月，国务院办公厅下发《国务院关于建立统一的城乡居民基本养老保险制度的意见》，将新农保和城居保两项制度合并实施，在全国范围内建立统一的城乡居民基本养老保险制度。城乡居民基本养老保险的基金筹集方式由个人缴费、集体补助和政府补贴构成，保险待遇由基础养老金和个人账户养老金构成，终身支付[1]。村改居居民养老保险问题仍存在诸多争议，有学者提出要将被征地农民纳入城市居民养老保障体系，最重要的问题是解决被征地农民的持续缴费问题[2]。就目前来看，我国对被征地农民的土地补偿多为一次性的现金补偿（少数实行土地分红的暂时不考虑），这种方法虽然可以让村改居居民在短期内获得收益，但补偿金毕竟有限，没有土地作为保障，居民还要面临城镇化后新的生活、就业等压力或者缺乏合理的投资规划等问题，这笔钱很快就会被用完，不能起到持续性的保障作用。村改居居民养老保障缴费的持续性难题是区别于其他两个群体的大问题。

其三，城市居民、农民与村改居居民就业保障能力差异。在就业方面，农村居民依然以土地为就业保障，有土地就有收入。城镇居民的就业受到的影响也不大，因为部分城镇化的农民即使进入城镇，接触的工作也多为原本城市居民不愿涉足的行业，就算部分就业机会减少，原城镇居民仍要比城镇化后的转型农民具有更多的优势。只有村改居居民就业面临较大的挑战。虽然在征地过程中，政府通过招工安置与就地安置等方式来解决城镇化后农民这一群体的就业与再就业问题，但由于缺乏法律保障且培训基金不足、体系不完善，这一群体就业竞争乏力。而村改居居民一般文化水平偏低，一旦进入竞争激烈的劳动力市场，往往只能做一些苦、脏、累的工作，不仅收入低，社会地位也不高[3]。因为这一人群亟须稳定下来并适应新的生活方式，获得就业和再就业培训或者政府的帮助就变得更为迫切。

---

① 《国务院关于建立统一的城乡居民基本养老保险制度的意见》（国发〔2014〕8 号），中国人大网，2014 年 5 月 20 日。

② 欧胜彬、陈利根：《被征地农民社会保障制度创新研究——以南宁市为例》，《学术论坛》2016 年第 6 期。

③ 朱常柏、双传学：《失地农民公民身份及其社会保障公平性研究》，《南京社会科学》2014 年第 11 期。

其四，城市居民、农民与村改居居民住房保障需求差异。如前面讲到的医疗、养老或者就业的问题一样，农村居民的住房有宅基地作为保障，无论城镇居民原来有没有房子，城镇化带来的影响都不会太大。村改居居民的住房却发生了巨大改变，村改居居民离开了宅基地住房，得到一笔土地补偿金，进入城镇开始全新的生活。有的地方集体迁到新的社区，用土地补偿金和政府的补贴在城镇中得到新的住房，这是较为合理的住房保障措施。但是，大部分地区城镇化后的农民只能得到一笔土地补偿金，这笔资金由村改居居民用来自行安排住房和生活的各个方面，许多村改居居民变成了进城务工的半城镇化农民，这一部分人类似于以往单纯进城务工的农民工，住房方式一般有五种，分别为自行租房、集体宿舍或工棚、安置房、廉租房和公共租赁住房以及自购房。由于租金太贵，不少村改居居民在缺乏保障的情况下只能选择合租混住以节省成本；集体宿舍或工棚卫生环境差，健康状况难以保证；而廉租房和公共租赁住房环境较好，但毕竟数量少、价格高，很难满足需求；能自购住房的只是有一定积蓄的佼佼者，但这部分人极少。

2. 村改居居民社会保障制度问题

进入 21 世纪以来，城市居民与村落农民的社会保障方式虽然有了一些相关的调整，但这些调整是为了适应社会发展的需要，总的来说还是沿袭了原来的制度轨迹，没有发生太大的改变。但对于村改居居民而言，其社会保障方式则应做出全面的调整，因此面对的问题较另外两个群体都要多。

其一，村改居居民面临各种社会保障参保制度困境。通过对城市居民、农民与村改居居民三类人群在医疗、养老、就业、住房等方面社会保障状况的分析，不难看出，城镇居民和农村农民的社会保障在沿着正常的社会保障制度发展规律进行，保障水平在不断提高，差距也在不断缩小。

从全国范围来看，除了港澳台和西藏以外的地区都推出了户籍制度改革方案。城镇化是在全国范围内开展的，但城镇化实际进程不一，这就出现了受城镇化影响和没受城镇化影响的两类人。没有受影响的就是单纯的农民，受城镇化影响的主要是村改居居民，而其中只有少部分经济发达地区对城镇化后农民的社会保障做了较为合理的规划，如在征收农民土地时不仅支付一次性的土地补偿费用，征收后的土地并不是完全与村改居居民脱钩，在土地用于生产或投资产生利益后，每年会按照一定的比例给村改居居民一笔土地分红，用来弥补土地保障的缺失。另外一大部分人是由政府给予一次性补偿金，这一部分人的社会保障状况存在较多的问题。

从一定意义上讲，我国的城镇化其实是土地的城镇化而不是人口的城镇化，农村转移人口的"半城镇化"代替了市民化。失去保障的村改居居民只能选择进城务工，虽在城镇生活却只是统计意义上的城镇人口，并不能平等享受城镇居民享有的住房、教育、医疗和社保等公共服务，而且工资偏低①。有土地分红的城镇化后的农民，其生活发生了很大的变化，在面对适应城镇生活以及失去土地保障的压力时转变还是比较顺利的，即使无法在短期内实现市民化，至少不会面临很大的生存压力。真正的困难群体是城镇化后仅领取失地补偿金的村改居居民，他们从农村走向城市，十几万元的土地补偿金解决不了他们的住房问题，就业上的不利地位导致他们难以拥有持续的收入保障，参加城乡居民医疗保险的缴费标准和待遇不高且要终身缴费，这使失地农民没有多余的钱用来投资大病医保或者商业保险，有效抵抗疾病风险能力较弱。

农村养老多把土地和家庭作为保障，被征地农民的养老问题只能更多地依赖国家。崔香芬、赵淑华等人在对江苏6市的调研中提到，有58.1%的被征地农民获得了保障性安置，41.9%没有获得任何方式的保障性安置。从安置方式来看，20.5%的被征地农民获得了就业安置，57.1%的被征地农民获得了基本生活保障安置，22.4%的被征地农民按照务农年限参加了城镇社会养老保险②。江苏这6个城市的征地补偿政策在全国范围内是属于较完善的，但是也有四成多的被征地农民没有获得任何方式的保障性安置，得到就业安置的仅有20.5%，而且这一数据调研的是中青年被征地农民，在村改居居民中这一年龄段的人就业竞争能力较强。如果再统计其他年龄段村改居居民的社会安置，可能问题会更为突出。不仅其社会保障方面的问题亟待解决，而且村改居居民在生活方式、消费习惯、心理方面都会产生许多的问题。

---

① 谢淑娟：《在新型城镇化建设中扩大农村居民的消费》，《宏观经济原理》2014年第11期。
② 崔香芬、赵淑华：《中青年被征地农民养老保障参与意愿实证分析——基于江苏6市的调研》，《经济体制改革》2014年第6期。

其二，村改居居民持续缴费能力不足。众所周知，社会保障制度的设计是为了保障人们的生存权利。随着社会的进步，社会保障的功能也能够保障人们获得更好的生活的权利。社会保障具有刚性特征，保障水平上升后很难再降下来，所以在确定具体的政策时一定要考虑保障的可持续性，不是解决几年内的政策问题或者社会矛盾，而是长久的利国利民的保障方案。我们应该努力地寻找能支撑社会保障制度可持续性发展的后劲，失去了这种后劲的社会保障制度只能是治标不治本地解决当前问题，而这种后劲的来源就是居民的可持续性缴费能力，持续的缴费能力是为了得到持续的保障。我国最具持续保障能力的是土地保障，虽然农村的社会保障水平低，但是由于土地保障的存在，持续性保障水平是较高的，可以惠及后代。另一类持续保障水平较高的是城镇职工，特别是国企或者机关事业单位工作人员，这一部分人不仅保障水平高，而且由于其收入具有稳定性，因此缴费能力也高且具有持续性；城镇居民在社会保障方面的持续缴费能力要低于城镇职工，但是享受国家财政的补贴；城镇化后领取土地补偿金和集体土地分红的村改居居民的持续缴费能力与城镇居民相比是相当的，具体是高还是低则取决于每年分红的多少；持续性缴费能力最低的是城镇化后只得到一笔土地补偿金的村改居居民，许多地方把原来"产值倍数法"的计算方式作为土地补偿的标准，再加上部分安置补助费，但没有考虑村改居居民成为新的城镇居民后生活消费成本必然会增加的客观事实，这些补偿金既解决不了被征地农民的基本生活问题，也解决不了其培训就业和各种社会保障问题①。

城镇化后的村改居居民在由农村进入城市后，改变了原来在农村中可以自给自足的依靠土地的生活，不得不面对新的生活方式与消费方式。例如，在农村可以从自己的果园或者菜地里直接获得食材，在城市中则只能用自己获得的土地补偿金去购买食物。村改居居民就业没有保障，而且没有持续的收入，土地补偿金只能用来维持一段时间的生活，其在社会保障上的持续性缴费能力不足。推动这一群体可持续发展必须考虑一个重要因素，即如何提高城镇化后村改居居民可持续缴费能力，是解决这一人群社

---

① 陈雪彤、李乐乐、于立明：《失地农民社会保障问题现状及对策研究——以烟台市高新区A村为例》，《生产力研究》2013 年第 5 期。

会保障问题面临的难题。

五　日韩农村养老保险制度现代化的异同及对我国的启示①

日本和韩国是亚洲国家中率先实现农村养老保险制度现代化的国家，其农村养老保险制度现代化的过程、经验和教训很值得中国借鉴。虽然日韩现行的社会制度与中国不同，国情也有很大差异，但由于三国地缘相近、文化基因相近及发展历程相近，三国农村养老保险制度的建设有很大的互通性。特别是中国，作为后发国家，目前正在为全面建成小康社会、全面提升农民的幸福感和获得感而奋斗，农村养老保险制度的建设与完善是实现这个目标的关键所在。建立充满活力的中国特色农村养老保险制度，立足于中国现实是根本，广泛吸取国外的经验教训，特别是日韩等国的经验和教训，这有利于推动我国农村养老保险制度现代化的进程，同时还有利于提高我国农村特别是村改居居民养老保险制度的国际化水平。

1. 日韩两国农村养老保险制度现代化的特点及异同

日韩两国农村养老保险制度现代化都起步于20世纪50年代，在发展过程中取得的成绩是有目共睹的。日本建立的以"国民皆年金"为代表的养老保险制度和韩国建立的以"国民养老金"为代表的养老保险制度，为本国农村居民养老问题的解决做出了不可磨灭的贡献，其特点有共性与个性之分，主要体现为如下几点。

其一，日韩两国农村养老保险制度的发展都具有渐进性特点。

日本的农村养老制度起步于政府投入和国家管理。1958年，日本政府颁布《国民健康保险法》，该法规定将原来未加入医疗保险的农民强制性地纳入国民健康保险。1959年，日本国会通过了《国民年金法》，该法规定将农民等纳入国民年金保险体系，从此建立起以全体国民为保障对象的"国民皆年金"制度。1961年，该制度在全国范围内实施，为日本农村人口加入年金制度开辟了先河。1963年出台的第一部针对老年人的《老年人

---

① 赵定东、陈亚：《日韩农村养老保险制度现代化的异同及对中国的启示》，《日本问题研究》2017年第6期。

福利法》规定，由地方政府负责对需要照顾的老年人开设居家护理服务，建立老年养老院，根据不同层次的老年人制订老年人福利计划，并对费用的支出以及养老院的收费做出规定。同年，日本政府规定每年的 9 月 15 日为全国的"敬老日"①。此后，日本各都、道、府、县和市、町、村相继尝试开展以访问护理为主的老年人援助对策活动，并为老年人参加社会活动提供一定的援助，同时还增加了设施福利服务的内容，并针对不同的老年人提供特别的养老院等设施入所服务②。到 1969 年，部分地方政府开始实施老年人家政服务员派遣制度，并向有特殊需要的家庭小范围地开展家庭服务员的派遣工作③。1971 年 1 月开始实施的《农民养老金基金法》使参加农民养老金的人数大大增加，1975 年被保险人数达到了 116 万人，占农业总就业人口 791 万人的 15%，该项法律的颁布成为农村人口参加国民养老保险的补充④。1971 年，日本政府又出台了《中老年人雇佣促进法》，鼓励企业增加中老年人的就业机会，鼓励中老年人二次就业，并对已经退休的占据重要岗位的老年人开展再聘用工作，发挥老年人的工作余热，这样可以额外增加老年人的收入，从而为老年人晚年的安定生活提供保障。1973 年，日本国会通过了相关法律，决定对 70 岁以上的老年人实行免费的医疗保险制度，这大大减轻了老年人大病就医的负担⑤。

针对 20 世纪 70 年代开始出现，80 年代特别突出的农村地区人口老龄化问题，1987 年日本政府出台了《社会福利士及护理福利士法》，开始专门培养从事老年福利事业的专业人才；1989 年又出台了《老年人保健福利推进十年战略》，该法要求加强对农村老龄人口的居家福利服务，要求加强农村地区的福利设施建设，以解决那些单靠家庭不能解决的老年人的护理问题；1994 年日本政府又对该法进行了修改，要求加快农村老年人护理

---

① 宋金文：《日本农村社会保障——养老的社会学研究》，中国社会科学出版社，2007，第 120 ~ 121 页。
② 馆山不二夫编著《详解护理福利事典》，日本实业出版社，2000，第 88 页。
③ 宋金文：《日本农村社会保障——养老的社会学研究》，中国社会科学出版社，2007，第 121 页。
④ 王翠琴、黄庆堂：《日本农村养老保险制度及对我国新农保的借鉴》，《当代经济管理》2010 年第 10 期。
⑤ 宋金文：《日本农村社会保障——养老的社会学研究》，中国社会科学出版社，2007，第 121 页。

基础设施建设和专业护理人才培养的步伐，并开展居家服务和设施服务一体化活动①。1997 年，日本政府通过了《护理保险法》，该法律成为世界上第二部关于老年人护理服务的法律。该法律的主要内容是，以社会保险的形式，实现老年人晚年生活的自理，若老年人在晚年时需要护理服务，则国家负责对其提供援助，从而解决老龄化速度加快造成的老年人护理问题。该法还规定保险费用由个人、地方政府、国家和相关机构共同分担，被护理的老年人可以按照自己的意愿选择医疗服务机构和福利机构。该法律的颁布减轻了老年人家庭护理的负担，是继老年人口医疗保险制度和国民年金制度之后，对农村养老产生重大影响的又一新制度设计②。

　　韩国农村养老保险制度是 20 世纪 90 年代才正式实施的，但其他群体的养老保险制度是从 20 世纪 60 年代开始确立，80 年代保障范围得到进一步的扩大，到了 90 年代后期，韩国政府对养老保险制度又进行了改革。1960 年，韩国确立了政府公务人员养老金制度，保障对象主要是政府机关工作人员，包括政府官员、警务人员以及司法机关从业人员③。到了 1963 年，韩国政府又确立了军事人员养老金制度，该项制度是针对任职期间的军人设立的保险项目④。到了 20 世纪七八十年代，韩国经济得到了迅速发展，社会保障事业也得到了人们的普遍关注，各项社会保障项目也得到了发展，韩国政府又相继确立了医疗、养老、失业、生育和社会救济等社会保障制度。到 1975 年，韩国政府又确立了针对私立学校教职工的养老保险制度——私立学校教师养老金制度⑤。到了 80 年代末期，随着政治民主化范围的不断扩大，国民对社会保障的需求也逐渐加大，从而推动了社会保障制度的发展。1988 年确立的国民退休金制度要求 10 人和 10 人以上的工

---

①　宋金文：《日本农村社会保障——养老的社会学研究》，中国社会科学出版社，2007，第123～124 页。

②　宋金文：《日本农村社会保障——养老的社会学研究》，中国社会科学出版社，2007，第124 页。

③　姜向群：《韩国养老保险制度的发展、特点、问题及与中国的比较分析》，《东北亚论坛》2003 年第 5 期。

④　姜向群：《韩国养老保险制度的发展、特点、问题及与中国的比较分析》，《东北亚论坛》2003 年第 5 期。

⑤　Kyunghee Chung, *Living Profiles of Older Persons and Social Policies on Ageing in Korea*, Korea Institute for Health and Social Affairs 1999（in English），p. 68.

作单位才有资格参加，经调整之后，这一制度适度地放宽了要求，自 1992 年起允许 5 人和 5 人以上的工作单位参加。到 1995 年，这一制度也适用于农民和渔业劳动者。直到 1999 年，韩国的国民养老金制度已覆盖全体劳动者，但韩国的法律却规定，年龄只有在 18~60 岁的国民才有资格参加国民养老金制度①。

其二，日韩两国农村养老保险制度都具有多层次性。

日本政府依据不同的社会群体建立了不同的养老保险制度，以满足不同群体养老的需要。1961 年，日本开始实施《国民年金法》，该法具有一定的强制性，要求将未加入公共养老保险制度的广大农民强制纳入国民养老保险体系。该法规定，20 岁以上 60 岁以下的农民必须参加国民养老保险②，参保所需资金主要来源于政府的财政拨款和个人的缴费。1970 年，《农业者年金法》的颁布确立了农业者年金制度，该制度是专门为农业从业者设立的制度。1958 年，《国民健康保险法》使得国民健康保险制度得以确立，该制度的确立使高龄的农民在生病时可以得到一定比例的医疗费用补偿。1997 年颁布的《护理保险法》确立了护理保险制度③，该法律的颁布解决了老龄化速度加快产生的老年人身体护理问题。以上这些制度的确立解决了农村地区老年人的不同需求，也对农村养老产生了重大影响。

韩国依据社会群体的不同建立起多层次的养老保险制度。韩国的养老保险制度根据职业的不同设立了覆盖不同群体的保障体系，保障的对象包括政府公务员、警察、司法人员、军人、私立学校的教师、农民、渔业从业者，以及其他年满 18 岁的韩国国民④。在养老保险制度的发展过程中，韩国逐渐形成了公共养老金制度和私立养老金制度，不同制度的缴费和给付标准又存在差异，参保者可以依据自己的实际收入、年龄、身体状况以

① 姜向群：《韩国养老保险制度的发展、特点、问题及与中国的比较分析》，《东北亚论坛》2003 年第 5 期。

② 王晓东：《日本农村养老保险体系设计和建立时机对我国的启示》，《经济体制改革》2014 年第 2 期。

③ 宋金文：《日本农村社会保障——养老的社会学研究》，中国社会科学出版社，2007，第 125~126 页。

④ 张慧智、金香丹：《韩国多支柱养老保障体系改革及启示》，《人口学刊》2017 年第 2 期。

及缴费年限来选择自己想要参加的保险①。

其三，日韩两国农村养老保险制度的责任主体存在差异。

韩国的养老金制度有公立和私立之分。韩国的公立养老金制度是韩国养老保险制度的基石，是韩国社会保障体系的重要组成部分。韩国的公共养老金制度也被称为社会养老保险制度。公共养老金的资金主要来源于参保者的缴费和政府的财政补贴。国家成立专门的机构用于保障养老金的保值和增值。在基金的筹集方面，由于保险制度的种类不同，参保者个人缴纳、企业缴纳、政府补贴的比例也存在差异；在养老金基金的运行模式方面，韩国政府既没有采用现收现付的运行模式，也没有采用完全积累的运作模式，而是将两种运作模式有机地结合起来，实行部分积累的运作模式；在基金的运营方面，韩国政府将筹集到的社会养老金统一交由专门的金融机构进行投资运作②。在韩国养老保险体系的建设过程中，政府出台了一系列的法律，使得各项养老保险制度的运行依法而行。此外，养老保险制度是政府财政收入的再分配，政府通过税收的方式，努力实现养老金给付的公平。例如，在韩国，企业职工和政府公务员实行的是不同的养老保险制度，但在养老金的给付上，二者所获得的养老金数额几乎相等③。

自 1999 年韩国实行新的《国民养老金法》以来，国民养老金的保障对象扩大到 18～60 岁的全体劳动者。近年来，韩国社会保障制度的建设达到了更高的水平，覆盖范围进一步扩大，养老保障水平达到了中上水平。韩国的养老保障制度根据老年人对生活需要的不同，主要围绕养老收入保障、养老健康保障、养老援助等三方面实施④。养老收入保障一方面可以通过基础老龄年金使低收入者获得维持其基本生活需要的收入，另一方面还可以通过老人职业岗位事业向老年人提供就业机会，增加老年人的收入。其中，基础老龄年金为主要措施，职业岗位事业起辅助性作用。养老收入保障中的基础老龄年金制度是向 65 岁以上全体老人的 70% 每月支付

---

① 林海波、杨黎源、刘莉：《韩国农村家庭养老模式及其对中国的启示——基于韩国 KLoSA 微观数据的分析》，《探索》2016 年第 2 期。
② 洪松：《韩国养老金制度双轨并行》，《中国老年》2015 年第 2 期。
③ 张慧智、金香丹：《韩国多支柱养老保障体系改革及启示》，《人口学刊》2017 年第 2 期。
④ 金辰洙、叶克林：《韩国老龄化与养老保障制度》，《学海》2008 年第 4 期。

一定数额的年金的制度①。长期疗养保险制度是养老健康保障的重要内容，该制度主要是向高龄或者身患重病、难以实现生活自理的老年人提供护理或家庭服务援助，以促进老年人身体健康，实现老年人生活自理。为了丰富老年人的生活，韩国政府实施了一系列的养老援助活动。比如，针对老年人实施的居住福利事业，解决了低收入老年人家庭的住房问题；为丰富老年人的业余生活，政府增设了老年人福利项目。

政府财政拨款对日本农村养老保障制度的建设起到主导作用。在日本农村养老保障制度的发展过程中，政府的财政拨款发挥了重要作用。政府财政拨款是农村社会保障制度建设和发展所需资金的主要来源。政府对农村养老保障制度建设的财政拨款是政府履行的公共职责所在，也是将公共资源用于民生建设的职责所在。政府的财政拨款对农村养老保障制度的建设和发展起到了主导性的作用，具体表现在以下几个方面。一是在保险费用的缴纳方面，保险费用主要来源于个人的缴纳和政府的财政拨款。日本政府规定对参加国民养老保险的农民给予一定的税收优惠，对参加农民养老保险且符合参加条件的农民给予一定的财政补贴，补贴的标准依据参加者的年龄、参保的年限和实际的收入水平而定。二是在养老金的给付方面，国民养老金是日本养老保险体系的重要组成部分，国民养老金中 2/3 的资金来源于参保者的缴费，另外的 1/3 全部来自政府的财政支持。2009年以后，日本政府通过增加各种税收，不断提高财政收入，对养老保障金的支出比例也做出调整，由原来财政支出 1/3 的比例上调为财政支出 1/2 的比例，这一比例的提高加快了农村养老保障制度建设的步伐②。

日本农协对农村社会保障制度的发展起到了推动作用。日本农协的全称是"农业协同组织"（英文简称为"JA"），它是一个由农民和家庭自愿参加，以市、町、村为单位，以县农协联合会和全国农协中央为上级组织的全国性农民合作组织，对农村地区经济的发展发挥了重大作用，在农民的生活中也扮演着重要角色③。随着老龄化速度的加快，农协把开展老年

① 李青竹、赵越：《韩国养老金法律制度的历史变迁及对中国的启示》，《商品与质量·学术观察》2014 年第 1 期。
② 边恕、孙雅娜：《论日本养老保险制度及其改革趋势》，《现代日本经济》2004 年第 2 期。
③ 宋金文：《日本农村社会保障——养老的社会学研究》，中国社会科学出版社，2007，第272 页。

人福利活动纳入自己的职责范围。特别是自 1990 年以来，随着农村地区老年人对身体护理需求的增加以及政府"黄金计划"的实施，农协大力开展农村老年人福利活动，从而培养了大批护理人员，解决了老年人身体护理的问题。到 1994 年，日本的农协数量已发展到 2669 个，参保的农户数达到了 364.5 万户，农协组织开展的"互助活动"和"老年人护理事业"为解决农村老年人身体护理问题提供了可能性①。农协主导下的村民自愿参加的福利活动是依靠地方政府和社会组织来解决农村老年人的生活福利和护理问题，是对解决农村地区老龄化问题的有益尝试，也为我国解决老龄化问题提供了有益参考。

2. 日韩两国农村养老保险制度现代化的教训及异同

如前所述，日韩两国的农村养老保险制度对于保障老年人的利益发挥了极大的作用，但在运行中都或多或少出现了问题，特别是养老金负担比例和可持续性问题，严重影响了本国老年人获得感的增强。其教训又因两国养老制度的差异呈现不同的特点。

其一，随着两国人口老龄化速度的加快，养老金的给付都受到不同程度的挑战。

从 20 世纪 70 年代开始，日本就已进入老龄化社会，特别是近几十年，人口老龄化现象更加严重。二战以后，日本经济飞速发展，工业化、城镇化步伐加快，大量农村地区的年轻人为寻找更好的发展空间，开始涌入大城市。一些农村地区剩余的仅是老年人，因此空巢老人家庭数量也在上升，尤其是一些较为偏远的农村地区，老龄化进程相较于城市地区快了近 10 年。人口老龄化规模的扩大意味着养老金的支出比例也在增加。自 2009 年以来，日本养老金的支出占据财政总支出的比例为 1/2，养老金的收入远少于支出，从而增加了政府的财政负担②。2015 年之后，日本养老金的给付已经出现危机。当前日本的国民年金制度采取的是现收现付的给付模式，要求将当代正在工作的年轻人缴纳的社会保险费用来支付需要领取养老金的老年人所需的费用，这必将增加年轻人的养老负担。

---

① 宋金文：《日本农村社会保障——养老的社会学研究》，中国社会科学出版社，2007，第 273~274 页。

② 夏子敬：《日本财政支出及其对经济增长的影响分析（1969~2011）》，博士学位论文，吉林大学，2014。

日本养老金在资本市场上的运作出现亏损。据日本厚生劳动省统计，2002 年养老基金的收益率出现了负增长，增长率为 - 8.46%，并且连续 3 年都出现了亏损。到 2003 年，养老金的亏损额已达到 60617 亿日元①。保险机构将参保者缴纳的保险费用交由厚生劳动省下属的特殊法人"年金资金运用基金"进行管理，并在资本市场上进行投资运作，将所获得的利润用于支付老年人的养老金。日本养老金运作亏空的主要原因是日本出现的经济危机导致股市低迷，从而导致养老金收益下降，再者就是养老金在市场上的运作缺乏有效的监管机制。

如日本一样，韩国人口老龄化的速度也在加快，养老金的给付受到了挑战。养老金支出的增加则意味着养老金缴纳的费用也在增加，这必将加重韩国企业的负担。在韩国，有些企业为了减轻养老金缴纳的负担，开始大量雇用一些非正式职员，这样企业就节省了大量的社保开支，节省了成本。韩国统计厅的调查结果显示，2002 年，在企业职工中，非正式职员占比高达 51.4%，已超过了正式职员的人数。据相关人员透露，企业之所以增大非正式职员的比例，是因为对正式职员，企业除了要支付其工资之外，还必须按照法律的规定为其缴纳各种社会保险费用。据韩国经营者总协会及劳动部统计，随着法定福利费用的不断增加，退休金在工人总费用中的占比由 1995 年的 11.8% 上升至 2000 年的 22.6%②。

其二，在养老金的给付待遇上，两国存在不公的差异。

尽管日本当前已经进入"国民皆年金"时代，但在保费的缴纳和保障层次上仍存在差异。例如，农民加入基础养老保险，缴费年限达到 40 年且年满 65 岁时方可领取养老保险金，领取的养老金最高限额为每月 6.7 万日元；而工薪阶层每月可领取的养老金为 18.6 万日元，是农民领取养老金的近 3 倍。

韩国在养老制度设计上首先偏向于公务员、军人等特殊群体。韩国的公共养老保险制度主要由四个部分组成，具体包括：第一，1960 年实行的政府公务员养老金制度，其保障对象主要是政府工作人员、警察和司法人

---

① 田近荣治：《日本的公共养老金制度：给付迅速扩大的后果》，《经济社会体制比较》2001 年第 1 期。
② 姜向群：《韩国养老保险制度的发展、特点、问题及与中国的比较分析》，《东北亚论坛》2003 年第 5 期。

员；第二，1963 年实行的军事人员养老金制度，其保障对象是任职期间的军事人员；第三，1975 年实行的私立学校教师养老金制度，其保障对象是私立学校的教职工；第四，1988 年实行的国民养老金制度，其保障对象较为宽泛，包括全体雇员和自营职业者[①]。国民养老金制度直到 1995 年才适用于农民和渔业劳动者，也就是说，韩国农村地区的居民是在 20 世纪 90 年代才享受到养老福利的。

其三，两国养老保险内容的确立过度依赖个人经济支付能力。

20 世纪 60 年代初期，韩国政府提出加快韩国经济建设，并努力将韩国建设为福利国家，在宪法中提出了保障国民生存权和建设成为福利国家后应尽的义务，出台了一系列有关社会福利建设的法律。但是，在实际的发展过程中，韩国政府重点强调经济建设，忽视了民生建设，社会福利建设停滞不前，真正付诸实践的社会保障项目屈指可数。韩国在经济现代化后实施的一系列制度虽然在一定程度上提高了韩国农民的福利水平，但由于制度设计中过度关注经济发展，制约了制度效用最大化的发挥。如 1994 年推行的个人养老金计划（PPS），该计划遵循自愿的原则，18 岁以上的国民可以根据自己的意愿选择是否参加此计划。该计划是国民养老计划的一种补充，政府通过税收的方式鼓励国民加入 PPS，参加者只需每月按规定缴纳一定数额的保险费用，而到期领取的养老金依据市场利率和养老保险基金的投资收益率的高低而定。该项计划可以适度地增加老年人退休后的收入，能有效地解决老年人的养老问题。但因国家对该计划的重视程度不够，对所得税的减免额度不高，该项计划缺乏竞争力，参保人数并不多[②]。再如住宅养老金计划（HPS），该计划自 2007 年起实施，实施的主体是韩国住宅金融公司，该计划类似于我们所熟悉的以房养老。该计划规定，65 岁以上的老年人在自己年老而身边又无子女照料的情况下可以向住宅金融公司提出申请，将自己的住宅作为贷款担保，当年老时由住宅金融机构每月给付一定数额的养老金作为生活费用，从而解决了无工作收入来源的老年人的养老问题[③]。该计划由于受经济发展水平及传统观念的影响，

---

① 徐子唯、周志凯：《韩国养老保障体系：构成、制度特点及启示》，《湖北社会科学》2015 年第 3 期。
② 孙守纪、柴源：《韩国个人养老金制度及其启示》，《社会保障研究》2016 年第 4 期。
③ 金辰洙、叶克林：《韩国老龄化与养老保障制度》，《学海》2008 年第 4 期。

并没有得到很好的发展。

日本的养老保障制度根据老年人的自愿性发展出不同类型，有利于满足不同群体的养老需求，但由于制度设计中过度依赖居民个体的经济收入水平，因此在不同程度上影响了制度效用最大化功能的发挥。如国民年金（基础养老金）制度是依据1959年的《国民年金法》制定的，该项保险制度的保障对象主要是农村地区的农业者，1985年经改革之后，农民成为国民年金的首要被保险者，原来未被纳入公共养老保险制度的广大农业者也被纳入新的基础年金体系中①。但该制度要求农民定期缴纳一定数额的保险费用，在缴费满足一定的年限且达到法定年龄以后，才可以按照法律的规定领取由年金制度所给付的基金。农业者年金制度依据1970年的《农业者年金法》确立，该制度是专门为农业从业者设立的制度，并于1971年实施，该项制度除了为农村地区的老年人提供老龄年金之外，还为那些已脱离农业的老年人提供年金的转移支付。2000年至今，日本一直都在实行以自主缴费为主的完全累积型的农业者年金制度，贫困农民无法享受这个制度。国民健康保险是依据1958年的《国民健康保险法》设立的②。农业从业者以家庭为单位参加医疗保险，保险费用是根据参保者的人数、参保的家庭户数以及不同参保家庭的实际收入来征缴。该项法律规定农民每月缴纳一定数额的医疗保险费用，在无形之中增加了农民的经济压力。

3. 日韩两国农村养老保险制度现代化对我国的启示

根据上述的分析，日韩两国农村养老保险制度的现代化虽然存在不足，但成就是主要的。在短短的几十年时间内，两国建立了相对完善的农村养老保障制度，成为东亚国家中农村社会保障建设较为齐全的典型国家，其建设经验值得我们借鉴。

其一，日韩农村社会保障制度的建设以法律为保障，依次推进农村养老保障制度的实施。日本和韩国农村社会保障制度建设的过程，可以说是法律不断完善的过程。日韩政府实施的每一项农村养老保障制度都是伴随

---

① 马光焱、李中义：《人口老龄化下日本农村社会养老保险制度分析及启示》，《中国经贸导刊》2009年第23期。

② 宋金文：《日本农村社会保障——养老的社会学研究》，中国社会科学出版社，2007，第125页。

相应的法律而产生的，以法律为依据，保障了制度实施的法制化、规范化、效率化。

其二，日韩农村养老保障制度的建设都体现了权利和义务的对等。所谓权利和义务的对等是指养老保险费用的来源是以农民自主缴费为主，集体给予补助，政府给予一定的补贴，农民在缴费满一定的年限且达到领取养老金的年龄后，可以按照国家的规定每月领取一定的养老金。权利和义务的对等有利于实现社会公平，即只有在年轻时缴纳养老保险费用才能在年老时享受养老保险制度带来的福利。

其三，日本和韩国都针对不同的老年群体建立了多层次、多种类的养老保障制度。在日本，除了法律强制国民必须参加的国民年金制度之外，还有专门为农业从业者实施的农业者年金制度，此外还有为满足农民更高养老需求实施的国民养老金基金制度，它们共同构成了农民养老的安全网。韩国政府也根据不同群体的养老需求建立了涵盖公务员、警察、司法工作人员、教师、农业从业者和农民工等群体的多类型的养老保险制度，这体现了制度建设的多层次性特征。

其四，日韩在工业化和城镇化建设的过程中都面临严重的人口老龄化问题，为缓解人口老龄化的问题，这两个国家都提出了延迟退休年龄的计划，并规定每 5 年延迟 1 岁，直到延迟退休年龄至 65 岁。这在一定程度上缓解了人口老龄化的问题，避免了养老金亏空的问题①。

其五，日韩政府在本国养老保障制度的建设中起到了不可或缺的作用。日本政府对社会保障的投入占据了日本财政收入的近 1/2，这在一定程度上保障了农村养老保障制度的实施②。养老保险是一个国家每个老年人都应享有的公共资源，而公共资源的提供者主要是政府部门，政府在农村养老保险制度的建设过程中扮演着规划者、引导者、实施者和监管者的角色。政府对农村养老保险的财政支持也在很大程度上调动了农民参加养老保险的积极性，有利于扩大农村养老保险的覆盖面。

日韩虽没有村改居的问题，但在一定意义上，他们经历了村改居的城

---

① 李梅花：《日本、韩国人口老龄化与老年人就业政策研究》，博士学位论文，吉林大学，2014。
② 李欢：《日本农村养老保险制度及其对我国的启示》，《四川省干部函授学院学报》2009 年第 3 期。

市化过程，他们的经验和教训还是值得我们吸取的。于此而言，我国村改居居民社会保障问题的解决特别要重视日韩两国的经验和教训，结合上文的分析，笔者认为下述几点是我国当前和未来需要改进的要点。

第一，以更合理的土地补偿方式保障村改居居民的利益。

考虑到我国地域辽阔，各地经济差异大，补偿方式也不尽相同，可以计算各地区的生活消费需求线，以生活消费需求为标准计算失地农民的土地补偿金并作为失地农民维持日常生活的资金，这样才能保证其生活水平在被征地后不降低；对于失地农民转变为村改居居民后的社会保障需求，则要分层次、有侧重地进行补偿，对儿童及学生重视医疗与教育保障的资金投入，对青年与中年重视医疗与失业保障和就业培训，对老年人则要承担医疗和养老责任。政府用部分土地补偿金为不同的人承担不同的保障责任，不仅可以提高对土地补偿金的利用效率，减轻政府的压力，还可以提高村改居居民的保障水平，使各个年龄阶段的村改居居民都可以有一定的优势。

第二，通过多种途径提高村改居居民的参与度。

可以借鉴其他政策实施的经验，比如建立关于村改居居民的双向信息共享系统，将政府对村改居居民的补偿和安置规划等信息在信息系统中共享，村改居居民可以对政策进行评价和表达自己的利益需求，利用信息科技增强政府与村改居居民之间的互动。在颁布政策和对村改居居民进行社会保障安排之前可以增加听证环节，毕竟不是所有的村改居居民都会使用信息技术参与制度，为增强听证制度的有效性，可以发放必要的听证补贴以提高村改居居民的参与意愿，鼓励村改居居民积极表达利益诉求，同时必须做好听证会后期的信息整合工作，重视听证过程中得到的信息和建议。还要建立便捷的信访途径供村改居居民在权益受损或对制度存在困惑时向政府求助，具体的设计路径要以便捷、服务于村改居居民为主。通过多种途径促使村改居居民参与到社会保障的制度设计中，可以及时了解制度存在的问题和村改居居民对政策的看法，有利于增强社会保障制度的公正性。

第三，通过改进保障方式，促进可持续性。

在我国，受传统生活方式的影响，农村或城镇都是以家庭为生活单位的，也更注重家庭的互助与保障，所以社会保障制度应该考虑不单纯地以个人为单位进行保障，还可以以家庭为单位进行。

国家对社会保障的财政投入建议以家庭为单位补贴，而不是对每个人的账户进行补贴。例如，在对三口之家的医疗保险进行补贴时，如果一年只有一个人患病，以个人为单位进行补贴就会造成两个没有患病账户的补贴浪费，而以家庭为单位进行补贴则不会出现这种情况，一个家庭可以合用一个账户。相比城镇化后村改居居民的保障方式，以家庭为单位更有优势，因为这样不仅可以鼓励城镇化农民以家庭为单位进行迁移，还可以节约土地账户里的资金以投资城镇化过程中的其他方面。相对于非失地农民来讲，以家庭为单位的保障方式应该按照比例缴费而不应按定额，无固定收入人群应按实际平均年总收入的一定比例缴费，富人多缴费，贫者少缴费，但是应该享受同等的待遇，这样才能发挥再分配作用，缩小贫富差距。这种以家庭为单位的保障还可以保证家庭账户支付的能力，因为家庭账户投入的来源是土地账户，所以这种以家庭为单位的保障方式有利于缩小城镇化后失地农民之间的差距，在保证可持续性的同时有利于实现公平。

第四，通过强化沟通与立法，促进村改居居民公平发展。

如果城镇化后村改居居民无法得到相应的土地补偿金，就不能依靠补偿金维持其基本生活，更无法进行持续的社会保障缴费。这种状况不利于城镇化中社会保障制度的可持续性发展。一个可行的措施是政府与村改居居民之间建立直接的沟通关系，政府应尊重农民的意愿，保障农民享有基本的知情权，以避免城镇化过程中对村改居居民利益的损害。对于村改居居民，政府必须建立有效的法律保护机制，特别是对其赖以生存的土地补偿金和社会保障安置方面的监督与保护机制。孟萍提到，鉴于农村经济现状与城市之间的差距以及国家的财政承受能力，不能盲目强调失地农民与城市居民享有完全一样的社会保障权利，允许合理的差别存在，但是应逐步缩小法律制度之间的差距，实现城乡社会保障法律制度的一体化，保证社会和谐稳定[①]。可见，维护社会的和谐与稳定是需要法律制度的。

综上，从对城镇化后村改居居民在医疗、养老、住房、就业等社会保

---

① 孟萍：《和谐社会语境下失地农民社会保障新模式的建构——以土地征收制度分析为视角》，《河北法学》2009 年第 9 期。

障方面的分析可以发现，城镇化后农民社会保障存在的最重要问题是制度的公平性和社会保障的可持续性问题，其中公平性问题是可持续性问题的一个侧面。社会保障应是可持续的，不仅是受保障对象个人的可持续性发展，还包括经济的和国家整体的可持续性发展，而居民的可持续性发展又是经济和国家可持续性发展的根本，居民的持续缴费能力是社会保障制度可持续性发展的保证。

| 第四章 |

村改居居民的合作诉求及其实现

合作是指个体与个体、个体与群体、群体与群体之间存在共同目标，并以这个目标为导向，在经济、政治、社会、文化方面相互配合的一种联合行动方式。

当前中国正处于城镇化进程明显加快的社会剧烈变革时期，无论是情愿还是非情愿，无论是主动还是被动，牵涉城镇化改革的一部分农民必然要从原先从事的农业活动中脱离出来，从而为城镇化的推进提供土地条件，随之而来的便是大量失地农民需要安置。随着城镇化进程以及破除城乡二元体制改革的推进，拆迁安置后形成的村改居社区数量日益增长。村改居社区与一般意义上的住宅区有所不同，其社区居民的构成主要为原先村庄的居民以及流动人口，其中又以中老年人居多。虽然这些居民在身份上从农村户口转变为城镇户口，但是其思想观念、行为方式以及生活习惯并没完成从原先的农村村落到适应城市社区的转变。面对城镇化推进带来的剧烈变动，面对生活以及生产方式的巨大变化，面对可能的权益受损风险，这些村改居居民往往处于茫然被动、无所适从的境地。这一时期，村改居居民面临的诸如弱个体与强政府、小生产与大市场等方面的矛盾越来越受到社会关注，由此产生了各种合作诉求。因此，研究村改居居民合作诉求的实现方式有助于透视村改居居民合作的机制以及背后隐藏的深层问题。

根据在各地的调查，特别是在浙江富阳、嘉兴、温州等地区和江苏、上海的调查，我们发现仍有大量的村改居居民倾向于通过单干来实现自己的利益诉求。为何会出现两者的矛盾？村改居居民的合作诉求涵盖哪些领域？通过何种组织实现自身的合作诉求？该组织的合作机制是什么？合作中出现了何种问题？问题背后的原因是什么？本章主要基于对各地的调查分析来研究村改居居民的合作方式以及产生的问题。

一 学界相关的合作研究视角及主要观点

村改居之前，农民的个体性被激发，个人主义逐渐抬头，农民之间的合作能力、合作欲望不足，农民原子化的倾向越来越明显。这时的农民市场竞争力不高，政治参与的积极性下降，公共物品的供给能力缺乏。村改居之后，居民虽然获取了极大经济补偿，但面对高度组织化的国家行政以及强大的市场，原子化的农民在其他方面可能处于弱势的地位，因此，村改居居民要适应城市化的变迁，获得更强大的竞争力，就必须合作。合作是人类社会不断发展的重要手段，组织化是合作的重要形式。农民的组织化是指农民在生产经营过程中分工和协作的程度，或者指其作为社会成员的社会化组织水平①。中国城镇化的推进，使得农民的政治、经济、社会、文化场域发生深刻复杂变化，这也导致村改居农民合作诉求的多元化，由此也催生了各种合作组织，也引发了学界的高度关注。

合作作为一种人类行为，自人类社会形成之时起就已经存在。目前我国对居民（村民）合作领域的研究主要包括经济合作、政治合作、社会文化合作研究。

对于经济合作，我国著名经济学家林毅夫率先开启了研究，他通过对我国 20 世纪 50 年代末农业合作失败的情况进行理论分析，运用了"可自我执行的协议"理论以及博弈论的观点，指出"退出权"的取消导致 1959 年之后农村集体经济效率的下降。20 世纪 90 年代，我国农村经济合作组织处于快速发展阶段，这一时期，以甘国华《农村合作经济组织年终收益分配的审计》②、武广吉《农村合作经济内部审计的探讨》③、韩长赋《关于农村合作经济立法的若干问题》④、赵铁桥《农村合作经济立法问题刍

① 赵昌文：《改革以来我国农民组织化程度的系统考察》，《社会科学研究》1994 年第 2 期。
② 甘国华：《农村合作经济组织年终收益分配的审计》，《财会通讯》1992 年第 11 期。
③ 武广吉：《农村合作经济内部审计的探讨》，《农业经济》1993 年第 6 期。
④ 韩长赋：《关于农村合作经济立法的若干问题》，《农业经济问题》1994 年第 5 期。

议》①、袁品章《加强农村合作经济集体资产管理》②、陈富云《明晰农村合作经济产权的几点思考》③ 等作品为代表，分别对农村合作经济的审计问题、立法问题以及产权问题等内部问题进行了探讨，并构成了这一阶段的主要研究成果。进入 21 世纪后，"三农"问题愈发凸显，国内学者随之将目光放在了农村合作经济组织的运行机制以及发展对策上。这一阶段的主要代表作品为贾玮《当代中国农村合作经济组织变迁研究》④、闫芳《中国农村合作经济组织的演进逻辑研究》⑤ 等，这些学者都对我国农村经济合作组织的发展脉络进行了梳理，指出了中国农村合作经济应坚持的指导思想和基本原则并提出了相关建议，建议加大对农村经济合作组织的经济、文化支持力度，强化对传统组织资源的改造和利用。

对于政治合作，随着我国学者对社区治理理念的深入思考，魏娜提出"合作型"社区治理模式，她在《我国城市社区治理模式：发展演变与制度创新》中指出，城市社区在社区组织、社区公民的共同努力下，从过去的单一化、行政管控朝着多元化、民主协商转变，以促进社区乃至整个世界的发展⑥。在此基础上，以敬乂嘉为代表的学者对社区合作治理进行了较为全面的分析。敬乂嘉在《合作治理：再造公共服务的逻辑》⑦ 等文献中对合作治理的特征、模式、必要性等进行了系统的理论分析和思考。随后，我国学者把更多的目光放在了居民社区自治上，在这一阶段，徐勇、贺磊、白雪娇、任路、任政、秦冲、陈海阳等对社区自治进行了大量的实证及理论研究，并构成了这一阶段的主要研究成果，他们主要进行了四个方面的研究，即社区自治的运行机制研究、社区自治的有效实现形式研究、社区自治的法律层面研究、社会工作介入社区自治的研究。随着近几年社区新型社会组织的崛起及其对社区合作治理发挥的作用越来越大，关

① 赵铁桥：《农村合作经济立法问题刍议》，《中国农村经济》1995 年第 2 期。
② 袁品章：《加强农村合作经济集体资产管理》，《上海农村经济》1994 年第 1 期。
③ 陈富云：《明晰农村合作经济产权的几点思考》，《上海农村经济》1994 年第 3 期。
④ 贾玮：《当代中国农村合作经济组织变迁研究》，硕士学位论文，西北农林科技大学，2008。
⑤ 闫芳：《中国农村合作经济组织的演进逻辑研究》，博士学位论文，上海交通大学，2013。
⑥ 魏娜：《我国城市社区治理模式：发展演变与制度创新》，《中国人民大学学报》2003 年第 1 期。
⑦ 敬乂嘉：《合作治理：再造公共服务的逻辑》，天津人民出版社，2009。

于乡贤参事会研究成了热点，但关于乡贤参事会的研究成果仍旧较少，主要以刘孝才、康静思、张春敏等学者的研究为代表。他们对乡贤参事会做了许多实证研究，研究方向主要是乡贤参事会的价值与功能。

对于社会文化合作，我国学者则将目光聚焦传统社区社会组织的发展。国内学者对社区社会组织的研究主要集中于两大块，即社区社会组织的发展研究和社区社会组织参与社区治理的研究。例如，袁建军在《新型城镇化进程中社区社会组织发展的三重困境》中指出，社区社会组织只有在挤出行政"侵入"、释放社会活力和重构社会治理模式的条件下才能更好地发展①。在此基础上，何欣峰的《社区社会组织有效参与基层社会治理的途径分析》不仅指出了我国社区社会组织发展的问题，还对问题进行了原因分析，并提出了改进措施②。社区社会组织的研究成果则主要在于对社区社会组织的发展困境和运行机制进行分析，并提出相关建议，以促进社区社会组织的健康发展。

综观上述研究，其特点为：研究的内容要素逐渐丰富，研究视角逐渐深化、细化。近几年来，村改居已经成为一个热门话题，但对于村改居居民合作的研究仍旧较少。事实上，村改居社区虽然也属于城市社区，但因为其大多是政策推动作用的结果，处于农村社区向城市社区的过渡阶段，因此村改居居民合作既带有过去农村合作的特征，也显示出当下城市合作的趋势。上述研究可以作为对村改居居民合作诉求的实现方式研究的重要理论支撑。

二　村改居居民的主要经济合作组织形态及合作诱因

村改居之后，农民失去了土地。村改居农民在失去土地的同时，也失去了重要的经济来源，失去了以土地为根本的低成本的生活方式。虽然处于城乡接合部的大多数农民不再以土地为自己唯一的经济来源，但是土地

---

① 袁建军：《新型城镇化进程中社区社会组织发展的三重困境》，《天津社会科学》2014 年第 5 期。
② 何欣峰：《社区社会组织有效参与基层社会治理的途径分析》，《中国行政管理》2014 年第 12 期。

依旧发挥着重要的经济功能。然而，以农业生产为主要收入的农民一旦失去土地，并且未能及时就业，在征地补偿款不断被消耗之后，则面临坐吃山空的风险，生活将遭遇困境，生存压力将不断增大。

无论村改居居民的现实经济情况如何，当面对村改居后经济环境的变革时，其生活方式、经营模式、收入来源都将发生显著的变化，而个体化的村改居居民显然很难应对这场社会嬗变，部分村改居居民甚至出现了较大的经济问题，因此，他们需要合作，而依托各类经济合作组织成为满足其经济合作诉求的重要方式。

1. 专业合作社的形成与发展

我国的《中华人民共和国农民专业合作社法》对专业合作社做出了定义：农民专业合作社是指在农村家庭承包经营基础上，同类农产品生产经营者或同类农业生产经营服务提供者和利用者自愿联合和民主管理的互助性经济组织，或者指以其成员为主要服务对象，提供农业生产资料的购买，农产品的销售、加工、运输和贮藏以及与农业生产经营有关的技术、信息等服务的经济组织[1]。

专业合作社遵循入社自愿、退社自由的原则，并通过合作社《章程》规定、明确专业合作社社员的权利和义务。专业合作社的最高权力机构是社员（代表）大会，其具有审查新社员入社资格、制定专业合作社章程、审阅评定专业合作社工作报告、批准盈利分配方案、总结年度工作报告和审议下一年度工作计划等功能[2]。专业合作社不以盈利为目的，其最主要的功能是为合作社社员提供交易中所需的服务，以及提高服务产业链供给、合作的效率。专业合作社盈利的一小部分将用于专业合作社的扩大再生产等以备不时之需，其余大部分则依据合作社社员与专业合作社之间的交易份额的多寡，按照以"按额分配"为主、"按股分红"为辅的基本方法分配。

（1）小生产、大市场的矛盾成为专业合作社诞生的主因

村改居之前，农民挣脱了传统人民公社的束缚，农村实行了30多年的

---

① 《中华人民共和国农民专业合作社法》，中国政府网，http://www.gov.cn/jrzg/2006－10/31/content_429182.htm。

② 刘友春：《农民协会重建探析》，硕士学位论文，四川师范大学，2006。

家庭联产承包责任制，农民生产积极性得到空前提高，农村生产力得到极大解放，农民生活质量也得到很大提升；但是与此同时，包干政策的实行也使得农民分散成一个个孤立的个体，呈现原子化状态，农民集体行动能力下降，农村内外经济交流运行成本增加。在这一时期，随着市场经济的发展，农民小生产、大市场的矛盾愈发突出。

所谓小生产，指以生产资料的个体所有制和个体劳动为基础的生产，这种模式生产规模小、商品率低。根据我国第一次农业普查资料，我国从事生产经营的农户为 21383 万户，其中农业生产占 90.3%。从种植业来看，我国平均每个农户只有耕地 6.26 亩，而种植 9 亩以下的农户占总农户的比例为 83.4%，种植 30 亩以上的仅仅为 1.9%。就农户经营畜牧规模结构来说，农户饲养食用牛 2 头以下的占比为 88.3%，饲养 41 头以上的仅仅为 0.1%；饲养猪 10 头之下的为 93.9%，51 头以上的为 0.2%；饲养羊 10 只以下的为 81.2%，51 只以上的仅为 2.8%[1]。可见，此时我国小农业户生产规模小且生产效率低下。所谓大市场，是指跨越了一系列不同行业的服务与产品，由于密切的互补关系而构成的一个市场。大市场强调各地区市场相互联系、相互结合，呈现整体性、联系性、开放性的特征。因此，小生产因为其分散性、低效性不适于在大市场环境中生存。

> 以前我们都是每家每户包个几亩地，自己管自己干的。但是这样一来，咱们种植农产品的成本就偏高，所以咱们在市场上卖的价格也不得不高，咱们好歹要回本，你说是不？问题还不止这点，咱们小户经营出售产品时没有相对稳定的渠道，换句你们知识分子的话，那叫生产与销售脱节。另外，咱们平时也就待在农村，对城市了解也不多，也没有去获知市场信息的方法，有些人甚至连市场在哪里都不知道。常常看到谁干什么赚钱啦，大家就都一窝蜂地去干那个，往往到头来都是空欢喜一场，类似情况以前在电视里也经常放。而且咱们农民到城里去卖东西，遇到麻烦也找不到人帮忙，这些都导致咱们吃亏很大的。

---

① 国家统计局农村社会经济调查总队：《小生产如何走向大市场》，《调研世界》2003 年第 10 期。

随着我国转型期间社会的剧烈变革，以及市场经济的不断发展，原子化的农民在面对竞争激烈、瞬息万变的市场时，由于信息的不畅通，往往只能随波逐流，力不从心，从而成为市场风险的主要承担者。因此，亟须开发一种农户联合的生产模式，专业合作社便应运而生了。

村改居之后，大部分农民的土地收归国有，大量的农民从原先的农业生产中转移出来，农业生产已经不再占产业总值中最主要的比例。因为土地被政府征用，农民需另寻职业、另谋出路。但是从调查来看，调查地域的差异性较大，就从事的工作而言，从事农民职业的村改居居民仍旧占据重要比例，甚至在部分地区的比例依旧是最大的。因而，在村改居之后，专业合作社仍将在缓解小生产、大市场矛盾方面发挥重要作用。

（2）"一条龙服务"促使农户的产业对接联合

专业合作社以农户为基础，以公司为依托，以利益为纽带，形成生产营销"一条龙"的经济联合体、农业技术和推广联合体以及农产品营销联合体[①]。传统专业合作社集生产、加工、销售于一身，并且本身具有一定的产业规模，通常此类合作社拥有标准化生产基地。此类合作社运作模式为：合作社与社员签订订单并收购社员产品，收购价格高于非社员，并与企业相关负责部门对接，由企业负责深加工，基本形成"农户—专业合作社—企业"模式。或者通过合作社自身深加工并销售，获得收益后向合作社社员返还二次利润，专业合作社不仅可以获得稳定的原料输入，更可以通过深加工完成产品的增值，使产业链延长，使社员收入提升，实现合作社与社员的双赢。

例如，嘉兴市海盐县在2013年成立浙江省首家秸秆专业合作社——海盐县蓝天美秸秆合作社。通过"农户—专业合作社—企业"模式，将农户与企业进行对接，通过合作社统一组织收集，田间打堆储存、分批按需调运，既节省了仓库场地，又减少了火灾隐患。截至2013年底，相关对接企业生产生物燃料棒10000吨，消耗秸秆5000吨。又如丽水市庆元县松源街道高川源食用菌专业合作社，借助"农户—基地—企业"的模式，年生产约40万袋共2万斤香菇，主要销往广东。再如湖州市安吉县安吉牛羊湖蔬菜专业合作社，其位于安吉县杭垓镇七管村，生产基地四面环山、空气清

---

① 刘友春：《农民协会重建探析》，硕士学位论文，四川师范大学，2006。

新，合作社拥有基地 370 亩、单体大棚 45 亩，以种植山地蔬菜和小香薯等作物为主，同样借助"农户—基地—企业"的模式，提高农户的生产积极性和效率。随着对专业合作社路径的深入探索，以合作社联合形成的联合社在近几年逐渐发展起来。例如浙江和丰禽业专业合作社，该合作社由金华市永丰禽业专业合作社等 6 家合作社和 1 家饲料加工厂联合 399 户养殖户以及贩销户，以合作社之间联合的形式重组成立。联合社采用合伙合作的全新组织方式，在合伙制层面，取消原 7 家单位的独立主体地位，并入股和丰禽业成为股东社员，负责和丰禽业的相关工作，形成合作关系；在合作制层面，以"生产在家、服务在社"为宗旨在养殖户之间以及养殖户跟合作社之间形成合作关系，合作社为养殖户提供产前、产中和产后服务，养殖户独立自主进行生产经营活动，自负盈亏。据统计，2011 年 1～9月，和丰合作社出栏肉鸡约 510 万只，产值达到了 1.67 亿元，肉鸡平均每只盈利增加了 5～8 元，效益同比增长超过 30%①。联合社的出现不仅提高了合作社的工作效率，还带动了区域经济的发展。以嘉兴市秀洲区为例，截至 2015 年初，在秀洲区 55 家农民专业合作社中，已有 44 家被纳入农业主管部门指导、扶持与服务名单，共有社员 3037 名，联结基地面积为11.5 万亩，总计有占全区 37.38% 的家庭承包耕地；秀洲区 55 家合作社的服务领域包含粮食、畜牧、果蔬、渔业以及生产性服务业等，以产业链的形式组织相关产业集群，秀洲区组织新奇特果蔬、王店瓜果、王店三园鸡三家合作社试点形成了联合社，实现了优质农产品的联合营销，发展并带动相关产业的面积均超过 7000 亩，成为秀洲区专业合作社典范。截至2015 年初，合作社社员在近 5 年时间里累计增收约 6000 万元，社员相较其他农户户均每年增收近 3000 元②。

对于咱们农户来说，专业合作社不仅可以帮助咱们获得技术支持、订单销售等服务以应对技术、销售问题，而且还可以通过"保底价""成员价""二次返利"等方式提高咱们的收入。

---

① 资料来源：笔者根据浙江省农经部资料整理。
② 《嘉兴秀洲区助推农民专业合作社释放多重功效》，人民网，http://zj.people.com.cn/n/ 2015/0112/c186930 - 23522638.html。

近几年，随着电子商务的不断发展，专业合作社的营销模式也有了创新。以慈溪市周巷农产品专业合作社联合社为例，联合社由 32 家合作社共同出资 318.5 万元创建而成，包括腌制蔬菜、早熟蜜梨、创汇蔬菜以及畜禽蜂产品等农业主导产业，带动发展核心生产基地接近 6500 亩，农村劳动力超过 8000 户。联合社采用"农户—联合社—企业—电商平台"的模式，在开设直销店以及销售终端的基础上，其子单位杭州湾旺圣鹅业专业合作社与联合社共建电商平台，创建新型电商营销渠道，开启线上线下共同服务的销售模式①。这种模式使得农户与市场的对接更加紧密，进一步延长了产业链。

综上，专业合作社联结销售与生产、农户与市场，缓解了原子化农民的分散作业、小生产与大市场的矛盾，实现了农民作业的组织化，促进了农民竞争的市场化，推动了农业生产的商品化，形成了农业经营的产业化。

（3）低质化使专业合作社面临虚假繁荣的风险

自 2007 年 7 月 1 日《农民专业合作社法》正式实施以来，中国专业合作社数量快速增长。据工商总局最新统计，截至 2017 年 9 月，全国农民专业合作社有 193.3 万家，入社农户已经突破 1 亿户，从专业合作社增长速度来看，自 2016 年 6 月以来，全国平均每月增长超过 2 万家，增长速度极快②。以浙江省为例，截至 2013 年底，浙江省依法登记的农民专业合作社为 3.74 万家，并且从 2008 年开始以每年近 6000 家的速度增长；合作社实有社员总数约 108 万人，服务辐射影响非社员农户 417 万户，总计占浙江省家庭承包经营户的 50%③。

但是，从调查可知，当被问及参加经济合作组织对自身的影响时，只有 15% 左右的村改居居民表示参加经济合作组织对自身的影响很大，超过 80% 的村改居居民认为参加经济合作组织对自身的影响有限甚至无影响，

---

① 《联合起来闯市场，共同致富奔小康——慈溪市周巷农产品专业合作社联合社发展纪实》，中国合作经济学会，http://www.china-coop.org/index.php? ac = article&at = read&did = 1007。

② 《全国农民专业合作社数量达 193 万多家》，新华网，http://news.xinhuanet.com/fortune/2017-09/04/c_129695890.htm。

③ 张超：《农民专业合作社的公共服务效率研究——基于浙江省的调查》，博士学位论文，华中农业大学，2015。

个别地区的村改居居民认为参加经济合作组织毫无作用的比例达到56.8%。数据背后透露出专业合作社数量激增的同时却暗藏着专业合作社的质量问题。事实上，虽然《国家农民专业合作社示范社评定及监测暂行办法》在 2013 年底实行，但是专业合作社乱象仍旧不容乐观。随着专业合作社的蓬勃发展，合作社多而不精、散而不强的问题也愈渐明显，这将造成专业合作社虚假繁荣的局面。

其一，"大农吃小农"导致"内部合作社"。

所谓大农，是指专业合作社中在人力、社会以及自然资源方面占优的人员，包括专业合作社的创立者、领导和核心人员；所谓小农，是指专业合作社中在人力、社会以及自然资源方面居弱势地位的人员，包括专业合作社的跟随者及非核心成员①。

农民专业合作社的形成是原子化的小农以组织化的形式联结市场需要的结果。大农掌握的人力、社会以及自然资源占优，且大农的生产经营已经达到了一定规模，因此大农之间更适于采用企业制的方式合作。地方政府又对拥有小农的专业合作社给予财政支持以及其他政策优惠，因此一些大农会拉拢一些中、小农成立合作社以享受政策扶助。地方政府出于政绩（完成公益目标）和行政成本考虑，很可能将这类合作社树立为典型加以扶持。这样，以大农为主体、中、小农参加的大农领办型合作社（又称"翻牌合作社"）便诞生了，而在合作社运行的过程中，从中、小农的视角来看，虽然可以收获一些实惠，但比起其应得的利益仍远远不如。

> 专业合作社就是个销售中介，以前有的人进城去卖产品，有的人与小商贩建立合作关系，可以专门等商贩上门收购，收成也不比加入合作社少。现在有了合作社，我们也不太想和那些小商贩联系了，再说现在也没法联系了，因为合作社在这一带的名声已经打出去了，我们只能加入合作。

在大农与小农的利益博弈中，由于大农的垄断，事实上小农所获得的利益增益有限，大农联合小农的最初目的就是获得政府的资金与政策扶

---

① 张永强、张晓飞、高延雷、周宁：《合作社中"大农吃小农"的博弈研究》，《运筹与管理》2017 年第 8 期。

持，因此对于大农来说，专业合作社内部的民主管理以及合作制度存在形式主义，中、小农被边缘化，参与议价的谈判权、民主协商的参与权、资金流动的获知权皆不足。

事实上，从政府视角来看，地方政府更注重辅助合作社发展对其的政治效益；从大农视角来看，大农更注重合作社盈利的经济效益；从普通社员的视角来看，普通社员更注重合作社的价值效益。可在这种"大农吃小农"的逻辑下，普通社员在合作社运行过程中虽然也能获得好处，但他们对价值效益追求的实现却有限。

> 如果没有合作社，我们单独进城去卖东西的成本就会更高，现在有了合作社之后都是统一收购，给我们省去了许多脚程，而且政府对合作社有补贴，虽然大头被大户给占了，但是如果退出合作社，那我们就什么也得不到了。另外，通过合作社，我们社员之间也可以加强联系，比如讲讲谈头、领领事面等，大家之间可以活络活络感情嘛！

综上，地方政府部门、大农、中农以及小农因为各自的利益而联合起来组建大农领办型合作社。在合作社内部，大农之间的合作又形成"内部合作社"，而中、小农处于相对弱势地位。

其二，"空壳合作社"背后隐藏的小农问题。

所谓空壳合作社，是指合作社虽然具备法律规定的形式要件，但是并没有事实上的业务活动，"挂着合作社的牌子，却不干合作社的事"，合而不作，处于"空壳"运行的状态①。一般而言，"空壳合作社"形成的原因有两种，一种是合作社经营乏力导致社员流失，另一种是为套取政府补贴。

虽然近10年来我国农民专业合作社数量激增，但是数量背后的质量仍然堪忧。以浙江省金华市为例，据统计，截至2013年初，金华市经工商登记的农民专业合作社数量为4220家，带动发展农户48.2万户，但是在合作社高数量的同时，金华市县（市、区）级以上的规范化合作社只有492家，占比不到12%，其中省级规范化合作社仅90家，占比仅2%。一些合

---

① 蒋颖、郑文堂：《"空壳合作社"问题研究》，《农业部管理干部学院学报》2014年第4期。

作社甚至出现"空壳"现象，例如在金华市整治畜禽养殖污染的过程中，一些经营不善的小规模养殖户已经退出养殖业，但由于当前各地对合作社的管理不严格，工商部门只负责注册登记，农业部门只负责认定以及业务指导，没有部门严格抓合作社的注销管理，使得合作社"有生无死"，进而沦为空壳合作社①。

事实上，许多经营乏力合作社是小农联合的合作社，这类合作社之所以起不到预设的带动作用，无法做大做强，是因为其自身造血能力不足，同时政府输血有一定滞后性。在这样的情况下，许多此类合作社变得"空壳化"或面临"空壳化"的风险。

> 某一笋竹专业合作社负责人陈先生透露：为了让社员将笋竹都交给专业合作社，合作社将市场价3.9元每斤的笋竹以4.7元每斤的价格收入，社员们是赚了，但合作社的利润只有5分/斤，收入很少，而合作社每年的运作费就至少要10万元，现在合作社每年为社员增收1000元都难达到了，而地方政府又偏向扶持大农领办的"翻牌合作社"，我们这些小农联合的合作社规模小、运作难，也难以得到扶持，日子是越来越困难了。

另一种"空壳合作社"则是农民为了以专业合作社的牌子套取政府的补贴以及优惠政策而暂时性联合组成的。这类合作社缺乏成熟的利益共享和风险共担机制，未与社员建立农产品保护价收购制度，合作社与社员的关系松散，利来则聚，利尽则散。

> 一些农民看到有人赚钱，就也想跟着赚一把，又听说政府对合作社有优惠，再者合作社登记门槛低且不需要收费，许多人就在"钻空子"心理的作用下创办只有"一张桌子、一个章子、一块牌子"的"空壳合作社"，他们不会刻意去发展合作社，当市场行情好时，还能聚在一起合作，行情差时自然就一哄而散啦。

虽然"空壳合作社"的存在严重影响了农民专业合作社的质量，但

---

① 《农民专业合作社要谨防空壳化》，金华新闻网，http://www.jhnews.com.cn/jhrb/2014 - 01/22/content_3088464.htm。

"空壳合作社"背后透露出的却还是小农的问题。首先，地方政府在鼓励创办农民专业合作社时存在用地难、贷款难、减税免税难等支持不到位的问题，又由于地方政府偏向扶持规模大、业绩好的合作社，小农联合的农民专业合作社发展的持续动力不足①。其次，农民自身的职业素养不高，导致专业合作社缺乏经营和管理的人才，战略目光短浅，无法对专业合作社的发展做出建设性规划，只盯住政府补贴等非"造血性"补助，加之合作意识的缺乏，因此只能将合作社作为套取政府扶助的工具，最终导致合作社"空壳化"。

2. 股份合作社的成就与问题

股份合作制是以合作制为基础，并参考股份制的一些措施，由劳动者的劳动联合和资本联合结合形成的新型企业组织形式；股份合作社则以劳动合作为基础，吸收了一些股份制的做法，使劳动合作和资本合作有机结合，是社会主义市场经济中集体经济发展的一种新的组织形式②。股份合作社分为企业股份合作社与社区股份合作社，其中社区股份合作社是以原有村集体经济为主体，引进股份制中某些适用机制与因素，同时具有股份制与合作制特征的新型社区集体经济组织③。

（1）村改居成为社区股份合作社发展的契机

改革开放后，随着家庭联产承包制的推行，土地分散到以户为单位的农民手中，形成了农村土地集体所有的局面。20世纪90年代之后，随着城镇化进程的加快，城市影响不断向城市郊区以及较近的农村地区辐射，使得城中村以及城乡接合部的土地价值快速上涨，其土地价值受到国家重视进而被国家征用。

因为国家征用土地，所以村里获得了大批集体资产。另外，村里多少受到城市的影响，农村所处的经济环境比以前好了很多，许多村都趁机大力发展二、三产业，又赚了一笔可观的集体资产，但因为集体资产产权不清，管理也不到位，这笔资产利用率并不高。

---

① 蒋颖、郑文堂：《"空壳合作社"问题研究》，《农业部管理干部学院学报》2014年第4期。
② 贺强：《城中村集体经济股份制改造法律问题研究》，硕士学位论文，山西大学，2013。
③ 李小卉：《农村社区股份合作制的制度创新研究》，硕士学位论文，湖南农业大学，2002。

村改居之前，虽然在原则上村集体资产的管理与活动由村集体经济负责，然而针对农村集体经济组织的规范性法律法规还不完善，因此村民委员和村民小组事实上接管了农村集体经济组织的日常管理和活动，村民只能被动地遵从村干部的安排以获得农村集体资产的相关受益，集体资产模糊不清，原子化的村民在面对这种情况时往往力不从心。

村改居之后，农村集体资产改制，集体资产产权不清及管理不当问题的解决迎来一个契机，由于村委会转变为居委会，而居委会又不具备经济管理职能，因而集体资产股份合作改制刻不容缓。由调查可知，村改居集体股份合作组织已经在经济合作组织中占有重要的份额，部分地区股份合作组织占该地区经济合作组织的比例甚至达到了 54.8%。股份合作制分为企业型股份合作制和社区型股份合作制，目前我国村改居集体资产改制采用的普遍形式为社区股份合作制并成立社区股份合作社。为使模糊的产权清晰化，社区股份合作社将原先的农村集体资产折股量化到人，合作社成员以合作的方式对股份集体资产进行联合经营管理，并以按股分红的形式，使合作社成员享受经营利润分红。

以慈溪市浒山街道为例，浒山街道地处杭州湾南岸，全街道行政区域面积为 9.6 平方公里，下辖 25 个社区和 1 个行政村。截至 2014年底，全街道总人口 11.8 万人，流动人口 5.4 万人①。浒山街道城西社区在 2000 年初将已经核实的经营性集体资产折股量化到人（户），并将合作社成员在股份经济合作社所有者权益中所占的份额以股权的形式加以明确，股权被允许依法继承，合作社年终收入按照股份20% ~40%、公益金 30% ~60%、公积金 20% 的比例分配。2015 年，城西社区股份经济合作社的总收入达到了 453.25 万元，其中，经营性收入为 437.90 万元，实现分红 250.36 万元②。在城镇化进程中，股份量化改制使城西村顺利地完成撤村并居，与附近的居委会合并成城西社区。城西社区抓住了村改居这一机遇，完成了集体经济股份化改制，使社区居民普遍受益。

---

① 《浒山街道简介》，浙江政务服务网，http://nbcxhs.zjzwfw.gov.cn/col/col995506/index.html。
② 《村经济合作社股份制改革典型案例（一）》，慈溪市农办，http://www.cixi.gov.cn/art/2016/8/5/art_76827_1321908.html。

（2）股东代表大会成为股东合作参与决策的途径

产权改制之前，村级集体资产长期不清晰，农民作为资产所有者的地位尴尬，所谓"集体所有，人人无分"，农民对村级集体资产缺乏知情权、监督权、参与权以及处置权。产权改制之后，笼统的集体资产由传统的农村集体所有制改为股份制合作社，合作社成员按股持有合作社产权，原本模糊不清的产权量化到个人，产权变得较为清晰。如此一来，改制不仅提高了成员对合作社的关注程度，还以制度化的方式明确了合作社成员的主人地位。

> 以绍兴市东浦股份经济合作社为例，其股权分配均衡，因此其股东皆为小股东，且数量较多。而在实际操作中，数量过多的股东参与决策会降低决策的效率，所以东浦股份经济合作社有股东代表。在合作社第一次股东大会中，在户长出席的情况下，要求 2/3 以上股东表决通过选出股东代表、董事会以及监事会成员。以后股东代表大会每年召开 2 次，并在大会中对合作社投资及发展项目等重大事件进行表决决策。历年来，股东的出席率平均约为 98%，除了因不可抗因素而无法出席的情况外，一般保持 100% 的出席率[①]。

因此，股东代表大会、理事会（董事会）和监事会成为社区股份合作社运行的"三驾马车"。其中，股东代表大会是股东合作参与决策的基本途径，以合作制的原则，对股东实行"一人一票"表决制，并享有同等权利。理事会（董事会）和监事会的选举与股份制公司不同，虽然少数合作社的理事会（董事会）和监事会选举是通过股份数与人相结合进行的，但大部分并非按股东"一股一票"而是按股东"一人一票"的原则推出，若股东不同意，则可以"用脚投票"表示反对。理事会在执行的功能上体现了公司制董事会的特点（所以一些股份合作社中的最高执行机构直接以董事会命名），这一特点不仅体现了股东合作参与决策的权力，又凸显了董事会集中执行的优点。理事会（董事会）主要负责股份合作社发展的战略规划和经营管理，其下有专门的管理经营层负责管理合作社具体事务。监

---

① 王琴、朱金萍、江情：《股份经济合作社和股份制公司内部治理对比分析——基于浙江绍兴东浦村村级经济股份改革调研》，《中小企业管理与科技》（下旬刊）2009 年第 9 期。

事会则对管理经营层和理事会（董事会）的日常管理进行监督，确保股份合作社的运行代表大部分股东的意志。这样，以股东合作参与的股东代表大会为基础，理事会（董事会）和监事会为支柱的"三会"制度便搭建起来了。股东通过合作参与股东代表大会，不但可以了解股份合作社的年度收支情况，还可以群策群力的方式参与决策，确保股份合作社平稳健康发展，并努力挖潜增效，保障股东收益。

以苏州市浒墅关经济技术开发区阳山社区股份合作社为例，在2015 年股东代表大会通过后，合作社管理层计划利用"一村二楼宇"的项目政策，推进百合宫馆邻里中心项目招商、浒墅人家农贸市场以及马涧商业中心的建设；对五区农贸市场实施综合改造与扩建工程，改善居民购物环境并实现资产增值；加快开发区公建配套设施建设，拓宽合作社经营渠道，实现合作社持续发展和股东增收[①]。多年来，阳山社区股份合作社的利润分红呈增长态势。据统计，2008 年初，股份合作社对上年度股权进行了首次分红，每股所分红利为 25 元，共计分红 1045 万元；2017 年初，合作社进行了第 10 次分红，分红总额达到了 2312 万元，为 2008 年的 2 倍有余[②]。

（3）股东缺乏壮大股份合作社的动机

随着村改居的进行，农村的集体土地被征用，农民失去一项重要的经济来源，失地农民获得政府支付的一定补偿金后，还需要自谋出路。社区股份合作制改革突破并改善了集体经济运行机制，建立了一套相对合理的内部治理体系与组织管理体系，使所有权与经营权相分离，防止了集体经济的财务管理混乱和集体资产的流失，提高了集体资产的管理效能，并在受益分配上以按股分红的形式将利润分红分配给合作社成员。正所谓"幸福不幸福，要看钱袋子"，收入是人民幸福的重要保障。

从调查数据来看，当村改居居民被问及对参加经济合作组织的态度

---

① 《今年计划增收 10% 阳山社区股份合作社召开股民代表大会》，苏州高新区新闻网，http：//news. snd. gov. cn/news/23227. html。

② 《浒墅关经开区坚持富民工程提升群众幸福指数》，新华网江苏频道，http：//www. js. xin-huanet. com/2017 – 11/03/c_1121901555. htm。

时，超过70%居民的态度为比较满意或者非常满意，满意率的数据显示了村改居居民对于经济合作组织的增收功能的肯定。社区股份合作社作为村改居经济合作组织的重要组成部分，在增加村改居居民收入上也发挥着重要作用。

在采访中，有部分村改居居民认为，社区股份合作社对他们帮助甚大。

> 现在工作不好找，工作对技能是有一点要求的。我学历不高，去做体力活又觉得累和脏，只能从事一些销售和服务行业。我工作不稳定，已经换了好几份工作了。我现在在做房屋销售，不过我不太喜欢这份工作，在考虑什么时候换掉它，幸好我在社区里的股份合作社有股份，年分红也挺可观的，要不然我换工作肯定畏手畏脚。

值得我们注意的是，虽然村改居居民中比较愿意参加经济合作组织的比例普遍在60%以上，但是非常愿意参加经济合作组织的比例仍然很低，部分地区只有9.5%。事实上，数据的背后透露出大多数村改居居民并没有把经济合作组织当做自己发家致富的途径。调查的统计数据证实了上述观点，在关于村改居居民对致富看法的调查中，大多数村改居居民都倾向于凭借自己本事来达成致富目标，喜欢自己单干，而表示依靠大家帮助来致富的村改居居民较少，部分地区仅为13.9%。这不仅表明村改居居民的合作意识较为缺乏，共担责任和共担风险的意识不强，也说明合作经济组织特别是社区股份合作社在促进村改居居民经济合作方面的能力仍旧有待提高。

虽然村改居社区集体资产改制在一定程度上改善了之前农村居民的原子化问题，但居民思想转变得不彻底，也阻碍了合作社未来的发展，由于普通村民股东缺乏企业经营管理经验，加之小农思想的影响，他们多数只追求合作社房屋租金和利润分红，而没有进一步开拓的动力。此外，多数社区股份合作社还具有高福利性质，合作社可以通过各种实物、慰问金、补助补贴等方式对股东进行经济补助。

综上，社区股份合作社的利润分红事实上所起的一个作用，是作为村改居居民社会保障的一个重要补充，社区型股份合作社通过折股量化落实产权，按股分红，使股东获得一个稳定的经济收入来源。不仅如此，合作社还可以通过各种实物、慰问金、补助补贴等方式对股东进行经济补助，使股民的经济压力减轻，从而降低他们的就业压力。社区股份合作社的高福利性固然可以在一定程度上弥补村改居社区建成初期的社会保障滞后，并作为其必要的经济补充，体现了集体资产改制后的社区股份合作社对股东的经济支持和精神支持，但也容易造成股东对福利政策的依赖。集体资产改制使村改居居民成为股份合作社的股东，但在意识上，村改居居民还没有作为股东的觉悟，缺乏责任意识和合作意识，股东普遍重权利而轻义务，只在乎自己每年可以获得多少分红与福利，只想坐享其成而不愿意承担风险，缺乏将合作社经济做大做强的动机。

（4）股权的封闭进一步限制股东合作开拓动力

社区型股份合作社的产权制度一般规定个人对分配股权只拥有名义上的所有权，只能用来获得分红和参与有限的管理，没有处理权，也不能转让、买卖、抵押，有些股份合作社的股份甚至不能继承①。这在集体资产改制初期有一定的积极意义。

但是，限制股权到改制完成之后，问题也逐渐显现。首先，社区股份合作社通过折股量化明晰产权，并以按股分红的方式使合作社成员获得经济收益，但股份合作社在量化产权的过程中，一般只是简单地以每人均等的方式分股，造成了分股的平均主义。这就导致村改居居民在意识上缺乏对股份合作社管理的动力。

此外，限制股权流动会导致个人股份产权的残缺，股份仅仅只是股东获得收益和分红的凭证。实行"增加人口不增加股份，消减人口不消减股份"的静态管理模式，目的是保护股东的利益，防止集体资产在股份改制中无谓消失，但是股东却没有处置自己所持股份的自由，这在一定程度上导致股份合作社的封闭，不利于社会资源的分配利用，使合作社内部缺乏将股份合作社发展壮大的内驱力，股份合作社无法通过兼并收购以及吸引外资增加收益。

因而，股份合作社对股权的限制不仅减弱了股东合作参与合作社事务的动力，也减弱了股份合作社在市场竞争中的生存能力和开拓能力。

---

① 傅晨：《社区型农村股份合作制产权制度研究》，《改革》2001 年第 5 期。

（5）"三会"制度的虚置是股民缺乏动力的关键

"三会"制度建立在理论上，是股东对股东代表的监督、股东代表大会对理事会（董事会）的监督、理事会（董事会）对理事长（董事长）的监督、监事会对成员大会及理事会（董事会）的监督的机制。然而，在实际操作中，"三会"制度在许多股份合作社中形同虚设。

首先，股东自身素质偏低导致其对合作社事务不了解。村改居之后，农民要真正适应居民身份，素质要真正达到城镇化的要求还需要时间的积淀，加之农民的文化水平普遍不高，经营理念滞后以及过往原子化思想的影响，加入合作社的村改居居民思想观念和行为方式仍有待改进。

根据调查样本，村改居居民的文化程度普遍较低。除上海外，其他地区拥有本科及以上学历的居民皆不足 25%，所以村改居居民对社区股份合作社运行机制和具体经营方式缺乏相关知识和理解，因而社区股份合作社中的股东对合作社平时的运作也了解不多，这就造成了股东与理事会（董事会）以及下属经营层的信息不对称。如果监事会亦失能，则会使经营者的利益目标发生偏离，导致"内部人控制"，从而减弱股东合作动力。

其次，集体股的存在会造成许多衍生问题。针对村改居社区初建，社区公共服务与社会保障跟进不及时的问题，许多村改居社区股份合作社设置了集体股，以为社区公共服务提供资金支持，为成员提供福利保障。集体股"用于处理遗留问题，可能需要补缴的费用、成员社会保障支出以及一些必要的社会性支出"[1]。以山东省为例，调查显示，山东省约有 65.9% 的股份合作社设有集体股，并且集体股比例在 30%～40%[2]。

但是，集体股的设置也产生了产权明晰的效果未达到预期的问题。在监督机制失灵的情况下，集体股产权模糊性可以为社区行政组织实现利益创造条件而容易受到由"两委"充任的理事会（董事会）的把控，削弱普通股东的权力，还会使股份合作社过于依赖内部积累增强合作社资金实力，影响合作社内部的股金分红，减弱股东合作的动力和积极性。此外，集体股的存在还在一定程度上限制了合作社吸收外部资金的能力，使得合

---

[1] "农村集体产权制度改革和政策问题研究"课题组：《农村集体产权制度改革中的股权设置与管理分析——基于北京、上海、广东的调研》，《农业经济问题》2014 年第 8 期。

[2] 陈晓军、李文君：《"村改居"背景下集体经济组织发展与改革研究》，《中国农村研究》2016 年第 2 期。

作社对社会资本的吸引力降低。

最后，政社不分导致社区股份合作社监督机制失灵。相关学者对厦门市 14 个村改居社区的调研统计数据显示：14 个村改居社区的社区股份合作社经营管理层兼任的"两委"主要领导占比达到了 59.7%①。我们在对余杭等地的考察中，亦发现存在社区"两委"人员在股份合作社中交叉任职的现象。

> 我们合作社的管理人员基本由居委会、党支部的人组成。平时的重大决策都是他们拍板的，我们说的话分量不重。

社区股份合作社的管理者由社区干部兼任会造成一些不良影响。这些管理者不仅缺乏管理经济组织的经验，而且在多重角色的支配下，对集体股进行把控时难免会出现"道德风险"以及"逆向选择"的问题②。理事会（董事会）、监事会成员多数为"两委"成员，这样理事会（董事会）与监事会容易构成一个利益整体，削弱监事会的监督功能。同样，由于"两委"成员对理事会（董事会）和监事会选举名额的话语权较大，股东代表大会作用的发挥也受到影响。

值得一提的是，近几年来，一些新建的村改居社区的股份合作社纷纷取消了集体股。以苏州市为例，苏州市委、市政府在昆山周市镇召开的全市社区股份合作社股权固化改革工作现场推进会上明确提出：凡今后新组建的社区股份合作社，一律将实行股权固化，而且不再设置集体股。已经设置集体股的，要争取在本轮股权固化改革中予以调整取消，将其全部量化为个人股，以确保集体资产产权量化明晰、彻底。原来由社区股份合作社承担的社区公共管理支出，调整到合作社收益分配中提留列支，但财务预决算以及分配方案须经成员代表大会讨论通过，接受合作社成员的监督③。这个规定可以有效规避社区股份合作社精英管理层对合作社事务的

---

① 杨贵华：《集体资产改制背景下"村改居"社区股份合作组织研究——基于广东和山东两省的实地调研》，《社会科学》2014 年第 8 期。
② 胡晓：《社会角色视角下社区股份合作社的发展困境研究——以达州市的 D 社区为例》，硕士学位论文，吉林大学，2013。
③ 《新建社区股份合作社取消"集体股"》，苏州都市网，http://www.szdushi.com.cn/news/201504/2015131382.shtml。

不当干预，防止其对集体资产的侵吞，避免出现股份合作社"内部人"控制的现象。同时，提升了股份合作社普通股东的权力，使得股东对合作社发展的参与力度和监督力度大大提高；提高了合作社成员合作的积极性，使得合作社内部系统更具活力。

苏州市在取消集体股的同时，还严格把控股份合作社红利分配比例，并规定股份合作社将最高不突破 40% 的红利用于股份合作社内部成员的分红，30% 用于支持村或村改居社区的公共服务和基本开支，30% 用于股份合作社的扩大再生产①。这个分配比例充分考虑了村改居社区股份合作社成员的集体与个人利益相平衡的问题，不仅使得村改居社区公共服务获得了一个较为稳定的资金来源，还为股份合作社的发展壮大提供了政策保证。

3. 劳务合作社的功能逻辑

农村劳务合作社是将农村居民、经济合作社或社会团体作为成立发起人，主要吸引有劳动能力但是难以寻找到合适就业岗位的农村剩余劳动力以自愿联合的方式参加，对外提供劳务，承接绿化、道路养护、社区物业管理和农业生产技术服务等，对内实行民主管理、自我服务、利益共享以及风险共担的一种新型合作经济组织②。

（1）劳动关系聚合的需要催生劳务合作社

所谓劳动关系的聚合，指的是个别劳动关系向集体劳动关系转变的过程。个别劳动关系指劳动者个体与雇主结成的关系，一般通过书面与口头承诺的劳动合同来明确双方的权利与义务；集体劳动关系是指劳动者集体与雇主或雇主组织结成的关系，一般通过协商谈判明确劳动条件、劳动标准以及有关劳资事务③。

村改居居民在失去土地之后急需转移就业以填补失地造成的经济空当。因此，大量农村剩余劳动力转移到城镇成为城镇化需面对的现实问题。新型城镇化要以"人的城镇化为核心"，如此就对广大进城农民的综

---

① 《新建社区股份合作社取消"集体股"》，苏州都市网，http://www.szdushi.com.cn/news/201504/2015131382.shtml。

② 《浙江省嘉兴市人民政府办公室关于支持和促进农村劳务合作社发展的实施意见》，中国农经信息网，http://www.caein.com/index.php/Index/Showcontent/index/bh/022/id/93615。

③ 常凯：《劳动关系的集体化转型与政府劳工政策的完善》，《中国社会科学》2013 年第 6 期。

合素质提出了更高要求。但是，由调查可知，村改居居民的构成主要为39岁及以上的中老年人，一些地区的村改居中老年人的比例甚至超过了65%。这些人之前长时间生活在农村里，职业技能素质偏低，对城镇环境也不熟悉，特别是那些"5060"人员，进城务工后面对差异迥然的社会环境时，易陷入茫然失措的境地。另外，常规地依靠亲缘关系与地缘关系，如借助亲友老乡、中介机构、小广告、马路市场等完成个体性就业会造成进城务工的村改居居民的组织化程度低，属于个别劳动关系的个体在面对雇主时将处于被动地位，一旦出现劳务问题，可能陷入无从制约和难以抗衡的困境。

因而，当处于个别劳动关系的个体无法面对弱个体、强社会的问题时，就会产生一种与其他拥有劳动利益的个体联合的冲动，即产生了劳动关系聚合的需要。当原有的就业方式无法解决这个问题时，就亟须开发一种新型劳动合作组织，将分散的个别劳动关系整合成集体劳动关系，以劳动力自主联合的方式构筑一个整体，并通过与雇主及雇主群体的协商谈判来维护这个整体的利益，让成员获得就业机会。于是，劳务合作社便契合这样的需要而诞生了。

（2）联合就业机制保证社员就业利益

当村改居居民被问及最需要政府或者有关部门的帮助形式时，总体而言，有超过半数的人选择了工作岗位信息提供和职业培训。劳务合作社能够把从土地中刚刚分离出来且有进城务工需求的劳动力组织起来，与合作社一起成为一个合作团体并形成一个劳动力蓄水池，对社员进行必要的技能培训，统筹规划，分群体、分工种地合理安排岗位，优化农村劳动力资源配置，形成农村剩余劳动力的联合就业机制。在这里，联合就业机制有以下三方面的含义。

其一，与职业技能培训机构联合，负责社员与职业技能培训机构的对接工作。在城镇化的推进下，许多村改居居民需要放弃以前的职业去谋求一份新的工作以维持自己的生计，然而职业薪酬的高低与村改居居民的职业技能素质的高低直接挂钩，事实上许多村改居居民的职业素质并不能达到城镇化的要求。

总体而言，大多数的村改居居民认为自己需要进一步的学习深造以提升自己的生活质量，调查数据不仅表明多数村改居居民对自己目前的生活状态有一定的危机感，也表明他们存在一定的意愿接受学习和培训。对于村改居剩余劳动力来说，更是如此。劳务合作社则可以通过与当地劳动保障站合作，征集村改居居民培训意愿，将职业技能培训机构以及实习基地与村改居居民进行对接以满足这些居民的培训需求。以南湖区七星镇为例，当地劳务合作社与镇政府合作，通过对周边适宜用工单位进行摸底，掌握用工需求，有针对性地开展符合居民意愿和企业实际需要的工种培训。2011 年，按照用工需求和居民需求，南湖区组织依托各类转移农村劳动力培训机构，开展了各类技能培训，涉及绿化养护、家政服务、农业实用技术、计算机使用等十多类，共组织培训 47 期，农村劳动力年培训比例达 42.4%，涉及 3289 人次。

> 黄先生，44 岁，初中毕业，现从事大棚搭建工作。他说："还是去年吧，那时我获知小区里有个为人提供就业岗位的劳务合作社，可以免费为我们联系培训机构，帮助我们学习一门技术，我看这个挺适合我，就学了一段时间。我基本学会了怎么搭建大棚，在签订协议之后，和其他伙伴一起从事大棚搭建工作。"

其二，与用人单位联合，负责社员与用人单位的对接。劳务合作社把分散的被征地农民聚集起来，与各类用工单位建立常态化联系机制，以劳务合作社的名义对外承接各项劳务。以七星镇劳务合作社为例，该合作社主要业务有农业劳务用工服务、市政用工服务、企业用工服务、家政用工服务，主要通过四种方式承接劳务。一是上门接单，合作社成立初期，主动到农业基地、用工企业以及物业公司等上门承揽，并逐渐与其建立常态化合作关系；二是定向供单，与政府合作，对于公共财政支付的绿化养护、卫生保洁、道路养护保洁、河道保洁等劳务工程，在同等条件下拥有承接业务的优先权；三是统分结合，对于跨专业、区域广的劳务服务需求，以一个合作社接单、多个合作社参与的形式对项目进行分解落实，促进资源集聚、收益共享；四是提供信息，依托基层劳动保障就业信息网络平台，进行宣传和对接，为合作社收集劳务需求信息。劳务合作社搭建起村改居剩余劳动力和用工单位之间的桥梁，既可以优化资源，又可以提高劳动报酬。比如，嘉兴市南湖区凤桥农村劳务合作社现有社员 100 多人，已经有 70 多人从事世合农业项目大棚搭建、蔬菜种植等工作，人均日收入 80 元左右，既解决了本地农村就业困难人员的就业问题，又为用工单位提供了便捷、优质的劳务服务，缓解了"用工荒"难题，降低了用人单位的用工成本，实现了劳动者和用人单位的双赢。

其三，以劳务合作社为后盾形成社员之间的联合，保障社员权益。通过劳务合作社，村改居居民实现了从个体性就业到自主联合就业的转变。首先，社员在组织化行动中更能体会到社员共同利益的重要性；其次，社员在外出务工的过程中，由于劳务合作社将原本原子化的劳动力联合成一个组织化的集体，因此在面对雇员和雇员组织时不再居于弱势地位，社员的合法权益可以得到更好的保障。

> 南湖区 48 岁的赵大叔："劳务合作社不仅给咱们提供培训机会和就业指导，还给咱们提供就业岗位，使咱们有了一份稳定的收入。最关键的是，咱们去工作的时候，因为身后有合作社，心里也感觉踏实。政府对合作社也有支持，为我们买了意外伤害保险，最高可获赔 10 万元。政府办劳务合作社，实在是一件大好事、大实事。"

综上，劳务合作社利用联合就业机制，在政府的支持下，形成"用工单位—劳务合作社—职业培训机构"的三方联动模式，有利于促进和稳定村改居居民的就业并增加其收入，有利于推进村改居居民的市民化和城镇化建设，有利于促进村改居社区社会管理创新与社会和谐稳定。

（3）劳务合作社还有进一步的发展空间

村改居剩余劳动力作为劳务合作社的受益主体，在参加劳务合作社之后，获得了一个相对稳定的就业渠道。就目前来看，劳务合作社在促进村改居居民就业方面确实发挥了重要作用。以嘉兴市为例，截至 2012 年 10 月，嘉兴市已成立农村劳务合作社 110 家，入社社员 13175 人，55 周岁以上人员占总人数 1/3 以上，开展劳务活动 624 次，累计参加劳动的社员达 10238 人，社员平均每天劳务收入达 50 元，社员平均每月增收 1500 元左右。从长远来看，劳务合作社还有进一步的发展空间。

第一，劳务合作社的承接业务单一。虽然劳务合作社的兴起使村改居社区就业面貌焕然一新，但是由于劳务合作社的带头人多为社区干部，而这些社区干部多无实际的企业经营经验，也缺乏企业管理以及经营的能力，加之社员获得好处后的随遇而安，劳务合作社承接的业务仍非常单一。例如，苏州市 80% 劳务合作社的业务为道路保洁、绿化养护和物业管理①。又如嘉兴市，截至 2012 年 10 月，嘉兴市 110 家劳务合作社的业务几乎都集中于农业操作、保洁、绿化等项目。承接业务的单一不仅不利于劳务合作社的做大做强，而且在遭遇经济波动时，社员的就业也会受到较大影响。

第二，劳务合作社的对接机制仍不完善。目前常见的劳务合作社都是通过"用工单位—劳务合作社—职业培训机构"的"一条线"联合机制开展业务，但是这样的联合机制并不包含与职业资格认证和安全生产管理人员、食品卫生从业人员等资格认证的代办对接。

由表 4-1 可知，进城务工者的月收入与其技术的高低和证书的含金量呈正相关。一些社员有熟练的职业操作技能，但由于缺乏职业资格认证的意识和途径，没有获得相应的职业资格认证，导致收入减少。因此，劳务合作社应该将职业资格认证代办对接纳入联动机制，由劳务合作社、培训机构或者用人单位组织社员参加职业资格认证考试，以获得证书、增加收入。

表 4-1　多省农民工技术、技术证书与月收入的关系调查

单位：元

	农民工月工资收入均值	标准差
没什么技术	939.81	399.535
有证书但没有技术证书	1112.57	570.185
有技术也有证书，但证书不是国家承认的证书	1198.17	909.838
有初级技术证书	1242.14	673.031
有中级技术证书	1305.44	604.694
有高级技术证书	1371.43	895.757

资料来源：李强：《为什么农民工"有技术无地位"——技术工人转向中间阶层社会结构的战略探索》，《江苏社会科学》2010 年第 6 期，第 15 页。

---

① 陈建忠等：《新型农村劳务合作社发展路径探索》，《中国劳动》2015 年第 19 期。

诸如安全生产管理人员、食品卫生从业人员等的资格认证是从事此类行业的基本从业资格。缺乏此类项目的相应资质以及行政许可，导致劳务合作社不能承接相关领域的工程，例如社区小型水利工程、绿化工程等。鉴于劳务合作社社员的年龄普遍较大与学历普遍不高，劳务合作社应该就相对不涉及重大安全问题的岗位向政府申请相关权限，为社员代办从业资格证书，以进一步扩大合作社业务范围。因此，对劳务合作社对接机制的完善不仅可以增加社员的相关收益，还能拓宽合作社业务，使合作社更加壮大，也使社员更有归属感与合作参与的动力。

三　村改居居民的政治参与与合作问题

城市社区发展的基本方向和目标就是实现社区居民自治，而社区居民参与是实现社区居民自治的有效途径①。村改居之后，村委会改组成居委会，但是非城非农、亦城亦乡的地理环境和社会环境，让村改居社区居委会无法在改制后就完全进入城市社区管理模式，它必须解决城镇化带来的一系列问题②。

调查得知，在村改居社区中，部分居民并没有在社区建设之中被征求意见，这显然与社区自治的要求背道而驰，固然有社区居委会工作不到位的原因，但也从侧面说明村改居居民缺乏社区参与的意识与渠道。因此，提高村改居居民的活跃度，以政治合作的形式参与社区自治，就显得必不可少。如此一来，村改居居民与基层政府之间可以有更好的互动与监督，以获得社区自治以及与基层政府之间更平等对话的权利。

1. 居民小组成为基本自治单元

居民小组是居民委员会下设的小组，是社区居民制度化组织最基本的单位。它可由村改居之前的村民小组发展而来，也可在村改居之后吸收新成员而成立，人数一般较少，工作具有无偿性，居民小组成员之间的关系相对更亲密。我们在对许多村改居社区的考察中发现，居民小组本身规模

---

① 李援朝：《城市社区居民政治参与浅探》，《沈阳干部学刊》2004 年第 6 期。
② 肖丽娟：《城镇化背景下"村改居"社区居委会职能研究——以武汉东湖生态旅游风景区为例》，硕士学位论文，华中师范大学，2014。

越小越有利于小组成员达成一致，所以居民小组能更有效地整合社区资源，联动社区力量，促进社区居民的合作参与。

（1）居民小组在促进社区自治方面发挥了重要作用

一是联动社会力量，促进社区共建共治。居民小组在居民自治的基础上，通过与物业管理公司和社区单位组织等合作，形成以居民小组为核心、多方社会力量参与的联动机制。

以嘉兴市解放街道为例，在城东路11号地段，之前的治安环境一直不好。由于没有物业公司，环境卫生无人处理，而且偷盗案件频发，连院子的两扇大铁门都被小偷撬走了，这种情况持续了很长时间。2005年，解放街道推行居民自治试点，在城东路11号院落成立了自己的居民小组。在居民小组的推动下，街道和嘉兴铁路车务段共同出资为城东路11号院落装上新大门，并且定下了每户30元的收费标准，用于小区的物业维护，有效地改善了小区的环境和治安①。

二是有助于激发居民自治意识，提升居民合作参与能力。居民小组会定期召开工作例会以及联席协商会议，对社区重要事务进行总结和规划。对于涉及社区居民个人利益和整体利益的社区事务，则通过共同协商、共同决策做出决定。为提升居民参与能力，居民小组以自身为中介，整合社区可利用资源，组建各类志愿服务分队，为社区居民提供公益服务。

以扬州市东昇花园社区为例，小区构成复杂，既有高档别墅，也有居民平房，而且小区内18个居住点零散分布，社区物业覆盖面小，社区服务中心对开展社区服务感到力不从心。鉴于这种情况，东昇花园社区充分利用社区内现有人力资源，如党员、志愿者和退休工人等，组织居民表决并选出7名热心的义务自治管理员，成立居民小组，在共同协商决定后上门动员居民缴纳安卫费，并将所有收费项目和花费上墙公示，获得了居民的支持与好评。在居民自治小组的带动影响下，东昇花园社区与老扬城澡堂子、东方食品城综合医疗门诊部以及

---

① 《嘉兴解放街道的居民自治让住户找到了舒心的感觉》，新浪网，http://news. sina. com. cn/c/2007 - 03 - 20/043811448695s. shtml。

辖区内退休教师等单位和专业人员建立合作关系，开展多项志愿服务项目，吸引许多热心居民参与，并成立社区服务队。截至 2016 年 8 月，东昇花园社区此类志愿者已有 500 余名，并形成了每周至少 5 次为残疾人以及孤寡老人等提供上门服务的惯例[①]。

三是开展文娱竞技活动，增强社区居民的凝聚力和提高参与热情。目前，部分村改居社区的居民小组会与社会工作者合作，通过征集居民意见，举办楼道联谊会和开展一些文娱竞技活动。居民小组通过对社区内资源的合理利用，将社区里的空白墙变成社区居民文化交流的载体，用其进行社区文化宣传。此外，居民小组还会以楼道为单位，开展各类竞技活动，并评出最优单元楼和个人，给予一定的物质奖励，激发居民参与社区事务的热情。

> 嘉兴市东栅街道的伊大妈说："墙上一般是一些书法作品和摄影作品，有些是贴上去的，有些是居民直接画上去的，作品内容一般是宣传邻里和谐以及法制教育、道德教育等社会正能量的内容。"接着伊大妈又提到："咱小区会开展一些唱歌比赛、知识竞赛，还有跳舞比赛，前三名都有奖品，有时我也会去玩一下，拿不拿名次不要紧，重在参与嘛。"

（2）居民小组运行过程中仍存在问题

居民小组的建立虽然有助于解决社区居民自身难题，增强社区居民自治意识和社区责任感，培育社区骨干和促进社区民主建设，但就目前而言，居民小组在运行过程中仍旧存在不少问题。

一是社区居委会对居民小组的行政干涉较强。我们在对嘉兴市等地的村改居社区进行调查时发现，许多村改居社区居民小组成员并非由社区居民民主选举确定，而是社区居委会根据对社区事务以及社区居民的了解指定的，这种行政式的指定不仅可能使一些有能力、有意愿参与服务的居民没有竞选途径，也可能会使部分居民对指定不满，降低配合工作的积极

---

① 《"居民自治小组"激发社区运转"新动能"》，扬州网，http://www.yznews.com.cn/yzrb/html/2016-08/12/content_804855.htm。

性。在居民小组成立之后，社区居委会经常对居民小组安排一些行政性任务，而对于居民小组成员而言，由于工作的无偿性，成员开展工作完全依靠自己参与社区的热情，当其接手过多其职责之外的强制性任务时，其参与社区合作治理的动力就会削弱。因此，在很多情况下，当社区建设频繁通过政治仪式达到政治宣传效果时，社区居民却仍然处于被动员、被命令的状态，这使得居民自治仍处于表层化阶段①。

> 嘉兴市某社区居民小组组长坦言："推动社区自治，虽说有一定起色，却难说有实质性进展。事实上，我们居民小组自由度也不高，我们只能挤出时间按照居委会的吩咐办事，而且因为小组成员固定，其他居民也很少有机会参与进来。"

二是社区居民对居民小组的认同度不是很高。我们在对嘉兴市等地社区的调研中了解到，许多村改居居民对社区参与的关注度不高，有一些居民甚至不知道居民小组的功能。出现这种情况的原因主要有以下两点。首先，是居民小组成员的能力有限。调查得知，村改居社区居民多数为中老年人，青年人较少，因而居民小组成员也多数为社区中的中老年人。虽然这样的成员配置使得成员之间形成一个"熟人共同体"，隔阂较少，但因为成员的年龄普遍较大，所以他们接受新事物、新思想的能力不足。又因为工作的无偿性，许多小组成员在热情消退后出现工作惰性，丧失了参与社区合作治理的动力，使得居民小组反响平平。其次，是社区居民的社区自治意识仍有待提高。调查发现，许多村改居居民对社区事务和社区活动缺乏参与的兴趣，对于上缴物业费、卫生费、照明费等管理费也不积极，并没有意识到社区自治的意义。

> 有一些人甚至不怎么了解居民小组，他们觉得自己工作很忙，觉得社区自治与己无关，社区里还有许多流动人口。对于他们来说，他们只住个一两年可能就要离开，因此，社区的好坏、社区自治的成功与否又与他们有什么关系呢？

---

① 卢倩：《居民社区参与的组织化与社区治理：个案的分析》，载《江苏省第八届学术大会学会专场论文哲学社会类论文汇编》，2014 年 11 月。

综上看来，这些现存问题已经给社区自治的推进带来许多深层次的阻力。鉴于村改居社区自治的效果仍旧不佳，居民小组的宣传机制、工作机制以及薪酬机制仍需进一步探索。

2. 居民大会成为村改居居民政治合作的基本途径

村改居居民利益流失和利益诉求表达的一个很重要的影响因素是缺乏与基层政权沟通互动的渠道。在问题处理的过程中，当居委会在社区建设中的处理方式无法满足居民的利益时，居民应该如何抉择？原子化的居民无法有效应对这种情况，所以村改居居民需要一个政治合作平台来制约社区居委会的权力不当使用。

（1）居民大会是村改居居民参与政治活动的重要渠道

调查发现，村改居居民中认同"参加居民大会是在社区建设中提供建议的主要方式"的比例最大，部分地区的比例甚至达到了66.2%。这说明居民大会成为村改居居民参与政治合作的基本途径。居民大会是社区实施民主选举、民主决策、民主评议以及民主监督的权力机构，《中华人民共和国城市居民委员会组织法》第九条规定："居民会议由十八周岁以上的居民组成，居民会议可以由全体十八周岁以上的居民或者每户派代表参加，也可以由每个居民小组选举代表二至三人参加。居民会议必须有全体十八周岁以上的居民、户的代表或者居民小组选举的代表过半数出席，才能举行。会议的决定，以出席人的过半数通过。"① 所以，居民大会是村改居居民表达自身政治利益诉求以争取与基层政府平等对话权利的正式渠道。居民大会虽然不隶属于居委会，但与居委会有着很大的关联度，作为一个表达村改居居民利益诉求的合作平台，居民大会在促进社区民主自治方面的作用将更加显著。

以南京市白下区首蓿园街道梅花山庄社区为例，2004年3月27日上午，梅花山庄社区召开了自小区成立以来的首次居民代表大会。梅花山庄小区的社区居民委员会于2003年4月成立，同时选出了社区主任，但社区主任自上任以来，工作不力，导致许多社区居民有不

① 《中华人民共和国城市居民委员会组织法》，中国人大网，http://www.npc.gov.cn/wxzl/gongbao/1989-12/26/content_1481131.htm。

满。在居民代表会议现场，当地的社区党支部书记首先提出：原社区主任很年轻并且学历不低，但是他却辜负了大家寄予的厚望。接着有居民提出：在非典时期，小区物业公司认真负责防护工作，社区并没有做好相应的配合工作，社区主任却在年终工作小结里揽功。又有居民说：最近街道组织了普法竞赛，社区主任并没有做好传达、组织和报名工作，还对街道组织者宣称无人参加而导致小区被动弃权，极不负责任。最终经过全体表决，28 位居民代表一致通过了罢免现任社区主任的提议，并选出了新的社区主任①。

上述案例体现了居民大会作为社区自治最高权力机构所具有的民主选举、民主决策、民主评议以及民主监督权利，表明了居民大会作为村改居居民政治合作的重要平台，确实在维护居民切身利益方面能够发挥重要作用。

（2）村改居居民参与居民大会的积极性仍有待提高

当被问及"对于村委（社区）征求意见的政策的态度"时，不同地区的村改居居民的回答差异较大。但总体而言，认为有必要征求居民意见的村改居居民堪堪过半，甚至有一些地区的比例只有 30.7%，这说明村改居居民参与社区自治的意识依旧有待提高。事实上，我们对温州等地的调查发现，不少村改居社区并没有按照规定每年召开 1~2 次居民大会。

> 46 岁的孙大姐说："这类会我都不怎么去参加，主要还是自己忙，去开那所谓的居民大会也没什么意思，再说社区自身主办会议也不积极，我反正这一年都没有收到要召开会议的消息，他们自己都无所谓，我又何必凑这个热闹呢？"

针对孙大姐这样的抱怨，一些社区工作者也感到很无奈和委屈。

> 我们也是没有办法呀，现在居民大会是很难召开的，现在社区都比较大，你让居民代表从四面八方赶过来，他们也不乐意呀。再说现在社区人口多，就是每户出一名代表，那数目也是巨大的。所以现在

---

① 《南京：居民代表民主罢免社区主任》，搜狐新闻，http://news.sohu.com/2004/03/29/13/news219651305.shtml。

居民大会的统筹工作很难进行，居民也缺乏参与大会的动力。现在我们都通过发放补贴吸引居民来开会，给参会的居民每人发50块钱的礼物，就算这样，有时还召不满。

村改居社区居民是否能积极参与社区事务，在很大程度上取决于居民的社区意识是否觉醒。被调查对象缺乏参与社区自治的动力，一方面反映出社区居委会作为社区统筹平台所发挥的功能仍旧有待加强，另一方面也说明许多居民的社区意识依旧"沉睡"，对社区事务只是被动地应付，而不是主动地参与。

3. 乡贤参事会成为村改居居民政治合作的新兴平台

居委会自形成之时起，就担负着组织社区居民自治和协助基层政府工作的双重责任，但多年来，社区居委会几乎只扮演政府要求传导者的角色，自主性不是很强。以守株待兔的方式来解决问题是不切实际的，因此，村改居居民需要有自己的合作途径，以满足自身的政治利益诉求。近年来，随着村改居的推进，部分地区开始推行就地城镇化，但是随着城镇化进程的加快，乡村精英大量流失，乡村出现了"空心化"现象。在就地城镇化之后，如何将公共服务普及、基层民主建设与乡土文化的延续、公序良俗的形成有机结合，以实现社区治理现代化，成为重要课题。通过走访调研、寻本溯源，我们发现，城镇化后的乡村治理现代化就是要从现代公共治理和传统人文精神中找到双重支点，而乡贤就是切入点。以乡贤为主干的乡贤参事会是以参与农村经济社会建设，提供决策咨询、民情反馈、监督评议，以及开展帮扶互助服务为宗旨的公益性、服务性、联合性、地域性、非营利性的新型社会组织。乡贤参事会作为社区自治新平台，发挥了其独特的作用。

本书在对各地乡贤参事会调研的基础上，将湖州市德清县乡贤参事会的发展状况作为深入研究的样本①。乡贤参事会作为一种新型社区社会组织，由浙江省德清县首创，之后这种模式在浙江省内迅速推广。截至2015年底，浙江省除金华、台州外，其余9个市共有乡贤参事会1690个，各地

① 德清县为浙江省湖州市所辖，位于长江三角洲杭嘉湖平原西部，全县总面积935.9平方公里，常住人口49万人，全县辖4个街道、8个镇、1个风景区和1个开发区。境内有风景名胜莫干山、下渚湖、新市古镇、法国山居裸心谷等。

乡贤参事会共有会员24132人，其中机关企事业单位退休人员2837人，企业经商人员8322人，村干部3523人，其他人员9448人，"两委"负责人担任会长的563人、担任秘书长的774人①。德清县乡贤参事会自成立以来，无论是村改居之前还是之后，其正向功能都得到了充分的体现。

（1）乡贤参事会以乡村精英联合引领地区的发展

乡贤参事会由社区"两委"和乡贤代表发起，采取个人荐、群众推、组织选等方式，结合各村实际，丰富乡贤内涵、外延，会员从德高望重的本土精英、功成名就的外出精英、投资创业的外来精英等三类乡贤中推选产生，并经社区党组织审核确认。会员自愿参与，不享受任何补助。会员大会选举产生会长、副会长、秘书长，任期三年，改选与居民委员会换届同步进行，秘书长原则上由社区主任或书记兼任。拥有会员30人以上的乡贤参事会，要成立理事会，由会员大会选举产生理事会成员，再由理事会成员会议选举产生会长、副会长、秘书长。乡贤参事会充分利用乡贤的亲缘、人缘、地缘优势以及经验、学识、财富和文化道德修养，形成乡村精英联合的机制，为社区注入一股新的活力，同时也带动了地区发展。

德清县乡贤参事会利用自身的特殊影响力，广泛吸纳社会资源，协同参与公共事务管理，全力助推家乡建设，凭借精英会以及自身对家乡的热爱和"富贵不还乡，如锦衣夜行"等光耀门楣的心理，竭力扶持当地发展，通力合作，建言献策，通过出资办厂、修路架桥等方式，累计投入资金超过5000万元。如莫干山镇燎原村，乡贤们出资出力，帮助联系9家企业开展"帮扶共建"工作，引进合作项目22个，推动落实资金970多万元，吸纳87名村民进企业就业，结对困难农户12户。该村2014年的集体经济年收入同比增长47%。又如洛舍镇东衡村乡贤参事会，通过广泛征求意见，组织学习考察，提出了《东衡村农户土地统一流转入股实施方案》《三年发展规划》等对东衡村发展具有决定性意义的方案，将全村村民的土地经营权入股统一流转到社区股份经济合作社中，充分利用荒芜、废弃土地，进行全面整治，积极形成"地成方，

---

① 衢州市民政局：《我厅"乡贤参事会协商文化村治模式"获2016中国十大社会治理创新奖》，http://www.qzmzj.gov.cn/show-35-25358-1.html。

路成行，树成林”的格局，为增加居民收入和壮大社区集体经济探索出一条新路子。

此外，乡贤参事会还建立社区精英人才数据库，动员和鼓励社区老党员、老干部、复退军人、道德模范、企业法人、"返乡走亲"机关干部、社会工作者、经济文化能人、教育科研人员以及在当地投资创业的外来生产经营管理人才等积极参与，实行动态管理。乡贤参事会发挥社区治理的补位和辅助作用，凝聚各方共识，形成自治合力。例如，莫干山镇高峰村乡贤参事会邀请当年的下乡知青返乡看发展，40多名知青在40多年后重逢再聚、回忆往事，同时积极建言献策，共商发展大计。

（2）乡贤参事会与社区居民的联合推动社区治理

发展乡贤参事会，能够丰富基层社会治理的组织资源，将乡贤组织起来形成一种合力，既可以发挥乡贤的经验学识、专长技艺、财富优势参与新农村建设和治理，也可以通过文化道德力量的引领，教化村民、凝聚人心、促进和谐，同时对推进乡村权力、责任法治化都大有裨益，实现了法治、德治、自治"三治"融合的乡村治理新模式。

一是乡贤参事会因地制宜，不断吸纳各类精英加入乡贤参事会，并根据乡贤各自的优势特长、身份行业进行分组分类，与社区居民合作，组建服务小队，展开服务。如雷甸镇洋北村乡贤参事会以"只要乡亲需要，服务队就在"为宗旨，组建了"德清嫂"美丽家园行动队、"新财富"兴业帮扶指导队、"老娘舅"平安工作队、"喜洋洋"文化社等4支乡贤服务队，陆续开展各类活动，得到基层群众的一致欢迎和好评。

二是乡贤参事会发挥乡贤的示范引领作用，以其嘉言懿行垂范乡里，形成一种融合传统文化与社会主义核心价值观的综合性文化。同时，以乡情、乡愁为纽带，吸引和凝聚各方面的成功人士，利用其学识专长和创业经验反哺桑梓，并动员广大居民，推动社区治理，有效地推进了社区文明建设，弘扬了社会正能量。雷甸镇双溪村乡贤参事会成立后，积极推动修订村规民约，提炼9条村民公约，并弘扬好家风、好家训，通过漫画宣传、长廊展示、评选榜样、文艺演出等多种途径助推农村文明新风尚建设。又如禹越镇三林村"乡贤姐妹"家庭美德传播队，带领全村妇女组长，对入选的30户好家风家庭进行了评议，以无记名投票方式评选出首批"十佳好家风"家庭，极大地激发了参事会成员参与社会治理、服务社区建设、传播优秀文化的热情。

三是乡贤参事会结合社区建设工作重点，在社区规划、"五水共治"、"三改一拆"、"两美"建设等中心工作中积极出谋划策，弘扬了责任意识，发挥了示范带头的作用。如洛舍镇洛舍村乡贤在"五水共治"建设过程中，通过建立"家庭护水公约"、"流动红旗"、家庭护水督查队等有效举措，带领居民在自我管理和互相监督中实现自觉治水。再如禹越镇钱塘村在美丽乡村建设中，采用"1＋2"模式，即1个村"两委"成员配2名乡贤参事会成员混搭成组，以小组为单位认领水乡风俗馆、文化礼堂、养老服务照料中心等6个重点项目。在乡贤的助力下，钱塘村不仅提前3个月完成了所有重点项目的建设工作，还整理出可用土地520亩，实现了土地的集约式、流转式发展。

（3）乡贤参事会成为社区居民协商和与基层政府沟通的平台

乡贤参事会以"乡村智囊团"的形式出现，兼顾了个体和群体的能力特长，有效地整合了现有资源，吸收了社会力量，实现了资源利用的最大化，在某种程度上是对政府服务的有益延伸。作为社区组织的补充力量，乡贤参事会已成为基层民主协商的重要平台。有些社区专门设置一个"村务议事日"，邀请乡贤就社区公共事务发表他们的观点，提出他们的建议，既加强了社区党组织的领导核心作用，又实现了社区党组织领导方式从"为民做主"向"由民做主"的根本转变，形成了由社区"两委"、居民二元主体转变为社区"两委"、基层社会组织、居民多元主体参与的社区治理新格局，为推进城镇化建设，促进村改居社区经济社会发展探索出了一条现代社区治理的创新之路。例如，洛舍镇东衡村乡贤参事会每位成员获权列席村"两委"会议和村民代表会议，自2015年起的5个月里，共参与完成中心村天然气站建设、废弃矿坑填埋等重大事项决策23项，全程参与项目，为加快建设"浙北第一村"的目标提供了内生动力。又如钟管镇茅山村，居民因企业早晚生产噪声太大、影响生活，多次沟通未果后，把状告到参事会那里；参事会立即组织召开成员碰头会，并由乡贤徐先生作为"中间人"，从中斡旋；最终企业同意错时生产，问题得到有效解决。

另外，乡贤参事会充分发挥了乡贤在凝心聚力方面的独特作用，架起了基层政府和居民之间的桥梁纽带，并以自身的公益性调解居民与基层政府之间的冲突，在一定程度上成为居民与基层政府之间的"缓冲器"，有利于居民的利益表达以及与基层政府的互动。各社区在乡贤参事会的有效引导下，相继建立了百姓留声室、社会工作室等工作机制，及时了解居民意愿，反馈群众意见和建议，乡贤参事会"聚人心、促和谐"的作用进一步加强。

> 武康镇民进村的乡贤李女士是一名专职社会工作者，她率先在社区成立社会工作室，通过与政府部门的合作，为低保家庭等困难群体有针对性地提供个案服务，开展小组活动，完善其社会支持网络，切实帮助这些家庭更好地融入社会、适应社会，逐步走出困境。

（4）乡贤参事会仍具有局限性

乡贤参事会基于自身的优势与特点，广泛参与社区事务，不仅有效地推动了村改居社区居民自治，而且还推动了村改居社区公共事业的发展。但是，乡贤参事会作为一种新型社区社会组织，在为村改居社区的稳定与发展带来积极作用的同时，还存在一定的局限性。

其一，乡贤参事会的发展存在地域限制。

经过调查，我们发现，乡贤参事会的发展和壮大目前只局限于一些就地城镇化的地区，这些地区由于并未进行拆迁安置，人文环境、地理环境、社会环境并没有发生太大变化，乡土乡情、传统风俗、社会关系依旧保留村改居之前的样貌，因此更容易以乡土情结吸引外出的乡村精英回归故地、参与社区建设与发展。但是，对于那些非就地城镇化的村改居社区，特别是那些撤村并居的村改居社区而言，由于乡贤参事会产生的地域土壤、文化土壤被破坏，其成立将遇到很大的困难。因此将乡贤参事会推广到所有的村改居社区，就当前而言，时机未到。

其二，乡贤参事会发展的可持续性存疑。

首先，德清县乡贤参事会并不是由村改居居民自发形成的，而是当地政府为了更有效地利用社区资源，提高社区治理水平，从现代公共治理和传统人文精神中汲取营养而创造的一种新型社区自治模式。德清县政府为推动当地乡贤参事会的发展，更新登记管理制度，降低准入门槛，实行注册资金零要求，并加大资金支持力度，对于正常开展活动的乡贤参事会，县财政给予每家一次性补助 1 万 ~ 3 万元。乡贤参事会成立之后受政府的推力较大，属于嵌入型社会组织，但其并没有建立一个制度化的框架。因此，乡贤参事会的发展与地方政府秉承的意志、追求的业绩、治理的情况等息息相关，一旦政府换届或者国家政策变动，乡贤参事会就可能会因为得不到外力扶持而失去内生动力。

其次，我们在对以德清县为主的各地乡贤参事会的调研中了解到，乡贤参事会成立之后，有些乡贤回归他们原本的居住地，乡贤参事会的日常维持工作主要落到秘书长身上，这种时间的阻隔与空间的错位降低了乡贤参事会运行的效率。此外，我们调查发现，有些地区的乡贤参与社区治理的形式已变为捐钱捐物，并没有起到好的示范带头作用，使得乡贤合作表层化，而且乡贤参事会对各类资金的管理也缺乏明确的制度规定，这些都不利于乡贤参事会的长远发展。

其三，乡贤参事会的"人治"因素明显。

在就地城镇化后，分散住的村改居居民事实上仍旧保持之前的生活方式和乡土情结，血缘意识与宗族意识根深蒂固。我们了解到，有些社区存在大姓宗族，参事会乡贤多由宗族中具有威望的人担任，因而当圈外居民与宗族利益发生冲突时，乡贤参事会是否能秉公处理仍然存疑。另外，虽然乡贤参事会是由现代公共治理和传统人文精神统合产生的，但应注意的是，现代公共治理还是应该占主要地位。我们了解到，村改居居民在发生利益纠纷后，受"人情关系"的影响，往往会寻求当地有威望的乡贤予以调解，以传统的方式解决矛盾，这事实上是以"人治"代替了"法治"，长远来看，不利于社区现代化治理。

四　村改居居民的社会文化合作诉求

村改居居民在思维、心理、生活及行为等方面与现代城市社区和传统的农村社区都存在较大差异，而且村改居前后居民自身的经济状况、生活状况、生活态度亦存在明显的不同。因此，全新的社会环境，加之村改居居民适应力的"时差性"，就使村改居居民产生了各类社会文化合作的需要。传统的社区社会组织作为村改居居民开展社会文化合作的重要平台，在促进村改居居民融入社区方面发挥了越来越重要的作用。

社区社会组织是由社区居民组建的旨在满足成员共同意愿和需要，并主要在社区区域范围内开展活动的各种协会、联谊会、促进会、活动团队等社区社会组织①，大体上可以分为文娱健身类、公益慈善类、维权互助类、促进参与类等。村改居居民依托各类社区社会组织开展社会文化合作，对充实居民闲暇生活，增强居民凝聚力，提高居民素质，拓展居民视野等，有着重要的积极意义。

1. 文娱健身类组织成为村改居居民社会文化合作的主要形式

村改居之前，虽然各个农村也建立了向新农村迈进的目标，并且设计出许多文娱健身活动，但是农村缺乏相关组织的引导，许多活动犹如"空中楼阁"，缺乏群众基础。随着社会的不断发展和村改居建设的不断推进，居民的生活也发生了巨大变革。伴随城镇化的加速以及农民市民化的渐变，村改居后农民的精神文化层次和健身锻炼方面的需要也有向城市居民接近的趋势。因此，村改居社区的文娱健身组织如雨后春笋般涌现，例如社区中的合唱队、武术队、戏曲队、舞蹈队等。

但是，类似的队伍都是村改居居民的初级联合，组织化程度低，队伍的流动性较大，稳定程度也不高。在政府的推动下，文娱健身活动由松散型的队伍向组织化的协会转变将成为可能。近年来，一些村改居社区因势利导，在一些社区自治组织的牵头下，发展社区特色文娱健身组织。以浙江省海盐县为例，海盐县挖掘社区文化，深入挖掘各村史料、民间传说以及群众风俗中的物质文化、非物质文化遗产等。在社区建设过程中，充分展现当地特色文化元素，建设文化礼堂，拓展社区活动阵地。文化礼堂建设已连续三年被纳入政府民生实事工程。截至2014年，海盐县共建成农村文化礼堂97个。

这类正式的文娱健身组织突破了村改居居民常规的初级社交圈限制，在社区层面上将拥有相同志缘和趣缘的居民组织起来，为居民的文娱健身合作搭建通道，不仅满足居民自身强身健体、休闲娱乐等精神文化诉求，而且还减轻了政府的负担，成为引领居民价值观正向转变，增强居民凝聚力、向心力、归属感的合作平台。

---

① 杨贵华：《城市化进程中"村改居"社区居民社团组织培育发展研究》，《中共福建省委党校学报》2013年第6期。

2. 公益慈善类组织成为村改居居民社会文化合作的重要补充

随着村改居社区城镇化建设的推进，村改居社区的服务事业也逐步发展，而社区公益慈善服务作为社区服务事业的重要组成部分，其需求也得到了较大提升。社区志愿服务是在社区层面上，整合并依托社区资源，以社区居民需要与社区公益事业发展为目标的无偿性、自愿性服务。村改居居民依托社区公益慈善组织展开志愿合作，不仅满足了特定群体的需要，而且在培养居民的合作精神，推动社区的和谐有序发展方面发挥了重要作用。

以衢州市柯城区兰花热线工作室为例，兰花热线工作室在 2010 年成立，于 2013 年正式注册为社会组织，兰花热线工作室实行 24 小时全天候服务，以志愿者联合的方式及时为社区居民免费提供矛盾化解、心理疏导、助老服务、爱心帮扶、就业推荐等公益性服务。截至 2017 年，工作室成功化解了各类简易、疑难矛盾纠纷 3783 起，调解率达 100%，调成率达 98%，为广大居民挽回了经济损失 230 多万元。兰花热线工作室还与政府合作，将获得的公益创投资金用于帮困、助残、就业、信访维稳、反邪教等工作，并结合街道各项中心工作，积极开展 "拆违治水" "垃圾分类" "创文创建工作" "征迁工作" 等工作。鉴于兰花热线工作室的成功经验，"兰花热线工作室" 模式于 2016 年在衢州市得到推广。

又如府山社区老街坊工作室，该工作室通过志愿者的参与，组建老街坊 "帮忙团"，成立了 "治安" 巡逻队、"老娘舅" 社区调解队、"飞扬" 社区文体指导队、"黄丝带" 助老助残帮扶队、医疗健康援助队等一共 7 支小分队。工作室将这些小分队的工作情况加以整理安排，形成了矛盾问题解决、安全隐患定期排查、协调沟通、重难点问题 "坐诊会诊" 以及教育培训等多项工作机制，通过 "组团式服务、网格化管理" 的模式，为老百姓打造一个身边最贴心的服务站。

社区志愿者的存在虽然为居民互帮互助社区的和谐发展注入了一股新鲜的泉水。但是我们同样也了解到，这些社区志愿者多数没有登记注册，因此，这些社区志愿者服务的提供具有很大的随意性。同样地，我们通过调研发现，多数社区志愿组织存在多、杂、规模小的问题。但是，一些地区在政府的推动下，建立起志愿服务网络，将零散型、单体型的公益服务转向综合性、群体性服务，例如成立社区志愿者服务站、志愿者联合会以及志愿者服务总团等组织。

> 以嘉兴市为例，嘉兴市为了能提供更优质的志愿服务，于 2003 年吸收各类小型志愿服务组织，成立 96345 志愿服务总团。截至 2013 年初，嘉兴市 96345 志愿服务总团注册社区志愿者人数突破了 24 万人。96345 志愿服务总团根据需要开展志愿服务。比如空巢老人，嘉兴市各地居民依托各地 96345 志愿服务组织展开志愿合作，累计为 1600 多户空巢老人免费安装"一键通"应急呼叫系统，并且实时帮助老人联系应急志愿者，还提供联系 120 救护车辆、子女亲友、送药上门等老年人特需服务；针对困难家庭的生活实际情况，服务总团推出助困家庭"优惠卡"，实现了志愿服务与企业经营的合作，不仅树立了"奉献、友爱、互助、进步"的服务精神，而且确保了企业的正常运转，实现了企业、社区和个人的良性互动①。

3. 促进参与类组织还有待发展

居民是一个个独立的个体，但绝不意味着居民可以各扫门前雪，漠视社区事业的发展，任由社区自生自灭。村改居之后，因为社会环境发生很大的变化，村改居居民仅仅依靠自己的力量很难满足其社会性需要，例如情感支持、就业服务、道德支持等，而促进参与类组织则可以成为满足村改居居民这些需要的合作平台。传统的促进参与类社区社会组织以往常常通过自上而下的形式建立，并以协会的形式存在，例如社区中的老年服务组织、残疾人协会、妇儿保护会等，并由社区"两委"负责引导，联合其余基层社区组织展开对社区居民的专项服务，维护成员权益，促进成员互动合作。

---

① 王鉴屾：《"社区服务求助中心"：社区志愿服务新模式及其经验与启示——以嘉兴市96345 志愿服务总团为例》，《观察与思考》2013 年第 1 期。

以慈溪市为例，据《慈溪市民政志》记载，慈溪市从 1987 年始，在乡镇老龄委陆续成立的同时，开始筹建村（社区）老年人协会。截至 1997 年，98.62% 的村与 65.96% 的居委会都建立了老年人协会。2016 年，慈溪市从上至下建立健全老龄工作组织网络，基层老年协会已在 297 个行政村和 85 个社区居委会得到全面覆盖，并聘请社区（村）精英负责协会日常工作。老年协会已成为管理老年人事务、丰富老年人精神文化生活、维护老年人合法权益和推动基层民主政治建设的主要合作平台，并成为促进社会和谐稳定和巩固基层政权的一支不可忽视的力量①。

由于近几年我国城镇化的推进以及居民参与社区事业发展的客观要求愈发明晰，某些地方的社区打破旧例，通过社区居民的自发联合，自下而上地创造了以社区居民为主导的促进参与类社会组织。但是，我们通过调研发现，由村改居居民自发形成的促进参与类组织的发展仍处于起步阶段，相对其他社区社会组织，促进参与类组织的数量仍旧较少，但也有部分地区促进参与类组织的成长已经有了一定的起色。

4. 村改居居民社会文化合作仍存在问题

村改居的推进带来了大量自然村庄的消失，在社区自治组织的行政负担有所加重的情况下，村改居社区社会组织作为居民自发参与的平台，成为调和社区各方利益表达和满足合作诉求的重要渠道。但总体来说，村改居社区社会组织还属于初级阶段，其理想的预期目标与发展的现状还存在较大的差距，面临许多问题。

（1）村改居居民参与社会文化合作的主动性不强

村改居社区社会组织的活跃程度在很大程度上说明了社区的发展状况，而村改居居民的参与积极性直接影响社区社会组织活动的开展情况。

由调查可知，村改居居民消磨空闲时间的最主要方式是看电视，而参与组织活动的居民比例很低，一些地区的比例仅仅为 13.6%，这说明村改居居民的社会文化合作总体而言仍旧缺乏市场，普及面依旧不广。这可能

---

① 《浙江慈溪市基层老年协会建设现状及思考》，丽水老龄网，http://llw.lishui.gov.cn/llgz/llyj/201603/t20160317_657037.htm。

与居民在村改居之前的农民身份有关，因为农民的原子化问题，农民之间很难形成合作的动力，因而村改居之后其行为方式的惯性使得村改居居民的业余活动方式仍带有原子化的特征。

（2）村改居居民参与社会文化合作的随意性强，多为初级合作

当被问及"集体休闲活动的组织人是谁"时，绝大多数的村改居居民表示，平时的集体活动都是由他们自发开展的。在调研中，我们发现富阳区这一比例最高，达到了 74.7%。这说明村改居居民的社会文化合作缺乏一个长效的组织者和稳定的合作平台。例如，我们发现，在社区中广泛流行的广场舞蹈队，通常只要广场音乐一响，人群就自动聚集，一起开始舞蹈。这些初级组织人员的流动性较大，队伍的稳定性较差。在经过一定时间之后，成员渐渐固定，但依然缺乏一个规范的章程。由于组织化程度低，其形成与消亡都具有不确定性。我们在调研中发现，在一个公园、广场中可以看到多个这样的初级队伍，"你跳你的，我唱我的，各管各事"，虽然对丰富村改居居民的业余生活起到了很大作用，但博而不精，显示出村改居居民之间还缺少社会信任，不仅缺乏使初级组织深入发展的底蕴和动力，其形成的噪声也对周围居民干扰很大。

（3）村改居居民的社会文化合作存在表层化现象

村改居社区社会组织理应本着扎根于社区、成长于社区、服务于社区的原则，以社区居民自愿联合的方式在社区内开展各种文化、互助、公益类合作。但是，我们通过调研了解到，许多社区社会组织是在政府的扶持下才成立的，因而其生存与发展非常依赖政府，自主性弱、行政性强，例如社区老年协会、文化礼堂以及腰鼓队等。因此在开展活动时往往只注意任务的完成情况，并不追求居民的参与热情。

> 40 岁的吴医生说：我曾经被社区文化礼堂邀请开展一场关于艾滋病防治的健康讲座，我当时去演讲时，礼堂里只有一群年龄在 60 以上的老爷爷、老奶奶，许多老人还带着一位孩子，我在上面讲着，下面的孩子跑着、玩着，吃着礼堂准备的糖果。整个讲座没有一个年轻人。

上述案例并不是说文化礼堂开展的活动是不切实际的，相反，在社区

开展各类健康讲座对村改居居民身体健康、精神健康都有很积极的意义，但村改居居民的参与意识依旧不强，使得许多本身有意义的活动变得大打折扣。在一些时候，这些自上而下的活动确实解决了居民的切身问题，但有些时候，很多居民的需要都是"被需要"，造成了需求识别的失真。

我们在调研中发现，许多村改居社区社会组织对周期短、见效快的活动，例如走访困难户、各类文体活动较积极，而对那些成本高、见效慢的服务，例如促进居民社区融入、贫困家庭救助等则主动性不足，社区社会组织的发展处于很不平衡的状态。综上，村改居居民的社会文化合作仍未完全摆脱表层化。

五　本部分的小结和讨论

1. 精英俘获成为降低村改居居民合作信度的内在原因

一般认为，村改居居民开展合作社是因为各种利益诉求的推动。而组织化作为村改居居民合作的基本途径，在实现村改居居民的各种合作诉求方面发挥了重要作用。在组织运行的过程中，其内部运行的系统之间能否维持一种动态平衡，成为组织能否保持活力的重要因素之一。但如果合作组织中的资源被精英所俘获，其结果则是许多村改居居民的合作缺乏信度。

在我国的农村治理中，精英发挥了不可忽视的作用，从20世纪80年代起步的村民自治已有30多年的历史，从现实层面上看，我国许多农村社区的治理主要由乡村精英推动。乡村精英在乡村支配公共权力方面处于主导地位，推动并主导整个乡村社会的运行，而乡村普通的农民群众参与度较低。村改居之后，乡村精英主导的运行惯性得到了很大程度的保留。特别是涉及经济与政治因素时，"精英依赖"的现象十分普遍，精英在推动组织发展中所起的作用明显。在一定规模和层次的组织中，普通成员没有能力经常直接参与组织的日常运行，因此，精英带动普通成员参与合作成为村改居居民合作的主要模式。但精英掌握着有绝对优势的经济、政治、社会资源，在绝对的控制下则可能造成精英俘获。

精英俘获指精英因其在经济、政治、社会方面所占的优势而将本来为大多数人服务而转移支付的资源低价或无偿占有，使其所获利益大于其应得利益的现象。精英在组织中联合成为一个群体，普通成员则构成另一个群体，但是组织所拥有的利益收获是有限的，利益的分配则成为精英与普通成员都需面对的现实问题。因而这两个群体难免会产生利益的博弈，导致利益目标的异化，而精英在利益博弈中占有天然的优势。他们或是拥有强大经济基础、丰富管理经验的经济精英；或是拥有掌握社区公共权力，起到领导、治理、整合作用的政治精英；或是在社区里德高望重、拥有丰富知识经验的社会精英。相对于普通成员的多、散、弱，精英的规模较小，能力较强，交际渠道较广，因此精英更容易联合形成一个利益群体。

精英在村改居的合作平台中，特别是在一些专业合作社、股份合作社以及乡贤参事会等中，占据主导地位。精英可能会在集体行动中发挥与其个体不相符的影响力，并通过对信息的把控，将普通成员的利益排除在分配之外，而普通成员没有能力与之抗衡。这就可能使原本应由所有成员通力合作的组织变成由精英主导，普通成员被边缘化，失去了话语权，既得利益小于应得利益，因而合作组织缺乏信度。

这种信度的缺失必然对村改居居民的合作产生不良影响。对于村改居合作组织而言，它限制了普通成员参与合作事务的机会，甚至成为一些组织内部精英谋取私利的工具。对普通成员而言，参与机会的减少和内部话语权的不足必然导致其合作动力的不足。普通成员参与村改居合作组织，特别是经济组织，并未将其作为改变自身命运的根本。

2. 对行政介入的复杂情绪成为村改居居民合作动力弱化的外在原因

众所周知，政府的支持对村改居合作组织的发展起到了许多积极的作用。我们调查发现，在村改居地区，经营状况相对较好、组织化程度相对更高的合作组织发展的背后不能忽视政府政策支持产生的正向功能。从前述的调研资料中我们得知，政府的推力对股份合作社和乡贤参事会等合作组织的成立起到了决定性的作用。专业合作社与许多正式社区社会组织等的发展壮大，受政府扶持的推动影响也很显著。从总体上看，村改居合作组织普遍有多、杂、弱的特点，村改居合作组织的发展必然需要政府的介入与引导。在这里，行政介入成为影响村改居合作组织的重要因素，但需要注意的是，行政介入存在一个适度的问题，超过这个度，即成为行政侵入，必然造成不良的后果。

如果说精英俘获是影响村改居合作组织利益分配的内部掣肘，那么行政侵入则是限制村改居合作组织长远发展的外部因素。一般情况下，社区居委会成为政府对村改居合作组织行政侵入的中介平台。有学者认为，社区居委会作为政府与群众联系的纽带，具有准行政化的特点，其自主性不高，甚至成为基层政权的变相延伸。随着城镇化进程的加快，城市社会管理任务与公共服务日益增多，城市管理下放到基层，社区居委会必然成为社会管理与公共服务的承接者之一①。因此，社区居委会不仅要履行其既定的职能，还要配合完成政府要求的各种任务，甚至其任务的完成情况会列入政府对居委会的考核。社区居委会为了配合政府的工作，也将部分任务下放到各种合作组织中，与合作组织进行责任捆绑，完成任务的分担。这种情况在居民小组、社区股份合作社以及一些社区社会组织中特别常见。以社区股份合作社为例，社区股份合作社的经营管理人员多为社区"两委"成员，且由于集体股的存在，合作社受到行政介入变得更为可能，合作社接受居委会的任务分配也显得顺理成章，一些地区的股份合作社甚至将社员的公共活动参与和奖惩挂钩。

3. 小农意识的残留成为村改居居民合作深度迟滞的历史原因

马克思将小农形象地比喻为一袋马铃薯，梁漱溟则认为中国小农"散漫"，且缺乏平等协商的精神与能力②，曹锦清认为中国农民的最大特点则是"善分不善合"③。学界将中国农民的这种现象称为小农意识。一般的分析将小农意识的产生的原因归结为三点：一是受到地理因素的影响，在文明形成初期，自然环境决定人类的社会生产方式与社会组织形式，我国土壤资源丰富，因而形成农耕文明；二是受到自然经济生产方式的影响，自给自足的生产方式使农民只关心自己的一亩三分地；三是为适应中国古代封建官文化而形成的，中国小农一方面安分守己，另一方面追求富裕，但又认为小富即安④。

总体而言，小农意识对于农民合作有两个不利方面。其一是因循守旧、不思进取。传统的农民生活在封闭的村落圈子之中，由于与外界缺乏

---

① 杨贵华：《城市化进程中的"村改居"社区居委会建设》，《社会科学》2012年第11期。

② 梁漱溟：《中国文化要义》，上海人民出版社，2003，第33页。

③ 曹锦清：《黄河边的中国——一个学者对乡村社会的观察与思考》，上海文艺出版社，2000，第52页。

④ 文小才：《论小农意识与新农村建设》，《南阳师范学院学报》2009年第11期。

交流与联系，因此农民只以温饱为目的，并无更高层次的追求，不愿冒风险，缺乏开拓进取的动力，进而形成保守、求稳的习性，不利于合作的深入。其二是自由散漫、责任意识不强。由于农民从事农业活动属于个人行为，农业活动与个人活动高度重合，并不受他人约束，长此以往使得农民形成一种随心而为的心态，缺乏责任意识，不利于合作的持久。基于上述两点，农民合作存在困境。从曹锦清的观点来看，中国农民不善合作，他们往往只关注眼前利益而忽视长远利益，更看不到在长远利益基础上形成的共同利益，也因此无法在平等协商的基础上建立起超越家庭的经济联合体。换句话说，农民的共同利益在客观上存在，在主观上却不存在①。黄家亮学者也将小农意识作为农民合作困境的原因之一，并得出了一个悖论：从理论上看，农民必须合作才有出路，且合作的好处是显而易见的；但从实践上看，农民又很难真正合作，即使合作成本不高且好处明显，农民也依然选择不合作②。

因而，村改居之后，小农意识的残留成为影响村改居居民合作深度的历史因素。在中国，许多地方的村改居是由政府行政强力推动形成的，地方政府常常把农民户籍转变为城镇居民作为城镇化的标准，村民虽然在身份上不再是农民，但在心理上还没有完全完成作为城镇居民的心理认同，因而其行为和思想必然带有残留的小农意识。例如，不少村改居居民在经济合作组织中体现为安分守己、小富即安，在政治合作组织中体现为参与度低、漠不关心，在社会文化合作组织中体现为自由散漫、忽视章程。因此，受小农意识的影响，村改居居民很难更加深入地展开合作。所以，当务之急是做好对村改居居民小农意识的改造，促进其正向转变，使农民表里俱实现市民化。

4. "统"文化的缺位成为降低村改居居民合作效率的深层原因

虽然小农意识在一定程度上影响了村改居居民的合作，但不可过度夸大小农意识的作用效果。值得注意的是，随着城镇化的不断推进、信息技术的不断发展、经营模式的不断升级、物质水平的不断提升，乡村与城市

---

① 曹锦清：《黄河边的中国——一个学者对乡村社会的观察与思考》，上海文艺出版社，2000，第167页。
② 黄家亮：《乡土场域的信任逻辑与合作困境：定县翟城村个案研究》，《中国农业大学学报》（社会科学版）2012年第1期。

的联系愈发紧密，村民的思想观念、行为方式也愈发进步，因此村改居过程事实上是村改居居民小农意识不断退化的过程，也是市民意识不断强化的过程。综上而言，影响村改居居民合作的原因不能仅仅靠精英俘获、行政侵入抑或小农意识的残留来解读，"统"文化的缺位成为降低村改居居民合作效率的深层原因。

如果说小农意识是限制村民合作的分散力，那么"统"文化就是促进村民合作的聚合力。事实上，这种聚合力在中国自古有之，例如宗族组织、乡绅自治，这些组织实际上发挥了一种"统"的功能，在强化村民的组织力方面颇有建树，并形成对村民的精神向心力。

20 世纪的中国革命对中国造成了深远的影响，革命使中国广大劳动人民的地位大大提高，但是在文化上将民间的一些传统仪式、风俗、信仰"一刀切"地归为封建迷信并予以打击，民间的传统文化在一定程度上被破坏，农民原有的生活秩序发生变化，农民对村庄的认同感降低。当中国进入改革开放之后，随着家庭联产承包责任制的全面推行，人民公社退出了历史舞台。虽然国家行政力量迅速后退，但是村庄的维系力量并没有快速复苏和成长，村庄"统"的力量较弱。

即便这样，在传统的农业社会中，村庄中的农民依旧可以基于"熟人共同体"联系在一起，构建起"一方有难，八方相助"的社会支持网络。城镇化推进之后，对于非就地城镇化的村改居居民而言，其居住环境的剧变使过去的社会支持格局瓦解，再加上现代城市社区中邻里交流的衰减化和疏离化态势，因而便有形成"陌生人社区"的风险。我们在许多村改居社区中了解到，居民对社区事务的参与热情不高，社区活动的举办效率低下，其中固然有居民的市民意识尚未形成、社区资源不足等问题，但更重要的是社区"统"文化的缺位导致社区凝聚力不足。

近几年来，一些地区开始了对重构社区"统"文化的探索，乡贤参事会就是其中的典型代表。乡贤参事会强调乡贤引领，事实上是一种政府指导下的新型"乡绅自治"，在统合社区资源，组织社区人力资本，形成社区凝聚力方面发挥了重要作用。但是，前文提到，由于地域因素、政治因素、人治因素，乡贤参事会依旧存在许多局限。综上，对于重构社区新型"统"文化的探索，依旧任重而道远。

第五章
村改居的产业发展及富裕化诉求

城镇化不断发展，农民被卷入其中成为村改居居民，产生诸如户籍转变、集体土地产权转变、居住环境转变、集体经济转型等多方面的利益问题。利益最核心之处就是经济利益，保障村改居的经济利益是村改居居民成功转型的关键。发展好村改居农村的产业，既有利于保障村改居集体的经济利益，又有利于实现村改居居民致富的目标。

传统农村依赖农业生产，产业结构以第一产业为主，第二、第三产业为辅。随着社会分工进程的加快，工业迅猛发展，现代服务业得到进一步发展，农村的产业结构转变为第一、第二产业争相发展，第三产业逐渐发展的阶段。村改居是农村转变为城市的进化阶段，在产业结构上有着农村与城市的影子。调查显示，村改居前的产业结构为"一、二、三模式"，即第一产业（农业）为主，第二产业（工业）次之，第三产业（服务业）居后的发展模式，且留村农民成为第一产业的劳动力支柱，男性农民成为参与第二产业的主体，女性农民成为参与第三产业的主体。村改居后产业发生较大的变动，产业结构变动为"第一、第二产业并重，第三产业逐步发展模式"。村改居产业发展现状是：村改居的产业结构从农业为主转变为农业、工业并重（第一、第二产业相对平衡发展），旅游业不断发展（第三产业有序发展）。而村改居产业未来的发展趋势是：第一产业比例不断下降，第二产业比例不断上升，第一、第二产业发展相对均衡的状态会被打破，第二产业中的"高、精、尖"产业不断增加，第三产业发展态势良好，比例将稳步提高。

一 产业发展研究的缘起及其理论和就地 城镇化的产业发展实践

西方的产业研究随着工业化进程不断发展而产生。在数百年的研究过程中，产业研究流派众多，产业研究理论成果丰硕，其中产业结构理论、产业布局理论大放异彩。西方的产业经历了从国家政策层面宏观调控到地区层面因地制宜发展的过程，在城镇化的发展过程中，产业为就地城镇化提供了巨大的发展动力。

产业研究都是为产业实践服务的，城镇化不断发展，产业研究逐渐细化，各国开始了对就地城镇化发展产业的探索。英国最早开始城镇化，14、15 世纪兴起的圈地运动迫使小农经济转向资本主义大农业经济。18 世纪后半叶，英国掀起了工业革命，大机器生产助力棉纺织业，并扩散到其他工业部门，使其成功地从农业国转型为工业国。20 世纪 40 年代以来，受凯恩斯主义影响，英国加大国家干预力度，农业上颁布众多的农业补贴政策和法令；工业上一是推行"集镇"政策，通过吸引企业建厂，发展村庄经济，推动村庄向集镇转型，二是进行旧村改造，建设特色产业，重视完善基础设施建设，推动旧城镇产业的转型①。当下，英国推行以旅游服务产业推动就地城镇化发展，大力发展乡村旅游业，汇聚观光游览、休闲娱乐、农事体验等旅游项目，发展小城镇经济。

工业革命推动了美国的城镇化进程，西进运动带动了农村地区小城镇的发展。20 世纪初，美国中小型家庭农场剧增，农业集约化发展，为就地城镇化提供了物资商品与劳动力资源。同时，西部开发深入进展，服务于工矿企业的服务型小城镇兴起，交通运输行业不断发展，基础设施建设不断完善，但其间就地城镇化仍然发展缓慢。二战后，人口郊区化、工业郊区化强有力地推动了美国就地城镇化的发展，家庭农场的农业机械化水平大幅度提高，农业产业现代化水平提升，大量剩余劳动力转向小城镇的制造业与第三产业。美国的就地城镇化产业发展除了依靠革新农业技术、提

---

① 贾晓慧：《我国就地城镇化过程中的产业支撑研究》，硕士学位论文，陕西师范大学，2016。

升工业技术外，还尤其重视交通系统的完善，建设全国铁路网络、公路网络，带动沿线小城镇的经济发展。

20 世纪 70 年代，日本开启了"一村一品"运动。"一村一品"运动源于大分县。大分县依据当地的自然资源、区域优势、传统习俗等开发极具地方特色的农特产品，每村重点推出一个主导产品，以特色产品推动特色产业，再以特色产业发展推动就地城镇化。全球化背景下资源竞争加剧，日本政府在"一村一品"的基础上促进"一县一品"，集中优势资源，促进产业化发展。泰国学习日本开展"一村一品"行动，其"一村一品"重视开发民族民间手工艺品制作，将传统手工艺作为特色文化产品代表进行深入包装，不仅解决了就业难题，还推动了乡村经济产业的发展。

20 世纪 70 年代初，韩国启动了"新村运动"，弥补了重工轻农政策下工农业失调的发展问题，建设新农村成为"新村运动"的发展目标[1]。通过新修乡村建筑，扩建乡村道路，制定村落保护发展制度[2]，加强农村基础教育机构建设，增强农民技能培训，培育农协组织，促进农业合作，兴办乡村产业等措施，不断改变农村贫困面貌，整体提升乡村发展水平，为就地城镇化打下了发展的基础。

可以看出，国外就地城镇化的产业发展都比较重视振兴乡村产业。一是改造传统农业，推行规模化、集约化发展；二是开发区域特色产品，发展特色产业；三是加强基础设施和公共服务设施建设，发挥交通系统的辅助功能；四是大力发展乡村旅游业，以特色人文环境带动服务产业发展。

二　长三角区域村改居产业发展特点与问题

产业发展是村改居居民完成其城市化的重要经济基础。长三角区域是中国城市化的前沿阵地，代表着中国农村转型的方向，其产业化的发展状况也在一定意义上体现着中国的发展特点，研究长三角区域村改居的产业发展，有助于揭示农民在城镇化过程中的利益诉求根源，进而改进中国的城镇化政策。

---

① 车将、廖允成：《国外农村建设对我国新农村建设的启示》，《安徽农业科学》2007 年第 29 期。

② 潘晓黎：《韩国城镇化对中国新型城镇化建设的启示》，《企业改革与管理》2016 年第 22 期。

1. 产业结构从农业为主转变为工农并重，旅游业不断发展

调查显示，村改居之前，农村的主产业为农业生产，大致能达到总产业的60%～70%；其次是工业生产，接近总产业的25%～30%；而旅游业发展缓慢，基本不到10%。也就是说，村改居前的产业结构为"一、二、三模式"，即第一产业（农业）为主，第二产业（工业）次之，第三产业（服务业）居后。农业生产是农村的传统产业，耕耘土地获得耕地价值是农民最能直接获取收入的来源。

村改居后，产业发生较大的变动，农业生产降到总产业的50%以下，工业生产提高到40%左右，旅游业提高到10%左右。其产业结构变动为"第一、第二产业并重，第三产业逐步发展模式"。在产业分布上，从农业为主、工业次之、旅游业发展弱转变为农业、工业并重，旅游业不断发展。

从直接的原因来看，土地征收是村改居形成的现实因素，大量土地被征，大量农民失去依赖土地发展农业的基础，第一产业比例下降不可避免。但产业变动有个过渡期，根据我们的实地调研，在此期间，村改居居民仍有不少成员会从事与农业相关的产业，像花卉等植物的栽培、农林果树的培育、农副产品的加工等。此外，村改居居民或村改居集体手里还保留着部分留用地，其中部分进行了土地的承包经营，走集约化农业的道路，部分进行了土地的流转，与第一产业联系紧密。剩余劳动力从第一产业中释放出来，便会被分配到第二产业和第三产业之中。一方面城镇化发展需要大量的劳动力，另一方面村改居居民文化素质不高，又缺乏高技术含量的劳动技能，投身第二产业从事工业生产，成为其增加经济收入的重要方式，第二产业的比例明显提高。繁忙的都市生活增强了城市人对安逸舒适生活的向往，增加了依靠出行旅游缓解压力的需求，增加了人们对得到优质服务体验的期待，这些都为第三产业提供了充足的发展空间。村改居居民恰恰处在城市与乡村的连接点上，既有从事服务业的热情，又有促进旅游业发展的能力，从而推动了第三产业的蓬勃发展。

在实地调查研究的基础上，本书认为，长三角区域村改居产业发展的现状是：村改居的产业结构从农业为主转变为农业、工业并重（第一、第二产业相对平衡发展），旅游业不断发展（第三产业有序发展）；村改居产业未来的发展趋势是：第一产业比例不断下降，第二产业比例不断上升，第一、第二产业发展相对均衡的状态会被打破，第二产业中的"高、精、

尖"产业不断增加，第三产业发展态势良好，比例将稳步提高。

产业转变是个复杂的过程，涉及产业主体、产业内容、产业政策、产业技术等多方面的变动。长三角区域村改居的产业转变是由多元因素引起的，接下来笔者将从影响最为显著的历史使命、最优选择、动力之源、方向调整之因四方面入手，探讨长三角区域村改居产业转变的状况与根源。

（1）产业变动是缩小城乡差距、推动乡村振兴进而均衡城乡发展的历史使命

城乡差异已存在几十年。历史上的工农业剪刀差政策拉大了乡村与城市的经济收益差距，再加上财政资源向城市倾斜，城市的发展扶持力度和福利资源的建设力度远优于乡村，加大了城乡的发展差异。我国已经步入全面建成小康社会的关键时期，缩小城乡差距成为社会发展的必然趋势，而缩小城乡差距的关键就是实现乡村振兴。振兴乡村，发展乡村建设，增强乡村自身的经济带动能力，离不开乡村产业的推动。

村改居社区处于农村区域和城市区域交界点上，是农村转向城市的特殊地带，也是两者融合发展的结果。村改居的经济建设意义非凡：从微观上看，它能增加村改居个体的经济收入，提高村改居集体的生活质量；从宏观上看，它能推动乡村振兴战略的实施，从而起到缩小城乡差距的巨大作用。村改居的经济建设依托于村改居产业的发展，村改居产业的发展状况直接影响村改居的经济成效。由此可见，村改居的产业发展不仅仅是单纯的村改居集体经济投资的选择，如今已经与国家的发展目标紧密联系。在这种历史使命的激励下，村改居致力于完成产业兴旺的建设目标，不断完善村改居的产业体系，促进村改居产业的协调发展，推动村改居产业的结构调整，实现村改居产业的蓬勃发展，从而为缩小城乡差距、推动乡村振兴打好基础。

（2）三次产业经济贡献差异大，追求最优效益，调整产业资源分配，产业变动是最优选择

如表5-1所示，第一产业、第二产业、第三产业都为经济发展提供了动力，但是三次产业的经济推动能力存在差异。统计数据显示，三次产业对国内生产总值的贡献率有较大的差异，第一产业的贡献率最低，第三产业和第二产业的贡献率远高于第一产业的贡献率，且呈现第三产业贡献率逐年提升，有望成为贡献率之首的趋势。也就是说，第二产业和第三产业的经济贡献大，第一产业的经济贡献小。国家层面是如此，基层的村改居

层面也是如此。

表 5 - 1　国家三次产业对国内生产总值的贡献情况

单位：%

	2015 年	2014 年	2013 年	2012 年
第一产业贡献率	4.6	4.7	4.3	5.2
第二产业贡献率	42.4	47.8	48.5	49.9
第三产业贡献率	52.9	47.5	47.2	44.9

资料来源：国家统计局，http://data.stats.gov.cn/easyquery.htm? cn = C01。

在村改居层面上，农业就是第一产业，工业就是第二产业，旅游业就是第三产业。村改居的经济组织也受到"经济人"效应的影响，即在发展产业的过程中，追求经济利益最大化。村改居第一产业中的农业技术、农产品产量、农业供销需求、农业开发等，影响农业产业的经济效益；村改居第二产业中的工业技术、工业资源、产品销售、交通物流等，影响工业产业的经济效益；村改居第三产业中的服务技术、休闲资源、娱乐消费等，影响服务产业的经济效益。村改居的第一产业受限于农村土地资源，土地资源稀缺，且投资回报率低，自然降低了产业资源分配的投入比例，而第二产业的工业经济发展强劲，第三产业适应社会的服务需求，两者的投资回报率高，自然吸引产业资源的投入。因此，村改居的产业结构从农业为主转变为农业、工业并重，旅游业不断发展。这种转变正是追求最优效率的表现。

（3）地方政府权能大，产业发展责任意识强，政策实施成效大，成为产业变动的动力之源

在村改居的产业发展中，地方政府、企业、个人三方力量都对村改居的产业化产生了影响。调查的五地中有 30% 以上的村改居居民认为在村改居产业化的推动上主推力为政府，有的地方比例甚至达到了 60%。虽然各地的村改居产业化推动的主要依靠对象有所差异，像富阳、温州首推个人，嘉兴、江苏、上海首推政府或村委会，但从总体上看，村改居居民认为政府或村委会是首要的，其次是个人，最后是企业。

政府推动产业化是需要个人和企业的配合的。若只是政府单方推动，欠缺村改居个体的积极参与，产业化也只是空谈。企业介于官方组织和个

人之间，是两者沟通的桥梁。一方面，乡镇企业在发展产业的过程中，吸纳众多的剩余劳动力；另一方面，乡镇企业还享受着政府或村委会给予的特殊照顾，像税收优惠、政策支持、村土地资源支持等。政府、企业、个人都是村改居产业化的有效推动者，但对产业变动起决定作用的还是政府。村改居不是先前就有的一种特殊存在，而是人为的一种城镇化产物，政府的市政规划将农村纳入城市的范畴是其产生的必要条件，政府成为村改居工程的重要推动力。村改居产业化转型的重要力量是拥有行使权力的集体，政府的政策推动、村委会的集体决议具有重要的转型决定性。走村庄富裕之路一直是政府想推动的民生工程，政府具有更长远的发展眼光，设计城市发展规划，推出农村改革项目，扶植区域特色产业，这些都对村改居的产业化发展产生重要影响。

（4）个体就地生产生活率高，工作转换变动小，职业调整有侧重点，成为产业方向调整之因

村改居产业的发展离不开村改居居民的贡献，留在村改居所在地的居民为村改居产业发展提供了充足的劳动力。由于就业、求学、服兵役、婚嫁等原因，村改居居民的户口不一定与村改居居民所在城市相同。村改居居民的户口所在地与所在城市越匹配，越方便村改居居民的生产生活，因为在熟悉的城市与熟悉的人际交往环境中，个体不但更能找到归属感，更愿意融入集体，参与到村改居集体产业的发展中，而且能减少户口不在所在城市引发的村改居集体经济利益纠纷。

总的来说，村改居居民对于工作地的选择没有严重的偏向性，但是各地的侧重点不同。富阳七成以上的村，村改居居民选择农村工作，嘉兴五成选择乡镇工作，江苏五成以上选择城市工作，温州四成以上选择乡镇工作，上海五成以上选择乡镇工作。数据显示，在1252份有效问卷中，选择城市就业的有311份，占比24.8%；选择乡镇就业的有495份，占比39.5%；选择农村就业的有446份，占比35.6%。可以看出，村改居居民对城市、乡镇、农村的工作地点选择的差异并不显著，乡镇就业概率稍大些，其次是农村，最后是城市。

产业发展离不开劳动者，村改居居民是村改居产业发展的核心劳动力。绝大多数村改居个体的户口就在其所在的城市，且村改居居民以乡镇就业与农村就业为主，说明其就地生产生活率高，这为村改居产业提供了

充足的劳动力。村改居居民的工作变动是村改居产业变动的一个重要原因，劳动力从第一产业逐渐退出，转入第二、第三产业，促进了第二产业与第三产业的发展，但在工作选择上，从事农业与工业的人仍占大多数，服务业人数有所上涨，村改居个体工作的选择进一步促进了村改居产业呈现的第一、第二产业并重，第三产业蓬勃发展的态势。

2. 各方利益协调下的产业发展利用空间不足

其一，村改居规划自主选择性不足。村改居的来源主要有两种：一种是撤村建居，另一种是撤村并居。前者是撤销建制村再重建一个新社区；后者是在撤销建制村的同时，将其与其他同类型村合并成一个新社区，或将其纳入安置社区。撤村建居的基本条件为："凡人均耕地面积0.2亩以下的建制村必须实施撤村建居改革工作；人均耕地面积0.2亩以上，已完成股份制改革，主动要求撤村建居的村也可实施撤村建居改革工作；土地基本被征用和整体性拆迁的建制村；城区的'城中村'。"① 撤村并居的基本条件为："①对集体土地绝大部分已被征用，人均耕地在0.2亩（含0.2亩）以下；②村经济合作社已完成股份制改革；③村庄已拆迁或将拆迁；④村民安置已统一规划的行政村。"② 也就是说，0.2亩的人均耕地、股份制改革、拆迁、特殊村落（城中村或安置村）为村改居形成的四大条件，只要达到这四点，在既定政策的要求下，就会被自动纳入政府的建设规划中。村改居的规划用地自主性不足，间接影响了村改居的产业用地选择。

其二，村改居的产业用地受政府的决策影响。村改居的产业发展越来越受到政府的重视。许多政府为培育区域特色，加速推动产业发展，大力推广"一村一品"、特色小镇、特色区域文化等工程，将村改居的改造纳入市政工程规划的范畴，不仅设计好村改居产业发展的目标，还对其建设用地的使用提出指导意见。一方面，政府将区域划分为多个功能区，如商业区、居住区、工业区、旅游区等，并在所选区域中发展重点工程，当村改居的产业用地与市政规划的工程用地产生冲突时，村改居的产业用地范

---

① 中共杭州市余杭区委、杭州市余杭区人民政府：《关于开展撤村建居改革工作的实施意见》（区委〔2007〕54号），中共杭州市余杭区委文件，2007年5月9日。

② 中共兰溪市委办公室、兰溪市人民政府办公室：《关于开展撤村并居工作的实施意见》，2015年12月。

围取决于政府的土地规划。另一方面，村改居的产业用地规划需要得到政府的认可。村改居开发预留地，如建设新的工厂、办公大楼、商业大厦等，都需要得到政府相关部门的批准。

其三，产业资金支持弱，土地补偿偏向性大，利益分配不平衡。政府对村改居产业资金的支持有两种，一种是直接补贴型，另一种是间接援助型。直接补贴型产生于村改居后，政府为了助力村改居走好产业化道路，出台相应政策文件，对村改居的产业进行补贴，像发放产业补助金一样，实实在在增加村改居的产业发展资金。间接援助型在村改居前、后都会产生：村改居前是为了实现村集体土地产权转变，发放土地征收补偿，增强集体经济实力，从而间接增强村改居集体产业的发展实力；村改居后是出台涉及产业资金融资发展的鼓励政策，如鼓励信贷产业投资村改居发展，开辟村改居产业发展的绿色通道等，从而间接增强村改居集体产业的发展能力。但是，无论是直接补贴型还是间接援助型，村改居集体实际可获得的产业资金相对不足，产业资金融资渠道相对闭塞，这些无疑对村改居的产业发展产生了巨大的影响。

其四，产业政策发展慢，土地承包经营流转利用不足，集体经济投资弱。对于村改居居民来说，土地产权主体变更获取的经济补偿不能满足其长远发展的需求，如何维护好村改居居民与村改居集体土地征收后剩余的土地资源，增加土地流转的经济效益，提高集体土地的投资可能性，成为提升村改居居民收入水平的现实问题。然而，与产业发展密切相关的法律政策存在相对滞后性，导致土地产权主体界定不清、土地承包经营变动复杂、土地流转机制体制不完善，给村改居集体经济投资增加了难度。

城镇化的目的是以城市强大的发展动力推动农村经济的发展，最实际的目标就是增加农民的收入。是否能增加农民收入，成为衡量村改居工程成效的一大标准。调查显示，超过1/3的村改居居民收入有所增加，但是收入减少的现象也不容忽视。收入的原地踏步，甚至减少，影响了村改居居民的生活水平，可能导致其开始陷入收入危机的忧虑之中。

> 张某，54岁。当初说要建城乡一体新社区，就要我们村和周围的一些村合并纳入新社区。旧房子住久了有感情，但是想到拆迁补偿费

用不低，政府承诺的基础设施还不错，还有我们村多数人同意，我也跟着签了字。就是搬到新地方后，存住的钱还不如以前多了。我以前的房子位置还可以，开了一个杂货铺，给我女人打理。我到隔壁镇盖房子，干粗活，每天早上6点半起，骑40分钟的摩托车上班，中午饭在东家吃，还有烟发，晚上6点左右到家，我女人烧饭给我吃。拉砖、搬水泥挺辛苦的，不下雨误工的话，一天也有百来块钱，加上我女人卖卖东西，两人（每月）五六千块钞票是好赚的，过过小日子蛮好。现在搬到这个社区，杂货铺还不让开，我女人就到餐馆帮忙洗菜洗碗去了，每月有一千来块钱。这附近都拆迁，房子也都建得差不多了，我嘞，连打工的地方都没以前好找了，去厂里干活不自在，又没年轻人手脚快，就没去。现在就跑到离家很远的城郊工地上干活，骑摩托车都要多骑半个小时，麻烦死了。还是干粗活，钱没变多，但是中午要自己掏钱买快餐吃，我再买买烟，喝喝小酒，加上摩托车油钱，挣的肯定没以前多了。

追求富裕是每个村改居居民的目标。然而，收入的变动给村改居居民带来了困扰，如何增加收入成为提高生活水平的现实问题。创业是一种全新的增收选择，但是创业非易事，涉及创业资金、投资方向、筹资渠道、经营方式等多方面，对村改居居民来说极富挑战性。人们总期待过上安逸的生活，无忧无虑，不希望卷入动荡多、难度大的创业之中。但是，数据显示，村改居居民在创业方面展现了较大的热情，无地居民有超过四成在目前的生活状态下有进一步创业的意愿。这是因为部分村改居居民收入水平下降引发收入危机，刺激了其尝试创业增加收入的积极性，创业成为其增加收入的一种新来源。

3. 村改居集体与村改居个体风险责任划分不清

集体产业的发展离不开村改居居委会、村改居经济组织、村改居居民大会三方的集体支持，集体认可为产业发展提供动力。产业化发展尤其重视集体的决策，产业目标、产业定位、产业路径、产业方式、产业资源等方面的规划都需要村改居集体做出决策，而集体决策一般都会遵循集体投票下少数服从多数的原则。但是，在"阿罗不可能定理"下，集体共同做出的决策也不能满足每个参与者的偏好选择。也就是说，村改居集体做出的决策未必能照顾到每个村改居居民的需求，决策主体决策失衡和忽视特殊群体利益将导致产业化发展兼顾不全。

其一，以村改居干部的主观决断取代村改居集体的整体决断，是产业决策失衡的一大原因。村改居干部的决策拍板权来源是否合法，决策流程是否公开透明，决策方式是否公正客观，决策成果是否切实可行等，这些都影响集体产业的发展。

其二，忽视特殊个体的实际发展需求，而统一规划发展路径，没有做到特殊情况特别对待，统筹发展变成"一概而论"。主要包括两方面，一是忽视特殊人群的发展需求；二是没有判断当地是否能走特色产业化道路，易产生"一哄而起""遍地开花"的产业发展模式。

> 我们村山清水秀，乡风淳朴，村集体想培养出比较有特色的民宿品牌，就要求我们家家户户都把房子外观按照集体规划的样子重新装修，自家搭的建筑都要拆掉。我们家不喜欢搞民宿，第一个是我老娘年纪大，有心脏病，不喜欢吵闹；第二个是我闺女高中读书，就周末回家休息，我不想让外人打扰她；第三个是我和我老婆都不喜欢外人进来看东看西的，怪别扭的。村长隔三差五就上我们家，说我们拖慢整个村的进程，叫我们跟着改。说好多人都同意，唯独我们死脑筋，可我家就是不喜欢。弄民宿让那些汽车开进来，还有旅游团进来，吵吵闹闹的，村里以前的安静清闲都被毁了。

其三，在集体经济投资下，个体收益小，承担风险大，产生了对产业发展的信任危机。村改居的产业属于村改居集体经济的组成部分，是由村改居集体经济组织进行投资管理的。村改居的集体经济组织由农村经济合作社转变为社区股份合作社，最关键的是进行了股份合作制改革。但是，在股份合作制改革下，村改居的集体经济投资由集体说了算，个体投资自主选择权和知情权不够，面临"选择由集体决定，损失由个体承担"的尴尬境地。

村改居个体在产业发展中受股份来源认可严、股份流动难度大、股份投资成效差、股份收益获取少等诸多限制，导致村改居居民对于集体经济投资产生信任危机。一方面是知情权与参与感不够，个体对于村改居集体经济投资的产业发展无实质性的影响；另一方面是对股份收益的分配合理性产生怀疑，对村改居集体经济组织的管理能力与投资能力有质疑。村改居个体对村改居集体发展村改居产业产生的不信任感，在一定程度上减弱了村改居整体的凝聚力，不利于村改居产业的发展。

三 产业化繁荣与富裕化发展的可行性探究

首先是发展民宿经济，以地域风情推动服务经济发展。民宿经济是现代服务业发展的新趋势，其最初源于乡村农家乐，农户以家庭经营方式向城里人提供乡土美食，而民宿不局限于美食品鉴。民宿经济是基于地域特色的自然风光、人文景观、典型气候、物质资源、民俗风情、宗教信仰、生产劳作、特色产业等独特之处，结合当地农林牧渔的生产状况，有针对性地开辟出一条提供观光出行、增长见识、体验乡俗、品尝美味、体验乡野生活、感受地域文化差异的特色服务产业道路，其将餐饮、住宿、学习、休闲、养生、娱乐集于一身，主打入乡随俗，进而为游客提供一个舒适、安逸的旅行场所。游客可吃当地有代表性的食物，住当地民宿，赏当地自然风景，观当地人文景观。民宿不同于酒店，其有两大特点：其一是居住地为自用住宅，当地居民将自家的闲置房间进行装饰以向外界提供一个舒适的休息空间；其二是其不局限于餐饮食宿，还融入了当地的传统文化、人文习俗，是一个有情感、有温度的旅行地。民宿经济迅猛发展，已成为带动服务业、引领经济发展的新趋势。

村改居本身就是既具有乡村古朴特色，又融汇城市现代气息的产物。不同地域下的村改居有着各自的发展特色，长三角区域的村改居有着得天独厚的发展民宿经济的潜在优势。长三角区域是我国的东部沿海地带，气候上属亚热带季风气候，地形上拥有山地、盆地、丘陵，资源上拥有田园风光、湖泊山色、山野林地、稻田耕地、大江河流、海洋沙滩等优美景色，劳作上有农业、林业、牧业、渔业等生产方式，文化上传承着吴越文化。长三角区域的居民兢兢业业，向往着安逸的生活。自然风光与人文风情的结合，成为推动村改居民宿经济的强大动力。民宿经济成为在村改居发展过程中居民致富的不二选择。民宿经济让视觉美景产生经济效益，让民俗文化产生经济价值，增加了村改居居民就业的新途径，为农民的增收开辟了新的天地。其中，出租自用住宅产生的是固定资产投资性收入，销售农产品特产产生的是农业收入，提供餐饮美食产生的是劳动技能收入，参与民宿产业的服务工作产生的是工资性收入，增添娱乐项目产生的是创造性收入。

长三角区域不少村改居已经开启了发展民宿经济的进程。浙江是民宿经济发展的先行者，提倡以"八八战略"打造"绿色浙江"，走生态经济可持续发展之路，而且还印证了"绿水青山就是金山银山"的论断，重视对生态环境的保护，为民宿经济的发展提供良好的政策支持。浙江的民宿经济充分利用了浙江"好山好水好风光"的自然与人文旅游资源，部分民宿依托著名的古建筑物群落，像乌镇、西塘、南浔等景区；部分民宿依托秀美的大好河山，像安吉百草园、桐庐富春江、淳安千岛湖；部分民宿依托人文景观，像绍兴鲁迅故里、诸暨西施故里、杭州林徽因故居。此外，浙江民宿经济促进了产业的集群，德清莫干山民宿群便是民宿品牌的代表，"2014 年，德清民宿共接待游客 23.4 万人，实现直接营业收入 2.36 亿元，每张床铺的年产值达到 1.5 万元"[①]，这表明民宿经济在集群效应带动下不断蓬勃发展。

但是，村改居的民宿经济建设也存在一定问题，如民宿分布减弱凝聚力、民宿建筑单一雷同、民宿缺乏特色且知名度低、民宿品牌打造落后、民宿设施提供不全、民宿服务规范建设慢、民宿消防安全配置弱、民宿行业竞争压力大、民宿投入大但收益小等。村改居民宿经济的发展要克服以上问题，需要从四大方面入手。一是要加强民宿的建筑设计。外观上，要美化民宿建筑的视觉样貌，拆除违章建筑，做到建筑风格多样化；内在上，要完善民宿的室内设施建设，食宿、餐饮等消防安全设施应科学配置，供水、供暖、供电、供网服务齐全。二是要加强民宿的品牌定位。培育田园观光民宿、古镇游览民宿、风俗体验民宿、养生休闲民宿、亲子娱乐民宿、美食品鉴民宿等多类型的民宿品牌，形成有区域特色的民宿形象，增强民宿的吸引力。三是要拓宽民宿的宣传渠道。利用政府的门户网站，做好民宿形象的推广工作，加大大众传媒的广告

---

① 《听了这么久的民宿，您知道什么是民宿吗？》，搜狐网，http://www.sohu.com/a/50898289_357973，2015 年 12 月 28 日。

宣传力度，与旅游公司合作开辟民宿旅游的专门线路，并重视假日经济的产品开发，创办民宿旅游节，多渠道吸引游客。四是要完善民宿的辅助工程建设。交通是影响游客出行的重要因素，不但要新建与整修道路以满足通行需求，而且要增加联系民宿与旅游景区的往返线路，还要增加汽车站、火车站、飞机场等设施建设，使旅客从登入地去往民宿地区的交通出行方式更多元，让游客便利地到来，舒适地离开。

其次是推行特色产业，以优质定位推动优势业态繁荣。地方政府逐渐意识到追求特色，打造独特的区域经济发展模式的重要性，走"人无我有，人有我优，特色先行，重点栽培"的产业发展之路，方能更好地推动区域的富裕化进程。而这对于村改居地区来说，更是应该着重发展的方向。

近年来，长三角区域掀起了"特色小镇"[①] 之风，"特色小镇是在几平方公里土地上集聚特色产业、生产生活生态空间相融合、不同于行政建制镇和产业园区的创新创业平台"[②]。特色小镇既是特色产业的一大重要发展基地，又是居民就业、增收、创收的重要载体。特色小镇种类繁多，如依托尖端互联网技术的特色小镇有西湖云栖小镇、余杭梦想小镇、富阳硅谷小镇、南京未来网络小镇等，依托高端制造业的特色小镇有盐城汽车小镇、常州石墨烯小镇、扬州头桥医械小镇等，依托地方特色资源的特色小镇有龙游红木小镇、武义温泉小镇、宣城宣纸小镇等，依托区域文化的特色小镇有苏州苏绣小镇、安庆怀宁县石牌戏曲文化小镇、朱家尖禅意小镇等。长三角区域的村改居产业坐上了特色小镇建设的顺风车，展现出良好的发展态势。众多的特色小镇正是由村改居工程改造完成并顺利进行的，像杭州的余杭梦想小镇就是村改居工程的产物。将村改居腾出来的土地转变为特色小镇的建设用地，其一是发放拆迁赔偿款以增加村改居居民的经济收入，其二是利用特色小镇带动村改居的产业发展以实现产业价值。

---

① 特色小镇发源于浙江，如今在全国遍地开花，并在长三角地区发展得如火如荼。以浙江省为例，浙江省在 2015 年出台《关于加快特色小镇规划建设的指导意见》（浙政发〔2015〕8 号），提出用 3 年时间重点培育和规划建设 100 个左右特色小镇的奋斗目标。

② 国家发展改革委、国土资源部、环境保护部、住房城乡建设部：《关于规范推进特色小镇和特色小城镇建设的若干意见》，2017 年 12 月 4 日。

　　"一村一品"① 早于特色小镇的建设，是指以村为基本单位，汇集地区的发展资源，进行专业化、产业化、规范化的生产，合力打造出产品鲜明、特色显著的村工农产品，以促进村级产业的发展。许多村改居仍然保持"一村一品"模式下规模化的合作生产方式，走村级特色产业发展道路。"一村一品"重视发挥农户家庭的家庭生产能力，将零散家庭生产力组织起来，成为村级产业链上的重要一环，生产出诸多品牌的工农产品。以衢州为例，衢州的"一村一品"行动计划提出，"力争到'十二五'期末，全市建成 40 个专业特色乡镇、400 个专业特色村，壮大 400 个以上专业合作社。全市农产品中国驰名商标达到 5 个，省级著名商标达到 61 个；浙江名牌农业产品达到 48 个，衢州名牌农业产品达到 106 个；绿色无公害食品达到 300 个（绿色食品 90 个，无公害农产品 210 个）"②。"一村一品"成效显著地推动了如衢州塘源口乡仓坂村猕猴桃品牌建设、江山贺村镇山底村羽毛球加工点建设、衢江区莲花镇月山村"九九红"玫瑰园建设等诸多村级品牌建设，带动了村级产业的发展。村改居的产业要抓住"一村一品"的产业工程建设，充分发挥地区的资源优势，开发有机果蔬，种植苗木果林，进行农副产品加工，以村级特色产业推动经济发展，推动村改居居民走上致富道路。

　　再次是加强集体合作，以合作经济带动整体发展。村改居工程使农民转变为城市居民，改变了村改居居民原有的宅基地使用权、土地使用权，又使村改居居民面临构建新的生活方式、就业方式的新情况、新问题。怎样获得稳定且有保障的收入，成为影响村改居居民投身劳动的重要因素。村改居的经济发展方式是多样的，个体劳动生产、家庭生产、专业合作社生产、股份制合作社生产、村级企业生产等都成为村改居居民获得收入的重要方式。个体经济只能推动村改居家庭经济的发展，况且家庭经济也面

---

① "一村一品"最初于 2005 年由农业部推动建设，舒咏平、鲍立泉所著的《新媒体广告》（第 2 版）提出："一村一品是指在一定区域范围内，以村为基本单位，按照国内外市场需求，充分发挥本地资源优势、传统优势和区位优势，通过大力推进规模化、标准化、品牌化和市场化建设，使一个村（或几个村）拥有一个（或几个）市场潜力大、区域特色明显、附加值高的主导产品和产业，从而大幅度提升农村经济整体实力和综合竞争力的农村经济发展模式。"

② 《关于印发〈衢州市"一村一品"行动计划〉的通知》（衢委办〔2012〕93 号），中共衢州市委办公室文件，2012 年 9 月 11 日。

临着适应时代发展转型升级的难题，调整致富思路、解决发展难题是当前村改居经济发展的首要任务。以集体经济发展带动个体经济发展不仅能解决村改居个体发展力量小，难成发展规模的问题，而且还顺应了村改居产业发展的社会需求，使集体合作更能推动村改居产业的蓬勃发展。

村改居发展集体经济有着较大的发展潜力。村改居居民对于参加集体经济组织有着较大的热情。数据显示，村改居居民七成以上比较愿意参加经济组织，这说明村改居居民对经济组织有较高的期望值。集体经济有着厚实的信任基础，以参与经济组织的形式加强集体合作，有巨大的发展潜力。

发展集体合作要抓牢三点，一是要提高村改居居民参与集体经济组织的信心，二是要以多种渠道壮大村改居集体经济组织，三是要加强建设村改居产业链。其基本思路是，村改居居民在信任的基础上参与村改居集体产业的发展，并自主选择集体经济组织，而集体合作要重点推动产业链的建设，以产业链大力推动村改居集体经济的发展，从而实现产业致富。在提高村改居居民参与信心方面，要从规范村改居集体经济组织的合作流程、明晰集体收益的分配制度、完善个体参与集体合作组织的权益保障机制三方面入手，提高村改居集体经济组织的吸引力，强化村改居居民参与的知情权，保障其获益权。在多渠道壮大村改居集体经济组织方面，要从丰富集体经济组织发展类型、重视集体经济组织人才培育、加大集体经济组织外界资源的支持力度三方面考虑。丰富集体经济组织发展类型，不但包括继续完善专业合作社、股份合作社、龙头企业、村级企业等传统合作类型，还要重视发展各类果蔬农产品协会，建设产业公司，加强与各类合作组织的联系。重视集体经济组织人才培育，就是要重点培育产业发展人才，一方面要加强对领导干部在产业发展观上的素质教育，另一方面要引入眼光前瞻且经验丰富的产业精英。加大集体经济组织外界资源的支持力度，就是要发挥地方政府对产业的支持作用，在资金、技术、产业用地上加大力度扶持产业组织的发展，也要重视民间资本投资村改居集体经济组织，增强发展动力。在加强建设村改居产业链方面，要完善产业链的产业体系，挖掘出更优质的发展模式，进一步开辟诸如"产业＋基地＋合作组织＋农户""龙头企业＋农民专业合作组织＋农户""公司＋企业＋基地＋农户""公司＋合作社＋基地"等发展模式，还要注意发展模式选择上的因地制宜，进而推动产业链的发展。

最后是注重股份投资，以多元化留用地建设增加集体经济投资效益。村改居集体的经济体制是股份制经济，充分利用好股份制的投资经营形式，增强集体资产的保值增值能力，激发村改居集体经济的投资活力，成为村改居产业发展的未来趋势。股份制经济不是坐享其成，不是被动等待股份分红，而是需要调动股份合作组织的资产运营能力，培养村改居股民的股份投资意识，强化股东委员会的投资责任意识，增强股东委员会的风险监督意识，形成浓郁的股民人人参与股份投资、股份合作社集体共享股份收益的氛围。

村改居集体的留用地是个巨大的财富资源，开发留用地成为发挥集体经济股份投资效用的重要一环，而推动多元化留用地建设成为村改居产业发展的潜力股。留用地指标由政府政策文件规定，以杭州为例，杭州将农用地面积的 10% 转化为集体经济的建设用地，而面积小的城中村改造以 15 亩为最低标准，而且多个城中村留用地指标以打包方式落实选址，进而推动规模性集体经济发展①。留用地开发的关键在于用活村改居留用地，目前多以留用地出让的方式发挥留用地的使用价值。留用地出让有以下三种形式：一是由村级经济组织自主开发，再以整体出租的方式交由第三方经营管理，村民获得固定租金；二是由政府主导开发，采取招标、拍卖或挂牌方式公开出让，按照城市规划的土地用途开发建设，村改居集体获得政府给予的出让金返还；三是村级集体经济组织与外来方合作开发，以公开招标、拍卖、挂牌的形式出让，留用地可以土地资产入股，村改居集体获得合作开发的收益②。

留用地投资需要有前瞻性的发展战略，汇聚精英，出谋划策，结合区域发展支持政策，重点打造发展前景好且优势明显的工程项目。以往村改居集体也通过开发留用地获取经济收益，但在追求短平快的投资回报模式下，其所建设的多为单一功能性的厂房，单调无生机的居住区，缺乏投资吸引力的商业区，低技术、优势弱的传统开发区等，且大多通过租赁的形

---

① 《2020 年杭州将有 246 个城中村转身为"都市新区"》，浙商网，http://biz. zjol. com. cn/ system/2016/09/27/021312372. shtml，2016 年 9 月 27 日。
② 张伟琪：《杭州合作开发"10% 留用地项目"中以租代售模式经济管理问题初探》，《浙江建筑》2015 年第 7 期。

式承包给外界，造成了留用地投资的极大浪费。充分利用留用地资源成为村改居集体经济投资的核心内容，杭州的城西银泰城成为发挥留用地经济价值的建设典范，它是村改居留用地与商业地产合作开发的产物，每年为经济合作社贡献3000多万元收益，这也显示出留用地项目建设有着巨大的经济价值。

未来的留用地建设需要从旧式租赁经济模式转型为产业经济模式，即村改居的留用地建设要服务于产业发展，楼宇建筑要为产业提供设置优良、配套完善的物业基础，工程建设要为产业提供转型升级的雄厚资金和技术支持，并且要加大留用地用于发展、服务经济的可能性，为区域产业发展提供持久的发展动力。多元化利用留用地，首先要保证留用地满足产业建设需求，可以对面积小而分散的留用地进行调整与整合，对满足产业所需的建设用地进行连片开发。其次要丰富留用地的开发类型，建设高质量的租赁住房，开发多功能的综合大楼，建造服务商品经济的商业大楼，开建专业性强的产业园区，支持开辟独具特色的项目工程，从众多方面加大留用地的开发可能性。再次，要仔细考虑留用地的投资前景，不以短期的经济投资回报率为目标决策留用地投资，而以长远的发展眼光深究留用地投资的恰当性，减少诸如低集约化的农业、初级化加工的制造业、低俗化的娱乐产业等低端产业建设用地的建设投资，增加诸如高劳动技能的制造业、高科技含量的电子商业、高服务质量的休闲产业等高端产业建设用地的建设投资。

综上所述，富裕化是中国城镇化的一个基本目标，城镇化的初衷也是增加普通居民的幸福感和获得感，富裕化的路径各异，对于长三角区域这个中国经济活力最充分、发展基础最完善、政府创新意识最强烈的特定区域而言，把握好村改居这个特殊群体的产业发展布局，有利于实质性地提高我国的城镇化质量，也有利于切实保护居民的实际利益。

第六章

公共服务诉求中的村改居社区基础
设施建设问题及改进

公共服务设施是指为社会生产和居民生活提供公共服务的物质工程设施，是用于保证国家或地区社会经济活动正常进行的公共服务系统。公共服务设施具有一般公共产品的特征，即效用的不可分割性、受益的非排他性和消费的非竞争性，公共服务设施是社会赖以生存发展的一般物质条件，公共服务设施的建设和发展具有关键效用和重要意义，对于强化城市功能、扩大有效投资、优化调整产业和人口结构、推动城市可持续发展具有重要支撑和引领作用①。按照《城市居住区规划设计规范（GB 50180 – 93）》（2002 年）规定，居住区公共服务设施包括教育、医疗卫生、文化体育、商业服务、金融邮电、社区服务、市政公用、行政管理等八大类②。随着城市化进程的高速发展，城市居民对城市公共服务设施的需求也发生了巨大的变化，许多城市根据自身发展特征和需求制定了地方性分类标准③。

公共服务设施作为社区建设的重要组成部分，是村改居居民最关心的最直接、最现实的利益问题。公共服务设施完善程度直接关系到居民的城市生活机会分配、生活质量和成本问题。同时，完善的公共服务设施还能满足居民的一般性需求，提升居民的生活质量和满意度，对于改善居民生

---

① 吴瑕、史伟宗：《充分发挥基础设施建设的支撑引领作用》，http://money.163.com/17/0110/03/CACU1FEF002580S6.html。
② 建设部：《城市居住区规划设计规范（GB 50180 – 93）》（2002 年），1993，第 3 页。
③ 严杰：《城市公共服务设施空间可达性评价方法研究》，博士学位论文，东南大学，2016，第 6 页。

活具有重要的基础性意义。

城市社区一般具有很高的公共服务设施水平，而村改居社区由于刚刚从农村向城市社区转变，原有的公共服务设施水平较低，公共服务设施建设经验也十分缺乏，加之社区居民的设施需求不明确，公共服务设施建设的资金筹集方式和设施管理方式都缺乏一定的经验，因此，村改居社区不仅要建设大量的公共服务设施以满足社区居民的需求，推动村改居社区的建设和发展，同时还应尽快完善公共服务设施建设管理的条例和方案。撤村建居之前的城中村在公共服务设施建设方面大多采用行政命令式的以政府为主导的建设方式，在这种建设方式下，每个社区的公共服务设施建设普遍具有设施千篇一律及缺乏针对性和独特性的问题，并不能满足居民对公共服务设施的需求，也不能正确地反映出居民对公共服务设施的需求。但这种政府主导的方式能够在一定程度上保障公共服务设施的建设标准和充足的资金来源。

一　社区规划和社区基础设施建设基本理论和标准

现代城市规划学认为，社区是指在城市发展过程中逐渐形成的居住在一定区域内，以具有某种共同关系、社会互助及服务体系的人口为主体的人类生活共同体。因此，社区不再是抽象的社会学名词，而是具有明确的地域界线，以居住为中心的生活、经济和公共活动的环境整体，是包含了地域、人口、区位、结构、环境和社会心理等多种要素的空间复合体①。

我国社区规划起步较晚，源于 20 世纪 90 年代民政部关于我国社区治理与服务工作的兴起②，属于立足于基层社区层次的综合性规划，带有明显的行政性色彩，缺乏规划界的介入，故有学者认为其并非真正意义上的社区规划③。21 世纪以来，随着"和谐社会"等理念的提出，社区民主自治需求得到高度重视，与之紧密相关的真正意义上的社区规划也开始逐步

---

① 余颖、曹春霞：《城市社区规划和管理创新》，《规划师》2013 年第 3 期。
② 应联行：《论建立以社区为基本单元的城市规划新体系——以杭州市为例》，《城市规划》2004 年第 12 期。
③ 胡伟：《城市规划与社区规划之辨析》，《城市规划汇刊》2001 年第 1 期。

开展①。目前学界对社区规划的认知大致存在以下几种观点：社区规划是一种基于微观社会效益的社会规划②；社区规划是区域背景下立足社区的综合发展蓝图③；社区规划是社会学背景下"问题导向"型的社区发展过程，是一种参与式规划，注重公众参与，也是一种联系工具④。通过比较和借鉴其他学者对社区规划的定义，我们认为社区规划不仅是城市一定地域范围内的"物质环境规划"，还包括社区的"经济发展规划"和"社会发展规划"。它在对某一特定城市社区的性质、状况、结构和功能等方面进行实地调查和研究的基础上，提出针对目前社会矛盾和问题的解决方案，以及对未来社区发展的对策建议。

1. 社区规划的原则与内容

城市社区规划应遵循特性、公平、人性化原则⑤，城市规划角度下的完整意义上的社区规划还应遵循针对性、弹性和持续滚动原则⑥，而社区规划管理应遵循效率、公平、地方化、人性化和可持续性原则⑦。

社区规划内容主要涉及物质空间、社区功能和社区文化三个方面的整合运作，完整意义上的社区规划除了考虑用地、建筑和空间三方面问题之外，还应考虑发展动力源、社区类型、规划过程和人群需求特征⑧。台湾学者徐震将社区规划的整体内容概括为有形建设的"硬体"、无形资源的"软体"和内在关系的"韧体"的"三体"⑨。

2. 社区规划的研究方法

社区规划研究方法是实现社区规划目标的重要途径。由于我国社区规划起步较晚，因此其研究方法的探讨多限于城乡规划学和社会学范畴，主要包

① 钱征寒、牛慧恩：《社区规划——理论、实践及其在我国的推广建议》，《城市规划学刊》2007 年第 4 期。
② 胡伟：《城市规划与社区规划之辨析》，《城市规划汇刊》2001 年第 1 期。
③ 刘君德：《上海城市社区的发展与规划研究》，《城市规划》2002 年第 3 期。
④ 孙施文、邓永成：《开展具有中国特色的社区规划——以上海市为例》，《城市规划汇刊》2001 年第 6 期。
⑤ 何志平：《加强社区规划 创建和谐社会——温州市旧城城市社区规划探索》，《规划师》2005 年第 7 期。
⑥ 赵蔚、赵民：《从居住区规划到社区规划》，《城市规划汇刊》2002 年第 6 期。
⑦ 杨贵庆：《未来十年上海大都市的住房问题和社区规划》，《城市规划汇刊》2000 年第 4 期。
⑧ 童明、戴晓辉、李晴等：《社区的空间结构与职能组织——以上海市江宁路街道社区规划为例》，《城市规划学刊》2005 年第 4 期。
⑨ 徐震：《社区发展——方法与研究》，中国文化大学出版部，1985。

括社区划分、社区公众参与、社区指标体系建立和社区规划评价等方面[①]。

（1）社区划分

社区划分是既体现行政意义又体现居民心理认同，涵盖居民居住内容实体和社会成员之间的社会关系，反映居民在外的行为上的相对一致性等特点的一个过程[②]。社区划分至少应该包含"物质空间""社会空间""经济空间"三个层面，将社区人口规模和公共设施配备作为社区划分的主要依据，历史情感因素作为社区划分的重要因素，自然地物仍然作为社区的边界[③]。

（2）社区公众参与

随着我国民主化进程的推进，尤其是政府鼓励居民主动参与社区治理，居民参与社区事务的积极性更高。公众参与社区规划是必要的一环，社区规划归根结底还是为居民规划的，由居民体验社区规划的成果。因而，在社区规划的分析、编制和执行阶段都应该有公众参与规划，使公众诉求得以表达，增强社区的凝聚力。这里的公众可以是社会组织，以组织的形式参与社区规划，能够提高参与的深度和效率。

（3）社区指标体系建立

社区指标体系在社区规划建设和管理中可以综合地反映社区发展的现状和水平，借助它可以客观地对社区发展状况进行评价和分析，更加科学地制定社区规划，促进宜居社区的建立。不过要注意，社区指标体系要满足一般人群的现代需要、特殊人群的政策需要和总体人群的未来需要[④]。社区指标体系也不能全部生搬硬套，要结合各社区的实际情况进行适当调整。

（4）社区规划评价

社区规划评价就是对社区规划编制的成果、实践过程、实施效果进行分析和评价，目的在于促进规划结果达到预期目标。社区规划评价应该遵循以人为本、可持续发展、因地制宜、整体协调、方便管理、实事求是和具有可操作性等原则，评价内容和指标应包括社区硬件设施配套评价和社区软件规划评价，评估过程包括政府咨询、居民意见听取和专家评

---

① 倪梅生、储金龙：《我国社区规划研究述评及展望》，《规划师》2013 年第 9 期。

② 王兴中等：《城市社区体系规划原理》，科学出版社，2012，第 47～54 页。

③ 鲁晓军、门坤玲：《社区划分的经济解释——兼论城市规划作为一种制度安排的意义》，《江苏城市规划》2007 年第 10 期。

④ 赵万良、顾军：《上海市社区规划建设研究》，《城市规划汇刊》1999 年第 6 期。

估三个环节①。

3. 社区规划编制的模式

在一定意义上，公共服务设施按照其所在地域可以分为农村公共服务设施和城市公共服务设施。一般而言，农村公共服务设施侧重于农业生产类公共服务设施，而城市公共服务设施更多偏向于生活类公共服务设施。对于村改居社区而言，很多居民不再从事农业生产类活动，对农业生产类公共服务设施也不再具有需求，所以村改居社区的公共服务设施将更多地依照城市公共服务设施标准来建设。公共服务设施按照其性质可分为生产公共服务设施、社会公共服务设施和制度保障机构。其中，生产公共服务设施包括服务于生产部门的供水、供电、道路和交通设施，仓储设备，邮电通信设施，排污、绿化等环境保护和灾害防治设施；社会公共服务设施指服务于居民的各种机构和设施，如商业和餐饮业、服务业、金融保险机构、住宅和公用事业、公共交通、运输和通信机构、教育和保健机构、文化和体育设施等；制度保障机构则指公安、政法和城市建设规划与管理部门等。

4. 社区配套的基本政策要求

随着城市化进程的不断加快，杭州市下沙街道全力推进撤村建居，把农村社区改造成城市型社区，建设了一大批商品住宅、人才专用房、拆迁安置房、外来人口公寓。从目前社区区域划分来看，社区划分并没有充分考虑到各社区的特殊性，尤其是一些没有进行系统规划就建成的居住区，缺少配套设施的现象非常突出，极大影响了居民的生活质量。配套设施是社区建设的重要组成部分，是人民群众最关心的最直接、最现实的利益问题。配套设施的完善与否直接关系到居民的城市生活机会分配、生活质量和成本问题。

2016 年杭州市政府批复实施的《杭州市城市规划公共服务设施基本配套规定》（修订），将基层社区级居住区公共服务设施分为 8 大类别 22 项。其中，教育设施 1 项、医疗设施 1 项、文化设施 1 项、体育设施 1 项、商业设施 8 项、金融邮电快递 1 项、社区服务设施 4 项、市政公用设施 5 项。

---

① 张玉枝：《居住社区评价体系》，《上海城市规划》2000 年第 3 期。

二　村改居社区公共服务设施状况

村改居社区居民经历了由村民向居民转化的过程，其中许多村民变为失地农民，基本不再从事农业生产类活动。随着城市的扩张性发展以及社区人员流动的加速，村改居社区居民的生活方式和消费观念都发生了较大的转变。此外，由于部分村改居社区的年轻人选择在城市工作和生活，加上外来人员大量涌入部分村改居社区，村改居社区的人口结构和组成群体也发生了较大的变化。在一系列变化的基础上，村改居社区居民对公共服务设施的需求也发生了变化，但这种变化是建立在原有的农民身份和观念基础之上的，所以会带有较为浓厚的传统色彩。

从富阳、嘉兴、常州、上海和温州五个地区随机抽取的村改居社区调查结果来看，居民目前的公共服务设施需求在不同社区具有不同的表现，一方面是受当地的经济发展和地区现状的影响，另一方面是目前居民所在社区在这方面的设施建设状况较差，导致居民对这一方面的需求迫切度较高。如在江苏常州地区的村改居社区中，居民对安全治安的需求度较高，达到了 36.2%，表明该社区的治安岗亭、派出所和警务站覆盖面积不足且工作不到位，需要进一步加强。又如在温州地区的村改居社区中，居民对绿化环境的需求度较高，达到了 39.1%，表明该社区原有的环境状况较差，绿化工程做得不到位，现有的绿化设施难以满足居民的需求。此外，通过对村改居社区居民公共服务设施需求状况的调查，可以得知，不同的社区由于经济发展水平、地理位置特征、历史民俗文化以及原有的设施发展状况的不同，居民对公共服务设施的需求体现出较大的差异性，因此不同的社区应有针对性地提出相应的公共服务设施建设和运营方案，不能在不同的社区之间照搬建设经验和发展模式，更不能将城市社区公共服务设施的建设模式照搬到村改居社区中去。政府部门应该通过广泛的资料搜集和走访调研，根据实际情况确定村改居社区居民对公共服务设施的需求状况，了解其中存在的问题，确定目前该社区公共服务设施建设的短板，从而有针对性地建设公共服务设施，更合理地满足居民需求，解决村改居社区居民目前遇到的问题，进一步提升村改居社区公共服务设施建设水平和公共服务发展水平。

1. 教育设施

教育设施主要指幼儿园、小学、中学和高中等学校。由于家长对子女的教育越来越重视，因此教育设施在居民公共服务设施需求结构中占据较为重要的地位。2016 年杭州市政府修订并审议通过的《杭州市城市规划公共服务设施基本配套规定》（以下简称《规定》）指出，教育设施的百户用地面积由原先的 654～767 平方米提高至 863.2～920.3 平方米，每 4500～7500 人应该配备 1 个幼儿园，而每 4.5 万～7.5 万人应配备相应的中小学，并对学校的布局和条件提出了一定的要求。村改居社区人群构成以老年人和妇女儿童为主，因此对幼儿园和中小学等教育设施的需求量较大。此外，因为部分村改居社区有大量的外来人口，这些外来人口一般以年轻人为主，随之而来的就是部分儿童的上学问题，因此在相同人口总额下，村改居社区比城市社区需求的教育资源更多。但是目前来看，村改居社区相比城市社区而言，学校数量较少且办学质量不高，存在教学资源分布不均衡的状况，部分村改居社区的教育设施难以达到城市社区的标准，不能有效地满足居民需求。

> 位于浙江省杭州城区东部的下沙街道拥有 18 个社区，其中包括 12 个村改居社区，包括户籍人口和外来人口共约 18.2 万人。按照杭州市的修订方案，应该拥有 24～40 个幼儿园。经过调研得知，下沙街道仅有 22 家幼儿园，其中只有 5 家是公办幼儿园，而且部分幼儿园的建设规模和办学条件并不符合规定。由此看来，下沙街道的幼儿园数量并不能满足居民的需求，尤其在当下二胎政策放开的背景下，应该建设更多的幼儿园，并对已有的幼儿园中不符合规定的地方进行整改。

2. 医疗卫生设施

村改居社区的医疗卫生设施主要是指分布在各社区的医疗站和诊所。随着新型农村合作医疗的深入推广，农村人口人均医疗支出同比增长幅度明显，就诊率也较以往有所提高。医疗卫生公共服务设施应该体现公共服务设施的均等性，不让居民因经济条件有限而利益受损，根据社区人口合理地分布医疗设施，且医疗设施必须符合国家的相关标准和条件，让基础医疗卫生设施在数量和质量上均符合相关标准。

村改居社区居民的经济条件相比之前有较大的提升，同时居民也越来越注重自身的身体健康状况，越来越多的居民在生病时更愿意到卫生所或医疗站就诊。与此同时，就村改居社区的人口结构来看，老人和小孩的比例偏高，且二者都是疾病的高发群体，因此社区居民对医疗设施具有较高的需求。除此之外，由于老人和小孩行动不便，他们十分需要就近的医疗设施。就近的医疗设施不仅可以提升疾病的治愈效率，防止疾病的进一步恶化，同时还能给社区居民带来较好的便利性，有利于提升社区居民的居住满意度和生活幸福感。

3. 商业服务设施

商业服务设施主要是指居民在生活过程中需要的商业服务，如餐饮、洗浴、超市和服装等设施。商业服务设施与居民的生活息息相关，商业设施的状况也能直接反映出一个社区的服务质量和整体水平。

改革开放以来，随着农村居民经济收入以及生活水平的提高，农村居民的消费能力和消费水平也随之不断提升，消费支出以每年10%的比例增加。撤村改居后，农民不再从事农业生产活动，一方面获得了政府补偿等大量资金收入，另一方面越来越多的人从事第二产业和第三产业，也促进了其消费能力的提升，因此村改居社区具有较大的消费需求潜力，需要提供充分的商业服务设施以满足其消费需求。此外，随着生活质量的提升，村改居社区居民已不再满足于原有的小商小贩式的商业设施，更加追求商业设施的便利化、大型化和人性化，更加追求消费过程的满意性、消费环境的整洁性、消费时尚的引领性。

作为新一代城市居民，村改居社区居民更加向城市消费设施标准看齐，因此，他们不仅需要大量的商业服务设施，同时更加需要高质量的商业服务设施，比如以大型超市取代原有的农贸市场，以品牌商店取代原有的街边小贩，等等。

4. 文化体育设施

撤村改居后，村民失去了土地，变为居民并不再从事农业生产活动，除部分继续从事第二、三产业的居民之外，其他居民突然拥有了大量的闲暇时间，如何支配这些时间成为这些居民的难题，同时也成为社区服务需要关注的问题。1996年12月，中央宣传部、国家科委、农业部、文化部等十部委联合下发《关于开展文化、科技、卫生"三下乡"活动的通知》，随后在全国范围内开展"三下乡"活动，而文化下乡是其中的重要内容，这体现了国家和政府对农民精神文化生活的重视。推动农村文化建设、改善农村社会风气是建设社会主义新农村的重要环节，同时也是推动城镇化的关键步骤。文化设施是推动文化建设的重要载体，是开展村改居社区文化建设活动的前提。

随着村改居社区居民生活质量的提高，社区居民越来越重视精神文化的满足，尤其是越来越多的空巢老人缺乏关爱和陪伴。而社区文化活动是实现社区养老的重要途径，开展社区文化活动更离不开文化设施的建设，拥有健全的文化设施后，居民才有条件自觉地开展文化活动。同样，随着村改居社区居民生活质量的提高，他们越来越重视自身的健康状况，尤其是社区老年群体，他们热衷于体育锻炼，因此对体育设施具有较大的需求。结合村改居社区老年人口比例偏高这一现实，以及社区养老的理论路径，体育设施的选择与建设应该以老年人群体为服务对象，建设符合老年人使用习惯和偏好的体育设施。

5. 社区服务设施

2016 年 10 月 28 日，民政部印发了《城乡社区服务体系建设规划（2016—2020 年）》，提出按照人口规模适度、服务管理方便、资源配置有效、功能相对齐全、社区居民自愿的要求，以市（地、州、盟）为单位，依据城乡规划和土地利用总体规划，合理确定城乡社区综合服务设施的数量、规模、选址布局、建设方式、功能划分，按照每百户 30 平方米的标准配建城乡社区综合服务设施，并确定到 2020 年城市社区综合服务设施实现全覆盖、农村社区综合服务设施覆盖率达到 50% 的目标。

社区服务设施主要是指居委会、社区服务中心、老年活动设施等。社区作为城市基本自治单位，与农村村委会相比更偏向于服务而非管理，对于村改居社区居民而言，他们也更多地需要居委会提供服务而非管理。因此，由村委会向居委会过渡是十分必要且符合居民需求的，但这种过渡并不能仅仅体现在体制和称呼的变动上，同时还应体现在功能、职责的转化和社区工作者服务意识的提升等方面。在这种转变的过程中，社区服务设施的建设是十分重要的，尤其是老年活动设施的建设，能够更好地拓宽社区养老的途径，提升居民的整体满意度和幸福感。不同的社区存在的个体差异和特殊情况通常会使该社区拥有特定需求，比如留守儿童较多的社区可以建立类似"留守儿童之家"等公共服务设施，残疾人较多的社区还应建立类似"残疾人生活照料中心"等公共服务设施，社区居委会应根据居民的不同需求开发更多符合居民需求的服务项目。

6. 市政公用设施

市政公用设施，主要指公厕、垃圾站等设施，在一定规模的社区内还应包括城市污水排放、雨水排放、路灯、道路、桥梁、隧道、广场、涵洞、防空洞等市政设施。完善的市政公用设施是维持一个社区健康良好运转的重要保障，同时也是提升居民生活质量和满意度的重要前提。市政公用设施的整体质量和完善程度在很大程度上体现了居委会的服务质量和工作成效。村委会向居委会过渡的一个重要体现就是生活垃圾得到有效处理，这在很大程度上保障了社区的环境整洁和卫生状况，社区居民也十分需要居委会提供类似的服务。此外，不同的社区有着不同的环境条件和地理特征，居委会应根据社区的不同特点提供相应的、能够有效满足居民需求的设施。如在多降雨的社区，居委会更应加强社区雨水排放设施的建设和修缮；在多河道的社区，居委会应加强桥梁、堤坝的修建和检查工作。

7. 行政管理及其他设施

行政管理及其他设施，主要包括街道办事处、派出所、物业管理、地下室等设施。街道办事处是基本城市化的行政区划，具有贯彻党和国家的方针政策，传达并反映居民的意见、建议和要求等职责，同时还承担着文化建设、治安保卫、人民调解、综合执法等多种工作。在人民民主不断深入推进的今天，居民参与政治生活的意识得到有效提高，欲望也不断增强。作为城市最基本的政府机关，街道办事处不仅承担着管理好和服务好社区的重要职责，同时还肩负着社区建设和发展的重大任务。此外，它还是居民参与政治生活的重要渠道。互联网时代的政府与时俱进，推出电子政府，街道办事处也应该顺应时代潮流，响应政策号召，简化办事程序，推出线上平台，真正做到想群众之所想、急群众之所急、解群众之所困，为居民带来切切实实的便利化、人性化服务。社区派出所和警务站为社区安保工作带来了重要保障，居民的人身财产安全得到保障是居民最基本的需求。截至2016年底，全国机动车保有量达2.9亿辆，机动车驾驶人3.6亿人，"停车难"成了很多社区居民的困扰，村改居社区也不例外，因此在部分社区，修建地下停车场是一项重要需求。

三 村改居社区公共服务设施
满意状况与问题

村改居社区的公共服务设施建设状况较改造前的城中村整体有很大的改进，公共服务设施覆盖率得到显著提升，居民对公共服务设施建设的满意度也得到有效提升，但仍存在配套设施整体不足、公共服务设施不能有效满足居民需求、公共服务设施建设缺乏整体规划、部分公共服务设施管理不善和不符合国家标准等问题。村改居社区居民作为社区公共服务设施建设的主要服务对象和受益群体，其对公共服务设施的满意状况可以很好地反映其所在社区公共服务设施的发展水平。

村改居社区居民经历了由村民到市民的身份转换过程，村改居社区居委会也经历了由村委会到居委会的转变过程，但部分社区的社区公共服务却没有得到相应的提升。从富阳、嘉兴、常州、上海和温州五个地区随机挑选的村改居社区调查情况来看，上海地区的村改居社区居民对所在社区公共服务质量的满意度较高，为70.4%，而富阳地区的村改居社区居民对所在社区公共服务质量的满意度较低，为57.3%。但从整体来看，部分社区居民认为当前的公共服务质量不高，甚至有部分社区居民认为当前的服务质量不如撤村建居之前的公共服务质量。从这种状况可以看出，目前村改居社区的公共服务设施建设完善程度仍需加强，公共服务的运营和管理存在较多的问题，社区居民对社区公共活动的参与程度不高，社区居民对所在社区的公共服务满意度较低。

1. 杭州下沙街道村改居社区公共服务设施建设现状与问题

下沙街道位于杭州城区东部，东为白杨街道，南临钱塘江，西与九堡街道相连，北与余杭区接壤，现由杭州经济技术开发区（以下简称"开发区"）管辖。下沙街道位于开发区核心区域，是开发区的行政、文化、商务、居住中心，距杭州市中心15公里。下沙街道实际管辖面积约50平方公里①，户籍人口约3.2万人，外来人口约15万人。下沙街道下辖头格、

---

① 街道行政区划面积85.9平方公里，根据开发区关于下沙街道和白杨街道社会公共事业管理区域划分要求，其实际管辖区域约50平方公里。

七格、智格、上沙、中沙、下沙、高沙、松合、新元、东方、元成、湾南、新沙、铭和、杭铣、柠檬、滟澜、早城18个社区，其中前12个是撤村建居型社区，其余6个是城市型社区。

从社区规划的角度而言，下沙街道的社区绝大多数属于撤村建居型社区，新社区的运行还存在一些不合理的地方。通过对下沙街道各社区的调研，得知下沙街道社区规划主要存在如下基本问题。

（1）社区空间和人口规模差异大

社区的服务宗旨是为居民提供便利的服务，当社区用地规模过大时，居民的出行半径扩大，就会导致获取社区各项服务的时间变长。当社区人口规模过大时，在社区工作人员配备相对固定、设施配置有限的情况下，设施使用人数增多，不仅会造成社区工作人员的工作负荷增大，而且导致居民获得各项服务的效率下降，不利于社区的良性运转。通过对下沙街道及各社区基本情况的整理，我们发现各社区的规模差异非常大，用地规模较小的有早城社区、高沙社区、新沙社区、柠檬社区，较大的有头格社区、七格社区、上沙社区、新元社区、湾南社区。部分面积较大的社区，人口规模反而较小；面积较小的社区，人口规模反而较大。社区的用地面积从1.1平方公里到2.5平方公里不等，社区的人口规模从670人到23483人不等。

（2）行政边界不规整、界限不清晰

社区行政边界与社区所辖人口、用地面积、财政收入、管理权责等方面存在很大关联。社区行政边界的不清晰，会导致基础数据不准确，对社区整体规划造成直接影响，同时在社区管理、治安、就业和福利等方面埋下隐患。实地调研发现，拆迁后，新社区未批复成立，新元社区、高沙社区和下沙社区衔接的区域存在权属不清的情况。某些撤村建居社区的合作项目坐落于其他社区，如在建的盈都项目是由七格、元成、东方、松合四个社区合作开发的，但该项目如今归滟澜社区托管。不仅如此，滟澜社区还托管着东方铭楼、玉观邸和金沙湖一号等几座商住楼宇，而且这些商住楼宇都坐落在其他社区。滟澜社区目前需要超负荷托管超过3000人的区域，在社区工作者数量相对固定的情况下，可能会给社区工作者带来非常大的工作压力，同时也会影响其为居民服务的效率，降低居民对社区服务的满意度。

（3）存在自然阻隔或人工阻隔分割社区的现象

社区生活以方便为主，自然阻隔或人工阻隔将使社区内部的交互作用受到阻碍，使社区的完整性以及居民出行和对公共服务设施的使用均受到影响。调研发现，下沙街道内部自然地形、交通主干路分割社区的情况非常突出，如头格社区、铭和社区、早城社区、柠檬社区被河流隔断，滟澜社区的滟澜星座公寓和上沙社区的晓成天地公寓被金沙大道分割。还有部分社区被其他社区分为两部分，如新元社区被早城社区隔开，两部分之间相隔三条街；柠檬社区被下沙路分割且之间相隔一个社区；等等。

（4）经营性公共设施配套较为完善，公益性公共设施配套种类不足

下沙街道各社区内由市场调节的设施（如便利店、理发店和药店等）能基本满足要求，但需要政府调节的公共服务类设施却比较缺失，特别是行政类和社区服务设施。例如，新沙社区因为征地拆迁，辖区内各项公共服务设施都还没建立，而且目前还没成立社区服务站，暂时由铭和社区代为托管；湾南社区和头格社区目前还没有居家养老服务照料中心；杭铣社区尚无社区康复站；头格社区没有公共厕所。这些公共服务设施的缺乏，给社区居民的正常生活带来了很大的困扰。

（5）公益性公共设施规模与《规定》标准相差较大

按照《规定》要求，社区配套用房一般要达到525平方米，下沙街道除了高沙社区仅有342平方米的办公面积外，其他社区都达到要求；社区文化活动室一般要求300平方米，控制性指标为每百户至少15平方米，但是我们调查发现，许多社区不满足条件。如智格社区才25平方米，高沙社区才30平方米，上沙社区、元成社区为100平方米，头格社区为150平方米等，而且设施不全，较为简陋，根本无法满足社区居民的文化娱乐需求。社区体育健身点规模也明显不足，《规定》要求，各社区体育健身点建筑面积至少400平方米，控制性指标为每百户25平方米。但是，大部分社区没有达到标准。如高沙社区、智格社区仅仅50平方米，杭铣社区80平方米，柠檬社区100平方米，等等。体育设施分为室内和室外，许多社区没有室内体育设施。《规定》要求，社区级居住区需要配备社区食堂，满足本区域内居民的饮食需要。但从调研结果来看，除了松合社区、下沙社区、元成社区三个社区配备了之外，其他社区都没有。居家养老服务照料中心一般规模为400平方米，控制性指标为每百户25平方米。湾南、新

沙、头格社区没有居家养老服务照料中心，新元、东方、铭和、柠檬等社区都没有达到标准。关于残疾人康复站，按照《规定》要求，一般为 30 平方米，大多数社区达标了，但也有部分社区目前还没有达标。

（6）社区工作者队伍建设需要大力加强

其一是社区工作人员配备不足，任务繁重。下沙部分社区出现社会事务多社区之间交叉的现象，部分社区还未成立社区居委会和工作站，暂由其他社区帮忙代管。例如，铭和社区托管了新沙社区和乔司监狱的社会事务，而辖区内的新沙家园部分居民是其他社区拆迁安置入住的，他们的社会关系还归属原社区；因新社区未批复成立，沧澜社区目前超负荷托管其他区域的居民已经超过 3000 人。虽然这两个社区托管着其他社区的社会事务，但是并没有因此增加人员配备。众所周知，社区的管理能力不仅跟社区规模相关，还跟社区的人员配备有很大关系。目前社区管理人员的配置大多没有考虑社区的实际情况，仅仅是在各个社区安排 8~15 名工作人员，这就容易造成部分社区工作效率低，而部分社区工作量太大、工作人员数量不足等问题。例如，七格社区、智格社区、中沙社区不管是从辖区面积、常住人口，还是从流动人口数量上看，都是上沙社区和下沙社区的 1~3 倍。如七格社区常住人口 2516 人，流动人口 20967 人，而上沙社区常住人口仅有 1458 人，流动人口 6983 人，但社区工作人员反而比七格社区多 1 人。这样的现象普遍存在，长此以往，人口数量较多且辖区面积较大的社区的工作人员必然会感到力不从心，影响社区服务管理的正常进行。这说明，在划分社区边界时，规划师并没有考虑到各个社区社工的人员配备。其二是社区工作者的能力素质需要提升。从年龄上看，社区工作者的年龄普遍在 30 岁以上，年轻的社区工作者较少。从文化层次上看，他们许多是从原村干部转变来的，文化层次相对较低。从能力结构上看，一些社区干部把握全局、破解社区难题的能力与城市社区建设的要求相比有不小差距。由于"股社不分"，社区工作者与社区经济合作社实行交叉任职，这就要求社区工作者还要有善于统筹经营的能力，以推动社区集体经济的发展。

（7）股社不分成为经济合作社和社区建设的绊脚石

2017 年 1 月份，下沙街道 12 个撤村建居社区已全部完成股份制改革，2016 年人均分红最高的社区达 9000 元。各社区利用 10% 留用地，通过自主开发或合作开发，共开发建设现代服务业项目 34 个，总投资达 60 多亿元。虽然居民的收入增多了，但是下沙街道诸多转型社区的股社不分问题严重制约着社区的发展。

当前，"股社分离"是社区在城市化深入推进形势下面临的一项重大任务，也是撤村建居型社区向城市型社区转型的必然选择。其不仅有利于农村集体股份制企业建立清晰的产权制度，释放农村集体股份制企业活力，而且能够促进现代化社区治理模式的实现。下沙街道目前主要存在如下问题。

其一是封闭的经济组织体制与管理模式使其无法适应市场经济竞争。首先，社区股份制经济合作社的开放性较弱。因为在股权分配的时候都是以原来的村民为股东，范围狭小、力量有限，具有较强的地域性和封闭性，对外开放性极为有限。即使有向社会募集的，占的比例也比较小，很难扩大规模效应。对于老股东的股权转让也只限于本社区内部，一般均规定不可以转让给本社区以外的人员。其次，经济合作社内部缺乏现代公司制企业的法人治理结构。改革后的经济合作社大多是股社不分、政经不分的，还残留着行政性质。大多数经济合作社负责人与新成立的社区负责人是由社区书记和主任兼任的，也就是一套人马、两套牌子。虽然这样的组织架构带来了很大的便利性，这些社区干部在任务安排、事情处理上好操作，同时也节省了管理人员的费用（社区干部的工资由街道拨款），但是也不可避免地带来一系列的矛盾和问题，如产权虚置和监督乏力。再次，缺乏战略投资意识，经济组织投资渠道少，收益不稳定，经济发展后劲不足。村改居后的经济合作社由于缺乏职业经营管理者，在投资意识方面欠缺，并直接反映在其投资项目上。我们调研发现，下沙街道村改居社区毫无例外地将股金升值和资产运作的筹码放在房屋的出租和商品房的开发上。房屋的出租和商品房销售受市场环境的影响存在各种不确定性，很难保证有长期稳定的收益。如果单纯依靠房屋、土地等外在经济资源，没有自身的经济增长点，经济合作社就难以得到进一步的发展。

其二是社区干部兼任股份制经济合作社的董事，可能会阻碍社区服务工作的正常开展。一方面，社区是城市的基层自治组织，其主要的职能是服务本社区居民并协助政府承担社会公共管理事务。股份制经济合作社作为企业法人，其主要职能是开展商业活动并照章纳税。两者在法律上属于不同的社会组织系统。另一方面，转型后的社区还承担着股份制经济合作社的经济管理职能，这两种职能是相互矛盾的，严重制约了和谐社区的建设。一是因为社区干部继续管理股份制经济合作社经济，会分散其精力。如果社区干部忙着拆迁、招商引资、管理经济合作社，必然会忽视社区的建设，没有更多的精力为社区居民服务。二是因为一旦发生社区干部腐败问题，以权谋私、中饱私囊的问题，必然会使社区居民对社区干部的作风和形象的满意度大打折扣，使社区干部失去居民的信任，甚至会破坏政府的形象。

当然，还有诸如房屋质量遗留问题、回迁居民就业政策不配套问题、小区街面房出租管理权限问题、老年人活动场所不够问题、小区停车问题等。有些问题是管理方式导致的，有些问题可能涉及社区体制的变革和改进。只有正视这些问题，才能做到有的放矢。

一是社区服务方面。社会事务出现多社区交叉的现象，如部分社区还未成立社区居委会和工作站，由其他社区帮忙代管；部分社区配套用房面积不符合相关规定；部分社区服务设施没有得到较好的管理，这主要由于很多外来人口在这里租住，缺乏归属感和认同感，加上原有村民缺乏一定的意识，存在融合性较低、管理困难等现象。由于社区居委会还负责村留用地的开发建设，社区工作者难以将全部精力投入为居民服务中来，服务质量有待提升。

二是教育方面。公办幼儿园数量不足，下沙街道共计22家幼儿园，其中仅有5家是公立幼儿园，其余都是民办性质的，早城社区、柠檬社区、杭铣社区没有设立幼儿园。由于"二孩政策"的开放，当前的幼儿园数量不能很好地满足居民需求，建议多建公立幼儿园。由于不同的社区教育资源分布不同，学校的教学水平和教学质量不同，很多家长会涌向部分教学质量较好的学校，出现生源分布不均和家长择校的现象。

三是医疗卫生方面。社区卫生服务站尚未覆盖所有社区，目前18个社区中仅有10个社区被覆盖。随着人口老龄化进程的加快和人们对身体健康重视程度的提升，下沙街道当前的医疗卫生设施将无法很好地满足居民日益增长的需求。

四是文化体育方面。部分文化体育设施闲置率较高，存在部分文化体育设施转为他用的现象；现有文化体育设施不能很好地满足居民需求，如智格社区现有的社区配套体育设施无法满足社区居民日常进行体育锻炼和健身娱乐的需要，现有的排舞队、腰鼓队、跆拳道队等没有活动场所。在部分社区开发过程中，开发商为了追求商业利益的最大化，没有留足够的文化体育设施用地。此外，部分体育设施因管理和维护不善而逐渐破败，存在文化体育设施无人打扫和管理的现象。

五是市政公用方面。下沙街道很多社区没有自己的停车场，"停车难"问题仍困扰着部分社区居民。下沙街道的垃圾处理状况整体较好，但仍存在部分社区垃圾处理设施不健全、垃圾桶的数量没有有效覆盖居住点的问题。部分社区需要维修损坏的路灯等照明设施，有些道路还要进一步修建照明设施。此外，要加强部分社区的排水、渗水能力，增加下水井、涵洞等设施。

2. 新市镇村改居社区公共服务设施建设现状与问题

新市镇隶属浙江省湖州市德清县，位于长三角腹地，全镇总区域面积93平方公里，总人口约8.9万人，辖24个行政村、4个社区、1个居委会，其中城西城镇社区和城东城镇社区为村改居社区。

（1）教育方面

教育设施布局不合理，部分居民居住点距离小学学校较远，部分达到应当具备小学设施人口数量的社区没有小学，运河南片区有部分企业外来人员，这些人员的子女上学需求没有得到有效的满足。教育设施数量整体不足，原有的学校已经难以容纳日益增长的求学人数。成人学校规模较小，与日益增长的需求不相适应。

（2）医疗卫生方面

医疗卫生设施布局不合理，很多居民点没有在医疗机构服务半径内，存在就医所费时间较长的问题；在一些人口较多的社区内，医疗卫生设施规模偏小，难以满足居民就医需求。医疗卫生设施整体数量不足，随着居民越来越重视自身的健康状况，当前新市镇的医疗设施数量将很难满足居民的这一需求。部分医院存在设施不全、医护人员数量短缺等情况。

（3）文化体育方面

部分社区存在建设初期文化体育预留地不足或转为他用问题，部分已建好的文化体育设施存在设施不全或闲置等问题。如在调研过程中，我们发现一社区借阅室里面只有几张桌子和几个书柜，简单罗列两本陈旧的杂志，完全没有发挥借阅室的作用。此外，很多居民没有用过社区的文化体育设施，甚至有些人不知道社区内有这些设施，这反映了社区工作人员的重视程度不高以及宣传力度不够。此外，新市镇缺乏一些大型的公共文化体育设施，不能满足居民的文化体育活动需求，尤其缺乏一些针对老年人活动的服务设施。

（4）行政管理方面

市政府缺乏功能完善的行政办公区，现有政府办公机构设施不够齐全、功能不够完善。

（5）商业服务方面

部分社区没有较大型的购物超市或者商场，居民购物仍要去规模较小、设施不全的农贸市场。部分居民点距离购物等商业服务设施较远，给其生活造成了不便。私营类的门户店铺较多，但缺乏提供公共服务的商业服务设施。整体商业服务设施不成规模，缺乏统一供居民休闲购物的场所。仙潭市场规模较小，难以承载附近日益增长的商业购物需求。运河南岸的商业服务设施还未成规模，难以满足附近居民的需求。

3. 杭州江干区村改居配套设施建设状况与问题①

本次调研的范围除去常规性的浙江、上海和江苏之外，重点调研了江干区。

江干区位于杭州的中心区域，面积 210.22 平方公里。江干区辖 6 个街道、4 个镇，分别为四季青街道、白杨街道、凯旋街道、采荷街道、闸弄口街道、下沙街道，笕桥镇、彭埠镇、丁桥镇、九堡镇。其中，拆迁社区共有 12 个：丁桥镇 4 个（后珠苑、丁桥苑、大塘苑、长睦苑），四季青街道 2 个（江锦、钱江苑），笕桥镇 2 个（明桂、东港），彭埠镇 4 个（王家井、明月桥、茶亭苑、杨家桥），约占全区 134 个社区总数的 9%。

丁桥镇位于江干区的东北部，辖区东接余杭区天都城，西揽田园居住区，南临沪杭铁路，北靠皋亭山风景区，全镇总面积 15.5 平方公里。目前有 15 个社区，即同协社区、建塘社区、赵家社区、三义社区、大塘社区、丁桥社区、丁兰社区、长睦社区、后珠苑社区、长睦苑社区、丁桥苑社区、大塘苑社区、明珠社区、美辰社区、蕙兰雅社区，其中前 8 个社区因

---

① 赵定东：《杭州市村改居配套设施建设问题》，《杭州研究》2015 年第 4 期。

拆迁在外过渡，总人口有 3 万余人；2 个行政村，即沿山村和皋城村；后珠经联社 1 个独立股份制经济合作社。随着城北新城的开发建设，预计近两年人口可达 8 万余人，今后将成为集聚 40 万人口的城北新城。全镇共有企业 300 余家，税收主要依靠二产的工业和三产的房地产业。其中，工业企业主要以杭锅为龙头，目前入驻丁桥的房地产企业有广宇、昆仑、天阳等 17 家，开发项目 24 个。

四季青街道是 2002 年由镇建置成立的街道，位于江干区西南部，钱江三桥、客运东站和杭州火车站均在 1 公里半径区域内；下辖 8 个社区及常青、景芳股份制经济合作社（社区管理属采荷街道）；常住人口 2 万余人，外来人口 8 万余人。辖区内直属党组织 30 个，党员 1100 余人。辖区面积 9 平方公里，杭州钱江新城 4.02 平方公里，核心区块的 80% 在街道辖区范围内。自 2002 年撤镇建街以来，为配合钱江新城中央商务区的建设，街道共完成拆迁农户 3815 户，企业 250 余家，总拆迁面积近 196 万平方米，交地近 6600 亩；农居公寓累计开工 175 万平方米，竣工超 100 万平方米，三新家园、三堡家园、五福苑、钱江苑等农转居公寓群拔地而起，为有效提升居民的生活品质做好了铺垫。

笕桥镇位于杭州的东部，是"钱塘江时代"杭州市中心区江干区的经济大镇。全镇辖区面积 18.2 平方公里，人口 12 万人，其中常住人口 3.8 万人，外来人口 8.2 万人。全镇下辖 9 个社区、8 个行政村、1 个经济组织。

彭埠镇位于杭州市区东部江干区，东毗杭州新城经济开发区。全镇区域面积 14.76 平方公里，下辖 14 个行政村、3 个居民区，有 36 个地区单位，常住人口 3.52 万人，流动人口 3.68 万人，是江干区流动人口最密集的地区。全镇面积 14.76 平方公里，耕地 9813 亩，总人口 33834 人，农业人口 22671 人。

由于彭埠镇的拆迁社区目前还在建设过程中，没有办法进行调研，因此本次调研的范围集中在丁桥镇、四季青街道和笕桥镇。

根据调查，我们发现村改居的基础设施主要有以下特点。

首先是社区服务项目逐渐系列化、规范化，服务范围逐步扩大。社区服务设施已由单一的、分散的以及传统地面向老弱病残等特殊服务对象服务，发展成为高档次、集约化，包括养老服务、助残服务、优抚服务、精卫服务、居民生活服务、卫生保健服务、青少年教育服务以及信息咨询管理服务等在内的多层次、多方位、系列化的区、街的社区服务中心。各社区也建立了中介性质的社区服务站，杭州市区在 2002 年底就建成了区、街道及社区的社区服务中心（站）376 个，大大方便了居民的生活。而且，社区服务的设施进一步改善，使社区服务档次逐步提高。过去的理发店被现在的美容美发廊所替代，过去的夫妻杂货店被现代商业业态的连锁超市所替代，家政服务也成立了规模经营公司，就连老年活动室也经福利彩票投资 2400 万元，区、街道、社区配套投入房产、资金近 2 亿元而被改造或新建成示范型、标准型、普通型等不同类型、设施先进的"星光老年活动室"。经体育彩票投资，村改居社区建起了一批设施齐全的健身苑和因地制宜的健身点。

其次是先进的信息网络技术被运用到社区服务业中，服务形式不断创新，档次不断提升，居民足不出户就能获得便捷、优质、廉价的服务。以"96345"市民服务呼叫信息中心为龙头的市场化运作的全市社区服务信息呼叫平台成功搭建，其与 65 个政府部门和单位实现了服务联动，社区"电子保姆""一指通"等信息化网络技术成果在社区服务业领域得到运用，电话、电脑、电视"三网融合"模式正以区为单位逐步推进，极大地方便了社区居民的生活。

再次是社区配套设施比较全面。2008 年，杭州市城管办、城管执法局、市民政局联合出台了《关于进一步规范社区便民服务点设置管理工作的通知》，加快进行社区服务业特色街区改造提升和新街区规划建设步伐，规范设置了 248 个社区便民服务点，推进街、点联动，有效提升了管理服务水平，促使社区服务设施进一步完善。此外，杭州率先在全国范围出台了《杭州市居住区配套设施建设管理条例》，从法律层面规范明确了社区配套用房的配置、管理以及产权归属等事项。市、区两级累计投入资金 2 亿多元，用来补助社区服务用房建设，明确社区配套用房按每百户不低于30 平方米、社区养老服务用房按每百户 20 平方米的标准配置（目前全市平均已达到每百户 45 平方米的标准，每个社区平均 900 平方米）。"五室四站二栏一家一校一场所"普遍建立，社区管理、服务、综治、医疗、环境、文教、保障功能不断健全。目前市区共有社区服务网点 2.3 万个，基本形成了 15 分钟生活服务圈，实现了小事不出社区、大事不出街道。通过背街小巷改善工程，社区环境进一步美化，人文气息进一步体现。5个社区被列为杭州市社会资源国际旅游访问点，成为首批对外开放展示杭州社区形象的新窗口；各城区、街道、社区紧密结合自身实际，积极探索、勇于创新，形成了"5A"社区服务信息化模式、"66810"为民服务工作法、"责任社工"、"三全十服务"、"4＋1"扶贫帮困工程等一批社区服务新亮点。

同时，由于拆迁社区的特殊性，社区配套也出现了一些问题。根据调研，发现社区配套的问题具体表现为以下几点。

第一，社区配套规划往往把社区等同于居住（小）区，基础性配套设施的设置围绕居住区—居住小区—居住组团3级体系展开，该模式已显现出一定的局限性。如设施种类不足，由于是与住宅开发相结合的模式，必然侧重于营利性设施类型，而非营利性设施（如福利服务、自治服务、志愿者服务、文化教育服务）相对缺乏；如部分配套设施没有得到有效利用，一些居住（小）区虽配建了文体设施，但由于缺乏有效的组织管理和运营资金，有限的设施往往处于闲置状态或挪作他用，没有发挥应有的作用。

第二，社区管理措施还有些不到位。如随着土地的征迁，以前住惯了一家一院的农民住进城里的密集型楼房以后很不习惯。村改居居民由于长期生活在农村，很容易把原先的行为习惯带到新小区中来，使小区重现"脏、乱、差"现象。一般来说，这种情况很难避免，社区管理的关键就在于采取有效措施，尽可能缩短农民和城市磨合的时间。

第三，拆迁安置小区还存在物业管理费难收取、物业公司难以维持正常经营活动的情况。物业费收不上来，物业公司只好能省即省，从而使小区的公用设施无法得到正常保障。如四季青街道钱江苑社区，由于拆迁补偿存在争议，绝大多数家庭拒绝缴纳物业费，为节省开支，小区晚上只亮草地灯，绿地维护则能拖即拖，监控装置等设施也无钱投入。物业费难收也影响到物业员工的福利，致使高素质的保安和保洁员纷纷"跳槽"，物业管理的水平一降再降。目前，物业由社区代管。相当一部分居民认为，住进安置小区属于政府行为，并非他们所愿，而且未拆迁的村民依然在村里享受免费的"午餐"——卫生费、路灯费、夜巡费都由村集体支付，不必村民自掏腰包。因此，他们不接受"花钱买服务"的生活方式，拒交物业管理费。在缺少经费的情况下，物业公司服务质量不到位，对居民屡次反映的楼道灯不亮、水管渗漏、下水管堵塞、化粪池满溢、公厕不干净等问题拖而不决，在没有做好必要解释工作的情况下，这必然会导致居民与物业公司矛盾重重，形成恶性循环。

第四，拆迁安置小区教育设施不配套导致人户分离现象出现。这一现象出现的原因在很大程度上是教育资源的不均衡问题。拆迁安置牵涉到小孩就学的学区问题，不同学区的学校教育质量存在很大差异。因此，在小区的所属学区划分透明度不高、长远确定性不强的情况下，某些望子成龙的家长不愿冒险把户口迁入。当然，村民担心户籍变动后自己享受不到村级福利，也是一大原因。

第五，有些拆迁社区没有预留建设用地。社区配套体育设施没有得到人们的足够重视，导致设施建设数量严重不足。如丁桥长睦苑社区现有的社区配套体育设施无法满足社区居民进行体育锻炼和健身娱乐的需要，现有的排舞队、腰鼓队、跆拳道队等也没有活动场所。现有的部分新拆迁住宅小区没有预留体育设施建设用地，然而社区配套体育设施又需要一定的场地，所以没有预留建设用地给体育设施的选址带来了困难。同时，由于原本就没有预留体育设施建设用地，社区居民无处进行体育锻炼。

第六，社区管理权限配套政策还不十分清晰。农村拆迁整体安置社区处于由农村社区向城市社区转型的过渡时期，其经济、社会、文化亦城亦农的特殊性使安置社区管理也呈现亦城亦农的交叉性。一是既要对原村居民进行管理，又要对城市导入人口和外来人口进行管理。管理人口数量的增多和类型的多样，大大增加了安置社区居委会的管理任务、管理成本和管理难度。二是既要对原农村遗留经济发展和社会事务进行管理，又要对城市发展和社会事务进行管理。集体经济发展、计划生育、社会治安、民政优抚等农村工作，继续由安置社区管理承担；由城市化带来的城管创建、建设环境优化、失地农民就业、社会保障等工作，也压在社区居委会头上。但由于事物的繁杂性与社区管理权限配套政策之间存在一些差距，加上拆迁安置社区管理人员受能力、经费方面的诸多限制，在实际工作中很多管理难以到位，因此容易产生矛盾。

四　村改居社区公共服务设施建设方式
及其存在的问题

1. 村改居社区公共服务设施建设投融资模式及其资金来源方式

2017 年 6 月，新华社发布了《中共中央国务院关于加强和完善城乡社区治理的意见》，提出要完善城乡社区基础设施，建立健全农村社区公共服务设施和公用设施的投资、建设、运行、管护和综合利用机制。近年来，政府一直加大对城乡社区建设的投资力度，村改居社区建设更是被纳为社区建设的工作重心。村改居社区公共服务设施建设的主要资金按来源分为政府拨款、土地经营和短期银行借贷以及社区集体出资等。由于公共服务设施的公共性等特征，市场无法承担公共服务设施建设的职责，因此政府成为村改居社区公共服务设施建设的主体。在撤村建居之前，农村公共服务设施建设的政府拨款十分匮乏，村委会也没有承担起公共服务设施建设的职责，国家对农村的公共服务设施建设的支持力度较小，农村公共服务设施建设的整体状况较为落后。国家有专门的财政预算用于公共服务设施建设，村改居社区建设有关省市政府也会投入大量的资金，主要的资金来源是村改居社区所在基层政府，基层政府通过招商引资为基础设施建设投入资金。

在长三角区域，很多村落有自己的集体资产，这些农村集体资产通常是指属于乡、村、组集体经济组织全体成员集体所有的资产。农村集体资产具有分布广泛、种类繁多、存放分散等特点，资产的内容涉及农村的不同部门、领域和产业①。大部分村改居社区对集体资产采用了股份制改革的方式处理，通过建立股份制或者股份合作制，实现了集体资产的转化，这些集体资产在给居民每年分红的基础上还会有部分盈余投入社区的发展和建设中。当然，不同的社区，其资产的多少和处理方式都有所不同。但是，相当一部分社区在集体资产转换后能给村改居社区公共服务设施建设和维护提供大量的资金。与政府拨款不同，集体资产是原有村集体共同拥有的，所以能否使用、使用多少和如何使用都要经过全体村民集体协商。

---

① 侯希红编著《农村集体资产管理》，中国社会出版社，2010。

杭州的村改居社区位于城市扩张地带，撤村建居后，村委会在集体土地上修建了两栋写字楼和一栋商业大厦，还有部分临街商铺，该社区每年的租金收入就达到两千多万元。除此之外，该社区还拥有一个集体企业，收入也比较高。该社区居民每年每人可以拿到将近两万元的分红，该社区的公共服务设施建设是由社区提供经费的。

第一，地方政府公共服务设施建设压力过大。

同城市其他社区相同，村改居社区地设立居委会，受地方街道办管辖。在村改居社区建设过程中，各级政府参与度不同。其中，公共服务设施建设资金投入主要来源是村改居社区所在地方财政收入，尤其是当地城镇级政府。因此，财政实力薄弱、征税权力和征税面小、融资权限小、可支配财力不足的城镇级政府承担着主要投资建设的职责。在公共服务设施建设方面，中央财政没有设立专项财政资金予以援助，主要依靠地方财政进行投资建设。在这种情况下，地方政府承受较大财政压力，一方面难以保障公共服务设施建设有充足的资金来源，易导致资金链中断，公共服务设施建设或运营无法正常开展，同时也无法保障公共服务设施的建设规模和水平达到规定标准；另一方面，在公共服务设施建设方面，巨大的财政支出易引发地方政府财政赤字，会在一定程度上限制地方发展和建设。

根据王元京、张潇文发表于《财经问题研究》2013 年第 4 期上的《城镇基础设施和公共服务设施投融资模式研究》一文，2001 年至 2011 年，在基础设施建设资金来源中，中央财政的比例逐年下降，而地方财政的比例逐年上升。到 2001 年，中央财政在城镇基础设施建设中占 1.23%，而地方财政占 33.72%，地方财政所占比例比中央财政高出 32.49 个百分点，可见地方财政与中央财政在城镇基础设施建设资金投入方面的比例差异之大。地方政府承受如此大的资金支出压力，易导致其在公共服务设施建设过程中力不从心，从而产生建设规模不达标、建设标准不达标以及建设成本缩减等问题。

第二，不同社区建设水平差异较大。

一些经济发展水平较高、财政收入较多的地区，其村改居社区建设整体资金投入充足，能够在达到国家规定标准的基础上得到进一步建设和发展，甚至公共服务设施建设水平远远超过一些城市社区。如上海市的很多村改居社区，建设用地寸土如金，农民因拆迁得到大量补偿，村集体通过土地出租获得较大的经济收益，社区居民每年能得到一定的分红，加上地方政府的资金投入力度较大，因此其公共服务设施建设状况整体较好。而在一些经济发展水平较低、财政收入较少的地区，其村改居社区建设资金投入整体不足，往往达不到国家规定的标准。如中西部的一些社区在村改居过程中，农民得到的补偿款仅够重新买一套安居房，且这些地方的政府资金投入不足，村改居社区公共服务设施建设水平十分落后。除此之外，在经济发展水平相同的地区，由于各地方政府的政策不同，其对公共服务设施建设的重视程度也会不同，从而导致其建设水平和规模的差异化。在政府重视程度较高的社区，一方面政府能够通过多种激励机制保障充足的资金投入，另一方面政府能够通过有效的政策引导推动社区公共服务设施建设；而在政府重视程度不高或实施方法不当的社区，公共服务设施建设过程中存在一系列的问题，就很难达到国家规定的标准。

第三，公共服务设施建设投资主体单一。

村改居社区建设既完成了从有到无的过程，即农民从有地到无地、农村从有到无的过程，又完成了从无到有的过程，即社区从无到有、公共服务设施从无到有的过程。只有依靠政府才能实现如此巨大的社会转变，加上公共服务设施的公共性和非营利性等独特性质，公共服务设施的建设只能以政府为主导。但是，公共服务设施建设涉及面较广、资金缺口巨大，在排除了市场和社会资本的情况下，政府很难独立、有效完成这一巨大工程。

第四，公共服务设施建设融资渠道狭窄。

村改居社区公共服务设施建设的主要融资渠道包括政府财政支出、土地经营收入以及银行贷款等。政府财政支出主要指的是城镇级政府支出，而这一级政府由于财政征收范围较小、财政收入水平较低，且基层政府融资渠道较少、融资能力较弱，能够投入公共服务设施建设的资金十分有限。土地经营收入主要是指村集体土地的征用补偿，这一部分资金大部分到了村民手中，且这项资金具有不可持续性，由于村改居居民自身对公共服务设施建设的重视程度不足，部分居民出于私利，不愿意在公共服务设施建设上投入太多资金，因此集体收入难以为公共服务设施建设提供有效资金。通过银行贷款支持公共服务设施建设属于提前消费模式，由于公

共服务设施的非营利性，大部分设施很难获得较好的收入效益，因此难以
通过经营公共服务设施来偿还银行贷款。

一方面，融资渠道狭窄导致基层政府面临巨大财政压力，资金不足是
一切项目的首要问题，资金不到位就会导致项目建设难以开展，或者整体
建设规模和质量难以达到标准要求。另一方面，狭窄而单一的融资渠道使
公共服务设施在建设过程中，建设项目的资金链容易断裂，无法保障公共
服务设施的正常运营和管理，不能适应城镇建设稳定健康发展的要求和
需要。

2. 村改居社区公共服务设施建设决策机制及居民参与方式转变

在撤村建居之前，公共服务设施建设基本是政府供给，农民在公共服
务设施建设过程中的参与率较低，村集体在研究决定农村公共服务设施建
设项目时，更多考虑的是基层政府的整体规划和资金支持，这是一种自上
而下的行政命令式的建设方式①。转化成村改居社区后，居委会便承担起
了建设和管理公共服务设施的职责，在遵守上级政府整体规划的基础上，
采用更加民主的方式对公共服务设施建设进行决策和管理。一方面，基础
设施建设关系到广大居民的切身利益。居民对公共服务设施的要求具有多
样性和复杂性，不经过民主协商很可能会导致设施不能满足居民的主要需
求或者引发居民的不满。另一方面，居民不再从事农业生产活动，整体文
化水平和民主意识有所提升，对关系到自身利益的公共事务的参与热情有
所提高，因此更愿意参与到公共服务设施建设的决策和管理中。

第一，公共服务设施建设决策过程的特点是自上而下。

村改居社区实现由村落或城中村向城市社区的转变并不是自然形成
的，而是以政府为主导的多方力量综合博弈的结果。政府在其中扮演着强
有力的引导者和组织者角色，它从整体出发，根据地方特色对村改居社区
的建设进行总体规划，其中就包括对基础设施建设的规划，整个过程大致
分为以下步骤：基层社区综合多方意见撰写规划方案并报给上级政府审
批，上级政府牵头并筹集资金进行建设。在这一过程中，居民的参与程度
较低，且相比公共服务设施的用地及质量，居民更关注撤村改居后的赔偿

① 李成明：《农村基础设施建设现状及决策机制分析——以淄川区 2011~2013 年农村基础
设施建设为例》，硕士学位论文，江西师范大学，2016。

和收益问题。纵观村改居社区的建设过程以及公共服务设施建设的决策过程，可以发现其采取的方式类似于农村社区基础设施建设过程中自上而下的决策机制，居民在决策过程中的参与程度很低。

第二，决策过程中居民参与率不高。

根据弗里曼（Freeman）的利益相关者理论，所谓组织目标的利益相关者，是指所有能够影响组织目标实施，或者组织目标实施过程与其利益相关的个人或集体。村改居社区居民作为公共服务设施的服务对象和主要利益群体，理应参与到公共服务设施建设的决策过程中去。村改居社区居民大部分是城中村的农民，整体知识水平和文化素质偏低，缺乏一定的民主意识和政治生活参与意识，民主参与能力较低，普遍不了解有效的民主参与途径和机制。在外来人员中，有一部分居民是租住户，普遍存在归属感和认同感不足的问题，在一定程度上，他们认为自己被排斥在居委会民主决策之外，因此对政治生活参与感较弱。

村改居居委会成员的整体专业知识水平和综合素质不高，居委会的工作人员有一部分是原村委会的工作人员，他们对原有村落居民的基本情况和相互关系比较了解，因此比较适合继续担任居委会管理工作。比如在杭州市下沙街道中沙社区的17个社区工作人员中，有8人是原村委会成员，只有9人是通过社会招聘方式招来的，但是这些招聘来的社区工作人员一般承担的都是比较基础的工作，职位也比较低。原村委会成员在担任社区工作人员后，管理方式和理念仍停留在原农村村委会的层次上面，缺乏一定的民主意识，对公共服务设施的重视程度不高。

第三，决策没有贯穿全程。

赫伯特·西蒙以社会系统理论为基础提出了有限理性决策模式，他认为决策贯穿管理的全过程，管理即决策①。在公共服务设施建设过程中，政府决策大多为事前决策，缺乏事中决策和事后决策，即决策没有贯彻公共服务设施建设的全部过程。事前决策即在公共服务设施建设前，政府根据实际情况综合各方观点提出建设方案，对建设事宜进行决策并公布。事中决策即在政府建设公共服务设施过程中，根据实际出现的问题以及居民

---

① 李莉：《赫伯特·西蒙"有限理性"理论探析》，硕士学位论文，苏州大学，2007，第11页。

等有关利益方反馈的意见对建设方案进行调整，进行再次决策。事后决策即政府在完成公共服务设施建设过程后，对设施使用情况和居民态度进行收集和反馈，在此基础上进行拆除、调整和扩建，不断进行决策。

第四，有效决策机制尚未形成。

有效的决策机制除了决策中枢系统之外，还应包括决策信息系统和决策咨询系统。决策咨询系统由掌握决策权的行政领导人员构成，负责确认决策问题、明确决策目标、组织决策方案的设计和选择决策方案。决策信息系统由专业的信息人员组成，负责收集、加工和传递信息。咨询系统由专家学者组成，负责参与决策方案的设计与评估[①]。在村改居社区公共服务设施建设过程中，大部分社区缺乏咨询系统或信息系统，或者二者在决策过程中的参与力度不足。除此之外，有效的决策机制还应包括监督系统，由村改居社区居民等直接利益相关者构成，负责提出需求、反馈意见以及监督。而大部分村改居社区在公共服务设施建设过程中尚未形成有效的决策机制，因此其建设易产生政府妥协、规模和质量不达标、服务设施不能有效满足居民需求等情况。

3. 村改居社区公共服务设施建设过程及其责任主体

第一，在一定程度上，地方政府相对忽视公共服务设施建设。

我国实行社会主义市场经济体制，市场在资源配置过程中起到决定性作用，政府的宏观调控作为弥补市场失灵的有效手段起到调节作用。由于我国的强政府体制，政府承担着许多角色和职能。其中，公共服务设施因耗资巨大、资金回收周期较长、收益较低，市场无法有效供给，因此政府成为公共服务设施的提供者。但是，我国的公共服务设施建设较为滞后。首先体现在公共服务设施相关政策的滞后上。很多地区没有针对地区特色制定相应标准与规范，政府没有制定公共服务设施建设的相关政策以约束和惩罚开发商的不当行为。其次体现在政府工作重心偏离上。地方政府重视经济发展而对公共设施的提供有所不足。在村改居社区公共服务设施建设过程中，部分政府工作人员的"官本位"思想导致其在面对开发商侵害居民利益时不作为，居民的利益诉求得不到很好解决，出现了公共服务设施建设难、管理乱等现象。

① 郑志龙主编《行政管理学》，高等教育出版社，2011，第209～211页。

第二，开发商追求自身利益最大化。

开发商作为建设主体，直接决定着村改居社区公共服务设施建设的水平与规模，由于开发商还是市场主体，它追求的首要目标是经济利益，即投入最小、收益最大。开发商会争取尽可能地扩大商品房数量和容积率，扩大商业用地，从而侵占公共服务设施建设用地和资金。在村改居社区建设过程中，开发商为了减少建设成本，在建设安置房和商品房时会差别对待，以尽可能地提高收益。此外，开发商会从经济利益和商业角度来规划原有社区，从而在一定程度上忽视了原有村落的纽带联系和特点。由于市场主体的这一特性，开发商提供公共物品时就要受到严格的监督和约束。政府应该成立专门的工作小组对开发商的规划和建设等全部环节进行监督，如若监督不力，就会导致开发商在某一环节产生偷工省料等行为。开发商与政府相比，政府是决策者，开发商是执行者。执行环节出现问题必然会导致决策失效或达不到预期效果，因此政府部门在验收时要严格把控每一处细节，坚决杜绝向经济利益妥协，这样才能有效保障公共服务设施的成功建设。

第三，居委会难以代表居民利益。

居委会是基层自治单位，是居民进行自我管理的组织机构。居委会应该代表居民的利益，成为居民和政府二者之间信息传达和利益协调的组织。但是在实际情况中，居委会大多只负责传达政府的声音。在公共服务设施建设过程中，部分居委会无法起到帮助居民发声和出谋划策的有效作用，居民对居委会的信任感也因此逐渐丧失。居民的意见和建议无法得到有效反馈和重视，建成的公共服务设施无法满足和有效体现居民的需求。居委会在建设方案的决策过程中难以起到有效的作用，与政府存在意见相左时往往由政府决定。

第四，社区居民利益表达能力较弱。

村改居社区居民人口构成复杂，其中部分为原村落居民，他们文化水平和综合素质相对较低、利益表达能力较弱，且对公共服务设施等概念和内容不了解，对公共服务设施的要求不高，对村落在较短时间内转化为城市社区往往不太适应，并容易产生满足感。除此之外，村改居社区居民还包括相当大一部分外来人员，其构成也相对复杂，但大部分是年轻人和中年人，他们对公共服务设施的要求也仅仅停留在满足需求的层面，没有一个有效的衡量工具和标准。

大部分村改居社区居民在居住过程中对没有得到满足的公共服务设施需求不会选择向政府或居委会反映。除此之外，在进行利益表达时，部分居民没有找到恰当的表达对象，也没有找到恰当的表达途径，没有采用恰当的表达方式。如当幼儿园无法容纳全部适龄儿童时，家长往往从幼儿园方面找问题，或者通过不正当方式进行竞争，确保自己的孩子能够到最好的学校学习，而不是选择向政府反映幼儿园数量不足的问题并请求解决。

4. 公共服务设施管理及运营专业化

村改居社区不同于传统的城市社区，它是由农村社区转化而来的，在具有城市社区特征的同时还保留了大量的传统农村社区的特征。如传统的农村社区是"熟人社会"，村委会在管理上更多地依靠人情关系而非制度，村民与村民之间固定而复杂的世俗关系制约着村委会的管理方式。而城市社区是"陌生社会"，人与人之间的关系依靠规则和制度来维持，居委会更多地依赖制度和规则的管理方式。而村改居社区较二者更复杂，一方面，村改居社区是由传统的农村社区转化而来的，基本构成人员是原村落的村民，互相之间存在熟人关系；另一方面，部分村改居社区还有大量的外来人口，这些外来人口又构成了城市社区的"陌生社会"，同时还导致村改居社区包含了不同地域之间的冲突性特征，不同的语言、文化和风俗会给村改居社区居委会的管理造成很大的困难和不便。此外，村改居社区人口的文化水平参差不齐，在长三角区域的村改居社区中有大量的外来务工人员，同时还有一部分高校毕业生到这里就业或创业，加上原有的村民，就构成了这样一个庞杂又多元的社区。不同的文化水平决定了人们对不同事物的态度和认知，在公共服务设施方面，不同特征的人群对提供什么样的公共服务设施和怎么样提供公共服务设施以及如何管理和维护公共服务设施存在不同的声音，这对村改居社区居委会的管理方式构成了挑战。

（1）公共服务设施运营管理过程中政府支持力度不大

在公共服务设施建设完成后，政府一定程度上没有继续在运营和管理过程中发挥主导作用，主要体现在资金供给和监管力度方面。我们在杭州市下沙街道村改居社区走访时发现，社区老年活动中心等设施的日常活动费用和管理费用大部分是由社区集体出资的，政府没有提供专项资金用于组织社区服务活动以及维护社区公共服务设施，这是由于部分处于较好地段的村改居社区通过建设商业设施出租和土地经营每年有大量的收益，足以维持公共服务设施的运营。但是针对这种情况，政府没有规定每年的固定经营费用以及每年用于社区活动的费用，如此一来，就存在部分不重视公共服务设施的社区只是简单地管理而不会进一步做好运营工作。此外，政府更注重对满足居民基本生活需求的设施的运营，如医院、学校等。在文化体育设施方面，政府在建成后没有有效走访调查这些设施的投入使用情况，没有确保这些设施能够真正保障居民的有效参与、真正满足居民的需求，导致很多设施不能有效发挥功能与效用，甚至出现部分设施常年闲置的状况。

（2）公共服务设施运营管理过程中部分社区工作人员的失职

在大多数村改居社区，阅览室、老年人活动中心、停车场、健身器材、绿化设施以及垃圾处理设施等基本公共服务设施都是以社区为主要管理主体，但是由于社区居委会及其工作人员在公共服务设施运营管理方面的专业性较差，加上日常行政事务较为繁忙，难以为公共服务设施提供有效的管理。在部分社区，阅览室和老年人活动中心形同虚设，一方面是由于宣传和组织工作不到位，另一方面是由于管理和运营不当。如在某社区走访时我们发现，虽然已经临近中午，但是老年活动中心的三个大门紧闭，没有见到任何的社区工作人员。这是社区工作人员的失职，也反映了政府在设施管理过程中存在缺位。部分社区工作人员的观念和意识存在问题，如认为公共服务设施是为了给政府检查用的，而不是为居民服务用的，这些观念导致了社区居委会在公共服务设施运营管理方面存在失职。

（3）村改居社区居民参与程度不高

由于村改居社区居民大部分由村民转化而来，他们中的很多人仍然保留着原有的生活习惯和休闲方式，闲暇时大多数人更偏爱围在一起唠家常或者一起打牌等，而对社区组织的活动参与程度不高。一方面，这些居民自身文化程度和综合素质相对较低，对于图书阅览室的需求较低，一些老年活动中心的日常活动是组织老年人观影，而村改居社区的许多老年人更愿意选择坐在家里看电视。另一方面，很多居民对公共服务的认识程度较低，因此不能很好地参与到社区的公共文化活动中去，居民参与程度不高直接导致这些文化体育设施运营的失败。

另外，由于部分居民对公共服务设施认识程度较低，自身综合素质不高，没有主动维护公共服务设施的意识。如有一次我们在走访过程中发现，有居民在健身器材上晾晒衣物和被子，这种行为一方面反映了居民维护公共服务设施意识的缺失，另一方面也反映了居民晾晒被子的需求没有得到有效满足，而相关工作人员一直没能有效解决这一问题。公共服务设施的服务对象是居民，居民也应当被纳入运营和管理公共服务设施的团队中，这样不仅能够帮助一些赋闲在家的居民解决就业问题，还提高了居民对公共服务设施维护的意识，保障公共服务设施得到有效的使用和维护。

（4）公共服务设施建设运营的公私合作模式

公共服务设施外包服务是指政府将部分公共服务设施的建设和运营职责通过合同交由社会组织、私营机构或与之合作。在公共服务设施领域，大部分地区采取公私合作的形式，即 PPP 模式，是指政府通过合同等形式与其他合作伙伴确认双方的权利与义务，进行共同建设和管理①。主要集中在那些投资回报率低且资本回收周期长的领域，如教育、医疗、交通、城市排水设施、热力供应等。在这种模式下，既可以保证政府在公共服务设施建设与管理过程中发挥主导作用，保障公共服务设施的公平有效供给，还能保障社会资本的有效引入，保证私人资本有利可图，同时提高政府工作效率，降低私人资本的投资风险。

公共服务设施外包服务过程中也会出现很多问题，如部分政府人员的寻租行为、滋生腐败、政府监管不力、企业道德风险等。但是从长期发展趋势来看，将私人资本引入公共服务设施领域是正确且必然的。除了教育、医疗、交通等领域外，还应将老年活动中心、社区文化体育设施、残疾人活动中心通过这种外包方式交由社会组织或私营机构运营。政府应培养、扶持越来越多这种专业的运营团队从事公共服务行业，为提升我国公共服务水平储备专业人才。在村改居社区建设过程中，有较大的基础设施建设和运营需求，大部分是从无到有的，而且由于有城市社区建设与运营的经验，村改居社区公共服务设施建设整体呈现规模大、成效高、速度快的特点，比较适合私人资本进行投资建设与运营，大部分营利性公共服务设施，如医院等医疗设施、垃圾处理等公共服务设施都可以采取公私合作的形式进行运营和管理。在这种管理模式下，既可以保证公共服务设施运

---

① 施文：《公共基础设施建设外包问题研究》，硕士学位论文，宁波大学，2012，第 12 页。

营资金的有效来源，同时还可以推动地区经济的进一步发展，提高地方基础设施建设水平和公共服务水平。

五　村改居社区公共服务设施建设问题改进策略

社区硬件配套是满足市民对社区生活要求的物质基础，合理的社区配套用地是满足社区硬件配套的必要条件。社区配套用地，必须在社区规划的上一层次规划中得以落实。不同属性的配套设施，建设资金来源不同。公益性设施完全由政府投资，准公益性设施则由政府和社会资金共同投入。其中，福利服务设施由政府承担建设的部分主要是针对城市低保居民及处于低保边缘的居民；文体服务设施，由于社区内不同类型的文体设施较多，部分承担了社区文体服务功能，为避免重复建设，政府仅需要承担建设最基本的文化教育、体育健身设施。对于上文反映的社区配套设施方面的问题，各社区原则上至少满足最低标准，其中各社区可以根据自己社区的实际人口规模、各类人群所占比例，适当调整规模和种类，满足各类居民的需求。

1. 在公共服务设施投融资结构上可以适度引入社会资本

（1）减少基层政府财政压力，各级政府合理分工协作

在公共服务设施建设方面，基层政府承担着过多的财政压力，对经济发展产生了一定的限制。因此，中央政府、地方各级政府应该相互协作，承担相应的职责，共同建设公共服务设施，提高基层公共服务设施建设水平。中央政府应设立专项财政资金，并设定省市级政府最低投资比例，在保障基层政府在公共服务设施投资中的主导性地位的同时，适当扩大中央政府、省市级政府的投资比例。针对不同经济发展水平的社区，中央政府应对地方财政进行综合评估，进行差别性投资。由于村改居社区的特殊人口结构和非自然形成方式等特点，中央政府应加大对村改居社区的投资力度，保障村改居社区的公共服务设施建设水平基本达到城市社区的水平。

（2）拓展公共服务设施建设融资渠道

公共服务设施又分为非营利性公共服务设施和营利性公共服务设施。其中，营利性公共服务设施包括教育设施、医疗卫生设施、商业服务设施

和居民服务设施，如幼儿园、医院、超市、餐饮、婚姻殡葬服务设施等；非营利性公共服务设施包括文化体育设施、社区服务设施、市政管理设施等，如老年人活动中心、残疾人综合服务设施、借阅室、健身设施、垃圾处理设施等。营利性公共服务设施一般采用公私合作或招投标等方式进行建设，而非营利性公共服务设施则由政府部门完全负责投资建设和运营。因此，政府需要进一步拓宽非营利性公共服务设施的融资渠道，包括发行公共服务设施建设债券、鼓励社会团体以及企事业单位捐赠等。发行公共服务设施建设债券的方式适合投资回报周期长、投资回报率低的公共服务设施建设，而鼓励社会捐赠的方式则比较适合没有投资回报率的社会公益性服务设施，如残疾人综合服务设施、老年人活动中心、养老院和社会福利院等，并可通过命名、宣传等答谢形式鼓励捐赠。

（3）经营性设施项目资金多元化供给

改变以往的以政府为单一主体的建设模式，引入社会资本，将企业、社会组织和居民纳入建设主体，形成多元的资金供给网络。部分经营性公共服务设施如营利性医院、商业文化体育设施、商业性教育设施以及污水处理等，由于具有一定的经济效益，因此应鼓励企业等组织投入资金进行建设。这类设施具有较大的市场需求和基础稳定性特征，可以鼓励民间资本以独资、合资等形式进行投资建设。此外，政府可以开发建设此类设施的产业投资基金，并向社会公开发行基金股份，有效吸纳社会分散资金，进而有效整合并推动经营性设施的产业化和规模化发展。

2. 构建合理的公共服务设施决策机制，提高公民参与程度

（1）建立政府主导、公民有效参与的决策模式

迈克罗斯（Teixeira J. C.）等人运用线性模型分析出公众对市、省和联邦政府提供的公共服务满意度，结果表明自下而上的模式优于自上而下的模式[①]。尼普（Nip D.）指出，现有的公共服务设施管理系统是基于专家学者和规划管理部门的，缺乏公众参与，他提出了在公共服务设施配置中通过公私合作的形式加强公共服务设施管理的公众参与[②]。在自上而下

[①] Teixeira J. C., Antunes A. P., 2008, "A Hierarchical Location Model for Public Facility Planning," *European Journal of Operational Research* 1 (2008): 92 – 104.

[②] Nip D., *Planning in the Process for Multiplex Sports Facilities: Integrating and Empowering the 'Public' in Public – Private Partnerships.* University of Manitoba, 2009, p. 89.

的决策体系中，政府占据绝对的决策地位，各方主体资源分配不均，公共服务设施决策没有充分考虑居民的意见和建议，不能有效满足居民需求，不能正确反映居民的公共服务设施需求，从而难以提升公共服务设施建设水平和公共服务水平。同时，完全的自下而上的决策体系又会不利于公共服务设施建设的整体性和一致性。居民公共服务设施建设决策的积极性不高和能力不强，居民不具备公共服务设施建设的相关知识和意识，而且不同的社区对公共服务设施建设的具体事宜无法达成一致的意见。因此，应当建立政府主导、公民有效参与的决策模式，由政府负责统筹公共服务设施建设的决策事宜，将专家学者、居民代表和开发商等各方利益主体纳入决策体系中，充分考虑各方意见，以满足居民需求和服务居民为基本出发点，以提高公共服务水平和居民满意度为最终目标，进行公共服务设施建设决策。同时，在建设过程中，应将政府与企业的合作事宜以及其他公共服务设施建设的相关财务状况和文件依法公开，接受公民的监督，同时成立居民代表委员会对公共服务设施建设过程进行监督检查，时刻接收居民意见反馈，并在原有公共服务设施建设基础上进行调整，最终建成较为科学合理的、能够满足居民需求的公共服务设施。

（2）构建科学的决策机制

在村改居社区公共服务设施建设决策前，政府应当成立相关的决策信息系统对相关信息和资料进行采集收纳，形成科学的、完整的公共服务设施建设的信息资料体系，服务于决策过程。在决策中，政府应当召集相关方面的权威专家学者成立决策咨询系统对建设总体情况提出整体规划和意见，并经过民主协商充分了解社区特点，采纳社区居民意见，并根据社区居民需求草拟一份建设规划书，为村改居社区公共服务设施建设进行总体把关。政府决策部门应在此基础上充分了解相关信息资料和社区特征，根据决策咨询系统的规划，着手公共服务设施建设的相关事宜。民主决策应该贯穿公共服务设施建设的全部过程，在公共服务设施建设过程中，应当及时考察建设情况并根据出现的问题召开民主会议进行决策，同时，在公共服务设施建设完成并投入使用后，应当对居民的使用情况进行调查，并根据其中的问题进行民主决策，充分接收居民的反馈意见，对原有的决策进行修改和调整，最终建成比较科学合理的、能够满足居民需求的、有利于提升公共服务水平的公共服务设施。

（3）保障居民的有效和有序参与

由于村改居社区人员结构混杂，且部分居民文化素质和知识程度不高，无法科学有效地参与到公共服务设施建设的决策体系中去。因此，政府可以派出相关工作人员或者委派居委会对社区居民进行公共服务设施相关知识的普及宣传，让居民了解公共服务设施建设的整体过程和国家现有政策等，提高居民的公共服务意识和民主参与意识，让居民意识到参与公共服务设施建设的决策对其生产生活具有至关重要的影响。同时鼓励居民参与到公共服务设施建设决策过程中去，这是一个比较基础的工作，而且涉及的范围较广、工作量较大，政府应早点着手开展，保障工作落实到位以取得明显的成效。在居民参与决策前，应保障参与决策的居民对决策议程和相关决策知识以及公共服务设施建设相关概念有一个清楚的了解，同时应在决策过程中设立居民代表发言环节，让居民代表充分阐述其所在社区的基本特点和社区居民的需求状况。公共服务设施建设应该在保障整体一致的基础上，了解社区居民的多样化需求，鼓励居民对公共服务设施建设提出设想，最终保障公共服务设施能够有效满足居民的特殊需求，并能够彰显地方的文化特色，与当地的民俗文化融为一体。

3. 明确责任主体，加强各方协作

（1）政府部门促进相关政策法规出台，加强监管力度

村改居社区在我国具有一定的普遍性，很多省份都有大量的村改居社区，未来的城镇化发展中也必会涌现出大批量的村改居社区，这对于我国城镇化建设以及地方经济发展具有较大的意义，推动城市化的进一步发展。由于村改居社区具有"半熟人社会""从无到有"等特殊性质，村改居居民经历了快速的、剧烈的社会结构转型，政府应该着重加大力度处理好村改居工作中的问题，妥善协调各方利益关系，稳步推动村改居社区的公共服务设施建设。首先，政府部门应加快有关村改居社区公共服务设施建设的政策法规的出台，针对村改居社区的特殊性质，推出相应的解决方案和应对措施。其次，政府部门尤其是基层政府应加强对村改居社区公共服务设施建设过程的监管力度，保障公共服务设施建设的规模和质量达到规定标准，保障居民的利益不受损害，协调各方利益关系，稳步推动公共服务设施的建设和公共服务水平的提升。再次，政府部门应提出具有创新性的建设方案和措施，如放低门槛、引入社会资本，进一步拓宽融资渠

道，推动公共服务设施建设和运营的多元化发展。最后，政府部门应作为主导者和中间人，将居民、居委会、专家学者、开发商等多元主体召集在一起进行沟通和协商，协调各方利益，推动公共服务设施的协调发展。

（2）居委会应成立公共服务设施工作小组

首先，居委会应明确自己的工作使命和职责，真正把居民的利益作为工作的重心，把服务居民、提高居民生活质量作为自己的工作使命。在公共服务设施建设过程中，居委会应积极实地走访调查，全面了解社区的基本情况，把握居民对公共服务设施的基本需求，并总结本社区的总体需求状况和特殊情况，反映到相关政府部门。在公共服务设施决策过程中，居委会应做好协调工作，按照要求依法开展民主决策议程，积极推动各方有效沟通，为公共服务设施建设打下良好的基础。在公共服务设施建设过程中，居委会应承担监督检查的工作，并将实际建设情况和检查结果等信息资料向社区居民公布，听取社区居民的意见和建议。在公共服务设施建设完成后，居委会应积极走访调查，了解公共服务设施的使用情况以及居民需求的满足状况。总而言之，居委会应以提升公共服务水平和提高居民满意度为基本准则，贯穿公共服务设施建设的全过程，充分协调各方利益，真正做到为社区居民着想、为社区居民发声。因此，社区居委会应高度重视公共服务设施建设这一工作，招聘公共服务设施相关专业人员成立临时公共服务设施工作小组，负责统筹推进公共服务设施的建设工作，同时积极听取居民建议，接受居民监督，充分保障公共服务设施建设这一工作的顺利开展，推动公共服务设施的建设和公共服务水平的提高，进而提高村改居社区居民的生活质量。

（3）社区居民应积极参与到公共服务设施的建设过程中去

公共服务设施建设的受益主体是村改居社区居民，居民应该意识到这一事实，并积极主动了解国内外公共服务设施建设的现状以及国家关于公共服务设施建设的相关政策法规，了解民主参与决策的途径和监督渠道，通过合理程序和合法途径依法保障自己的合法权益，保障公共服务设施能够有效满足自身需求。社区居民可以选举部分居民代表全权参与到公共服务设施过程中去，参与到公共服务设施融资、决策、建设以及运营等整个流程中去，切实保障公共服务设施建设不会损害居民的利益，同时保障社区公共服务设施建设可以满足居民的需求，进而提高社区居民的生活质量。

总而言之，无论是社区规划还是配套设施建设，这些工作都属于提升居民幸福感、获得感和安全感的重要工作，是推动社区居民参与和互动的发展蓝图和行动战略，是提升社区治理水平、促进社会健康和谐发展的重要工具。本研究不同于城市规划学的愿景导向、工程导向、蓝图导向和体形环境导向，本研究提出的社区规划和配套设施的措施更注重多学科的交叉融合，更注重沟通导向、参与导向、行动导向和政策管理导向。

村改居社区具有特殊的社会性质，其人员结构复杂，社区呈现出农村社区的熟人社会特质，其独特的人口结构等都会给村改居社区建设带来一定的影响。其中，村改居社区人口中老年人和儿童所占比例较大，因此村改居社区要十分注重幼儿园、小学等教育设施和老年人活动中心等公共服务设施以及医院、医疗站等医疗卫生设施的建设。此外，村改居社区居民熟人较多，因此村改居社区应注重居民日常闲聊和聚会的公共服务设施的建设。村改居社区集体资产差异性较大，因此在建设过程中地方政府应统筹建设，保障其公共服务设施建设的整体状况处于良好的状态。村改居社区中由农民转化而来的居民占一定的比例，这部分人对公共服务设施的需求具有不确定性，政府部门和居委会应主动了解并加以引导。村改居社区与城市社区相比具有一定的差异性，因此在公共服务设施建设方面，不应照搬照抄城市的建设经验，应综合了解、多方探讨，制定符合村改居社区特征的能够有效满足居民需求的公共服务设施建设方案和对策。

第七章

村改居居民的"亚市民化"问题
以及户籍福利平等化需求

中国改革开放的四十多年时间里，城市的社会文明、政治经济都有了跨越式的发展，城市空间范围也在不断向周边村镇扩展。国家统计局发布的 2015 年国民经济和社会发展统计公报的数据显示，2015 年，中国的城镇化率达到了 56.1% 。2016 年政府工作报告中提到，中国的城市化率水平为 57.4% ，预测到 2020 年可以达到 60% 。中国的城镇化无疑是当前促进经济持续发展和保持经济发展动力的主角之一。2014 年 3 月 16 日，新华社发布《国家新型城镇化规范（2014—2020 年)》，提出要有序推进农业转移人口市民化，符合条件的农业转移人口尽快落户城镇，推进农业转移人口公平地享有城镇基本公共服务和公共产品，建立健全农业转移人口市民化推进机制，加快城镇化进程。新型城镇化不同于过去的土地城镇化，其核心是坚持以人为本，尽快促成农民的"市民化"转变，实现城乡一体化发展和公共服务均等目标，体现共建共享的理念。所谓的"市民化"，其主语是人，围绕人开展的村改居工作就必须要求政府快速稳健地帮助农村居民转变为新市民，真正成为城市的主人。而实现新市民身份的转化，不仅是形式上的"进"城，如生产资料、生产环境和生活方式的改变，更重要的是货真价实的"融入"城市，获得与新市民身份相匹配的利益，即村改居居民在公共服务、社会保障、住房福利、资源汲取等方面与城市居民平等享有潜在的利益和权利。那么，在实现新型城镇化的过程中，如何保证村改居居民获得正当的户籍利益，加快改革与其相配套的户籍制度便成为了重头戏和关注焦点，特别是对于村改居农民，追求平等化户籍利益的需求尤为迫切。

村改居居民的户籍利益平等化诉求也可以体现为权利平等、收入平等和机会平等。权利平等包括公平分享公共服务、受教育权利、基层民主政治权利等，收入平等包括平等就业、享有社会保障、土地转化为财产性收入等，机会平等包括子女受教育机会、社会福利和社会救助以及住房保障机会等。做好户籍利益平等化改革对社会主义市场经济持续健康繁荣和提高新型城镇化推进效率具有显著成效。根据对长三角地区 50 多个"撤村并居""撤村建居"案例的调查，当前东部沿海区域由于经济发展程度已经接近中高等发达水平，村改居工作依靠比较雄厚的物质基础取得了阶段性成果，给全国村改居工作提供了改革样本，可是村改居居民的户籍利益平等化仍然没有真正实现。而且经济发展水平越高的地方，城乡居民的社会福利、公共服务等户籍利益的差异性越明显，而拉平村改居居民与城市居民户籍利益差距有利于提高社会福利水平，实现权利、收入和机会均等，促进人的城镇化发展。

一 我国户籍制度发展带来的利益变化及其"亚市民化"的现状

从 20 世纪 90 年代开始，我国就已经逐步开展了村改居的工作，农村地区开始加入城市化的进程中。最初的城市化建设也只是给农村地区和农民披上了一件城市的外衣，虽然广度有了，但是深度一直欠缺。2014 年，国家提出要走新型城镇化道路，"提高城镇化质量，使之健康发展"，其真正含义就是在推动农村人口平稳有序地转变为城市人口的同时，也要保障农村居民合法权益不被剥夺。在这种情况下，要从土地城镇化向农民城镇化的方向转变，户籍制度的改革便成了首要基础。户籍制度改革不仅体现农业人口转移到城镇这一简单的流动过程，而且关系到其背后隐藏的一系列利益要素，如就业、土地、住房、福利等。同时，户籍制度改革牵涉的社会利益主体也越来越多元化，除了国家、政府之外，主要包括三类群体，即城镇居民、农村居民以及农民工。但现在随着村改居工作如火如荼地进行，村改居居民作为新的一类利益群体开始出现在大众视野中，对政府提供平等化的公共服务和公共物品的呼声也越来越高。

1. 村改居居民的"亚市民化"

在新型城镇化热潮的背景下，村改居居民既是获取利益的参与者，又是利益损失的被动方。十九大报告中指出："以城市群为主体构建大中小城市和小城镇协调发展的城镇格局，加快农业转移人口市民化。"① 实施村改居这一政策是促进我国农村人口市民化的必然选择，也是化解城乡户籍制度裙带关系下的利益分配失衡的重要手段，对促进社会公平、机会平等以及城乡统筹发展具有重要意义，为创新社会管理提出了新的考验。然而，当前的实际情况是，村改居居民的户籍利益问题成为隐藏在城镇化背景下的一个病理特征，表面上村改居居民在制度层面已经成为城镇人口，可以享有相同的公共服务水平、社会福利保障等，但是从更深层次的户籍制度剖析来看，户籍利益不平等的问题依然潜藏在村改居居民身上，所以村改居居民并没有真正实现"市民化"，他们犹如夹心饼干一样，既不属于真正的城市居民，又不属于真正的农村居民，更不同于主动进城务工，受城市规则潜移默化影响的农民工。这种户籍利益改革的脚步远不及城镇化发展过程的速度，最终导致村改居工作中出现"亚市民化"这一新现象。

（1）"亚市民化"是一种不平等利益

"亚市民化"可以具体从以下四个利益角度加以说明。在制度利益方面，城市户籍并没有帮助村改居居民争取到融入城市制度体系的机会，例如子女义务教育、社会保险、社会救助、住房保障、就业保障等，进而使村改居居民成为游离在城市制度框架之外的特殊人群。在政治利益方面，户籍的变更使村改居居民成为城市中谈判能力和说服力相对弱势的一方，为自己争取合理利益的发声机会少，利益诉求传达不畅。在经济利益方面，村改居居民受传统的自给自足农耕经济的影响，还无法迅速达到城市市场经济的竞争状态。同时，他们的经济基础薄弱，有限的补偿金和就业困难使他们的原始积累不充分和未来积累不稳定，在城市的高消费和高物价面前，他们较难适应。在文化利益方面，传统的农耕文化孕育出了农民特有的生活方式和思想理念，他们有着属于自己的生活圈和朋友圈。例如农村居民横向的居住空间使得邻里文化得到发展，而城市居民的纵向生活空间更强调私密性，并且城市丰富的文化内容更产生一种高阶文化的主观

---

① 习近平：《决胜全面建成小康社会　夺取新时代中国特色社会主义伟大胜利——在中国共产党第十九次全国代表大会上的报告》，2017 年 10 月 18 日。

感受，这使村改居居民必须做出改变。城市是多种利益聚集的高能环和多元文化交汇的中心地带，户籍制度阻碍了村改居居民和谐融入城市和获取户籍变更后同等的城市利益，"亚市民化"现象普遍存在。

（2）村改居居民"亚市民化"的根源

村改居居民深受传统的农耕文化影响，一直是"面朝黄土背朝天"地扎根在农村土地中。经济上是以农业为主的自产自销模式，略有结余；政治上是以农村村委会集体决策为主的基层管理模式；社会环境方面以熟人社会为主，延续着"远亲不如近邻"的观念；文化领域主要是通俗易懂、更接地气的田园文化；生活方式则受地理环境的影响而喜欢"小聚居"，崇尚自由随性的生活，村民之间生活状况不会有很大差距，但村与村之间由于封闭性生活方式而各有异同。

城市的生活则是另一番风景，新中国成立之后，为了改变旧中国落后的面貌，政府大力提倡加快推进城镇工业化和现代化的发展，加之户籍管理办法的出台，经济重心转移到城市建设上来，城市享有政策的支持和利益资源的倾斜。经济方面，城市大力发展第二产业，工业化在给城市人民带来便利的同时，也产生了诸多社会问题，城乡发展不均衡就是户籍利益分配失衡在工业化过程中暴露出来的弊端。改革开放以后，市场经济强调的是一种效率和竞争，体现为人的行动更加科学和人的交往更注重合作与竞争，这与农村的自给自足差异很大。政治方面，城市居民以居委会为基层管理机构，居民参与度很高。此外，社会利益集团和社会组织逐步兴起，人们的利益诉求和政治参与体现在方方面面，更增加了人们主人翁的意识。社会环境方面，城市更多的是一种网络化的交往方式，各行各业人与人都有交流和关联，并且会更加开放、多元化。文化方面，城市由原来单一的工业文化向复杂化、多元化的文化发展，许多文化相互借鉴又衍生出新的、更容易被社会接受的文化。

两种户籍身份导致村改居居民与城市居民的利益差距与历史背景、政策导向都关联，要想真正实现"人的市民化"，就要实现真正的城市居民化。但是，往往二者间的利益差距不是在短时间内能得到均衡调整的，在调整期间，村改居居民就会处于"亚市民化"状态。以上说到的种种城乡之间的差异都是基于户籍制度影响下的利益分配偏差经过长年累积、逐渐扩大才显现出来的，因此，村改居居民的户籍利益问题一直是"市民化"

的绊脚石，其使得村改居居民长期陷于"亚市民化"的状态中。一方面，农民经历了身份的转换，变成了城镇居民，应平等地享有城镇化带来的城市公共服务和福利；另一方面，他们又延续着过去农村的生活方式和行为方式，享有的是农村低福利低保障。这种"亚市民化"其实就是村改居居民切身利益未得到重新合理划分，城乡之间的利益藩篱依旧没有消除。

2. 我国户籍制度发展带来的利益变化

（1）户籍制度的创立期（1950~1955年）

在新中国成立初期，国内一切都处于百废待兴的状态，政府财政支出能力有限，城市和农村同样处于发展窘境，户籍制度并不能带来特殊的利益增减变化，故此中国户籍制度建立的最初预期功能只是管理人口登记。1950年公安部颁布的《特种人口管理暂行办法（草案）》，成为新中国户籍制度开始的起点。次年，公安部又颁布了《城市户口管理暂行条例》，基本上统一了全国城市的户口登记制度。户籍制度的建立是国家开始实施以户为单位对公民在本地居住的合法性进行调查、登记和申报等管理功能。一方面，方便地方各级政府对本地区人口进行管理，掌握辖区内各户人口的家庭状况和分布情况，提供适量的公共物品和公共服务；另一方面，户籍制度的人口登记功能有助于国家了解当前国内的人口情况，根据人口数量和质量制定相关的人口政策和国家发展计划。1953年，中国大部分农村也相继建立起户籍制度。1954年，中华人民共和国的第一部宪法对公民的自由居住和迁徙权进行规定，提供了最高的法律保护。1955年，国务院又颁布了《关于建立经常户口登记制度的指示》，要求全国各个市、乡、县、镇都要建立起统一的户籍制度，同时对城乡人口的出生、死亡、迁入和迁出都做出详细的规定。所以，这一时期的户籍制度的发展主要表现为：一是不断完善基础的人口管理功能，二是覆盖范围逐渐从城市人口扩大到农村人口，三是对农村人口和城市人口的自由迁移没有做出限制和约束。户籍制度并没有影响农村和城市之间的利益分配，也没有出现城乡利益分配孰轻孰重的问题，只是在称呼上会有所不同：农村人口主要是农民，城市人口多为工人。这样的称呼并不是基于户籍利益或者社会地位的差别，而是单纯地依据职业进行分类。

（2）户籍制度利益的形成期（1956~1978年）

20世纪50年代后期，中国在完成"三大改造"之后，提出了"赶英超美"的口号，国家经济发展重心开始转向城市工业建设，农村地区为响应国家号召，纷纷采取"农业支持工业"的做法。一方面，形成农村合作社，大力增加粮食产出，为城市发展做好粮食供应；另一方面，国家通过压低农产品价格，实现了工业发展的资金积累。农民在最初计划经济时期付出了很多，但是得到的最少，损失的却最多。城市经济条件伴随工业起步有了显著的成效，市民的生活条件渐渐有了改观，体现为：城市工作岗位增多，居民就业率不断提高；由国家发放定量的口粮（粮票、布票、油票等），基本生活可以保障；城市社会保险建立，全部由企业和单位承担；住房问题也得到解决，实行单位分房。这些城市人口才享有的优惠条件，暗示着城乡之间的利益开始有所分化，也正是因为城乡利益的差距，才出现了农村人口向城市迁移的趋势。从 1956 年到 1957 年，国家连续发布了四个限制农民盲目流入城市的文件。1958 年 1 月，为了进一步保证城市人口的口粮、就业等其他一切福利，全国人大常务委员会通过了《中华人民共和国户口登记条例》，第一次将社会成员属性化，划分为农业户口和非农业户口，至此户籍制度被赋予身份识别功能，成为一种对公民身份的区别性界定。户籍制度束缚了农村人口向城市的自由流动，城乡居民的分布和身份开始冻结，农村剩余劳动力只能从事农业劳动，同时也为城市居民享有各种福利提供了制度保障。在 1958 年户籍管理条例将社会成员划分成农村居民和城市居民两类主体之后，城市和农村之间就一直存在一道制度屏障，随之而来的就是形成了城市和农村两套利益体系，并且城市的户籍利益始终占据优势地位。到 1975 年，宪法修改了允许公民自由迁移的法律条文，从此户籍制度限制人口流动的功能产生，影响延续至今。其实，从这一时期出台的政府规定可以看出，户籍制度并不是一开始就是利益的载体，更多的是充当保护城市利益的一种工具，但在其中户籍利益悄然而生。

（3）户籍制度利益的发展期（1979 ~ 1999 年）

改革开放以后，城市经济再次进入一个新的发展期，政府为了保证有足够的资金支持城市建设，征购农村土地。但是，由此带给农民的损失也是显而易见的。农村居民由于失去土地而进入城市打工谋生，但因为仍然是农村户口，无法享受只有城市户口才能获得的各种住房、医疗、教育和就业等福利待遇，户籍成为农村居民一道跨不过去的坎。随着改革开放的持续深入，城市经济突飞猛进地向前发展，各方面的待遇、保障都有了一个跨越式的提高，进一步拉大了城市户籍与农村户籍之间的利益差距。城乡之间呈现两种迥异的情景：一种是城市居民福利越来越丰富，物质生活和公共服务基本满足；另一种是城乡之间贫富差距拉大，农村居民的生活水平相对远落后于城市居民，户籍制度带来的利益差距进一步拉大。城市户口逐渐成为一种身份的象征，城市户口利益的稀缺性使得农业户口利益贬值，越来越多的农民希望可以摆脱农村户口的利益局限，进入城市生活。对于城市居民来说，他们是户籍制度的受益方，他们不仅希望可以享受更多户籍制度带来的利益，而且对想要进城变为城市户口的农民产生了抵触心理。城市的公共设施、环境卫生、公共服务以及福利保障都是维持在一定的水平之上的，大量的农民涌入势必会挤占一部分城市居民的福利，引起城市居民的恐慌和不满，最终就出现一种城市歧视农村的社会病态。虽然 1984 年国务院为解决农民进城务工经商的困难发出了《关于农民进入集镇落户问题的通知》，指出"各级人民政府应积极支持有经营能力和有技术专长的农民进入集镇经营工商业……及时办理入户手续，发给《自理口粮户口簿》"①，为人口流动开了一道口子，但是并未触碰城市户籍利益的边界。1997 年，国务院又出台相关文件，规定"在小城镇已有合法稳定的非农职业或者已有稳定的生活来源，而且在有了合法固定的住所后居住已满两年的，可以办理城镇常住户口"②，但是改革范围仅限于县城区，农民依然无法跳出"人转利益不转"的怪圈。这一时期，国家在宏观层面已经意识到户籍制度导致的城乡二元制结构不再适应形势发展需要的问题，并着手对小城镇的户籍制度放松了一些，可是这些变化无法与城市户籍日益增多的利益相提并论，户籍制度除了政策导向赋予的利益之外，还逐渐被人为地添加了许多其他利益分配功能，长期以来成为城镇居民和农村居民之间的一道利益鸿沟，制约着城乡一体化发展的进程。所以，户籍制度发展到这个阶段已经不再是简单的城市利益保护屏障，而成为一种利益标志，拥有城市户口或农村户口意味着利益的数量和质量都会有很大不同。

---

① 国务院：《关于农民进入集镇落户问题的通知》（国发〔1984〕141 号），1984 年 10 月 13 日。

② 国务院：《国务院批转公安部小城镇户籍管理制度改革试点方案和关于完善农村户籍管理制度意见的通知》（国发〔1997〕20 号），1997 年 6 月 10 日。

（4）户籍制度利益的松动期（2000～2013 年）

进入 21 世纪之后，市场经济的繁荣渐渐暴露出户籍制度的缺陷，尤其是户籍制度包含的各种利益，使城乡发展一体化矛盾重重，改进户籍制度的功能和重组户籍利益的分配成为促进社会进步和维护社会公平正义的一剂良药。在 20 世纪八九十年代，我国户籍制度改革开始着手减弱小部分农村人口自由流动的限制影响，但准予落户是基于对城市经济的贡献度。2001 年，《国务院批转公安部关于推进小城镇户籍管理制度改革意见的通知》发布，成为小城镇全面推进户籍改革的标志，农村剩余劳动力向城市转移的户籍门槛开始普遍降低，同步改革的还有一些对中小城镇户籍利益协调和重组的措施。从 2004 年开始，四川成都开始取消农业户口和非农业户口的划分，统一改为居民户口，虽然"当时只是称谓上的变化，城乡失衡的资源配置与权力差别并未改变"①，但已经向打破城乡二元结构的目标迈出了第一步。2011 年 2 月，国务院出台《关于积极稳妥推进户籍管理制度的通知》，标志着 1958 年形成的中国城乡二元结构的户籍制度开始进入改革更新期，逐步实现城乡基本公共服务均等化也被提上日程，表明户籍制度改革开始深入城乡户籍利益的调整。2013 年 11 月，中共第十八届中央委员会第三次全体会议提出要"创新人口管理，加快户籍制度改革，全面放开建制镇和小城市落户限制，有序放开中等城市落户限制，合理确定大城市落户条件，严格控制特大城市人口规模"②，这一内容对城镇、（特）大中小城市的户籍改革进行了详细的规划，进一步放了户籍制度对人口迁移的限制，但是对于中等和特大城市来说，要采用保守渐进的方式控制人口增量。综观这一时期的户籍改革，取消身份界定和放开人口流动限制成为主要的改革方向，同时国家也意识到户籍利益分化严重的问题并进行了局部的调整。近年来，随着国家实施农村振兴计划，"三农"问题成为关乎国计民生的根本性问题，国家对农村、农民实施了多方面的优惠和补贴政策，包括税收优惠政策、金融支持政策、财政扶持政策、涉农项目支持政策、农产品流通政策以及人才支持政策。这些政策支持、帮助农民摆

① 文华：《地方政府户籍制度改革：多案例比较研究》，《人口与发展》2015 年第 5 期。
② 十八届中央委员会第三次全体会议：《中共中央关于全面深化改革若干重大问题的决定》，2013 年 11 月 15 日。

脱了贫困，走上了生活幸福的小康道路，越来越多的农民愿意依靠土地丰衣足食，城市对农民的吸引力不再像过去一样不可替代。

（5）新一轮户籍制度的改革（2014年至今）

随着中国社会的发展进入转型阶段，"传统的以身份作为利益区别工具的歧视性政策已经明显制约了社会公平，不利于社会正义和社会的长久发展"①。要想社会的发展更加普惠平衡，就要先从改革户籍制度抓起，从收入分配、社会保障、公共服务等人们最关心、最直接、最现实的户籍利益着手，通过改革户籍制度来弥合城乡之间的利益差距，使户籍制度沿着健康的轨道前进。特别是新型城镇化提出之后，大量的农民又开始重新涌入城市生活。不同的是，过去的农村物质生活匮乏，农民向往美好的城市生活，纷纷主动进入城市，但政府一直在限制人口自由流动；而现在政府为促进现代化的经济发展，发掘新的经济增长动力，主动要求农民改为城市户口，迁移至城市居住。所以，更加需要政府端平村改居居民户籍利益分配这碗水，直至最终消除户籍利益差别。2014年7月公布的《国务院关于进一步推进户籍制度改革的意见》，明确提出了取消农业户口与非农业户口之间的性质区分，建立起城乡统一的户口登记制度，并建立与城乡统一的户口登记制度相适应的教育、卫生、就业、社会保障和土地制度②。新一轮的户籍制度改革正沿着剥离户籍制度背后的利益包裹方向发展，基本着力点是在不削减城市现有人口既得利益的基础上，满足城镇增量人口的需求，最终摘掉户籍制度赋予人们的利益"金帽子"和"草帽子"。2017年10月18日，习近平同志在十九大报告中进一步提出，以城市群为主体构建大中小城市和小城镇协调发展的城镇格局，加快农业转移人口市民化，对我国今后的城镇化发展方向和户籍制度改革给出了新的历史定位。

综观户籍利益的形成过程，自20世纪50年代户籍制度建立以来，"由于户籍已经成为一种社会身份的象征，户口性质的不同直接导致社会资源分配的悬殊，以及所能享受的社会保障与社会福利的巨大差别，且长期以

---

① 钱洁、殷建国：《新型城镇化进程中推进户籍制度改革的制约因素及其对策》，《中国人民公安大学学报》（社会科学版）2016年第4期。
② 转引自文华《地方政府户籍制度改革：多案例比较研究》，《人口与发展》2015年第5期。

来从个人层面上改变这种局面的难度非常大"①。户籍制度最初对促进合理
高效的城市管理产生了积极影响,这是不可否认的。但改革开放后,市场
经济逐渐繁荣,户籍制度阻碍了人口的流动,与市场经济资源合理配置的
要求相冲突,给城乡发展带来了困扰。一是加筑了城乡交流的隐性壁垒,
阻碍了城乡利益统筹发展,不仅拉开了城市人口和农村人口之间的社会地
位的距离,而且进一步加大了城乡之间的贫富差距。二是传统的户籍制度
与多个领域的政府政策相挂钩,最终形成了"政策网"②,也可以说是黏附
在户籍制度上的"利益网",如就业、住房、土地、救助以及福利等,使
城市居民变相地侵占农村居民的权益常态化和合法化。三是新型城镇化战
略的实施和村改居工作的开展,加剧了村改居居民的户籍利益差距与快速
融入城市之间的矛盾,使得实现户籍利益的平等化成为当前户籍制度改革
中最急迫的问题。

二 村改居居民户籍制度变革下的利益诉求

长三角地区作为中国经济增长的重要引擎和改革示范区,其户籍制度
的改革成果也成为全国的标杆和方向。不得不说,在新型城镇化的发展趋
势下,户籍制度的改革所带来的人口自由流动效应、资源聚集效应、社会
公平平等效应以及服务型政府建设,为长三角地区提供了更大的发展空间
和更持久的经济动力。一是村改居居民进入城镇生活后,物质条件和消费
水平与从前不同,客观上拉动了城市内需,提供了市场经济新的发展动
力;二是村改居居民迁移至城市后,丰富了劳动力资源,为城市带来新的
人口红利小高峰,原先农村的耕地资源、森林资源、环境资源也可以被重
新开发利用,培养成为一个新经济增长点;三是大量村改居居民进入城
市,对城市户籍利益的平等分享提出新诉求,成为衡量社会公平的又一新
指标;四是城市常住人口的不断增加,对政府的治理能力和服务能力提出
了更高的要求。但机遇和挑战往往是并存的,长三角地区在意识到城镇化

---

① 钱洁、殷建国:《新型城镇化进程中推进户籍改革的制约因素及其对策》,《中国人民公安
大学学报》(社会科学版)2016年第4期。
② 郭秀云:《户籍制度分立式改革路径:利益剥离与利益扩展》,《改革》2016年第9期。

进程与户籍制度之间冲突所引发的一系列城乡利益分配不公问题的同时，更要清楚了解村改居居民对城市各类利益重新分配的需求，如物质利益、精神利益、保障利益和服务利益等，如若单纯地从制度上对农村居民实行居民制，是无法从根本上破除缠在户籍制度上的利益藤条的。地方政府有必要在户籍制度改革的过程中，建立促使农转非人口成为城市居民的尺度标准，实施普惠城市居民和转型期居民的优惠政策，以进一步维护村改居过程中居民的合法权益和合理利益诉求，化解其与城市居民之间利益不对等的矛盾。本章内容基于对长三角地区村改居居民的调查，从以下四个方面解析村改居居民户籍变革的利益诉求，多角度、多层次地理解城镇化过程中村改居居民对未来生活的期许和憧憬。

1. 户籍利益对村改居居民公共服务水平的影响

政府的基础设施建设和公共服务均等化与居民的生活质量有着密切的联系，尤其是长期以来，受户籍制度划分影响的农民和市民对公共服务水平的差异性分配深有体会，这也是起初城市对农民产生巨大吸引力的原因之一。但是实施村改居之后，变身为城市人的村改居居民实际上并没有顺利、对等地享受到城市公共服务的利好。

公共服务是政府以一个地区的一定人口数量为标准向社会公众免费或者低价提供的服务，这类服务涵盖的范围广泛，既包括人们所需要的基本公共服务，如水电气、道路、邮电通信等，又包括人们提高生活水平所需要的发展性公共服务，如医疗卫生、教育就业、精神文化等方面。同时，公共服务水平并不是恒定不变的，人们随着生活水平的提高，对国家和政府提供的公共服务的种类、数量和质量都会有新的要求。公共服务概括来说就是指"那些以政府供给为主，其他多种形式的主体参与供给的以满足公众需求为目的的具有非排他性、非竞争性的社会服务的总称"①。公共服务按照空间范围可以划分为城市公共服务和农村公共服务。但是长期以来，户籍制度将城乡割裂开来，不仅将城乡居民分离开，而且城乡公共服务也是差别化发展。无论是中央还是地方政府都将更多的财力投入城市公共服务设施的建设，带来的结果就是城乡户籍利益中公共服务这部分越来越不对等。农村居民所获得的公共服务不仅种类少，而且所占比例也很

---

① 陶丽：《我国农村公共服务供给问题研究》，硕士学位论文，西南大学，2011。

低,城市提供的公共服务是较为全面且发展水平远高于农村地区的。

村改居之前,农村公共服务与城市公共服务的户籍利益差异主要体现在供给主体和供给类型上。从供给主体来看,农村公共服务的提供者主要是村集体和农民个体,例如农村兴修水利、修路建桥、房屋搭建等都需要集体资产和农民个体共同出资,农村社会保障和教育则主要由农民自己负责,这些农村公共服务没有中央和地方政府提供的支持,或政府支持政策不明确、财政投入不充足,即其特点是低价且平质的;而城市公共服务主要由中央和当地政府财政承担,使得大量的公共资源都倾向于城市,城市居民的公共服务水平以政府财政为后盾,保障水平更高、更稳定。从供给类型来看,农民受户籍利益的局限,享受的公共服务种类少且质量不高。农村公共服务主要包括基础设施、社会保障、基础教育、基本医疗卫生防疫等;而城市居民享受的户籍所带来的利益要更多,包括公共物品的提供、社会保障、教育、就业、医疗卫生、社会福利、环境绿化等,发展至今,公园、活动中心、图书馆、其他社区文化设施也逐渐成为城市居民公共服务的一部分。

村改居之后,农村居民转为城市居民,户籍身份发生了质的变化,但是得到的户籍利益却不明显。虽然村改居居民也享受到了城市基础设施的便利、公共活动空间的舒适、交通通信的快捷,但是公共服务其他方面的利益并没有落实到村改居居民身上,或者说在公共服务利益分配不均衡,尤其是在"农转非"的初期,地方政府很容易陷入"主观偏向"的思维,体现为各项政策优先照顾原城市居民,以致降低了农转非居民享有城市资源的数量和质量,这不仅会打击村改居居民"市民化"的积极性,也会给长三角地区经济发展、产业升级和结构调整带来阻力。

进入城镇后,村改居居民受户籍利益的影响,公共服务均等化问题一直存在,主要表现在以下三方面。

(1)村改居居民的基础设施建设不完善

当前许多农村采取就地城镇化的方式,这就要求原先农村的基础设施要尽快建立或者引入城市的管理标准,行政管理方面的街道办事处和派出所要及时设置,由市里和街道进行统一规划、建设和管理,为居民提供更加便利的服务。而现实状态却是撤村并居后,土地的开发利用率并没有和当地的服务设施建设率成正比,许多公共服务项目的水平和基础设施建设仍是原来农村的发展项目和发展规模。例如市政增加公厕和垃圾站的数量仍然无法满足新居民的生活需求，道路修缮相对滞后，电信通信网点设立得不够多。

（2）村改居居民的基础公共服务水平有待提高

在居住区方面，有的村改居居民整体搬迁至一个新的区域，其居住区周边的设施建设显得相对滞后和不足：没有购物商场和就近农贸市场、交通出行不便利、环境绿化欠缺、天然气管道未及时开通。这些问题如果不能得到及时解决，就无法满足村改居居民生存、生活和发展的基础公共服务需求。特别是当前，国家加强了对新农村的建设，农村户口附带的户籍福利也越来越多，包括农村义务教育阶段的费用减免、农村的土地以及土地流转等带来的福利[①]。城镇村改居社区公共服务水平的相对滞后对城镇化进程会产生不利影响。在这一方面，浙江省湖州市德清县新市镇的做法可以作为村改居的样本。作为小城市培育试点的德清县新市镇，受到各级政府高度重视，各级政府合力助推新市镇建设发展和改革创新。其培育试点的基础设施建设工作方面有显著成效，在城市效率、城市框架和城市活力方面有显著提升。2011～2013年，三年行动计划57项指标整体完成度达100.4%，小城市建设取得重大成效。2014～2015年德清县新市镇的基础设施建设数量在2013年的基础上有了进一步的增加（见表7-1），各方面公共服务供给都在努力向新市民的需求靠拢，并且在某些方面超过了预期设定的建设目标数，逐步填补了村改居居民公共服务方面的不足。

表 7-1　2014～2015 年德清县新市镇基础设施发展状况统计

指标名称	计量单位	2013 年完成数	2014 年目标数	2014 年完成数
城市道路长度	公里	83.2		84.5
其中：数字化管理的城市道路长度	公里	20.4		20.4
建成区实施数字化管理已覆盖面积	平方公里	33.1	35.8	35.9
建成区公共停车泊位数	个	912		922
建成区自来水日供水能力	吨	30000		30000

---

① 储德平、伍骏骞、卫龙宝：《区域分异视角下农村居民迁移意愿及影响因素——基于浙、川、豫 3 省 1325 个农户的实证分析》，《福建师范大学学报》（自然科学版）2017 年第 2 期。

指标名称	计量单位	2013 年完成数	2014 年目标数	2014 年完成数
建成区数字电视用户数	户	13000		13258
建成区宽带接入用户数	户	5600		5716
建成区地下空间开发利用面积	平方米	8000	21000	23100
城市道路长度	公里	83.2		84.5
大型商场（商贸综合体）面积	平方米	85000		88000
三星级以上（含三星）宾馆床位数	张	74		74
金融组织数量	个	9		9
其中：小额贷款公司	个	1		1
村镇银行	个	1		1

（3）新城镇社区公共服务的均等化程度正在不断提高

村改居之前，农村的相关事务都是由村委会①负责协调管理。农村村委会不仅具有公共事务管理和政治领导的职能，还具有一定的经济管理功能，依靠集体的力量保障村民的利益和福利，如土地集体分红、税费收缴、兴办学校和兴修道路等。而城市社区主要是依靠政府的鼓励支持建立起来的，主要发挥居委会基层公共事务管理和治理的作用，引导居民积极参与社区建设，如环境卫生保护、社区门诊建设、社区养老机构的发展以及社区活动中心的建立等。村改居居民实现城镇化后，其村委会改为社区，发展社区公共服务既有利于保障基层组织有效运转，增强社区居民凝聚力，提升社区共同体意识，实现民主管理，也有利于各类优惠政策和社会资源在社区层面得到整合，推进公共服务均等化和新社区建设，保证村改居居民能够在社区这个小的集体里实现公共服务利益均等。

如杭州市余杭区塘栖镇在进行小城市培育工作过程中，为加快公共服务平台的建设，依托五大中心，打造"5 + X"公共服务模式，建设塘栖市民之家。文化阅览中心建设完成并投入使用；社区卫生服务中心、养老中心、历史文化体验中心、体育健身中心等建设顺利推进；行政审批服务中心进驻部门 15 个，设有公共服务窗口 24 个，可

---

① 农村村委会始于公社组织，是农民自发地建立在土地等生产资料集体所有基础上的基层民主自治组织。

办理业务 79 项，服务乡镇 3 个，全年受理业务量 3.14 万件，办结率达 99.93%；城市综合执法中心可执法事项 16 项；就业保障服务中心举办招聘会议 7 次，完成就业介绍 3899 人，处理劳资纠纷 128 起；土地储备中心完成土地收储 290.32 亩①。

如金华市兰溪市兰江街道对村改居居民的社区建设主要采用就地并入政策，本着为民、便民原则，凭房产证或拆迁安置协议等有效证件资料，原村民可将户口迁入住宅所在社区。殿下应村并入横山社区，排岭新村并入华丰社区，之家村并入青松社区，鸿业花园并入丹溪社区；其他散户就近并入所在社区；有多处住宅者可以自愿选择其一；考虑特殊原因，原村设置集体户②。采取这种"并入式"的做法比较直接、快速地让村改居居民体验到社区公共服务带来的便利，也是最简单的让村改居居民获得均等公共服务利益的方法之一。

目前许多变更过来的居委会依然停留在经济管理职能上，关于社区公共事务的管理条例、管理内容、人员设置没有做出详细的规定，社区内的公共设施建设没有达到标准规模，也没有形成特色的社区文化以满足居民的精神文化需要，社区建设仍存在很大的问题。总的来说，村改居居民社区建设还处于初级阶段，存在服务内容不全、总量不足、质量不高、投入有限、机制不活、规章制度缺乏等问题。

2. 村改居居民土地与住房的利益博弈

城市户口背后黏附的竞争性利益主要包括公共资源，如社会保障、义务教育、公共医疗以及公共物品；而依附于农村户口背后的经济利益主要是土地和宅基地权益。对于农民来说，农村土地观念早已根深蒂固，其重要性未减。土地不仅具有保障功能，而且还有保值增值的功能。计划经济时期，我国农业经济占主导，农民在通过土地耕种实现了自给自足的同时，为城市的经济发展提供了物质基础，发挥了农业支持工业的作用，助力国家走上了工业化道路。改革开放时期，家庭联产承包责任制的确立赋

---

① 资料来源：余杭区塘栖镇党委、政府《塘栖镇小城市培育试点工作情况汇报》（2016 年 6 月）。
② 资料来源：《中共兰江街道工委、兰江街道办事处关于排岭村、殿下应村撤村并居工作的实施方案》（2017）。

予了农民更多的土地权益,但农民仍有不小的税收负担,经济富裕程度远远不够。在新型城镇化过程中,农民以土地权益置换了城市居民的身份,为城市化经济的可持续发展蓄力,在国家经济发展进入"新常态"时也贡献着自己的一份力量。现在,农村土地权益已经从"两权分离"变为"三权分置"①,即由原来的土地所有权和承包权进一步延伸为土地所有权、承包权和经营权。深化农村土地制度改革,促进土地流转,培育规模农业经营主体,使传统农民升级为新型职业农民,也为新型城镇化和农民户籍转变提供了机会。农村地区已经有许多农民不再从事农业劳动,土地要么闲置,要么流转出去,但土地依然是农村居民赖以生存的最后保障。特别是2006 年以后,农业税的废除帮助农民减轻了税收负担,之后政府出台的一系列惠农政策更是加大了对农业的财政补贴和优惠,农村居民能够享受到农村户籍所带来的土地利益,包括农民集体土地所有权、农民土地承包使用权以及宅基地权益。这些以土地为载体的户籍利益和政策福利是国家为补偿农民在新中国成立初期为经济建设做出的巨大贡献。

(1)农村土地利益对村改居居民的束缚性强

第一,农村集体分红的缺失加强了农民对土地的依赖。农村土地集体所有制是新中国成立以来,我国建立起来的一种有中国特色的集体土地制度,它是仅在农村地区实行的一种土地制度,集体所有权是归属于农村村集体等具有经济性质的村组织共同享有的权利,并不是基于个人所有权之上的,也就是说,农民对其分得的土地享有使用权而没有所有权。新型城镇化政策启动之后,国家不再只重视土地城镇化,开始向人的城镇化转变,但村改居居民仅靠土地补偿金无法保障其在城镇中的长期生存和可持续发展。在撤村并居这一过程中,有一种特殊的利益补偿机制在少数村镇中存在,那就是集体分红。分红主要是股份制公司每年按股份比例支付给投资者的一定红利,用以补偿投资者和吸引更多的投资者。其反映到集体分红上就是村集体每年根据本村集体经济的盈利状况或者出租土地使用权用于商业发展获得的收入,对拥有本村户籍的农村居民进行一定的分红,给农民一部分经济补贴收益。与公司分红不同的是,农村集体分红的人数

---

① 三权分置就是指农村土地的"所有权"归集体所有,"承包权"归签订承包合同的农民所有,"经营权"则归农村土地流转后负责经营土地的人所有。

基本维持在一定数量，而且要求必须是本村户籍。对于公司来说，参股的人越多，投入的资金越要通过市场进行资本运作，则得到的收益越多且收益空间越大。而对于村集体来说，集体收益只能以固定的出让土地的方式获得，所以集体分红有限且增值空间一定。这也可以解释为什么有些农村居民脱离农村户籍容易，重入农村户籍很难；还有就是集体分红为什么只能作为部分村镇的个别现象，多数村镇其实并没有集体分红。集体分红除了具有经济收益的作用，还具有保障村改居居民住房需求的作用。对于有集体分红的村改居居民来说，生活就多了一份依靠和保障；对于没有集体分红的村改居居民来说，进城安居就显得艰难许多。

第二，农村宅基地退出补偿力度不足。除农村的土地集体所有制之外，农村的宅基地制度也是目前城镇化过程中涉及的一部分。宅基地是农村居民利用集体所有的土地建造房屋作为自己的居住空间，宅基地本身就是一种具有财产性的物品，农村居民对宅基地的财产权性质有很高的期望。而住房是一种特殊市场商品，价格昂贵，但又是现代社会中每个家庭都需要的基本必需品，住房是家庭成员依托生存生活的空间环境，无论贫穷还是富裕，居民都需要对其进行投资。农村居民在宅基地之上建造房屋使宅基地的权益变得尤为重要，越来越多的农村居民不愿放弃土地利益。2016 年，国务院《关于深入推进新型城镇化建设的若干意见》中提到，要尽快探索出一种对农民宅基地权益自愿有偿退出的机制，以促进农村居民实现"市民化"。由此可见，新形势下建立合理的农村宅基地退出机制已经成为我国新型城镇化的重要内容，同时政府也应积极维护和保障村改居居民的土地权益。

丽水市莲都区于 2007 年全面启动撤村建居工作后，曾对征收村改居居民宅基地出台一系列政策文件，其中对村改居居民失地后的住房补偿做出了详细的计划：根据《丽水市人民政府关于完善撤村建（并）居有关政策的意见》（丽政发［2007］41 号）的有关规定，个人住宅土地转出让可享受优惠政策：人均建筑面积在 60m² 以内的，补缴土地出让金为土地评估价的 4%；人均建筑面积在 60m² 以外的部分补缴土地出让金为土地评估价的 20%。按优惠政策办理的时效是从撤村建居之日起后延 6 个月，超过 6 个月办理的就必须按《丽水市区撤村建（并）居实施办法》（丽水市人民政府令第 38 号）的规定执行：人均建筑面积在 60m² 以内的，补缴土地出让金为土地评估价的 12%；人均建筑面积在 60m² 以外的部分补缴土地出让金为土地评估价的 40%[①]。

第三，土地租金的陡增抬高了农地价值。随着城镇化发展，城市的外围空间不断地向郊区农村及边远农村扩大，住房用地、商业用地和工厂用地使得土地资源日趋紧张，由此带来农村土地租金和地价也持续走高，农业户口与城镇户口的利益差距开始缩小，但也推高了村改居"市民化"的成本，破除城乡二元结构的户籍制度改革未能带动农村居民自愿选择落户城镇。正是因为村改居居民城市户籍含金量不高和农民土地价值的提高，城市户口的吸引力逐渐减弱，农民更倾向于留在农村。而生活在城市的村改居居民，住房保障尚未有效落到实处。一方面，城市的高房价超过了他们的经济支付能力；另一方面，村改居居民房屋租金也成为生活费用的主要支出，这不利于满足村改居居民对美好生活的需求，同时也会产生农民对进城的排斥，给村改居工作带来负面影响。

（2）城市住房利益的不均等制约村改居居民的进城积极性

如果说土地关联着农民的生计，那么住房牵系着的就是村改居居民的梦想。村改居居民进城后，面临的第一个问题就是"住在哪"。村改居之前，农村居民依赖宅基地使用权建造属于自己的房屋。搬入城市之后，农村宅基地使用权被收回，村改居居民失去了原有的居住生活空间，但住房仍然是其个人和家庭正常生活的基本需求品。城镇居民经过几代人在城市的资源积累，基本上实现了"居者有其屋"，而村改居居民带着一笔土地转让补偿金进城却难以立刻找到一个满意的安身居所。住房已经成为村改居居民亟待解决的主要问题之一。对于村改居居民来说，住房利益差异是城镇化的产物，而房价和购房资格[②]成为他们买不了房的两大原因。村改居居民虽然已经成为城镇户籍人口，没有购房限制，村改居居民获得的土

---

① 参见《莲都区撤村建（并）居工作情况汇报》（2009）。
② 目前购房资格主要在一些特大城市有限制，如北京、上海和广州，这些城市人口密集度非常高，户籍制度还不能放开，只能暂时通过积分制的居住证对部分引进人才提供户籍制度的优惠政策。

地补偿金在城市房价面前显得不够，购房及后续的房屋装修费、家电设施安置费、日后的物业费用缴纳也会成为他们经济负担的一部分。浙江省在推进城镇化的过程中，对解决撤村建居的新市民的住房问题提供了许多样本性的住房安置办法，如宅基地权益置换房产权、土地置换分成或拆迁补偿、就地为村改居居民建设公寓楼以及发放购房差价补助等，这些住房保障政策有利于缓解村改居居民巨大的住房支出压力，帮助居民解决进城安家的首要问题。

　　塘栖镇在建设小城市的工作过程中，以新型城市化为主导，落实户籍制度和土地制度改革各项举措，深入做好购房入户、撤村建居、人才引进、征地农转非等工作，推动实施土地承包经营权置换城镇社会保障，农村宅基地和农民住房置换城镇产权住房，集体资产所有权置换股份合作社股权的"三个置换"改革，引导和鼓励农民向建成区和新社区集中，吸引外来人口特别是高素质劳动力在塘栖安家落户。三年累计新增进城落户 9389 人①。

　　杭州市早在 2002 年就针对保障撤村建居的农民的住房问题出台了一系列管理实施办法，规定实施撤村建居的地区，包括已经完成撤村建居的地区，必须推行多层公寓建设，如果条件允许的话也可以建高层。农转非居民可按照建安价购买公寓，人均建筑面积控制在 40 平方米以内，超过控制面积的部分则按照成本价格购买，但人均不得超过10 平方米（已经享受过公房分配、房改房、经济适用房、廉租房、货币分房等待遇的不再享受本建房指标）②。

在这场土地和住房的利益博弈过程中，农村土地的吸引力日渐增强，村改居居民城市住房问题未能得到有效解决，更多的农民开始意识到权衡二者之间利益的重要性。显然目前农村土地的经济优势大大促进了农民价值观的理性化，农民对保护住房利益和维护土地权利的意识也不断增强。

---

① 资料来源：余杭区塘栖镇党委、政府《塘栖镇小城市培育试点工作情况汇报》（2014 年 1月）。
② 资料来源：《杭州市撤村建居农转居多层公寓建设管理实施办法》（市委办发〔2002〕80号）。

"这也是浙江省近年来出现'逆城镇化'现象的原因之一。"①

3. 村改居居民的均等就业需求

村改居工作不仅要把农民迁至城市，还需要帮助村改居居民在城市"安家定居"。"安家"就是指上一节提到的村改居居民的住房问题，而"定居"是保证居民有一个稳定的收入来源，能够基本满足居民物质生活需要的长久工作。村改居之前，农民几代人种田耕地已经成为一项农业技能，而对于农业操作之外的技能，他们掌握得不多，所以他们的就业选择面窄不光与他们的生产资料单一有关，也与缺乏社会知识技能相关。实行村改居之后，村改居居民的就业选择范围更加广泛，就业领域更加多样化，面对就业竞争者时也更有优势，且越来越多。就业作为人的社会能力发展的必然选择，成为村改居居民在城市安定扎根的依傍，是村改居居民在城市一切生存、生活的基础。对于村改居居民来说，保证相当的就业利益，获得与城市居民公平竞争机会的意义是多层面的：一是就业意味着有份稳定的收入，不仅可以保障基本的衣食住行，而且在收入的基础上也有了其他高消费水平生活方式的可能；二是居民通过就业搭上了用人单位这样的载体，为个人参加社会保险、享受住房保障和子女教育等福利提供了可能；三是就业是村改居居民快速融入城市社会，构建城市人际交往网络的有效方式之一；四是就业可以帮助村改居居民认识自身的价值，重新设定人生目标，提高社会创造力，为城市经济发展注入新的活力。

但是，村改居居民在就业的过程中，他们自身的弱点就立刻显现出来了，这包括知识内容的匮乏、技术技能单一、个人素养偏低、思想观念落后以及缺乏自信心等。除了这些个人因素外，户籍利益影响下的社会因素也使他们不易顺利找到工作，这包括观念偏见、就业渠道少、社会资源匮乏、待遇福利的差异等。

（1）户籍利益下的"观念偏见"制约村改居居民的就业选择

基于村改居居民的自身弱点，用人单位容易对他们产生不信任和顾虑，因此在录用时显得更为谨慎。同等条件下，用人单位可能会更倾向于录用市民而非村改居居民。所以，许多村改居居民只能选择从事辛苦且工

① 储德平、伍骏骞、卫龙宝：《区域分异视角下农村居民迁移意愿及影响因素——基于浙、川、豫3省1325个农户的实证分析》，《福建师范大学学报》（自然科学版）2017年第2期。

资低的工作，如保姆、保安和保洁等。

　　家住杭州市余杭区仓前梦想小镇的刘大哥，今年39岁，他在自己家附近开了一家衢州饭馆，生意非常兴隆，每天一到中午他就忙得不停歇，周围的居民和学校里的学生都非常喜欢吃他家的饭菜，刘大哥对他现在的生活状况也是很满意。当谈及为什么不选择到城市找份更加体面的工作时，刘大哥总是会晦涩一笑说："嘿嘿，小姑娘，你可说得容易嘞！我们这种农村出来的人在城市里哪容易找一份体面的工作，没有背景，没有学历，找到的工作其实还不如我在这儿开个小饭馆体面呢，自个儿家本本分分开个小饭馆也挺好的，你说是不是？"刘大哥的妻子也开玩笑地说："城里的工作不要我们做，我们回来自己弄个这店照样过得挺好。"

　　（2）户籍利益的不均等导致村改居居民就业渠道少，社会资源匮乏

　　"虽然在征用土地的过程中，政府通过招工安置和就地安置方式来解决失地农民就业问题，但是，从整体看被征地农民就业形势不容乐观。[①]"许多村改居居民进入城市后也会选择到人才市场、劳动力市场寻找工作，但在单一的就业渠道下，村改居居民就业率必然会不尽如人意。此外，村改居居民缺少城市的社会人际关系资源，共享城市的就业信息平台不及时，没有经受过就业技术培训和学习，这些都是他们错失不少就业机会的原因。

　　（3）户籍利益的差异体现在待遇福利的不均等上

　　基于前三点的就业阻力，不少村改居居民处于一种非常规就业状态，如工作时间长且工作量大、工作环境不佳、职工安全保护设施不足、没有五险一金或未享有同工同酬的待遇。刚刚进入城市的村改居居民虽然可以享受到城市丰富的就业选择机会和高于农业劳动的收入水平，但受显性（如教育背景、学历水平）和隐性（如原始户籍身份）户籍利益的影响易成为廉价劳动力。而对于社会保险待遇，一些用人单位利用村改居居民的法律意识薄弱而未与他们签订劳动合同或者在劳动合同中未添加提供社会

---

① 朱常柏、双传学：《失地农民公民身份及其社会保障公平性研究》，《南京社会科学》2014年第11期。

保险待遇的条件，使得村改居居民无法均等地享有社会保险提供的"老有所养、病有所医、住有所居"的保障功能。

　　　　同样是家住杭州市余杭区仓前梦想小镇的张阿姨，今年42岁，她是高校里面的一名清洁工，每天都是骑着电动车上下班。她指着校园说："原先这些地全是我们村的，政府说要新建高校，就把我们的地征用了，然后还说会给我们安排工作，这不我就在学校的图书馆打扫卫生吗，我们村还有好多人在这儿工作。你说我们这年纪能有个工作就挺好了，自己出去找工作，你啥都没有，人家凭啥要你。这学校的工资给的还行，打扫卫生又不是个难活儿，每天四点半、五点就可以回家，离家又近，反正也挺好的。"但是当问及阿姨有没有社会保险待遇时，阿姨说："有啥保险，我们就是个临时打工的，哪有什么保险。"

从就业角度来看，村改居居民在城市维持一个安稳长久的生计的确面临不少困难。处于城镇化过渡期的村改居居民生活在城市之中，却也处于社会的下层，不光承担着生活压力，也面临着很大的生存压力，是亟须政府和社会投入更多关注的一类城市移民群体。

　　4. 随迁子女教育机会均等的利益诉求以及其他方面的利益

　　（1）教育方面的利益均等化

　　长期以来，城乡二元体制严重阻碍了教育公平的实现，饱受社会诟病。以户籍制度为门槛的教育资源分配方式，使大量优质的教育资源向城市倾斜，不仅违背了资源配置使用最大化的原则，而且阻碍了农村孩子"求学梦"的实现。因此，许多农村居民为了子女能接受更好的教育和获得更多的发展机会，愿意放弃农村的户籍福利变为城市户口，希望自己的下一代今后能够享有较好的教育资源和发展前景，摆脱农村户籍带给他们的限制。一项有关浙江、四川和河南三省农民迁移意愿的调查数据显示：在促使农民迁移的原因中，有利于子女接受城里的良好教育占22%；在农民迁移至城镇最希望政府首先落实的政策中，子女均等入学的机会排到了第4位[①]。这表明子女受教育问题也是左右村民搬迁的主要原因之一。

---

　　① 储德平、伍骏骞、卫龙宝：《区域分异视角下农村居民迁移意愿及影响因素——基于浙、川、豫3省1325个农户的实证分析》，《福建师范大学学报》（自然科学版）2017年第2期。

实行村改居之前，多数孩子在农村接受的是教育水平偏低的素质教育，课程设置、课本编选、教师学历和教学内容等，与城市的教育水平有很大差距，而且孩子们课外活动空间和内容也受到限制，一些孩子虽然通过自己的刻苦努力考进城镇的中学或大学，但与城市的孩子相比，知识积累和能力的培养仍显薄弱，进入社会后竞争力可能会有欠缺。

实行村改居之后，农村的孩子进入城市接受教育。首先，硬件设施有很大的改善，学生可以接触新事物、新知识，应用现代化教学工具，学习的内容也越来越丰富；其次，软件配备也有所提高，教师的学历水平和教学经验相对比较丰富，教学技巧也更加多样化；最后，城市的教育机会也就意味着孩子有更好的未来发展机会，能够尽早融入社会竞争的氛围中。

富阳、嘉兴、温州、江苏以及上海等地的调查数据显示，尽管新型城镇化给村改居子女教育带来了很多好处，村改居子女义务教育有了大幅度的改善，孩子切实享受到了城市教育的福利，但当前村改居居民面对城市一些教育利益分配失衡的现象仍然束手无策，城市教育利益仍留有调整的空间，主要表现为教育机会不均等、教育资源分配不均等，等等。

第一，教育机会不均等。教育机会在是教育权利基础之上实现的，国家已经对适龄儿童的受教育权利做出了明确的规定，保障城乡孩子均有接受教育的机会。但是，对于村改居居民的随迁子女来说，教育机会均等性却不尽如人意。随迁子女由于父母与城市居民居住区域的差异，无法就读教学优质的学校，只能选择进一些教学水平一般或较低的学校学习。从这个层面看，村改居子女得到的依然是有别于城市孩子的教育学习机会，这种差距在未来的社会竞争中可能会拉大。除了生活区域差异导致的教育机会不均等外，村改居居民与城市居民的财富差异也会带来子女受教育机会的不均等。

第二，教育资源分配不均等。教育资源配置不均等一直都是社会关注的问题，不仅体现为城乡不均等、区域不均等，学校之间的资源配置也不均等。村改居农民的子女变为城市户口后，形式上解决了城乡不公的问题，但实质上又带来了城市学校之间资源不平衡的问题。那些教学资源越丰富的学校与教学设施陈旧、师资队伍不完整的学校得到的经费等支持有一定差距，造成教育利益分配更加不均等。同时，大量的村改居居民子女阶段性地进入城镇，这些学校有必要增加土地的使用面积，用于扩建校舍、教室，或者直接增加学校的数量。所以，必须要改变村改居居民子女受教育的现状，保证他们的城市受教育利益，降低随迁子女融入学校、融入城市文化的困难度。《德清县新市镇城镇总体规划（2010—2030）》对村改居居民随迁子女的教育资源配置提出了明确规划目标，以进一步保证随迁子女能够获得公平的教育资源。

第13条 教育设施规划：1. 规划近期保留成人学校，中远期适当扩建。2. 新市镇小学规划保留3所，新建3所，撤并1所。保留新市镇中心小学，班级数由原来的33班调整为36班，用地结合运河南片区调整扩大；新市完全小学现已搬迁至枫洋外语学校，规划在新市油厂南新建，规模为36班。保留新联教学点，育秀学校，规划近期保留士林中心小学，远期士林小学迁至士林中学；规划新市第二小学位于运河北片区，规模24班，服务新增居住区块；规划新市第三小学位于运河南片区，规模36班，以满足居住区和企业外来人员子女的就学问题。3. 新市镇中学规划保留2所，新建1所，撤并1所。撤并枫洋外国语学校（由于办学规模较小），纳入新市初级中学，班级数扩大为48班；近期保留士林中学，远期并入新市初级中学。规划在运河南片区，新建1所24班初中，满足其新建居住区和企业外来人员子女的就学问题。

浙江省嘉兴市西塘镇在推进教育体制改革过程中不仅加强了对义务教育的普及，而且也对新市民子女的学前教育问题提出了若干改革意见，包括以下内容。

树立了"政府负责、分级管理、部门协作、多元化办学"的发展理念；进一步整合资源，对全镇幼儿园进行统一规划布局，推动第二幼儿园等项目建设；完善中心幼儿园"一园多点"模式，推进名园集团化发展。出台了《塘栖镇关于全面推进教育现代化建设2011—2015年行动计划》《塘栖镇"名校名师"奖励办法（试行）》等政策，推进"教育强镇"向"教育名镇"发展，加快教育现代化步伐。扶持社会力量公开竞争办学，完善公办、民办等多种形式并举的学前教育体制，促进学前教育均衡发展。2011年，学前教育普及率达99.6%，建成区义务教育集聚率达 86.3%，高中段毛入学率达 99.2%。

在城镇化过程中，城市作为一个接纳村改居居民及其子女的空间主体，本身就意味着更具包容性、开放性和公平性。村改居居民进入城市成为社会前进发展的重要因素，同时必然会在一定程度上与城市居民的利益产生冲突，价值观发生碰撞，这是对城市公共服务均等化的一次考验和挑战。进一步实现村改居居民子女教育资源均等化，帮助下一代青年人尽快了解城市文化，由被动转为主动适应城市环境，以子女为一个化解户籍制度下利益冲突的缓压器，以子女教育机会均等为缩小城市居民和村改居居民差距的方式之一，可以有效推进村改居居民的"市民化"。

（2）社会保障利益均等化的需求

当前推进的新型城镇化实质是实现人的城镇化，即农村居民进入城镇生活后，作为城市的新成员在为城镇化做出贡献的同时也要享受到城市经济发展的成果，体现"共建共享"理念。然而，同步推进的户籍制度改革并没有使农转非人口享受到均等的与城市户籍相挂钩的社会保障利益；相反，因为户籍的变动，村改居居民退出了原有的农村社会保障体系。村改居居民所享有的社会保障内容、福利水平明显不足。部分村改居居民因无地、无工作、无保障的三无状态也会逐渐变为城市的新贫困人口，给构建和谐稳定的社会带来其他不稳定因素。村改居居民对社会保障的要求主要集中在养老保险、医疗保险和社会救助三个方面，其中养老和医疗涉及村改居居民可持续缴费问题，社会救助强调的是一个社会平衡、均等化问题。

首先，村改居居民的养老保险可持续缴费能力的不足。自 2015 年 1 月 1 日起，新型农村社会养老保险（新农保）和城镇居民社会养老保险（城居保）正式合并，这一政策向缩小城乡差距、实现公共服务均等化目标迈出了实质性的一步，给参保的农村居民和城市居民带来了实惠。但是，两个制度合并之后，两类居民在同一制度框架之中，缴费能力的差距逐渐显现出来，特别是在村改居居民身上，这一问题尤为突出。城乡居民养老保险合并实施后，参保人员的缴费等级由原来的 12 个增加至 14 个，为居民提供了更多的选择空间，满足了高缴费意愿和高缴费能力居民的需要。政府的补贴表现为多缴多补贴，养老金待遇的发放也体现了多缴多得的激励性。村改居居民在城市生活要面对住房、生活、子女教育等其他方面的支出，虽然政府给予了一定的土地补偿金，但其就业能力的弱势及对社会保障的担忧都让转型期的居民无法从容地应对城市的高物价水平生活，村改居居民即使有较高的缴费意愿，也没有足够的缴费能力，多数选择较低的缴费等级，进而政府补贴和养老金待遇也不高。在再分配中也未得到足够的补偿。

其次，村改居居民的医疗保险可持续缴费能力不足。2016年，《国务院关于整合城乡居民基本医疗保险制度的意见》提到，建立统一的城乡居民基本医疗保险制度，这是维护社会公平正义的又一重大举措，也可以看作是消除户籍制度背后的与医疗保险相关联利益的一次改革。2017年，人社部发布《关于做好2017年城镇居民基本医疗保险工作的通知》，要求各级财政对参保居民的人均补助标准在2016年基础上提高30元，达到450元，而城乡居民医保的个人缴费标准也提高了30元，原则上全国平均达到180元左右①。这项通知的发布，说明国家已经在宏观层面为推进城乡统筹提供了政策依据，但从地方推行的效果来看，却不尽如人意。村改居居民的缴费能力达不到城镇医疗保险的缴费标准，不符合新农合的参保人群要求，无法得到集体扶持。另外，村改居居民未能及时就业和参加城镇职工医疗保险，以家庭为单位的城镇居民医疗保险缴费模式使得他们的可持续缴费能力相对不足。在城镇化过程中，政府要着力于在保障村改居居民"老有所养，病有所医"前提下实现村改居居民市民化的目标。

最后，村改居居民对社会救助均等化的需求。社会救助是国家为社会成员提供保障的最后一道安全网，不断健全完善城乡低保制度，做到应保尽保，编密织牢社会救助托底安全网，才能切实增强人民群众的幸福感、获得感和安全感。村改居居民过去在农村通过土地满足自己的衣食用度增加他们的获得感，依靠土地保证他们有一定的收入来源，提高生活的安全感。农民得到政府的大力支持和享受各类惠农政策，生活过得越来越有滋有味，进一步增强了幸福感。撤村并居之后，村改居居民由于失去了土地这一依附载体，又不在社会保险强制参保的范围之内。仅靠居民的自愿性

---

① 参见《关于做好2017年城镇居民基本医疗保险工作的通知》（人社部发〔2017〕36号），2017年4月24日。

和主动性，很难把他们全部纳入城市社会保障体系之中。加上就业的问题，村改居居民仅依靠政府给予的失地补偿金在物价水平越来越高的城市中生活是不可能持久的。若无妥善解决，长此以往，就会导致城市新贫困人口的出现，引发更多的社会问题和治安隐患。

村改居之前，原农村居民和城市居民的最低生活保障标准和覆盖范围有很大的差别。农村低保制度保障的是家庭收入低于农村最低生活标准的农业人口，覆盖范围主要是农村的老弱病残居民；而城市最低生活保障制度涵盖的人群是家庭收入低于城市最低生活标准的非农业人口，覆盖范围比较广，主要包括城市"三无"人员、领取失业保险金期满的未就业人群和城市下岗职工。2014 年，国务院《关于进一步推进户籍制度改革的意见》提出要"完善以低保制度为核心的社会救助体系，实现城乡社会救助统筹发展"，要求进一步加快统筹城乡最低生活保障制度协调发展，努力实现城乡居民低保方面权利公平、机会公平和规则公平，更有利于保障村改居农民的待遇公平。

村改居之后，农民户籍关系发生变化，连同相应的社会救助转接也出现不少的问题。

一是制度缺乏衔接。农村低保制度和城市低保制度在面对村改居居民这类群体时出现了制度断带，对于符合城市低保条件的村改居居民未能及时建档立卡，按照规定及时将其纳入城市最低生活保障范围，并获得低于城市低保标准的低保金。

二是标准缺乏衔接。农村和城市居民的收入水平存在明显的差距，对应的最低生活保障标准也存在差异，政府未能及时做好村改居居民低保待遇过渡的政策方案，使得新市民无法按照城市标准接受同等救助。维护社会底线公平的社会救助在户籍利益面前也可能会出现滞后或失灵。

以江苏省为例，其对村改居居民公平获得社会救助的权利做出了具体说明。2012 年，江苏省在取消农业和非农业户口的区别，统一登记为居民户口的前提下，出台了《居民最低生活保障工作规程》，对村改居居民享有最低生活保障的收入标准制定了计算方法："凡被征用土地后不再享有集体土地承包权，并经当地政府批准农转居后，领取各种补偿金和安置费的家庭，在核定其家庭收入时，应从所领取的货币补偿金中，扣除用于按标准购置一处经济适用房或二手房后，将剩余补偿金和安置费、家庭成员收入数合并计算。①"江苏省这一规程的颁布，为撤村并居的村改居居民公平享有最低社会保障提供了政策依据，也进一步科学化地确定了村改居农民享受低保待遇的收入标准。

三是资金支持不平衡。村改居之后，在现存贫困人口的基础之上，原来需要农村救济的人员也要由城市低保制度来接纳，这无疑会给地方政府财政造成压力，社会救助资金难以顺利到位。"2014 年，低保对象占城市和农村户籍人口的比例分别为 3.8% 和 6.0%，城市和农村年人均政府补助 3845 元和 1671 元"②，从贫困比例和政府财政补贴数量就可以看出，农村贫困人口约为城市的 1.5 倍，城市的补助是农村的 2 倍多。设想一下，村改居工作推进后，会有约为 1.5 倍的贫困人口增量涌入城市，地方政府同时要投入 2 倍多的补贴金，都已经超出了当地政府和城市的承受能力。在现实过程中，地方政府在财政可负担的能力范围内难以有效平衡对城市居民和村改居居民的低保救助，往往顾此失彼。2015 年以来，长三角地区的上海、苏州、杭州、南京以及合肥等地相继上调了城乡居民最低生活保障标准，并且实现了城乡低保标准"并轨"，不仅缩小了城乡低保给付金额的差距，促进了城乡一体化，而且解决了户籍制度带来的城乡二元结构差异化带来社会救助福利待遇失衡问题，维护了社会底线公平。

四是救助对象缺乏分类衔接。一些农村老人、"三无"人员、残疾人等弱势群体，村改居前享受的是农村最低生活保障和农村五保户制度③待遇，户籍迁入城市后，他们在被取消农村最低生活保障的同时又得不到城市分类救助的及时、有效接管，如城市最低生活保障、医疗救助、事业救助、残疾人救助等，生活往往难以为继。此外，一些比较有就业竞争力的年轻且

---

① 江苏省民政厅、江苏省财政厅：《江苏省居民最低生活保障工作规程》（苏民规〔2012〕2 号 苏财社〔2012〕245 号），2012 年 11 月 9 日。

② 魏义方、顾严：《农业转移人口市民化：为何地方政府不积极——基于农民工落户城镇的成本收益分析》，《宏观经济研究》2017 年第 8 期。

③ 农村五保户制度是针对农村"三无"人员，即无劳动能力、无法定赡养人、无收入来源的农村弱势人群，在吃、穿、住、医、葬等方面提供生活照顾和物质帮助的一种农村社会救助制度。

有文化的村改居居民，可能暂时处于待业状态，他们不像城镇职工那样失业后有失业保险金可以维持一段时间的基本生活，也未能得到政府的临时救助来帮助他们度过就业缓冲期。社会救助的不平衡、不及时、可能会使村改居居民对自己城市居民的身份产生质疑和不认同感，这也提醒了政府未来户籍制度改革的方向和涉及的利益内容。

在户籍制度改革的过程中，中央和地方政府都付出了巨大的努力，取得的成果也是有目共睹的。但户籍利益导致城镇居民排斥力和村改居农民吸引力这一对矛盾对新型城镇化提出了挑战。首先，城镇化使得农村居民大规模搬迁至城市开始新的生活。城市就像一个准公共物品，最初由于它自身的基础设施以及公共服务水平能够满足空间范围内的城市居民的需求，故而不会产生排斥和激烈竞争。但在城市公共服务水平不变的情况下，随着城市人口过度膨胀，城市居民的福利水平自然会相对降低，导致城市居民对村改居农民产生排斥和抵触心理，矛盾也会凸显。其次，村改居居民放弃农村土地利益来置换城市身份，或许是受城市高水平的公共服务、完善的社会保障体系、质量兼备的教育资源的吸引，但同时住房问题也是村改居居民不可回避的问题，或者说住房问题是直接体现村改居居民经济利益的物质载体。最后，以人为核心的新型城镇化，更重要的是体现人的城镇化，让村改居居民能够顺利融入城市社会环境和文化中。城镇给予新市民的尊严感和归属感，让他们拥有立足于城市的信心，同时保持更加强劲的奋斗动力。

三　新一轮户籍制度改革下村改居居民利益诉求实现路径

中央和地方政府的户籍制度改革不是一蹴而就的，这需要政府协同企业、城镇居民以及村改居居民共同努力，达到利益最大化。一是政府应注意不以牺牲城市居民原本的生活质量来满足村改居居民的需要，这样即使达到了基本公共服务均等化和社会福利平等化，也是一种低效低质的社会利益分配结果。二是政府应该积极对待村改居居民的利益呼声。城镇化是一个城市空间扩展运动，村改居是一个农村居民"市民化"的转变过程。但就村改居居民个体而言，国家赋予其各类土地的相关政策利益不应该被强制收回，户籍的改变也不应该与村改居居民个人的经济利益相挂钩。三是政府要考虑各村的实际情况，如风俗、民情、财力、经济能力等，因地制宜，帮助村改居居民从农村过渡到小城镇，从小城镇过渡到中等城市，依次推进城市化发展层级，循序渐进地厘清户籍制度绑定的各方面利益，真正实现户籍制度下的村改居居民户籍利益均等化。

1. 中央和地方权责要清晰

第一，中央和地方政府形成合理的责任分担机制。1994 年，为了适应市场经济的发展，我国进行了分税制①改革，在理顺了中央与地方利益关系的同时也加强了税收征管，既保证了中央财政合理稳定的增长，又加强了中央宏观调控的能力，有效调节了不同地区之间的财力分配状况。但现行的分税制仍然存在许多问题：一是上下级政府之间的事权和财权不对等；二是分税制将大部分的税收收入集中到了中央，中央税和中央地方共享税占到全部财政收入的 70% 左右，而地方的税收收入呈下降趋势；三是财政转移支付制度的横向调节功能发挥得不明显，中东西部地区的贫富差距仍然很大，实现地区之间的公共服务水平均等化仍有一定难度。这些问题在村改居工作的推进过程中，都直接或间接地影响了户籍制度利益分配格局。显然东部地区的户籍利益高于中西部沿海地区，特大城市、大城市的户籍利益高于中小城镇，但是加快改革户籍利益的进度却时常是倒置的。在撤村并居行动中，中央是政策的制定者和顶层制度的设计者，而村改居居民的具体落户问题落在了地方政府和基层管理部门身上，大部分成本是由地方政府财政承担的。经济条件比较好的地区能够给予村改居居民更加优厚的补偿，在公共服务提供方面也能更加全面、更加公平，户籍带来的城乡利益差距也会减小；对于发展滞后的地区，实施村改居改革不光资金不到位，公共服务保障也匮乏，地方政府对于新增的城镇人口福利也是分身乏术。因此，需要中央政府合理划分事权，明确中央和地方各自承担的权责范围，充分发挥转移支付能力和地方专项补助分配的作用，保证各地财政能力可以维持政府工作正常运转，为弥补户籍制度带来的利益问

---

① 分税制是根据市场经济的原则和改革财政理论确立的一种分级财政管理制度，它将国家的全部税种在中央和地方政府之间进行划分，以此来确定中央财政和地方财政的收入范围。

题树立坚强的后盾。

第二，地方政府在具体操作时把握好度。进入城市生活的村改居居民一直都迫切地需要与城镇居民均等地使用基本公共服务，但在新型城镇化的大背景下，涌入城市定居的村改居居民数量越来越多，地方政府受限于财力状况，无法向村改居居民立即提供较为全面的公共服务。再加上公共服务本身涵盖的范围广泛、提供的种类繁多，这更加需要地方政府认真审视。因此，地方政府可以从两个层面渐进式地调整户籍利益，拉齐城镇居民和村改居居民的公共服务标准线。从居民需求的层面来看，政府在对村改居居民提供公共服务时要具有针对性，并且要分阶段考量村改居居民对公共服务的需求变化，先着力解决好村改居居民的基本公共服务需求，然后逐步满足村改居居民的发展性公共服务需求，最终达到村改居居民顺利过渡到城镇居民，享受与城镇居民同等水平的公共服务数量和质量的目的。有时候地方行政部门为了顺应政策导向，急于求成地提高城镇化率，忽视了城镇化是否满足村改居居民的利益需求。这种盲目追求城镇化程度，不管户籍制度的改革能否同步配套的做法，实际上是地方政府没能正确认识自己所能承担的责任范围，反而造成对村改居农民的不负责、对城市人口的不负责。从政府供给层面来看，地方政府在推进城镇化进程时，一方面，要考虑地方财政的支付能力，对自身的财政实力有准确的把握，既要承担起责任，又要承担好有限的责任，否则"未备先改"的状态反而会引起城镇居民和村改居居民的双重不满，成为户籍利益改革的阻力；另一方面，一定要衡量城市空间、公共服务和福利保障承载力，避免出现"削峰填谷"的现象，即出现利益受损者和利益获得者并存的现象。户籍制度的改革是对利益失衡的矫正，而不应该造成新的利益失衡。

第三，中央做好户籍制度的顶层设计。新一轮的户籍制度改革需要中央发挥主导作用，推动户籍制度的全面深化改革。地方政府作为政策的具体操作主体，其有限的权力和财力无法合理地协调和重组户籍利益，而且某些基本公共服务是属于中央和地方政府共同承担的公共物品，这就需要合理划分中央和地方的成本分担比例，将责任明晰化。因此，我国户籍制度的改革还需要在中央统筹的前提下实现利益的协调和重新划分，利用中央的权力强力纠正户籍制度带来的利益失衡局面，监督各级地方政府在深化户籍制度改革中的权力运行适度性并形成约束机制。做好中央的顶层设计，在"全国范围内逐步统一基本公共服务的供给数量和质量，……实现基本公共服务均等化与基本生活水平趋同，确保所有人平等获得最低水平的基本公共服务"①。

2. 处理好农村土地保障与城市住房保障之间的关系

建立农村土地退出机制。对于农民来说土地就是他们的"命根子"，因为土地是农民最后的保障，是农民扎根的地方，同城市人将房子视为自己的家一样，根在哪里，农民就安家在哪里，所以土地联系着农民的血缘、亲缘和地缘。事实上，村改居居民一方面受城市舒适的生活空间、完善的公共服务和福利待遇的吸引，迫切地希望可以迁移到城市，和城市居民均等地共享经济发展的成果；另一方面，村改居居民又不愿意放弃原先农村户口附带的土地产权来替代城市户籍。因为农村土地产权不仅是农民几十年来为国家工业化、现代化发展做出贡献的一种"特殊"的利益补偿，而且是农村居民城镇化后进入城市生活的一种基本生活保障，其可以让村改居居民在面对城镇高水平消费和短期内无法上岗的困境时，依然能够保证有一个稳定收入来源。因此，现行户籍制度下的农村土地流转困难已经成为新型城镇化的挑战之一，只有充分协调好村改居居民和地方政府之间的利益关系，才能促进农村土地合理有序流转，降低城乡一体化的成本。那么，如何激励农民自愿退出农村的承包地、宅基地和集体资产，弱化农民对土地保障的依赖？这就需要政府积极稳定地改革农村土地制度和重新组合户籍利益。

首先，针对农民的承包地退出，政府可以在农村社会保障相对完善的基础之上采取"承包地换社保"的方式。例如：城乡居民基本养老保险制度实施之后，居民缴费等级增多，新进入城市生活的居民无法缴纳较高等级的费用，政府就可以将承包地收益转化为社保基金，弥补村改居居民从较低缴费标准上升到较高缴费标准的差额，起到中和户籍利益的作用。此外，加强农村社会保障制度与城市社会保障制度的衔接，消除农民对土地的依赖，提高村改居居民的社会保障水平，保证村改居居民在城市生活无后顾之忧，有利于缩小其与市民社会保障的利益差距。

---

① 张国胜、陈明明：《我国新一轮户籍制度改革的价值取向、政策评估与顶层设计》，《经济学家》2016 年第 7 期。

其次，对于农民自愿有偿地退出宅基地，政府可以采取两种方式。一是用宅基地权换城市住房产权，政府可以兴建一批村改居公寓住房，按面积对等置换住房并适当给予一定的优惠政策，例如人均额外可以增加一定量的面积或者免费为居民提供装修。这种实物形式的补偿更能直接解决村改居居民住房问题。二是以市场价格标准补偿农民退出宅基地的利益，依照市场上土地的价值和房屋的价格衡量出一个补偿标准，基本保证村改居居民能够在城市购买一套经济适用住房。这种以资金形式补偿的好处是提供给村改居居民更多的自主选择权，坏处就是资金补偿给村改居居民提供了其他消费空间，影响住房问题的解决。党的十九大报告也指出，"坚持房子是用来住的、不是用来炒的定位"[①]，这不仅保证了村转居居民可以"住有所居"，而且也让新落户城镇的居民有了奋斗的希望。在新时代，政府提倡采用多主体、多渠道的供给方式，满足人们住房需求的新发展。其实这也给村改居居民住房问题提供了一个新的解决思路——租购并举。以政府为主体提供住房基本保障，打破户籍制度带来的住房政策不平等，实现城市居民和村改居居民无差别对待，通过房租补贴、税收优惠，直接兴建经济适用房、廉租房和公共住房等，将其低价出售或出租给村改居居民，可以有效地解决一部分刚刚落户城市的村改居居民的住房问题，让住房问题不再成为制约人们追求美好生活的拦路虎。

最后，保留部分集体资产，为村改居居民建立集体收益分红账户。一方面，给农村转户到城市的居民提供一个过渡性收入，使他们不至于在面对城镇高水平消费和短期内无法上岗的困境时陷入贫困，可以将其作为收入来源之一补贴基本生活，同时也减轻社会和当地政府的负担；另一方面，避免一部分村改居居民收到一笔补偿金后出现养懒人现象，按月按年发放补偿金更有助于激励他们就业、创业，寻找到人生价值和努力方向。

3. 多渠道就业以保证村改居居民的就业利益

在以户籍制度为基础建立的城乡利益分割框架里，就业利益也成为现在村改居居民急需破解的难题之一。以户籍身份为考量的基准成为社会利益分配失衡的一大弊病，由此造成了村改居居民在城市人力市场上被区别

---

① 习近平：《决胜全面建成小康社会　夺取新时代中国特色社会主义伟大胜利——在中国共产党第十九次全国代表大会上的报告》，2017 年 10 月 18 日。

对待，形成了两种不同的待遇标准，使得村改居居民的户籍利益在就业方面差距加大。在新一轮户籍制度的改革中，积极引导和鼓励村改居居民竞争性劳动力市场的发展也是消除户籍利益差异的重要环节。实现就业利益的城市内部平等化对村改居居民本人、城镇居民以及城市经济的发展都会起到一个承上启下的作用。笔者认为可以从以下三类主体出发，解决村改居居民就业难题。

第一，从政府角度来看，积极采取措施打破与市场经济发展不相适应的户籍利益分配制度，改变各部门依据户籍身份提供不同资源的方式，建立起城乡统一的劳动力市场，保证村改居居民可以加入人力资源市场的竞争环境中。此外，政府可以通过多渠道开发就业岗位，例如要求开发农地的企业、工厂、学校按一定比例提供给周围村改居居民就业岗位，或者政府前期出资发展民俗经济和农业观光经济吸纳大量的村改居居民就业，这既有利于建设特色城镇，又能帮助他们找到适合的工作。同时，政府要完善农村迁移人口的教育培训制度，对于学历和能力较低的村改居居民，免费为他们提供就业服务、就业信息、就业咨询、就业培训以及就业补助，提高村改居居民的人力资本，开发他们职业素质和职业技能的潜力。最后，政府需要制定一些特殊的就业扶持政策来弥合户籍利益的缺陷，包括创业资金支持、降低贷款利息和延长还款期限、税收返还政策等，这些都会在一定程度上减弱户籍制度对村改居居民就业的不利影响。

第二，从企业和用人单位来看，尽快消除户籍制度带来的录用观念偏见，不看身份，不看出身，革新人才招聘理念；为就业的新市民提供同等的岗前培训和继续教育机会，合理善用新进城的劳动力；建立正常的工资待遇和福利机制；帮助就业新市民制定未来职业规划，公平地提供升职加薪机会，激励村改居居民主动提升自身能力素质，为企业发展创造更多价值。

第三，从村改居居民来看，积极参加政府组织的各类职业技能培训课程，快速提升城镇就业的基本素质，学习城镇就业的管理规定，清楚自己在就业过程中要争取保障的利益，如社会保障、同工同酬、工作安全保护等。对自身要求的提高也是对自身就业利益的维护。除此之外，村改居居民可以建立村改居居民就业协会，彼此相互支持、相互帮助，不断提高自身在城市中的影响力和话语权，有更多机会向政府和社会提出合理的利益诉求。这是从村改居居民自身努力的角度解决当前户籍利益分配失衡的问题。不仅如此，村改居居民还可以依傍周围的学校、企业、创业园区、居民区等，寻找创业商机，再加上协会成员的帮扶，可以在自己做老板的同时以创业带动就业，帮助更多村改居居民实现就业。

　　总而言之，户籍制度承载了众多利益，牵涉了众多利益主体，有些利益是政府原来在户籍制度基础之上制定和分配的，有些利益是现在社会成员人为附加在户籍制度之上的。在新型城镇化的大背景下，新一轮户籍制度的改革不仅要努力剥离户籍制度上的制度利益，也要重视消除隐藏在户籍制度背后的人为利益，真正实现村改居居民从制度"市民化"到全面"市民化"的过渡，使其成为均等享受城市美好生活的城市居民。

第八章

村改居居民的社会支持体系现状及问题

长江三角洲是全国城镇化发展较为迅速的地区，村改居建设的落实工作较具典范性。浙江省 2016 年的城镇化率达到 67%，城乡统筹发展水平位居全国前列，其中浙江湖州德清县倾力打造社区共治空间，宣传社区主导、部门结对、全民参与的"文化＋"理念，让社区居民共享新社区文化盛宴；上海松江区确立起由居委会统一办理村改居居民社会保险的制度，将居民统一纳入城镇医保体系并每月为经济困难者发放最低生活保障费，解决了居民的后顾之忧；江苏南通十总居社区以"亲民、利民、为民"理念为村改居居民矛盾处理创设商讨空间，注重结合实地经验向居民灌输利导因素，为化解改制后社区的邻里冲突提供了先例。但在如此之多的优良经验下，经我们深入调查发现，村改居居民的社区归属感仍不够强烈，原来的农村生活场景仍不时在头脑中徘徊，甚至丝毫没有感受到村改居后身份变化带来的好处。这是村改居居民情感变淡漠了，还是政策的实施没有真正落到实处？转入新社区、住进新房的居民们就没有一丝的欣喜与感谢之意吗？本书基于实地调查，从改制后与居民利益紧密相关的多角度分析当下村改居居民社会支持体系的运作情况，找出其中服务供给场域存在的不足，为促进村改居居民融入当地新环境提供新办法、新思路。

一　社会支持的国内外相关研究

"社会支持"最先发端于国外，20 世纪 70 年代这一概念被首次运用于社会病原学研究。法国社会病理学家卡普兰（Kaplan）将其表述为"社会支持是个体的基本需要在与重要他人交互中所得到的满足程度"①，柯布（Cobb）则认为"社会支持是让个体感受到关心和爱护，并将自我归类于某一相互承担责任的社交网络的信息"②。社会病理学家在研究初始阶段主要聚焦于对其性质的解读，并存在一元化倾向。20世纪80年代后，"社会支持"逐渐被予以分类式解读，韦尔曼（Wellman）的五分法主要揭示了与个体血缘、地缘关系相关的社会支持体系，库恩、柯伯等人的四分法和六分法较为贴近地阐明个人成长在社会生活中所需的支持要素，而卡特纳（Cutrona）和罗素（Russell）在此基础上提出较为完备的概念，即社会支持可区分为情感性支持、物质性支持、满足自尊的支持、社会网络支持和信息支持③。由一元走向多元的社会支持理念架构主要围绕客观、可见的实际社会支持和主观、无形的领悟社会支持展开，并逐步应用到对弱势群体社会支持体系的研究中。20世纪末，网格化理论和资本化视角在基于对弱势群体社会支持体系的构建下应运而生，以格兰诺维特（Granovetter）为代表的社会支持网格研究阵营阐明弱势群体社会关系网络中的特定联系将成为人际交流与物质、情感传递的重要纽带；以科尔曼（Coleman）为代表的社会资本研究阵营认为弱势群体可利用周边环境的资本财产实现工具性目标④，这两大阵营都为"社会支持"在西方弱势群体帮扶领域的可操作化研究做出了卓越贡献。

我国学界对"社会支持"的研究起步于20世纪80年代，略晚于西方，但关注度呈逐年上升趋势，检索关键词"社会支持"共出现9823篇相关文章，主要涉及失地农民、贫困学生、空巢老人、特殊儿童等弱势群体，对弱势群体社会支持的研究为构建失地农民的社会支持体系提供了借鉴。李学军基于对弱势群体与强势群体的"共生"关系探讨，推出由社会、政府、个体三方合力运作的社会支持机制⑤；盛正国关注政府主导性作用的发挥，提出大多数农民成为社会性弱者主要源于社会层面的制度缺

---

① 李雪莲：《撤村并居背景下失地农民社会支持网络的建构研究》，硕士学位论文，西北农林科技大学，2014。
② 全宏艳：《社会支持研究综述》，《重庆科技学院学报》2008年第3期。
③ 贺寨平：《国外社会支持网研究综述》，《国外社会科学》2001年第1期。
④ 肖鸿：《试析当代社会网研究的若干进展》，《社会学研究》1999年第3期。
⑤ 李学军：《试论弱势群体社会支持系统的建构》，《理论与改革》2004年第6期。

失，并呼吁筑牢社保有序、维权畅通的支持机制①。21 世纪后，不断推进的城镇化建设让以失地农民为主要研究对象的社会支持体系探究进入学界视野，当前较普遍适用的是社会支持网格化研究模式，即依据实证研究范式对与失地农民有关的各类支持网进行测度研究，以反映各支持网的相关性。沈菊②、郑姝③、李雪莲等研究者均大致围绕情感、工具、就业三类支持体系对失地农民的社会支持网进行分类研究，相继提出打造以政府及正式社会组织为主导的正式支持与熟人社会构建下的非正式支持相互协调推进的支持体系，营造资源充分流动的生活共同体。与此同时，以赋权与增能视角介入的社会支持研究也一时兴起，张波倡导从农村弱势群体的微观互动层面出发，以"主体—实践"为导向化解个体因环境转变而出现的紧张状态④，赵晓曼则以促进撤村建居居民的自助与互助为目标，在以社区为场域推动社区组织、社区工作者行动优化的前提下，为村改居居民提供丰富的信息指引与社区资源，实现居民自主参与⑤。近年来，学界着眼于失地农民乡土情怀延伸与生活环境骤变所呈现的适应性困难，更加严密地指出要在非正式支持体系得以巩固的前提下，进一步发挥正式支持体系所具备的决定性效用。但就目前来看，针对社会支持的关联性研究多，具体联动机制研究少，针对失地农民应然的外界支持研究多，真正切合失地农民实际需求的支持研究少，并且研究角度多根据对象需求划分，较少从政治、经济、社会、文化等大的方面着眼。基于此，本文结合实证数据与质性材料，以促使村改居居民融入新环境、享有惠及到位的社会支持为目标，逐一揭示与改制后居民密切相关的政治、经济、社会、文化等方面的支持不足情形，为推动各社会支持形成合力、推动新型城镇化建设建言献策。

---

① 盛正国：《弱势群体由弱渐强的社会支持体系构建》，《特区经济》2006 年第 6 期。
② 沈菊：《失地农民社会支持网研究》，硕士学位论文，西南大学，2009。
③ 郑姝：《建设和谐社区视角下的失地农民社区支持平台研究》，硕士学位论文，上海交通大学，2009。
④ 张波：《我国弱势群体社会支持研究的可能立场与范式重构》，《社会工作与管理》2016 年第 1 期。
⑤ 赵晓曼：《增权：失地农民就业的社区支持研究》，硕士学位论文，中南民族大学，2011。

二　村改居居民政治支持的现状与问题

政治支持可分为体制内支持与体制外支持，韩丹认为"体制内"工作单位可分为政府、国家事业单位以及国有企业，"体制外"则可分为外资企业、私营企业和民营企业等①，本书根据与村改居居民利益相关联的紧密度，认为体制内支持的实施主体是各市、县的人民政府，体制外支持主要有居民委员会和各民营企业。政治支持是村改居居民社会支持网络体系中起重要保障作用的一环，对维持新市民生产生活方式的稳定运行起着非常重要的作用。当前，生产力水平的快速发展让城镇化成为不可阻挡的趋势，国家发展和改革委员会 2014 年出台的《国家新型城镇化规划（2014—2020 年）》明确指出，"以人的城镇化为核心，有序推进农业转移人口市民化……促进人的全面发展和社会公平正义"，这相当于为全面铺开的"村改居"建设工程指出一条注重"以人为本、公平共享"的明路，让改制工作更规范化、民主化。但就实际情况来看，政府作为本次改制工作的发起者，未能及时有效地弥补村改居居民的利益缺口，居民们在响应政府的号召后未能真正享受到新身份所带来的相关福利，这与达成"以人为本"的战略性目标仍有一定的差距。

从调查结果看，当被问及"对于政府农转非政策所持的态度"时，城市化水平较高的部分沿海城市的村改居居民大多表示"比较必要"和"一般"，而认为"非常支持"的仅占少数，可见村改居作为一项稳定有序推进城市化建设的重要举措，在保障新入住居民的各项权益方面仍做得不足。村改居居民作为改制工作中的利益主体，由于生产生活方式的骤变，极其渴求得到合理、稳定的福利待遇，而之所以出现上述村改居居民对政策持中立态度的情况，主要与政策的发出者和执行者对城镇化战略的支持力度与工作成效相关。

1. 政府在政策执行的力度与完善程度上负有重要责任

（1）征地福利区域不平衡。村改居顺应了城镇化体系的集约型发展，

---

① 韩丹：《工作满意度："体制内"与"体制外"就业者的比较研究》，《社会科学辑刊》2010 年第 6 期。

对于建设用地的大量需求让不少农民的土地被征用为国家用地，数据表明，1999 年我国的耕地面积为 19. 38 亿亩，到 2008 年耕地面积锐减为 18. 26 亿亩，这十年间耕地面积减少近 1. 12 亿亩，而未来十年的征地速度将会与日俱增，目前因村改居建设而失地的农民人数已有 5100 万至 5525 万人，并以每年 300 万人的速度递增①。在由"农民"转变为"市民"的过渡期里，失地农民的经济来源处于"真空"状态，不少农民因自己长期耕作的土地被国家征用而陷入生活窘境。其中，征地补偿费的落实又以各市、县人民政府的征地方案为准，这使得各地区居民失地后所获得的经济补偿呈现区域差异。

改制后居民的经济来源因生产生活环境的变迁而被迫发生转变，失地后所获得的第一笔征地补偿成为他们应对新生活、投入新环境的重要支持动力。2004 年修正的《中华人民共和国土地管理法》第四十七条规定，"土地补偿费和安置补助费标准，由省、自治区、直辖市参照征收耕地的土地补偿费和安置补助费的标准规定"②，这一规定直接将补偿标准的制定权下放给了各地区人民政府，这使得土地补偿标准的制定在各县区政府转型的背景下更有弹性，再加上当前改制社区的领导班子仅是"换牌不换人"的工作情形，征地的量值体系与操作体系的有效运转尚未成型，因此部分地区之间的征地补偿费用容易出现差异。借鉴英国学者布莱德肖总结的比较性需要理论，即"当一个社区在提供某种需要时，另外一个类型相近的社区却没有得到相类似的服务，那么后一个社区的居民就会产生对另一个社区相趋近的需求"③。当村改居居民发现所得到的补偿金与相邻社区有较大差异时，就容易对政府的撤村建居工作产生不满情绪。

（2）社会保障惠及不全。新型城镇化的大力推进让城市居民的社会保障体系渐趋完善，村改居居民作为政府城市化建设促成下的新市民，理应在户籍转变后在同等条件下享有与城市居民相同的社会保障待遇。但由于自身固有的农民观念局限，村改居居民仍停留在对城镇社会保障体系认知

---

① 赵凯：《"村改居"后失地农民城市适应性研究》，硕士学位论文，西北农林科技大学，2014。

② 《中华人民共和国土地管理法》，中国政府网，http://www.gov.cn/banshi/2005 - 05/26/content_989.htm。

③ 吕洁：《社区服务工作的专业化研究》，硕士学位论文，首都经济贸易大学，2012。

不全的境地，再加上经济生活来源单一，家庭可供支配的资金量少，这使得改制后居民迟迟不敢拿出额外的资金购买城镇社保，因此村改居居民的参保率长期处于较低水平。江苏省南京市对 2455 名失地农民进行调查后发现，他们之中参加城镇养老保险的仅占 3%①，浙江省 2008 年出台的《浙江省职工基本养老保险条例》中社会保险额的最低缴费基数来自对上年度在岗城镇职工平均工资的 60% 的考量②，这让刚进入新工作环境、从事岗位工资水平不高的工作的村改居居民倍感压力。面对处于"农转非"过渡期的居民，政府有职责为居民们建立起覆盖全面的社会保障体系，包括最低生活保障、养老保障、医疗保障和失业保障等，而经过调查发现，在社会保障建设过程中，存在以下两个难题。

其一，养老保险的高认同率与观念发展步调不一致的冲突。

从调查结果看，当被问及"您觉得城镇化后的养老保险是否必要"时，绝大多数村改居居民非常认同养老保险的重要性，认为没有必要的仅是极少数人。

> 良渚镇 53 岁的王大妈说："我们家两个娃在外面都有自己的家庭了，我们也不图啥，就图个平平安安，退休后享享清福，过好自己的小日子就行，养老保险我们一直都在交，你看大家都交嘛，这东西肯定是好的。"

可见，养老保险的高认同率有相当一部分源于改制前农民所交的新型农村社会养老保险。2009 年国务院发布的《关于开展新型农村社会养老保险试点的指导意见》使个人缴费、集体补助、政府补贴的新型农村养老制度由此确立，村干部号召、村民集体参保的热潮让每家每户都加入参保行列。但面对是否缴纳城镇居民社会养老保险时，不少村改居居民望而却步，这一方面受居民传统养老方式和传统劳动方式的影响，另一方面因年龄偏大、文化程度偏低，居民们对城镇养老保险体系存在认知不足。实际

---

① 郑涛：《城镇化进程中失地农民利益诉求问题研究》，博士学位论文，华东师范大学，2013。

② 张建霞：《浙江省农民工市民化进程中的社会保障问题研究》，硕士学位论文，浙江财经学院，2012。

上，城镇居民社会养老保险比新型农村社会养老保险增加了 4 个档次，居民多缴多得，选择空间较大，而有新工作单位安排的村改居居民还可享受城镇职工基本养老保险，比居民养老保险的待遇更好。因此，政府在推进村改居居民纳入城镇社会保障范畴，享受更好的城镇职工基本养老福利待遇上，应注重政策的宣传与解读，消除居民对新农保与城镇社保体系间差异的误解，在提升村改居居民的参保率上下功夫。

其二，医疗保险的优质福利与居民参保能力不足的冲突。

从调查结果看，村改居居民参加医疗保险的形式大多集中在新型农村合作医疗保障和城镇职工医疗保障两大体系上，而且两种主要医疗保障体系的参保率均呈现地区差异。但村改居居民依赖土地获取稳定经济收益的传统形式被迫改变，在维持基本医疗保险方面仍缺乏可持续性。

> 新丰镇 41 岁的赵大叔说："之前我们家吃的、穿的、用的都来自那十几亩祖辈传下来的土地，这下可好，政府突然说要征地搞建设，还说会把我们转为城市户口并给我们一笔补偿金，虽然当时也蛮不情愿的，但想到可以给孩子一个到城市上学的机会也就同意了。但现在你看我们除了要自己买房子，还要供孩子上学，这些费用算下来我们自己都得勒紧裤腰带过日子，这医保说实在的你交也是对自己和家人的一份交代，但你看我们现在的生活境况吧，多多少少还是有压力的。"

可见，政府虽然承诺在征地后给予村改居居民一定的财政补贴，但这种多为一次性发放土地补偿金的形式对于居民自身维持长久生活仍显得力不从心。近年来，政府加大完善医疗保障的力度，注重维持合理统一的城乡筹资标准，国家卫生计生委和财政部于 2016 年 4 月发布的《关于做好 2016 年新型农村合作医疗工作的通知》中提及：2016 年各级财政对参加新农合的人均补贴标准在 2015 年的基础上增加 40 元，农民的个人缴费标准在 2015 年的基础上提高 30 元，全国缴费标准平均 150 元左右[①]。但在政策推行、地方落实的过程中，村改居居民主动寻求新的经济支持的意识缺

---

① 赵定东、袁丽丽：《村改居居民的社会保障可持续性困境分析》，《浙江社会科学》2016 年第 12 期。

乏且渠道单一，致使不少居民在失地后主要依赖政府发放的土地补偿金来维持生活，再加上刚进入新环境的就业水平不高，因而时常出现村改居居民选择缴纳的医疗保险水平偏低甚至停止缴纳的情形，这在一定程度上会延缓新型城镇化背景下实现居民医疗保障体系全覆盖的愿景。在当前医保缴费终身制的环境下，政府要想达成村改居居民普遍支持、踊跃参保、全面覆盖的局面，仍任重而道远。

2. 社区居民委员会的服务效度尚处起步阶段

在面对村改居居民的生产生活保障尚未得到充分落实的困境时，除了作为政策制定与落实主体的政府需要进行深刻反思外，当地居民委员会的行政工作效度也需要予以额外注意。依照《中华人民共和国城市居民委员会组织法》规定，原来的村委会建制和农村管理体系需要被撤销，居委会管理体制成为新管理体制。因此，在村改居政策逐渐实行的各城市周边地区和沿海城市边缘地带的村委会陆续改为居民委员会，原村委会、村党委撤销后建立起新的社区党委。在改制后的社区行政体系中，社区居委会顺利承接原村委会具备的管理职能，但在社区公共事务处理、居民纠纷调解、回应社区意见上仍做得不到位，这与社区干部的人员配置与运行架构不完善存在关联。

社区行政机制的顺利运行不仅需要管理层着眼群众、维护居民的合法权益，还需要社区居民形成合力配合行政服务工作的开展。由以上的调查结果可以看出，村改居居民对于居委会的行政服务工作各执一词，在超过1/3的居民认可居委会决策方式的情形下，持有"不认可"和"无所谓"两种态度的人数也接近半数。社区居委会是居民新住宅区的区域行政服务主体，其面对的是正处于身份转型稳定期的居民和社区关系尚不紧密的社区，因此居委会职能操作上的不足将会直接反映在村改居居民对于社区管理与服务的态度上。

东海花苑是浙江省嘉兴海盐县西塘桥街道较早的搬迁安置小区，也是该县较早的城乡一体新社区，居民以西塘桥街道原新海、新城、西塘、王庄、曙光等几个村（社区）的村民安置和开发区企业中的外地职工等为主。随着经济和社会的发展，东海花苑逐步向城市社区转变，由于小区的性质和人员的特点，小区的基层组织仍较为薄弱，相对于武原街道规范社区，东海花苑社区目前总共只有两名专职工作人员，工作人员较少，任务繁多，工作全面开展的难度较大。

在撤村建居行动中，新建社区居委会干部的任命多为上级政府及其派出机关街道办事处直接指定，这就导致新任命的居委会干部缺乏对当地社区人文环境的了解，在与社区新市民的交谈中较难理解群众的切实想法，在开展切合民生、服务于民的工作时困难重重，再加上政府对改制后社区居民人口比例的了解不足，极易出现社区专职人员的配备数量与实际社区事务需求的失衡。另外值得注意的是，在大力倡导"以人为本、以民为先"的现代社区治理理念的大环境下，社区居委会作为居民自我管理、自我教育、自我服务的基层群众性自治组织，却没有充分赋予村改居居民所应具备的参与权、监督权、议事权。

"您目前所在的社区建设中是否有征求您的意见"一题的调查结果显示，在所调查的5个城市中，认为"没有被征求意见"的村改居居民有4个城市超过半数，这显然说明社区居委会在履行尊重新市民的各项参与权方面有缺失，大部分居民仅成为新型城镇化建设的被动配合者，而不是主动参与者。

> 秦山街道47岁的徐大妈说："我自从来到这个社区，就从没参加过什么社区居民代表会之类的会，就更别说征求意见了，来这么久就连社区干部的面都没见着。最近楼下那支跳广场舞的队伍可真是让我心烦，每次我休息的时候，她们的音乐声总会吵到我，这样的事情已经不是一次两次了。你说这种现象我要不要反映？还有我们小区的垃圾桶是真的少，每次扔垃圾都要拐好几个弯，你说像我这样腿脚不好的走远路也不方便，偌大一个社区总该有人管吧，现在我们住进来了总该听听我们的意见吧，不然这日子活得多闹腾呀。"

我们从以上访谈资料可认识到，村改居居民在搬入新社区后时常会遇见邻里矛盾，感受到新社区基础设施在满足自我优良生活体验方面所存在的不足，这往往是促进社区建设不断优化的内驱力，用杰克·罗斯曼（Jack Rothman）的话来说就是，"只要能在集体行动中周全考虑到个人的需求和动机，并能培养出一种集体认同和归属感，那么个体就会在情感和价值层面有动机参与社区基层组织活动，并在其中贡献自己的力量"①。由此可见，社区居委会在改制后的社区中对居民建议谏言渠道的闲置、对个体参与权的漠视，将会在推动新社区自然环境和人文环境的交融上作用大打折扣，对拉动新市民的向心力、营造和谐融洽的社区生活氛围造成不利影响。

综上看来，与村改居居民密切相关的政治支持网络尚未将其职能发挥到位，政府作为政策制定者在保障居民基本生活质量、打造覆盖全面的社会保障体系方面仍存在不足，地方社区居委会作为政策执行者在顺应新社区居民服务需求、开启居民发声渠道方面仍不尽如人意。政治支持提供的初衷是保持村改居居民原有的生活质量，并能在此基础上实现户籍制度转型所带来的居民生产生活质量的提高，为村改居居民积极融入新社区环境提供政策和行政服务保障，但在实际实施过程中，政府部门人员却未能结合村改居居民的经济负担状况、观念转型情况来积极回应并完善维系村改居居民稳定生活的行政服务体系，这将使村改居政策难以得到居民们的广泛认可，打造政府施策、居民响应的发展新局面仍任重道远。

三　村改居居民经济支持现状与问题

村改居政策的推行使原村民的大量土地被收归国有，新市民要想在较短时间内适应改制后的新环境，保持稳定、健康的社区生活步调，则其经济支持渠道的惠民程度和合理长效的可持续运转机制将是重要保证。村改居居民失地所致的经济链短时断裂在一定程度上会直接影响他们的日常生活质量，此时针对失地农民的短期和长期经济支持机制将开始发挥作用，其中土地征用补偿金的发放有短期支持效用，而工作岗位引荐和集体经济盘活将有长期支持效用。浙江省杭州市于 1998 年就已出台撤村建居文件，是全国率先开展大规模撤村建居改革试点城市之一。后来又分别于 2001年、2004 年、2005 年、2007 年和 2008 年陆续出台一系列撤村建居文件，对撤村建居工作做了系统规划。自首批"撤村建居"试点至今，杭州已计

---

① 徐永祥：《社区工作》，高等教育出版社，2004，第 77 页。

划批复改造达 159 个行政村，全市城区面积已由原来的 683 平方公里扩大到 3068 平方公里①。但其所开展的旧村改造、拆旧建新并未能及时满足改制后居民对于美好生活的需求。

1. 土地补偿体系的支持力不足

对于被征地的村改居居民而言，被征地后所获得的补偿金在一定程度上替代了土地原本所发挥的保障功能，近年来国家对于土地补偿金的发放标准有相关规定。2014 年修订的《中华人民共和国土地管理法实施条例》第二十六条规定，"土地补偿费归农村集体经济组织所有；地上附着物及青苗补偿费归地上附着物及青苗的所有者所有"②；《中华人民共和国土地管理法》第七十二条亦说明，征用耕地的土地补偿费按照该耕地被征用前三年平均产值的六至十倍计算，国务院根据社会、经济发展水平，于特殊情况可提高征用耕地的土地补偿费用③。以上条例的施行都旨在帮助失地农民摆脱因土地被收回所面临的经济困境，但相对于耕地在农民失地前所具有的维持最基本生活需要的重要价值而言，政府的补偿性措施仍显得力不从心。

在"您认为城镇化后您的土地价值如何变化"一题中，有超过半数的村改居居民认为自己的土地价值被剥夺，而表示自己从中获取大部分利益的仅占 1/4。众所周知，城镇化的扩张和区域经济的迅速发展离不开对土地的大面积征用，政府所做出的及时、有效、合理的补偿性行为将决定改制后居民生活情境的优化水平。就目前而言，政府的经济补偿措施多集中采用货币化的安置补偿模式，该模式基于对耕地前三年平均产值倍数的衡量，对失地农民给予一次性的货币补偿④。尽管这一模式在执行与操作程序上较为简便易行，但政府在补偿款项发放后却没有过多考虑村改居居民对于资金的使用及生活反馈情况，致使土地补偿措施沦为各县市指定完成的任务目标，而无后续跟进。

---

① 陈建胜：《社会资本视野下的"撤村建居"型社区治理》，《调研世界》2010 年第 11 期。

② 《中华人民共和国土地管理法实施条例》，中国政府网，http://www.gov.cn/gongbao/content/2011/content_1860861.htm。

③ 《中华人民共和国土地管理法》，中国政府网，http://www.gov.cn/banshi/2005 – 05/26/content_989.htm。

④ 王寻寻、苗齐：《不同补偿方式下失地农民福利状况研究》，《江苏农业科学》2017 年第 8 期。

灵桥镇 43 岁的王大叔说："现在这生活过得可憋屈了，以前我们靠土地过活，现在政府说拿走就拿走，唉，为了国家建设我们也不敢说不愿意，不过好歹也关心关心我们的岗位问题呀，就这样发完一笔补偿金就撒手不管，这要我们怎么谋出路呀，以前在地里干干活、聊聊天过个小日子也挺好的，现在地也没了，工作也没着落，心里空落落的。"

万市镇 35 岁的赵阿姨说："就我们这几块地，按今后几年的亩产值来算少说都有个八十来万元，现在直接按照过去几年的产值来计算，到手的那笔补偿金怎么想心里都不是滋味。"

由以上访谈材料可知，政府规定发放的土地补偿金尚未能合理衡量耕地对于失地农民而言所具备的价值，常出现核定的补偿经费不符合未来几年地价发展趋势的情形，让改制后居民得不到所期望的土地补偿，而且征地补偿的基价过低也造成失地农民在土地交易中获得的利益缩水，较少的土地补偿金让村改居居民难以适应城区生活中医保、养老体系的高额缴费，使其生活质量大打折扣。除此之外，缺乏长远考虑的一次性货币补偿机制让村改居居民陷入失地所造成的失业困境中，缺乏持续稳定的收入保障渠道让其难以在快节奏的城市生活步调下立足，易使改制后居民在自谋出路和社区融入方面都出现被迫边缘化的倾向。

2. 就业岗位待遇水平有待提高

从调查结果看，当问及"您对所在工作单位的福利待遇满意度如何"时，接近半数的村改居居民选择了"一般"，仅有不到 1/10 的被调查者表示"非常满意"，这无疑与《国家新型城镇化规划（2014—2020）》所提出的"让更多农民通过转移就业提高收入，促使城镇消费结构不断升级"[①]大相径庭。村改居居民在实现户籍转变的同时，就业观念尚未更新，保守、狭窄的观念与具有局限性的技术水平促使他们难以实现同城同待遇的愿景。进一步调查显示，当问到"您现在所在工作的获得方式"时，有80% 的村改居居民表示是由自己寻找获得，得到政府引荐和他人推荐就业

---

① 国家发展和改革委员会：《国家新型城镇化规划（2014—2020）》，http：//www. ndrc. gov. cn/。

的人数所占比例极小，这使得他们在面临陌生的生活环境时，因就业渠道的稀缺和小农思维的固化而寻找到工资水平较低、待遇保障不完善的就业岗位。

近湖镇40岁的张大叔说："现在这份看门的工作我也是费了很大周折才找着的，毕竟这大城市的也不认识人，我们俩就看哪里招人我们就到哪里去，有份工作自己心里也踏实，不过就是这钱不咋够花，一个月下来也就差不多一千来块钱，而且我上的还是夜班，要等到早上七八点才能歇息，我媳妇老说我这活又累又赚得少，劝我换点别的，但你说我这人也没啥本事，你要我帮别人看门可以，其他要学习的技术活我还真鼓捣不出来，所以我们来这里做保安也有2年多了吧，一直都没人提出要换，就赖在这了。"

新型城镇化背景下提高村转居人员的就业质量已成为当前社会较为关注的问题，并且就业福利待遇水平与人民的幸福感呈正相关。村改居居民为了改善生计、以积极姿态应对改制后的新生活情境，不得不匆忙寻求新工作岗位，但外界环境所提供的工作岗位大都技术性较高，这就把不少未接受过技术培训的村改居居民排除在高薪门槛外。

江苏省目前正处于以科技创新为核心，不断实现城镇化发展升级的转型发展关键期，2010年江苏省城镇化水平已超过60%，到2012年江苏省人均地区生产总值达68347亿元，城镇化率达到63%[1]，至2016年城镇化率已实现67%的突破[2]，全面深化改革和推动产业发展的局面一片大好。但经过对江苏太仓、常州、盐城和张家港等地的调查发现，村改居居民对目前现有工作的满意度不高，表达"非常满意"的仅占9.5%，48.2%的人认为"满意"的同时也有38.7%的居民表示"一般"，不少村改居居民在离开土地后由于缺乏专业的劳动技能，大多只能从事无需技术、工资报酬低的职业。据悉，江苏省南通市的失地农民所从事的工作主要为保安、门卫、保洁员、家政服务、食堂后勤、社区物业管理等，月收入一般只维

---

① 夏勇：《江苏省新型城镇化水平的影响因素分析》，硕士学位论文，南京财经大学，2014。
② 《江苏省人民政府2016年政府工作报告》，人民网，http://leaders. people. com. cn/n1/2016/0205/c58278 - 28112908. html。

持在 500 ~ 1000 元，在 1500 元以上的较少①，较低的收入对需要支付日常开销、缴纳各类保险费用的村改居居民来说的确是杯水车薪，并且就业稳定性不高、就业环境较差等问题接踵而至，甚至有的用人单位还未给他们购买失业保险，这在一定程度上大大降低了村改居居民的就业质量，使得他们与原城市居民的就业幸福感相去甚远。

3. 集体经济支持渠道单一

自撤村建居后，村集体经济通过清产核资、资产量化、股权设置、股权管理、收益分配等方式过渡为股份经济合作社，致力于在保护原村集体成员持股利益的情形下建立"归属清晰、权责明确、利益共享"的集体经济产权制度②，从长远来看，股份经济制度的构建有利于活化集体经济结构，促使社区里的持股人员形成共同出资、共担风险的合作局面。

但就目前而言，改制后的居民对股份经济合作社所发挥的效用认可度不高，集体资产改制并未以较好的姿态优化村改居居民的生活水平。

在"您认为参加经济合作组织对您的影响程度如何"一题的回答中，有一半的人认为"有所影响"，表示"无影响"的人数占 35%，尤其浙江富阳占比较大，达到 56.8%，而认为"影响很大"的人数占比不到 20%。一方面，源自村改居居民个人参与观念的保守化，由于村改居居民尚处于身份转型后的适应期，在集体资产折股量化到个人后，其作为股权所有者所具备的共同承担责任、应对风险的意识不强，导致部分村改居居民仅依赖于经济社每年的按期分红，而不主动参与社区集体经济建设。另一方面，股份经济合作社的领导班子依然采取的是上行下效的工作模式，对新政策的解读力度不足，开拓意识缺乏，未能及时、全面地依据当地区位优势发展独具区域特色的集体经济运作模式，使得代表集体利益的经济社创收渠道单一。以上两种情形均导致村改居居民在经济收益的直接获取中优势不足，使得新市民群体未能以更为积极主动的姿态投入社区建设中，不利于缩短与原城市居民的收入差距，实现同城待遇下共享幸福的美好愿景。

---

① 赵晓曼：《增权：失地农民就业的社区支持研究》，硕士学位论文，中南民族大学，2011。
② 苏培霞：《"村改居"集体资产改造的路径选择》，硕士学位论文，暨南大学，2011。

　　杭州市余杭区五常街道的马书记说："区位优势是集体经济发展的重要资源，我们五常党工委、管委会在将撤村建居工作列为重点工作狠抓的基础上，集中精力周密部署，利用横板桥工业园区吸纳更多企业进驻，争取充足的就业机会，让居民放心将持有股份投入已建成的规模较大的股份制公司中，让集体经济以迅猛势头发展。加快五常社区建设，离不开广大干部的广泛宣传发动，我们一定要以居民的需求为己任，保证居民权益，改善居民生活，这样才能调动广大居民的积极性，让撤村建居成为居民的自身要求，让五常的改革试点成为余杭区撤村建居工作的示范和标杆。"

　　五常街道距杭州市中心13公里，是余杭组团的核心区块，该地区三面与主城区接壤，区域位置优越，随着城市化建设的快速发展，五常辖区内的7个村已于2006年9月全面完成农村股份合作制改革工作，集体资产全部量化到个人，辖区率先实现农民向股民的转变。五常街道的成功改制，展示了股份经济合作社通过依托区位优势拓宽资金筹措渠道所表现的强大生命力，为村改居社区集体经济的多元化发展指出了明路。

　　经济支持是帮助村改居居民走出失地困境、融入城区新生活的最直接渠道，经济收入的多寡成为新市民探索优质生活首要考虑的因素，而以上描述所涉及的土地补偿体系、就业福利待遇和集体经济活力均在不同程度上出现了支持力度不足的状况，对于我们来说需要引起足够重视，构建运转稳定、补助到位、受益持久的经济支持体系将是加快改制后居民融入城市发展新环境的重要举措。与此同时，村改居建设是多个区域共同响应政策号召的改制工程，镇街之间易形成以点带面、相互促进的局势，因此注重优秀改制经验的传播与学习将有助于各社区在执行过程中少走弯路，让改制后居民及时获取可以维持和提升现有生活质量的经济支持。

四　村改居居民社会支持现状与问题

　　社会支持的强弱集中反映为村改居居民个体在社会化过程中对于社会资本的灵活运用程度。村改居建设是新型城镇化战略下不可或缺的重要举措，其带来的不仅仅是户籍制度的转变，更是外界可运用生活资源的更新与转换，包括就业渠道、住房环境、教育资源、社保体系、人际网络等，村改居居民作为资源的使用主体，在处于多种可利用资源环绕的旋涡中央时，所要做的是有目的、有步骤地开展符合自己生活轨迹的社会化活动，并且这一过程是更高层次的再社会化过程①。郑杭生指出，社会化的全过程贯穿个体发展的五个阶段，分别是初始社会化、预期社会化、发展社会化、逆向社会化和再社会化，个体的社会化过程有利于社会文化的积累和发展，社会结构得以维持，人的个性也得以逐步形成和完善②。村改居居民对于新环境的适应迫使其通过提升自我能力去积极应对，而从当前来看，城区内的社会资源供给并未能满足新市民的需求，在问及"您对城镇化后自己的市民身份带来的好处变化"时，有一半以上的村改居居民认为"没有变化"，反映出以政府为主导的撤村建居行动在将城乡体系由"二元"转化为"一元"的过程中，城区内的便民、利民资源并未惠及到位，这将造成村改居居民在新城区生活的幸福感偏低，参与主动性低下，长此以往不利于社区"共建共享"氛围的营造。社会支持体系的不完善主要体现在以下几方面。

1. 就业支持体系未能实现一站式惠民

在对"政府在征收土地后曾提供何种形式就业安排"一题的回答中，认为"没有提供任何就业帮助"的人数在各地区均占比最大，浙江嘉兴、温州、江苏和上海皆维持在30%左右，浙江富阳则达到了50%。征地后的就业补偿是村改居居民所渴求的重要一环，改制后居民能否适应新入住环境的生活步调，一方面取决于自身寻求新岗位的主动性，另一方面则较大程度取决于政府所提供的就业帮扶力度。由经济支持部分的描述可知，改制后居民由于自身技能及就业观念的限制，找寻到的大都是工资水平较低的工作岗位，这与政府未及时提供就业方面的引导有很大关联。

里山镇48岁的陈叔说："从一开始到现在都是俺靠着之前村里的那几个老伙计打听消息，现在好歹每个月都有1400元左右，生活还算过得去，听说之前住我隔壁的王叔他们两口子，现在找的工作每月才

---

① 李可：《城镇化过程中失地农民市民化研究》，硕士学位论文，苏州大学，2006。
② 郑杭生主编《社会学概论新修》（第4版），中国人民大学出版社，2013，第116页。

拿不到 1000 元，而且他们还要供他们家娃娃读书，这还怎么过活，我们家娃娃早出去工作了，用不着我操心，但你说要是政府在这个节骨眼上帮帮咱，咱也不用花这么大的劲儿去找一份养家糊口的工作呀，你说是不是？"

村改居居民在当前居住的新社区里落地生根、创造社会财富，亟须依靠稳定且福利待遇较好的工作岗位做支撑点。2016 年 8 月，《浙江省新型城市化发展 "十三五" 规划》颁布，其中提到要 "坚持以人为本、共享发展……逐步提升城乡就业和福利待遇水平……健全公共就业创业服务体系……加快推进城中村和已实现村改居的人口纳入城市居民一体化管理"①，这表明政府已将村改居居民的就业创业指导纳入考察范围。但在实际落实过程中，政府却没有仔细考虑村改居居民的文化素质发展程度，并以此为出发点为改制后居民提供适切的就业支持，其中包括就业岗位安排、就业信息提供和就业压力疏导，即所谓的 "就业一站式服务"。于海燕提出一站式服务是统筹可利用资源、配备高质量服务、简化办理受理程序、避免服务资源浪费的可行性举措，并列举加拿大 "一站式服务中心" 范例为城郊结合带的新居民服务指出中心化运作的惠民构想②。就目前来看，村改居居民的就业 "一站式服务" 具有较大发展潜力，在对 "您现在最需要的政府或者有关部门帮助形式" 一题的回答中，村改居居民期待政府介入的帮扶范畴大多集中在工作岗位信息提供、职业培训和资金三大方面。

村改居居民处于身份转变后的过渡期，为其应对改制后生活提供就业技术和培训支持，将有助于提升他们的就业竞争力，为其融入新环境下的业缘关系网搭建桥梁，进而使其能够在纷繁复杂的就业形势面前立足。就业支持的一站式服务目前还处于较为分散、割裂的阶段，政府往往只注重单方面提供就业培训或信息指引，却没有为改制后居民推荐相关的工作岗位，而且容易忽视他们在高门槛就业局势和自我低就业能力对比下产生的落差感，在增强其就业自信心、赋予其敢于迎接新技术挑战的权能上存在不足。

---

① 浙江省发展和改革委员会：《浙江省新型城市化发展 "十三五" 规划》，http://www.zjd-pc.gov.cn/art/2016/8/17/art_8_1714272.html。

② 于海燕：《新居民公共服务供给机制研究》，博士学位论文，吉林大学，2016。

嘉兴市嘉善县姚庄镇有 18 个行政村和 4 个社区居委会，2012 年被省政府列为小城市培育试点镇之一，目前城市建设实施项目有 156 个，建成区面积扩大到 9 平方公里，建成区常住人口达 4.61 万人，原有的集镇区域得到有形填充和扩张，并且该镇自撤村建居后已建立完善的行政审批服务中心、行政综合执法中心等"5 + 3"公共服务中心，社会公共服务内涵不断得到丰富。但与此同时，辖区内的光伏新能源和精密机械两大主导产业因就业层次较高而缺乏充足的人力资源，这使得城乡一体化进程被相应拖慢，计划实现的产城带动效应未得到充分发挥。在该形势下，姚庄工业园区开始精密部署，针对辖区内新市民就业素质不高、技术水平较低的现象，在未来一段时间内支持成立人才中心和信息中心，以打造"智慧城市"为抓手，为辖区培养高素质人才，并督促企业成立研发机构或研发团队，注重成果推广，由点及面带动城区创新知识涌流，为大力推进工业园区早日列入浙江省省级经济开发区行列做足准备。

在以上案例中，姚庄镇在城乡一体化建设过程中发现了区域经济发展与新市民就业能力不匹配的状况，并及时着眼于新型城镇化建设中出现的就业难问题，依据当地经济发展特色建立就业指导中心，这一做法响应了《浙江省新型城市化发展"十三五"规划》中"推进人的城市化"的目标要求，为产城发展不断输送技术型人才开辟了渠道，其中支持建立的就业指导中心符合"一站式服务"的初步形式，使得构建以村改居居民为中心的考虑周全、服务周到的就业支持体系成为可能。

2. 三社联动机制存有较大需求与提升空间

村改居居民作为社会化的利益主体，相应地需要从社区中获取有助于其融入新环境的社会资源，当这些资源成为与个体成长相关联的重要因素时，它就转变为社会资本。"社会资本"这一概念最先被帕特南诠释，他认为社会资本产生于人们持续性的搭建和有意识的反复互动交往之中，主要包括信任、规范和网络关系等内涵[①]。简言之，社会资本就是身处一定社会关系网络中的人们所能运用的实现一定目的的资源。就目前来看，以

---

① 黄立敏：《社会资本视阈下的"村改居"社区治理》，《江西社会科学》2009 年第 9 期。

社区、社会组织、社会工作者为主体共同维系的三社联动机制在整合社区资源、柔性解决政府刚性政策方面发挥着重要作用,这将有助于改制后居民接纳新社区、融入新生活、增强幸福感。浙江省自2014年7月起在全国率先出台《关于加快推进"三社联动"完善基层社会治理的意见》,杭州、嘉兴、温州、宁波等地已相继开展实践①。当前,"三社"在撤村建居背景下分别呈现如下特点。

(1)高水平社区建设与低水平干部任职的冲突

处于城乡接合部的城中村经村改居改造变成生态宜居的绿化城市,公路、街道、楼房等硬件设施焕然一新,技术型产业的进驻客观上为区域经济发展注入了活力,工业产值得到显著提升。但由于改制过程存在重进度、看指标的倾向,再加上沿用长久的农村社区管理体系,改制后容易出现社区干部交叉任职的情形。杭州市余杭区按照"整体部署、分步实施、各方配合、稳步推进"的基本原则,于2006年开始撤村建居试点,在2007~2009年全面实施撤村建居工作,相继出台了一系列政策文件,让社区各街道提前完成五年计划,其中就包括变化显著的塘栖镇酒店埭村、南苑街道联盟村、五常街道横板村。当前,该区已有建制村188个、城市社区142个,其中撤村新建社区有74个。但经考察发现,政策法规滞后、规划不健全、推进速度太快,导致新建社区在很大程度上并未脱离原有的农村管理体制,在工作机制上出现了社区居委会和股份合作社"两块牌子、一套班子"的现象。

> 余杭区瓶窑镇一位已退休的村委会老干部说:"之前'两委'的工作基本上就涵盖了整个村的大事小事,里面的领导班子一般是身兼多职,管党支部的几位得力支部书记都被大家推荐做合作社的一把手,毕竟他们对村子了解也比较多,工作效率都蛮高的。现在政策下来了,他们还是做着同样的工作、干着同样的活,因为按照我们这么久的经验来看,这样做可以节省时间,还能省去不少麻烦,所以大家都愿意继续维持那老一套的工作模式。"

---

① 朱勤、孙春宁:《激活"三社联动"让基层坚如磐石》,《中国社会组织》2016年第2期。

从长远来看，社区干部交叉任职的现象不利于管理与服务职能的分离，社区作为搭建丰厚资源的开放性平台，需要注重向服务职能的转型，如此一来，服务职能得到下放的社区居委会就能够为社会组织进驻社区并充分调动新市民的社区参与积极性创造条件，从而为提升"三社联动"运作活力、构建人人共享发展新成果的美好生活创造机会。

（2）多样化的社会组织活化作用显著

从 2012 年开始，浙江省在杭州、温州、宁波等地探索的社会组织登记和备案双轨制，使得城乡社区服务类社会组织登记注册资金额度和会员数目被适当放宽，为各地社会组织的萌芽和成长提供了广阔空间。据浙江省民政厅统计，到目前为止，浙江省登记社会组织 4.2 万个，备案近 10 万个，诸如社区社会组织联合会、社区发展协会、社区发展基金会、社区服务中心、社企共建理事会等社区枢纽型、支持型社会组织已有 3000 多家①。面对撤村建居环境下社区可供使用的资源链缺乏、帮扶渠道不畅的现状，社会组织在挖掘社区优势、整合社区资源和凝聚社区向心力方面发挥着极大作用，并受到当地改制后居民的大力支持。

以浙江省湖州市德清县乡贤参事会为例，德清县依靠当地的历史文化和勤劳智慧、乐善好施的乡风民情，号召乡贤精英以自己的学识才干、经济实力和乡土情怀反哺社区，凭借多方合力带动当地社区的经济发展和文化建设，有效地促进了失地农民再就业。至 2015 年底，德清县乡贤参事会的惠及面已覆盖全县 50% 的社区，除金华、台州外，其余 9 个市的基层均成立了乡贤参事会，目前共有乡贤参事会 1690 个，会员 24132 人，其中机关企事业单位退休人员 2837 人，企业经商人员 8322 人，村干部 3523 人，其他人员 9448 人。在各镇街相继实施村改居建设的形势下，乡贤参事会较好地发挥了由农村向城市过渡的缓冲作用。如莫干山镇燎原村的乡贤们出资出力，帮助联系 9 家企业开展"帮扶共建"，引进合作项目 22 个，推动落实资金 970 多万元，吸收 87 名村民进企业就业，结对困难户 12 户，该地区 2014 年集体经济年收入同比增长 47%；雷甸镇双溪村的乡贤参事会成立后，积极推动修订社区公约，提炼 9 条民众认可的公约形成制度，并

---

① 江宇：《大力培育发展社区社会组织　构建社区多元治理体系》，《中国社会组织》2017
年第 3 期。

弘扬好家风、好家训，通过漫画宣传、长廊展示、评选榜样、文艺演出等多种途径助推社区文明新风尚的形成。以血缘、地缘为纽带的乡贤参事会凭借其乡村自治团体的前身优势，对撤村建居社区的经济发展与居民物质精神的"两富"发挥着较强推进作用。除此之外，宁波北仑大港社区的和谐共建理事会、温州西岸社区的乡贤共建理事会、杭州上城区的"湖滨晴雨"工作室都让辐射片区内居民的生活满意度得到提升，居民的社区归属感渐趋强烈，让村改居居民有意愿投入社区建设中。

（3）社会工作者进驻社区比例分配不均

社会工作者以社区组织为载体开展多种形式的助人行动，"三社联动"机制中专业社会工作者的具体化实施将对构建资源联动的和谐社区起到重要作用。而针对撤村建居中新市民的融入感低、资源筹措渠道受限的特点，社会工作者的介入将有利于村改居居民被赋予直面生活的权能，增强其沟通外界环境以实现资源互通的主动性，进而营造人人参与、人人尽力、人人享有的社区生活图景。截至2016年，浙江省的持证社工达到16133人，登记的民办社工机构有167家，建立社区社会工作室总共达2583个[1]，为构建"以人为本"的新型城镇化生活提供了不竭动力。但相比之下，专职社工进驻社区的分配不均现象仍存在，相应地会对该撤村建居社区的居民满意度产生影响，继而影响他们的社区融入度。

综上可以看出，"三社联动"机制在当前撤村建居背景下确实有着较大的发展潜力和旺盛的生命力，但要真正打造覆盖全省的"三社"统筹规划、交融互动的联动新格局，建立资源共享、优势互补、相互促进的社区服务体制机制仍然任重而道远。

3. 社区居住环境尚未达标

社区居住环境属于以村改居居民为核心的外在生态系统，是新市民参与社区生活最为贴近的外部环境。Germain和Gitterman提出的生态视角干预模式强调个体生命模式与外界的持续互动，生活环境必须与人的环境保持良好关系，如此个体才可运用适当的输入维持自己并发展[2]，由此可以看出，创建宜居的生活环境将是增强个体生活适应力的重要因素。

---

① 朱勤、孙春宁：《激活"三社联动"让基层坚如磐石》，《中国社会组织》2016年第2期。

② 何雪松：《社会工作理论》，上海人民出版社，2007，第87页。

在对"您觉得现在您所在社区的环境如何"一题的回答中，认为"比较好"和"一般"的人数占比较大，均维持在40%左右，而认为"非常好"的人数仅占不到15%，这反映出当前撤村建居的新环境与村改居居民所期待的幸福生活构想仍有差距。村改居居民在经历撤村建居后，其内心对于"家"的社区归属感亟须建立，舒适、宜居的居住环境将有助于缩小其改制后出现的心理落差，减少其远离赖以生存的乡土情境而出现的无助感，使其产生对新社区的信赖感。与此同时，撤村建居社区的居住环境质量也将直观体现政府全面贯彻"以人为本"理念的落实情况，成为衡量村改居建设完成指标的重要一环。就目前来看，新社区的居住环境仍有一定的提升空间，具体表现如下。

（1）住房未完全实现一体化标准管理

从问卷结果来看，被调查者中有接近半数的人表示"满意"，但也有30%左右的人认为"一般"，持"非常满意"态度的人不到20%，这说明撤村建居社区的居住条件仍有待改善。

> 金华市新狮街道骆家塘社区是典型的城乡接合部社区，该社区常住人口有365户，共889人。该社区从2003年开始进行村改居建设，近年来多次获环境整治先进集体荣誉。但该社区直至2012年都仍未实现与原城区居民同等的"一户一水表"制，社区内的自来水管不断出现老化、漏水、水压减低的现象。据悉，因总管道漏水，该社区每户居民所付水费单价一直比原城市居民要高出1元左右，不少村改居居民面临高额水费的负担①。

由以上案例可知，"村改居"建设工程在优化城区住房设施、打造城乡一体化建设上仍未考虑周全，同城却不同待遇的现象依然存在。

（2）绿色回收制度有待构建

对富阳、嘉兴、温州、江苏、上海等地村改居社区的垃圾处理方式开展调查后发现，大多数村改居居民选择将垃圾"集中倾倒比较远的地方"，部分会选择"填埋"或"焚烧"，而对于打造生态和谐社区所倡导的"分

---

① 《"村改居"何时能享受同城待遇　居民盼一户一表》，浙江在线网，http://zjnews.zjol.com.cn/system/2012/02/03/018175147.shtml。

类回收后再处理"措施,除了嘉兴有 1/3 的居民予以响应外,其他四个地区采取该类措施的人数占比均不超过 20% 。

在采访中,大多数村改居居民表示,垃圾处理的不合理问题已经影响了他们的日常生活。

> 我们这里处理垃圾还是沿用以前的老方法,有时候把整个社区都搞得乌烟瘴气的,现在社区里的人行路和观光道建好了,老人们都想出来在新社区走走、散散心,可我们这些当儿女的哪能那么放心让他们出来,现在咱们这的生活垃圾多了,每次垃圾焚烧的难闻气体都要持续很久,这要是吸得多了都不知道对身体健康多有害。

从上述谈话中可以发现,部分撤村建居社区仍沿用原乡村惯用的垃圾处理方式,以致新市民在经历撤村建居后对美好环境的需求时常得不到满足。国务院于 2016 年出台的《关于进一步加强城市规划建设管理工作的若干意见》提出,要加强垃圾综合治理,通过分类投放收集、综合循环利用,促进垃圾减量化、资源化、无害化,打造和谐宜居、富有活力、各具特色的现代化城市①。当前各撤村建居社区就地落实该政策的步伐不一,使得村改居居民未能在新居住环境中及时共享城市现代化建设所带来的优质生活,打造改制后居民所期待的满意城区生活、提升村改居居民的生活幸福感是政府及社区干部共同面临的问题。

社会支持贯穿村改居居民日常生活的各个方面,对于赋予新市民以社区共建主体的权利有着重要意义。竭尽全力打造贴合村改居居民生活实际的就业支持体系,构建"以人为中心"的"三社联动"新格局,以及创设和谐宜居的社区生活环境,将是目前乃至将来政府及各社区工作人员所要密切关注的重点。

五 村改居居民文化支持现状与问题

文化支持是社会支持体系的重要组成部分,郑杭生在诠释文化功能时

---

① 《中共中央国务院关于进一步加强城市规划建设管理工作的若干意见》,中国政府网,http://www.gov.cn/zhengce/2016 – 02/21/content_5044367.htm。

着重列举了文化的认同、规范、整合和教育教化功能①，而这些功能落实到改制后社区中就具体表现为交流互助的居民关系、凝聚乡情的文化场所和为民所思的社会组织，这些文化支持因素的竞相绽放，对于村改居居民的情感维系、社区融入和未来发展意义重大。可是反观现在村改居居民的生活处境，他们在熟人社会面临转变的情境下，主要依靠血缘、地缘关系寻求支持的思维较难与当前以业缘关系为主的支持获取路径接轨，加之新社区格局下各单元楼的林立极容易导致新居民关系的日渐疏离。这一现象可用国外学者早年提出的"弱关系理论"来解释，德国著名社会学家齐美尔（Simmel）首次在《群体联系的网络》中使用"网络"概念，认为人类社会处于相互交织的社会关系网中，随后这一概念被格兰诺维特发展为"弱关系的强度"学说，他认为个体往往置身于与情感力量、亲密程度、互动频度相关的强关系中，与之相对应的弱关系则起着"信息桥"的作用，而在个体进行社会交往时，弱关系往往能为其获取额外信息提供更多的足量可能。林南在弱关系的基础上进一步提出了社会资源假设②，他认为个体的社会支持网络异质性越大，其通过弱关系向外获取社会资源的次数越多，那么运用了弱关系"信息桥"作用的个体将比只专注强关系社会网络达成个人愿望的个体所获得的行动结果越理想。如此看来，以土地为纽带的强关系网络依附心态让村改居居民在失地后较少主动向社区寻求帮助，以自我为中心的固化思路使其在新环境中的交往受限，难以真正地将自我认定为社区的一员。更值得注意的是，当前政府的撤村建居政策着重强调村居硬件的改造和完善，却较少将目光放在改制后社区的文化营造上，致使村改居居民容易出现自信心较弱、归属感低下、参与意愿不强的情况。以下将根据责任主体划分，从政府、社区、个人三个角度对村改居居民文化支持力度不强的问题进行具体分析。

1. 政府政策的文化社会化功能有待加强

美国社会学家库利和米德从人的个性发展角度赋予了社会化以新生命，即人的"自我"形塑于社会期待并依从其范式开展正常的社会生活③，

---

① 郑杭生主编《社会学概论新修》（第4版），中国人民大学出版社，2013，第77~80页。
② 转引自沈小红《失地农民社会支持网研究》，硕士学位论文，华中农业大学，2007。
③ 王瑞鸿：《人类行为与社会环境》，华东理工大学出版社，2002。

当村改居居民脱离土地来到城市展开新生活时，政府政策构筑的有益社区文化对人的社会化有积极效用。近年来，各省（区、市）纷纷出台新政策以推动城市化发展，以长三角地区为例，杭州市出台的《关于开展杭州市主城区城中村改造五年攻坚行动的实施意见（2016—2020年）》①对打造"美丽杭州"做了总体部署并声明将逐步落实拆整结合工作；苏州市出台的《苏州市城市总体规划（2011—2020年）》②强调各地区要围绕"以人为本"理念注重基础设施更新和人居环境打造；上海市最新印发的《上海市住房发展"十三五"规划》③更是在增大旧村改造力度的前提下将区域管理和居住品质放在第一位。可我们经过仔细调查发现，尽管政府在政策内容制定上对社区人文环境的打造均有所涉及，但成效并不显著，在被问及"您认为村民之间的关系和没有集中居住之前相比有什么变化"时，有40%左右的村改居居民选择了"没有变化"，另有30%左右的居民认为"变得陌生了"，但对于上海而言，认为关系变陌生的人数占比竟高达41.6%。

就目前而言，为入住新社区的村改居居民创设有利于文化交融、关系拓展的社区生活场景，将是促使新市民享有更多发展机遇、保证撤村建居工程有序推进的有效途径。但从以上数据来看，政府政策的推行并没有使转制社区的居民关系得到明显改善，甚至还导致日渐疏离现象的出现，究其原因，与当前政策执行重心偏向经济效益而相对弱化文化兴区的效能有关。

> 浙江省杭州市前期坚持"整村推进、不留死角"的整体改造方式，让全市158个撤村建居试点村依托大项目逐渐实现经济增长和制度转变，对于尚未完成改造的178个村，杭州市2016年最新出台的《实施意见》进一步明确了分年度推进目标，规定2016年完成21个

---

① 《关于开展杭州市主城区城中村改造五年攻坚行动的实施意见（2016—2020年）》，中国杭州政府网，http://www.hangzhou.gov.cn/module/idea/que_content.jsp? webid=149&appid=1&topicid=538125&typeid=11。

② 《国务院关于苏州市城市总体规划的批复》，中国政府网，http://www.gov.cn/gongbao/content/2016/content_5100039.htm。

③ 《市政府关于印发〈上海市住房发展"十三五"规划〉的通知》，上海市普陀区人民政府网，http://www.ptq.sh.gov.cn/shpt/shxxwjhff-2017/20170712/230911.html。

村、2017 年完成 24 个村、2018 年完成 19 个村、2019 年完成 24 个村、2020 年完成 90 个村。截至 2017 年 10 月 31 日，全市已累计完成丈量 69201 户、签约 61104 户、拆除 42312 户、整治 4244 户，完成率达到 128%，以拆除重建为主，并辅之以综合整治、拆整结合的多种改造方案正如火如荼进行。但杭州市城中村改造治理研究课题组的调查结果显示，居民融入难仍然是杭州市城中村改造的突出问题。不仅如此，浙江省政府参事顾益康也指出当前浙江新型城镇化推进明显存在偏重城市规模扩大和经济总量增长的情况，人文精神缺失和文化支撑力不足成为亟待解决的问题，"要地不要人""乡愁湮没"的现象陆续出现①，无形中对打造人文城市化、塑造城市精神造成一定阻碍。

由此可见，村居拆建进度依然是政府政策重视的硬指标，可当一座座公寓式住房拔地而起的时候，新市民的安居之心却无从归属。

> 罗女士，43 岁，现待业在家。她说："我大概从六七岁开始就帮家里干农活了，因为我父亲腿有风湿病，所以我小学一毕业就挑起了一个家，练就了好身手，平日里做完自己家的还能帮别人割割麦子，邻居见我都叫我小名'钢娃'，农忙的时候我们就互相帮帮忙，农闲就在村头大树底下打打牌，那时别提多开心了。可现在搬到这里，房子是新的，楼下的绿化也很美，居住条件是变好了，但总感觉缺了那么点人情味儿，现在出去也很少能和村里那几个姐妹碰面，更听不到有人叫我'钢娃'了。现在平日里就是做做家务，打扫一下楼道卫生，闲了就看看电视，这里人生地不熟的也不想在外折腾，我丈夫天天劝我去找个工作干，别白浪费了一身本事，可我除了农地里那些粗活就什么都不会了，像我这把年纪也没怎么认真读书的怎么和那些青年人抢饭碗呀！"

从上述访谈材料中可以发现，村改居居民由于文化水平的限制较难依据自身力量在新环境中立足，而城市与农村截然不同的居住格局让新市民更难像以前一样通过同质性强的熟人网络获得足够的心理支持，致使出现

---

① 顾益康、张伟明：《新型城镇化要注重人文传承》，《浙江经济》2014 年第 20 期。

对外寻求资源动力不足、社区融入感较低的现状。针对此现象，政府作为城镇化建设的统筹者，在政策制定和落实上迫切需要将撤村建居社区的文化氛围营造放在与经济建设同等重要的位置上，让社区文化设施、市民教育工程和便民志愿队伍成为衔接新市民从"农村"转入"城市"的桥梁，以保证其在包容的社区氛围中顺利进行自我提升、人际拓展与生活维系，从而更好地在新环境中参与社会化过程。通过深入地走访调查，我们更加坚信以上问题的急迫与民心所向，如调查结果所示，在谈到"您认为在推进城镇化的过程中应当最先进行的是什么"之时，"倡导以人为本、生态为本的城镇化"成为浙江、江苏、上海等地的村改居居民们呼声最高的选项，其中上海更是达到了 41.2%，这说明紧扣以人为核心，打造切合和足以满足新市民实际需求的城镇化已经刻不容缓。

2. 社区干部尚未担当起发挥文化感召力的重任

自撤村建居政策执行以来，数以万计的失地农民不得不选择离开依赖多年的土地而来到城市，但在如愿以偿获得非农户籍之时，其多年依靠土地生活的乡愁迟迟挥之不去，李培林在写《从"农民的终结"到"村落的终结"》时曾做过调研，在 1990～2010 年的 20 年间，我国行政村数量就因城镇化等原因从 100 多万个锐减到 64 万个，几乎每天有 50 个村庄悄然逝去①，失地农民在被迫改变原有的生活状态时，其在新社区的身心融入感更值得我们关注。如此一来，社区干部②作为改制后社区的管理者、活动组织者和协调者，其弘扬邻里互助的乡愁文化和普及紧跟发展步伐的时代文化将是让村改居居民重拾故土情怀、融入城市社区的重要路径。但遗憾的是，在被问及"您空闲时间的主要活动是什么"时，仅有不到 20% 的村改居居民选择了"参与组织活动"，这说明社区干部在开展居民喜闻乐见的文化活动、动员居民参与社区融入方面仍存在不足，主要体现在如下几方面。

（1）互帮互助的社区文化尚未成型

从调查结果看，对"您现在经常得到别人的帮助吗"这一选题的回答，有近半数的村改居居民在遇到困难时会选择自己解决而不会主动对外

---

① 李培林：《从"农民的终结"到"村落的终结"》，《传承》2012 年第 15 期。

② 这里主要指社区党组织和社区居委会的任职干部。

寻求帮助，仅有 1/4 的受调者认为每次遇到困难都可从外界获得帮助，还有部分居民存在只有请求才可获得他人帮助的情况。进一步对经常得到帮助的村改居居民进行调查后发现，他们主要的求助对象首先依然是亲人，其次是关系要好的人，而对于邻居、政府的求助意向则微乎其微，说明已经在城市社区安居的新市民并未建立起融洽的邻里相助关系，这与社区干部尚未充分调动起社区居民的参与积极性、营造互帮互助的社区氛围有很大关联。

> 余新镇 52 岁的陈大叔说："居委会他们这么忙哪有空管我们，平时要不是去办社保、开证明就连面都很少见，更不要说给我们办社区文化活动了，我们当然希望这样的娱乐活动可以多点，毕竟人多热闹嘛。"

实质上，受市场经济主导的城市生活环境的影响，改制后居民社会支持网络的异质性逐渐增强，以致原本同质性强的强关系支持网络所发挥的作用逐渐减弱，再加上当前社会利益多元化的影响，就造成村改居居民朴实的助人情怀和待人美德在入住新社区后逐渐被淡化。民政部于 2009 年出台的《关于进一步推进和谐社区建设工作的意见》指出，社区日益成为各利益关系的交会点，各基层干部要把和谐社区建设摆在更加突出的位置，激发广大人民群众的积极性、主动性、创造性①，这充分表明了社区干部所必须坚守的密切居民关系、营造社区互助氛围的职责。但从上述访谈材料中得知，异质性逐渐增强的改制后社区对友好互助氛围的调动并不明显，甚至有的居民还表示很少见社区干部露面，社区活动的举办更是鲜有听闻。面对当前新市民交流日趋淡漠的情形，兰江街道兰花社区倾力打造的"我来当家"创新服务项目有效拉近了改制后居民间的关系，成为增强新市民互动交流、实现互帮互助的成功范例。

> 兰花社区位于浙江省中西部的兰溪市，东至横山路，南至西山路，西至上园路，北至振兴路，区域面积达 0.68 平方公里，现有住户

---

① 民政部：《民政部关于进一步推进和谐社区建设工作的意见》，http://www.mca.gov.cn/article/yw/jczqhsqjs/fgwj/201605/20160500000427.shtml。

7231 户，居民有 16953 人，其中社区党委下设 5 个党支部，有在职在册党员 600 多人。在 2017 年 7 月项目启动初始，社区就首推以时间银行和微公益超市为主轴的两大公益活动，社区居民可通过服务他人获得兑换券，并可换取相应的日常服务或实物物品。据统计，自活动开展以来，时间银行的开户数就已达到 629 户，总积分达到 30300 分，兑换积分达到 17875 分。兰花社区的干部随后又开办多项发动居民积极参与的社区活动，其中包括"美在兰花"摄影展比赛、"治在兰花"三方会谈、"艺在兰花"舞蹈教学课、"惠在兰花"互惠服务日等，丰富的活动让新市民见面次数增多，关系也变得更加熟络。在致力打造集"身、心、灵、爱、治"于一体的兰花模式基础上，该社区负责人还表示会继续开办多样化的活动以丰富居民们的生活，比如专为社区内妇女设立的"姐妹谈心室"、专门针对社区独居高龄老人的"3＋1"结对帮扶等。据悉，兰花社区目前已初步消除社区居民的"冷漠"心态，并在加强居民间互动联系方面颇有建树，先后荣获全国职工书屋、浙江省老龄工作规范化社区、浙江省绿色社区等 60 多项荣誉称号。

帕森斯曾对个体的"文化适应"有所论述，即"文化适应"并非简单抛弃旧文化或接受新文化，而是一种新的文化综合、相互建构的过程[1]，村改居居民在乡村熟人社会中由心而生的助人情怀和待人美德可与城市快节奏的社区文化相结合，从而衍生出有利于个体顺利开展社会化的和谐文化。兰花社区的"我来当家"项目仍仅是部分改制后社区的新尝试、新成果，整体实现各撤村建居社区互帮互助文化的百花齐放依然是当前各社区干部所需努力的方向。

（2）按需点单的新市民教育尚未普及

调查发现，在被问及"您认为理想的城镇化最重要的建设目标是什么"时，在众多为社区居民着想的城镇化建设中，支持"教育、社会保障、医疗等公共服务完善"的人数占比最大，均在 35% 以上，江苏、上海

---

① 钟涨宝、李飞、余建佐：《城市化进程中失地农民城市适应的社会学探析》，《农村经济》2009 年第 2 期。

等地更是分别达到了 54.3% 和 57.6%，这说明新市民在实现身份转型后对能享受与自身切身利益相关的市民服务十分渴求。对社保、医疗方面的需求前文已有论述，在此主要聚焦于新市民教育一环。吴晓燕用龙华社区案例对新市民教育进行了初步描绘，即规划合理的活动场地、居民关切的教育内容、有益融入的活动形式①。诚然，村改居居民因失去赖以生存的土地而迫切通过获取切身所需知识与城市社区建立联系，继而产生对新社区的归属感与对新身份的认同。但就目前来看，新市民较少能接触到社区开办的有利于个体再社会化的经验传授和课程教导，这使得他们在获取市民身份后对保障申领、健康养生、亲子教育、素质提升等知识的需求得不到满足。

> 丁桥镇 66 岁的唐叔说："我在电视里看到城市的生活都是作息有规律、饮食有条理的，现在终于住进大城市了，想着也该好好改善一下生活了，可那些健康常识就只在社区那几张宣传栏里看到，我这怎么琢磨也不知道应该怎么做，要是有机会能好好学习下养生的方法就好了，现在我岁数大了，就想生活过得慢点、健康点，这就是我对生活的追求了。"

由此可以看出，以社区干部为主轴开展的新市民教育活动在内容上并不能很好地切合居民们的需求，甚至有的社区还仅仅停留在形式上的宣传。浙江省 2016 年出台的《浙江省国民经济和社会发展第十三个五年规划纲要》指出，积极在城乡社区构建全覆盖的终身教育网络，推进学习资源社会化②，这表明打造符合新市民需求、深入社区居民内心的文化教育已然成为当前城镇化建设所倡导的目标。着眼杭州、宁波等地新市民文化教育的实践，其中的"菜单式"培训较易顺应改制后居民与城市社区接轨的需求，目前宁波慈溪、鄞州等地相继投入资金建设"新市民"素质提升工程，主要有"政府下单 + 学校接单式"、"市民填单 + 社区排表式"和

---

① 吴晓燕：《从文化建设到社区认同：村改居社区的治理》，《华中师范大学学报》2011 年第 5 期。
② 浙江省人民政府：《浙江省国民经济和社会发展第十三个五年规划纲要》，http://www.zj.gov.cn/art/2016/2/1/art_5494_2045124.html。

"精英组队宣传式"，这几种形式的共同点是以改制后居民的需求为关注点，在深入了解新市民实际需求的前提下开展经过精细化安排的面对面教学互动。据统计，慈溪市新市民教育已惠及新市民 3 万多人，鄞州区也已培训近 2 万人，收效较为显著①。但新市民教育项目目前尚未完全走进撤村建居居民的日常生活，以社区干部为引领者，打造有利于村改居居民增强市民身份认同感的现代文化传播体系仍然任重而道远。

3. 村改居居民的自我角色认同感不足

在此引用刘世定、邱泽奇等人阐述的"内卷化"概念，即一个系统在外部扩张受到约束之时朝内部进行精细化发展的过程，失地农民亲眼看到和感受到撤村建居之下生活环境的骤变，导致其在面对陌生且以业缘关系为主导的社区生活时不愿向外扩展新的人际关系，呈现自信力不足、抗拒接受新事物的状态。

> 塘栖镇 57 岁的陈大伯说："我现在真怀念之前家里的那一亩三分地，那时候天天早上起来我就去看地里种的秧苗，呼吸新鲜空气，唱着小曲儿，忙到中午累了，就在地里睡会儿，路过几个熟人还会到地里和我一起抽烟聊天，不知道多自在！现在来到这大城市，感觉人变生疏了，规矩也多了，哪有人还会愿意跟你串门聊天，就连碰面也是连个招呼都不打，我现在一有空就和之前村里那几个哥们儿出来吃饭聊天，平时基本没怎么参与社区里的活动，我们这些没什么文化的人不想瞎掺和，感觉没意思。"

由此可见，失地农民习惯于乡村熟人社区的生活方式，导致其在经历撤村建居后依然倾向于维持与原本同质性强的社会支持网络的联系，而对于改制后社区内开展的丰富的文化活动并无强烈的参与兴趣，这一现象在一定程度上与村改居居民自身的文化程度也有关联。

在受调查的村改居居民中，高中以下学历的占了绝大多数，其中嘉兴、温州等地的受调者中小学及以下学历占了 20% 左右，这说明改制后居民的文化程度总体不高。张海波在对南京市 561 位失地农民进行调查后更

---

① 《城市化：浙江寻路》，《浙江日报》，http://zjrb.zjol.com.cn/html/2011 - 01/11/content_675154.htm? div = 0。

加证实了受教育程度与自我角色认同呈正相关的结论①，即受教育程度越高的失地农民越容易对自我新角色产生强烈的认同感，如此一来，村改居居民文化水平的限制使其对"市民"这一新角色的认同感较弱，而倾向于故步自封并沉浸在以血缘、地缘为主导的社会支持网络中，致使其参与和接受社区有益文化的积极性明显不高。

总而言之，文化支持是让村改居居民对入住的新社区产生归属感、对自我身份产生长期稳固认同的重要途径，其效力的发挥源于政府、社区、个体的共同努力。

---

① 张海波、童星：《被动城市化群体城市适应性与现代性获得中的自我认同》，《社会学研究》2006 年第 2 期。

第九章

村改居的社区建设及其居民
"满足感"需求

　　社区建设是一个内涵十分丰富、外延十分复杂的范畴，随着历史、时代发展以及文化传统的变迁，在不同的社区性质、功能、发展水平等条件下有着不同的意义与要求。一般来讲，社区建设主要涉及社区组织、社区服务、社区卫生、社区文化、社区环境和社区治安等方面的内容。具体来说，社区建设指的是一种社区工作，是指在党和政府的领导下，依靠社会力量，利用社会资源，强化社区功能，完善社区服务，解决社区问题，促进社区政治、经济、文化、环境协调和健康发展，不断提高社区成员生活水平和生活质量。本文研究的社区建设不是指宽泛的所有内容，主要是指新社区中的居民何以重构身份认同。

　　长期以来，我国农村实施家庭联产承包责任制，土地作为永久性生产资料将劳动力束缚在土地上，农民的兼业化水平比较低，村民之间的同质性比较强，再加上交通与通信等方面的限制，人与人之间的依赖性比较强，尤其是互助性比较强，犹如坊间俗语"远亲不如近邻"。村改居之后，农民开始获得居民（市民）身份，居住空间环境、人际关系、生产方式（工作性质）、经济利益、社会支持、社会福利等方面也随着政治身份的变迁而发生相应的变化。旧的社会关系何以维系，新的社会关系如何搭建，社区各方利益如何实现大融合，社区如何进行管理，面对转制后的种种现实问题，多元治理力量应该如何统筹，如何使居民的需求得到合力满足成为当下村改居社区工作的重要课题。为此，本章主要从长三角区域特别是浙江省近年来的成功案例中分析村改居居民如何获得"满足感"的路径。需要说明的是，本章所述村落并不是完全改制后的村落，对于长三角区域而言，不受城镇化影响的村落事实上是不存在的，因此本书泛指的农村社区包含了未改制的村落。为了行文方便，本书统称其为村改居社区。

一　村改居社区建设的研究理路

关于社区的研究最早源于西方发达国家，而且是多学科、多领域视角的研究，尤其是社会学和城市规划学领域居多。"社区"一词最早是由德国社会学家滕尼斯（Ferdinand Tonnies）在 1887 年提出并使用的，英译为"community"，也就是我们现在所说的"社区"，意为共同体和亲密的伙伴关系。然而，直至 1914 年第一次世界大战爆发，社区概念并未受到足够的重视，当战争爆发后带来的社会秩序混乱、失业剧增、环境恶化、人际疏离、贫困、生活质量下降等社会问题引发人们思考时，社区作为共同体的概念才因重建社会文明与秩序的需要而被重视。以美国为代表的社区研究还形成了各种流派，如芝加哥学派等。

自 20 世纪 30 年代费孝通先生将滕尼斯的"社区"① 一词引入我国起，我国的社区研究才开始起步。社区研究的早期阶段，主要以吴文藻及其学生费孝通两位学者的研究及作品为代表。其中吴文藻是最先发起社区研究的学者，他发表了相关的研究成果，如《现代社区研究的意义与功能》《中国社区研究的西洋影响与国内近况》《社区的意义与社区研究的近今趋势》等；而费孝通是社区理论研究方面的集大成者，其研究的方向主要是中国的乡村社会，先后发表了《江村经济》《禄村农田》《乡土中国》《乡土重建》等多部著作。在研究的基础上，这些学者试图提炼总结较具普遍性的治理理论，如功能论、社会体系论、冲突论等。

1998 年，国务院明确要求民政部"指导社区服务管理工作，推动社区建设"，基于此，民政部走上了在全国范围内探索发展社区建设的道路并形成了多种社区建设模式，如沈阳模式、江汉模式、上海模式等，这些模式成为后来的一些学者对城市社区治理模式展开研究的对象。自此，我国社区建设在城市全面展开。2000 年 10 月 19 日，党中央、国务院以中办发〔2000〕23 号文件转发了《民政部关于在全国推进城市社区建设的意见》，

---

① 费孝通：《二十年来之中国社区研究》，《社会研究》1948 年 10 月。

这是国家关于社区建设的第一个公开的历史性文献，该文献在全国吹响了社区建设的号角，我国对社区建设的研究开始加速推进。2005 年之后，学术界开始对农村社区建设以及城乡社区建设进行研究，并形成了一大批特色研究成果，如程亮发表在《徐州师范大学学报》2005 年第 5 期的《社会转型中的社区治理发展历程与困境》，该文对转型期的社区治理进行了梳理并认为转型期的治理困境在于基层权力与经济困境、居民的参与意识匮乏、社区的行政色彩过于浓厚。蔡小镇、潘加军等人也以社区转型期为背景，从分权化、双重化与制度化三方面讨论了社区治理中的问题并提出了相应的对策建议，研究了这一时期的社区治理。再如唐忠新的《中国城市社区建设概论》、詹成付编《农村社区建设实验工作讲义》、郑杭生主编的《中国特色和谐社区建设系列实地调查研究报告》等，还有黎熙元等写的《社区建设——理念、实践与模式比较》对珠江三角洲地区的城市社区建设与港澳地区的社区发展进行了比较研究，彭人哲的《城市社区建设理论与实践——以苏州为个案》总结介绍了社区建设的基本理论，并以苏州市为研究个案，揭示了苏州的现状与存在的问题以及实施对策。

从内容上看，国内学者关于社区建设的研究大致集中在以下几个方面。

（1）发展模式的探索与总结

魏娜、卢汉龙等人都做了梳理、分析和总结。魏娜发表在《中国人民大学学报》2003 年第 1 期的《我国城市社区治理模式：发展、演变与制度创新》一文梳理了我国城市社区治理模式发展演变的基本脉络，并将其概括为三种模式或三个阶段，即行政型社区、合作型社区、自治型社区；卢汉龙以经济体制改革与社会变革的脉络为主线分析了我国社区治理的产生与变化，并着重分析了上海模式和沈阳模式的相关因素；任远、章志刚、潘小娟、谈志林等人主要以比较分析为主，如刘祖云 2000 年发表在《华中师范大学学报》（哲学社会科学版）第 1 期的《香港与武汉：城市社区服务比较》将内地与港台地区进行了比较分析，通过对服务载体、组织、队伍、经费和服务内容五方面的横向比较，提出对内地城市社区服务发展的反思：社区服务方向和服务道路应如何选择；潘小娟对国外社区发展的成功经验进行研究；谈志林对台湾社造运动的分析为大陆社区建设提供了启示；曾宇青对香港与深圳社区的自治制度进行比较研究等；与以上学者相比，刘见君等人则将比较范围扩至国外，对国内外城市社区管理的模式、经验和启示进行了研究。

（2）社区建设的理论基础方面

具有代表性的主要有治理理论、基层民主理论以及社会资本理论。夏建中于 2010 年发表在《黑龙江社会科学》第 2 期的《治理理论的特点与社区治理研究》一文指出，由于社区是一个介于初级群体和次级群体之间的组织，对于居民有着具情感性和易接近性的功能意义，是每一个人从家庭走向社会的第一个空间，所以社区治理应当是全部系统治理的基础。这一观点突出了治理理论的重要作用和地位。冯玲、王名等人也进行了治理理论的研究。

（3）个案研究方面

个案研究即以个案为主研究我国社区建设的成效及存在的问题，如基层政府权力不足与职能扩张、居委会行政末梢角色明显、专职社会工作身兼数职、服务人员水平落后、参与意识低下等。如谢庆奎、陈红太等通过深圳南山区和谐社区建设实践进行的经验总结、窦泽秀对青岛市社区建设模式形成及特点的分析。

国内对城中村的研究在 20 世纪 90 年代陆续有一些文章和论著问世，比较早的如杨安《城中村的防治》、郑健《"城中村"问题与对策》，讨论了城中村的表现、成因、后果、防治等，虽然在内容上较为宏观，但牵扯到城中村研究的部分主要内容。蓝宇蕴《城中村：村落终结的最后一环》、李培林《巨变：村落的终结——都市里的村庄研究》、周森《城中村改制和改造的思路与对策》、谭炳才《"城中村"改制与改造》等，也对城中村的问题进行了逐步深入的研究和解读。

关于撤村建居，最早的文章以周复多《"都市里的村庄"应及时撤村建居》、沈兵明等《撤村建居：城市化过程中的必然选择》为代表，他们认为城郊村庄问题的根源性是促使撤村建居的内在机制，并提出了相应的措施，如从城市规划、监管、治安等方面入手。我们可以看出这一时期的研究大都比较直观，而且在具体的剖析与对策研究上深度不够，但值得肯定的是，研究的项目逐渐走向细化，如 2002 年就出现了对集体资产的股份制问题的研究。

村改居大致来说是从 21 世纪初开始的。在 CNKI 检索中找到的第一个关于村改居的文献是 2001 年佛山市民政局在《中国社会报》上刊登的《稳步推进村改居进程》，2001～2017 年的十几年间，关于村改居的期刊、论文近 500 篇。从研究方法来看，主要以地区的个案研究为主，如《佛山市"村改居"政策的问题与反思》，也有关于全国村改居大局的透视与分析。从研究内容来看，单项化研究比较多，如对于集体资产、社区组织、居委会、社区文化设施、社区秩序重建、体质创新问题等有关村改居社区的诸多方面的研究。从研究视角来看，赋权理论、治理理论成为用得最多的两个理论。如李东泉《政府"赋予能力"与旧城改造》将赋权理论用于分析旧城改造的困境，主张通过赋权理论与住房政策的结合来实现政府积极性和个人积极性的结合，在解决房屋问题的基础上建成问题的良性解决链条。姚进忠运用赋权理论来分析村改居社区服务的路径选择，他认为赋权理论在社区服务中可以从居民意识的唤起、参与动机的激发、参与能力的提升以及表达机制的保障几个方面来促进服务质量的提升。

综观上述研究，我国关于社区的研究经历了横向和纵向的融合，城市社区和农村社区的一体化研究，以及理论和实践的双轨并行，涉及了社区的方方面面。但总体看来，呈现以下不均衡性。如个案研究较多，比较研究较少；定性分析较多，定量分析较少；实践较多，理论较少；关注东南地域的个案较多，关注全国其他地方的案例较少；关注管理和供给的多，侧重人需分析的较少；重社区建设的"外生型"研究而轻"内生型"研究①；关注问题的较多，关注优势的较少；等等。

需求是供给的"尺子"，供给是需求的"垫脚石"。在社区建设中，只有紧扣"民需"，才能提升村民幸福感；只有紧扣"民惠"，才能提升村民获得感；只有紧扣"民意"，才能提升村民主人感。以往的研究抓住了社区建设的组织架构、集体经济、居委会等要素的普遍性特点，但忽视了社区中最不容忽视的因素——居民的社会化的特殊性，即社区"新市民"对于生活满足的心理追求，换言之就是"人的城镇化"的实现。

二 村规民约和居民公约的道德满足感黏合

社区建设即社区服务，或称社区治理，三者的基本含义是一致的。社

① "外生型"或"内生型"，主要是从社区建设主体、力量来源及其建设成果等方面对社区建设规律与特征的归纳与表达。

区建设分为硬件的社区建设，如基本设施等，还有软件的社区建设，如居民归属感。关于基础设施建设前文多有论述，本部分主要分析社区建设的软性影响因素，特别是居民素质提升和居民参与力问题。其中村规民约和居民公约的建设成为一个重点。

随着近代中国社会的转型，尤其是工业社会的到来、市场经济的发展以及城镇化的推进，农村特有的、封闭的、自给自足的基层共同体被打破，传统的生产、生活方式和经济、利益关系发生改变，"熟人社会"中人与人之间的关系分化变异，礼治秩序逐渐失去存在的社会基础，陷入"皮之不存，毛将焉附"的境遇，使得礼治秩序的约束力日趋式微。与此同时，现代国家建构下的"法治"越来越广泛地渗透到基层社会，成为维系基层社会的主导秩序和根本保障。然而，这并不意味着其能够以某种"自上而下"的方式毫无抵抗地"进入"基层社会并获得宰制性地位。事实上，作为国家权力象征的现代法治在自上而下的建构过程中，在为基层社会秩序实现转型提供"现代之源"的同时，也往往面临"水土不服"、难以落地的困境，或者面临"秋菊打官司"式的尴尬，甚至会遭遇"隐性"拒斥或消解而"变成一个毫无意义的外壳"①。究其根源，一方面是因为自上而下作为公共社会规则的"法治"所追求的普遍主义和地域特殊主义等非正式规范间的张力；另一方面在于现代"法治"在"落地"的过程中因缺乏"在地资源"的支撑而难以获得正当性基础和地方性根基。"德治"作为一种本土性资源和地域性规范，可以为基层法治秩序的构建以及与本土德治秩序的融合提供坚实的社会基础和丰富的"养分"②。

居民满足感的问题事实上是一个基层社会居民之间秩序关系有序化的治理问题。治理理论认为，在参与治理的各个主体之间存在权力依赖，也就是说，致力于集体行动的组织必须依靠其他组织；为达到目的，各个组织必须交换资源，就共同目标进行谈判③。因此，如何协调参与治理过程的各个组织之间的关系，就成为能否达到"善治"的关键。这不仅取决于

---

① E. 博登海默：《法理学——法哲学及其方法》，邓正来等译，华夏出版社，1987，第330页。
② 施远涛、赵定东、何长缨：《基层社会治理中的德治：功能定位、运行机制与发展路径》，《浙江社会科学》2018年第8期。
③ 格里·斯托克、华夏风：《作为理论的治理：五个论点》，《国际社会科学杂志》（中文版）2019年第3期。

参与者各自所拥有的资源，同时还取决于它们之间的游戏规则和所处的环境。

众所周知，现代化的城乡社区治理应当是具有较高的法治化、科学化、精细化水平和组织化程度，由基层党组织领导、基层政府主导，以民为本，服务居民的多方参与、共同治理的社区治理。基层社会治理要求服务对象的延伸与基层社区治理主体的多中心化、服务内涵的扩展与基层社区治理方式的双向互动、服务主体的多元与基层治理机制协同合作。其中个人需求与社会需求的关系是社会治理的根本问题和基本对象，而道德建构的主导方式又成为一个必须考量的问题。

当道德从个体层面建构起约束个体内在行为动机和规范个体外在行为结果的"私德"后，如何让其进入公共领域对协调社会关系、维护社会共同利益以及形成社会公共规则发挥作用，是"德治"建设的另一关键环节。当前，随着我国城镇化和市场化的纵深推进，城市规模不断扩展，人员流动日趋加速，社区内居民的亲缘、地缘、业缘纽带逐步被瓦解，致使居民间的组织方式变得松散，邻里关系趋于淡漠，社区归属感逐渐消失，社区作为生活共同体的本源属性遭受重创，过去的熟人社会逐渐被现在的陌生人社会所代替。在这样的情况之下，社会自身需要在广义的陌生人社会下建设一种情感、信息、活动共享的熟人社区，以及各级各类的自治性社会组织。这样可使社会民众在共建共享的共享式交往中获得更多的归属感，同时也能够通过自治性组织开展民主讨论、道德学习交流和价值观共享等活动，提升社会成员的社会公德意识，培养和形成良好的社会公德习惯。

党的十八大以来，社会治理能力的现代化问题成为基层社会治理研究和实践的重要议题，特别是在当下"中国梦"打造的背景下，更需要国家权威与民间社会权利"合谋"以完成民间社会的合法化治理过程。在一定意义上，村规民约和居民公约的现代化转型正是国家权威与民间社会权利各自匡正其内在"合法性"，使"合法性"与"合法律性"渐趋一致的动态平衡过程。因此，它是双向的互惠互动，而不是国家权威对民间社会的单向"收编"，也不是民间社会向国家权威的单向"靠拢"；它是国家权威与民间社会权利在协商合作基础上转换各自偏好，最终实现民间社会自身正当性与合法性相一致、相统一的社会重建过程。

十九大报告提出的"有事好商量，众人的事情由众人商量，是人民民主的真谛"精神，就是将协商融入基层所有工作，进一步增强基层协商治理的理念，明晰内涵、机制，把握深层动因，探究成果运用，打造基层协商治理新局面，保障人民群众享有更多、更切实际的民主权利，增强人民群众主动参与的动力，即实现利益关系的均衡。

浙江作为江南的文化之乡，自古就有利用村规民约治理基层的良好基础和传统。浙江的淳安县枫树岭镇下姜村在600多年前就有村规民约，村民们始终恪守着代代相传的祖训，这些祖训潜移默化地影响着村民的生活和习俗，时刻提醒人们恪守道德准则，造就了当地淳朴的民风。新中国成立后，在继承传统的基础上，浙江省的农村又赋予了村规民约新的内涵，特别是习近平同志在主政浙江期间，率先开展民主法治村（社区）创建活动，全省各地涌现了不同形式的新的村规民约，形成了新时期村规民约的雏形。在新形势下，浙江省通过对传统村规民约、社区公约的重新修订和制定，引导村规民约、社区公约向法治有序、德治有效、共治有利的方向发展，形成新时期村规民约、社区公约的"浙江样本"，将基层治理的自律与他律有机结合，丰富了基层社会治理的有效载体，并引领了全国基层治理共治化的走向。

1. 以"两约"规范基层社区的基础秩序

"两约"作为民间自发的道德规范，在基层社会中发挥着建构和维持基础秩序的作用。浙江省在新时代"两约"建设中，重点谋划三个功能。一是强化"两约"在微观互动冲突中的处理功能。微观互动冲突是指发生在小群体内部或者彼此熟悉的小群体之间的交往性冲突。"两约"解决的不是诸如阶级斗争、劳资纠纷、不同利益团体之间矛盾等宏观的社会冲突问题，也不是冲突背后的经济利益和生产关系格局，而是诸如夫妻口角、学生间欺负行为、办公室诽谤、家族成员的经济纠纷乃至部分民事争议等问题。二是培育和强化居民的契约精神。"两约"的价值基础是以自由为核心、以平等为前提、以权责对等为基础，还蕴含着合作与诚信观念，这恰恰就是习近平新时代中国特色社会主义思想体系所要求的契约精神。三是积极重构政府与社会的关系。改革开放尤其是确立了社会主义市场经济体制以来，中国政府职能快速转型，并伴随着与社会双向关系的不断建构。一方面，社会需要向政府谋求生存和发展的空间；另一方面，政府在社会治理方面需社会承担监督和服务的职能。双方合作关系建构的最佳理想状态是由政府控制社会走向政府与社会共同实行民主治理①。"两约"建设就是一种卓越的制度创新。在这种理论基础上,自 2015 年 3 月以来,全省村规民约、社区公约的修订,剔除了与时代发展不相符合的内容,将社会主义核心价值观融入其中,同时也与当地党委政府的中心工作建立了联系。各地根据要求还因地制宜地制定了实用管用的《村规民约》《生态公约》《村民道德公约》,明确规定了居民的文明导向,以提高居民自律、自治和自我保护能力。修订后的《村规民约》在基层治理中发挥了关键作用。例如,金华东阳市花园村的《村规民约》规定:如果党员干部与普通村民吵架,首先受到处理的是党员干部;如果村民与外来人员吵架,首先受到处理的是村民;村干部不向村里报销一分钱,不拿村里一分钱工资;要求村民做到的,党员干部首先做到。湖州长兴县泗安镇管埭村在《村规民约》中明确规定:"婚丧嫁娶不得大操大办、不得赌博酗酒、不得参与迷信以及邪教组织等",村干部、村民组长、村民代表以及广大党员以签名的方式向全村承诺。可见,村规民约已成为德治的重要机制。

2. 以"德法利并济"做法推动"两约"执行有效化

村规民约、社区公约如果没有强有力的执行机制,就容易出现"写在纸上,挂在墙上"的现象。浙江省探索通过"德法利并济"的理念和做法加强村规民约的执行力。一是依靠道德舆论场。如许多地方设有红黑榜,对带头履约者进行表扬,把违反"两约"且拒不改正的村民挂到黑榜,形成舆论压力。二是成立监督执行组织。如温州市通过老年协会进行监督,宁波、绍兴、湖州通过乡贤参事会,成立监督评议组织对"两约"执行情况进行监督。三是依靠利益奖惩手段。如建德市规定乱倒建筑垃圾的要缴纳一定数额的垃圾清运费,乱砍滥伐林木的则要补种一定数量的树苗或者上交一定数额的育林费。舟山市定海区河东村则采用奖励方式,每年拿出5 万元资金,作为执行村规民约的专项奖励经费。宁波市慈溪、海曙、江北、鄞州等县(市)区的一些社区探索尝试积分制、先进评选否决等办法,推动社区乱停车、养宠物、群租等问题的解决。四是进行权力限制。

① 沈大友、陈济云:《"三治并举"共襄和谐乡村治理新格局》,《中国社区报》2018 年 4 月23 日。

如诸暨市枫桥镇规定对违反"两约"者取消入党、助学资格。五是依靠法律手段。如妨碍村容村貌、乱搭乱建、构成违章建筑的，移交执法部门进行处理。又如余杭区塘栖镇河西埭村在广泛征求意见的基础上，要求党员干部必须带头遵守制度与规章，违反规定者比群众处罚还严。他们因地制宜开展法制教育活动，成立了村规民约主题公园，在公园内设置村规民约专栏，还将条纹式的村规民约转换为便于记忆的"三字经"留刻在诸如饮水杯、文化衫等物品上，并编成村歌，为广大居民提供法制教育。

3. 以顶层设计推动"两约"工作体系化

浙江省统一部署村规民约和社区公约的制定和修订工作，加强顶层设计，形成一套系统完备的工作体系。一是加强领导、积极组织。各地都成立了制定和修订村社"两约"工作领导小组，各乡镇（街道）主要领导和分管领导亲力亲为，推动各村（社区）制定和修订"两约"。二是出台文件、重点推动。浙江省委十三届六次全会上发布的《关于全面深化法治浙江建设的决定》把"村规民约"作为"推进基层依法治理"的重要内容，对于推动村社"两约"的制定、修订起到了积极作用。三是提供示范、宏观指导。浙江省四部门从婚姻家庭、邻里关系、美丽家园、平安建设、民主参与（公共秩序）等六方面提供了 22 个示范条款，鼓励各村（社区）根据自身实际制定规约。四是强化考核、提高实效。省政府把各地开展村社"两约"的活动情况纳入年度平安综治考核，并组织专题督查、通报进度，促进各地的工作有效开展、扎实推进。

4. 以问题导向推动"两约"工作务实化

浙江省一直延续"干在实处、走在前列"的施政思路，这在村社"两约"制定和修订中也有突出体现。"两约"工作以解决实际问题为出发点，重点结合当前党委政府的中心工作、本村难点工作，如"三改一拆"、"五水共治"、平安建设、城乡环境大整治、非法上访等签订规约，加强村民自我管理，破解当前难题。浙江村规民约的务实性体现在条款内容和语言上，条款内容要求实在有效、操作性强，避免照抄照搬一些宏观道德要求或法律条文；条款语言要求简洁朴实，尽量避免使用或少使用政治用语和政治口号。杭州市下城区安吉社区针对小区群租及卫生状况，挨家挨户征求意见和建议，将杜绝房屋群租、小区实行"垃圾不落地"、小区"自主经费确保安全保障"等写入《小区公约》，不仅得到了居民的强烈支持，签订同意率达到99%，还有效解决了当前社区管理中的难题。杭州萧山区"五和众联"设置了"和善村民、和美家庭、和睦邻里、和谐村庄、和德大爱"五大板块，包含10条村民通则，内容涵盖村民素质提升、志愿公益服务、慈善救助、诉求反映、家风民风、尊老爱幼、婆媳关系、征兵服役、子女求学、先贤参与、环境整治、邻里互助互爱、招商引资、建言献策、抢险救援、无偿献血、见义勇为等，实行一家一本账，采用积分制的形式，由18名村民组成的评议小组进行评议，在积分公开栏和"微动众联"平台公开，每年评选出十佳家庭、十佳邻里、十佳婆媳、十佳党员、十佳村民等，给予隆重表彰，推进乡风文明建设。

5. 以规范操作推动"两约"程序标准化

浙江省规定，乡规民约内容可以因地制宜，但制定程序要相对统一和规范。省级层面严把程序关，要求各地按照"三上三下"原则开展工作，严格按照宣传发动、组建班子、草拟初稿、讨论修改、审核把关、表决通过、备案审查、公布实施等八个步骤开展。许多地方在遵照省里统一程序的基础上，还探索了不少行之有效的标准化做法。如湖州市吴兴区推行"两议、两公开、一表决、八步走"的"2218"工作制度，实现"两约"制定和修订透明化、民主化；宁波象山县泗洲头镇墩岙村的"村民说事"（每月5日、10日登记说事内容，10日、25日举行说事会）的推行，使一些"压箱底"的矛盾被化解了，而且村里的公共场所（如农民会所、篮球场、公园等）也通过这种民主协商建立起来，村容村貌大为改观。自"村民说事"制度确立以来，墩岙村已连续多年做到"矛盾不出村"，仅2016年就化解各类矛盾纠纷800起，实现农村信访数比上年下降31%；余杭良渚文化村的《村民公约》把居民的日常行为用规约的形式约定下来，内容涵盖了健康环保、崇尚文明友爱、提倡邻里和谐等方方面面，全文均以第一人称"我们"来叙述，没有出现"不许""必须"等词眼，而是用"我们主动""我们倡导"等来约束每一个人，表达了人们对"理想生活"的追求。《村民公约》从人与人之间最基本的交往做起，如"邻居见面主动问好""孩子之间发生冲突，家长首先教导自家孩子"；从生活的点滴做起，如"车进社区不鸣笛""自觉排队"等，以"润物细无声"的方式，营造文明舒适的"好邻居"社区氛围。

6. 以居民参与推动"两约"工作民主化

推行村规民约是浙江基层民主协商的重要形式，"群众标准"则是推进村规民约和社区公约的重要准则。在制定村规民约的过程中，各地村"两委"组织村民反复讨论，通过调查、解释、答疑、集体签名、意见反馈等多种手段，充分吸纳民意，使村规民约真正走进百姓的心里。如衢州市龙游县组织由律师和基层法律服务工作者组成调研组，深入30个村征集群众意见，在充分尊重群众首创精神的基础上反复修改，最终形成了针对不同类型村子的6个指导性版本。诸暨市江藻镇在制定村规民约时开展了为期两个月的大讨论，最终征集到254条次意见和建议，营造了"我制定，我承诺，我执行"的良好氛围，实现了"以百分之百的参与率换取百分之百的遵守率"。又如湖州市吴兴区飞英街道余家漾社区采用有奖征集的方式，设立"最佳社区建言奖""优秀参谋奖""优秀入围奖"等奖项，广泛动员群众力量，效果显著。

综上，就居民满足感建设而言，浙江的"两约"建设特征主要是点面结合，以点带面、以面促点。通过"两约"建设，实现了民意通气；通过民主参与和协商治理，实现了治理顺气；通过邻里和谐与文化传承，实现了人心聚气。

三 个体经济与集体经济协同发展的产业共享黏合

如前所述，在当代，社区建设的主要内涵是社区治理。我国社会治理议题的形成，一般认为主要源于两方面。一方面，随着改革开放的全面推进，市场经济发展的内生要求（包括独立清晰的产权结构、自由流动的市场要素等）打破了传统体制下的"家国同构"局面，释放出一个不再全面受国家控制且又独立于市场的领域——社会①。新空间的出现，客观上形成了塑造、引导这一空间的内在要求。另一方面，受世界发展观念变革以

---

① 田中重好、朱安新：《中国社会结构变动和社会性调节机制的弱化》，《学习与探索》2010年第4期。

及国内形势变化的影响①，健全的社会成为现代化的重要内容。这指引中国共产党在带领全体人民实现现代化的进程中，逐渐认识到"社会治理"的重要性，形成"五位一体"的科学发展观念，在主观上将社会建设纳入现代化战略中，全面履行自身的历史使命。

中共中央十八届三中全会提出"创新社会治理体制"，用"社会治理"代替"社会管理"，一字之别中蕴含着全新改革理念的转换与升华。中共中央十八届五中全会又进一步提出，"加强和创新社会治理，推进社会治理精细化，构建全民共建共享的社会治理格局"。"全民""共建""共享"首次被提出，其中又以"共享"最为引人瞩目，坚持"发展为了人民、发展依靠人民、发展成果由人民共享"成为更深层次的目标。但共享不能简化为改革成果的平均分配，而应该理解为公平、公正的公共利益分享，以及公共精神与公共价值的良好发育。

共享即共同享有治理成果，包括经济成果、生态成果、文化成果、政治成果等，目标是在幼有所育、学有所教、劳有所得、病有所医、老有所养、住有所居、弱有所扶上不断取得进展②。"共享"既是一种基本的社会制度安排，也是一种发展理念。作为基本社会制度安排的"共享"，要求赋予共同体内部各成员平等的社会地位，不因职业、收入、肤色、种族等外在特质而受到歧视，每个个体拥有平等的生存与发展权，同时也平等地享有公共资源或公共财富的分配资格。"共享"将"分配正义"理念注入社会基本结构中，通过制度设计和安排，确保每个个体不因偶然因素而丧失平等的分享机会或资格，使每个社会成员获得应得的社会份额。作为发展理念的"共享"，它要求社会成员具有较高的责任感、正义感和集体精神，共同创造财富、分担社会责任、人人尽职尽责，平均分配公共资源或公共财富。个体能够自觉地克服一己私欲，只享用自己应得的部分，实现效率与公平的均衡发展。"共享"要解决的核心问题是如何让人"体面"地活着，即让每个个体都能获得应得的社会尊重。这不仅意味着个体辛勤的劳动能得到社会及他人的肯定与认可，还表明共同体对面临生存难题的社会成员具有救助义务。

---

① 沈原：《又一个三十年？转型社会学视野下的社会建设》，《社会》2008 年第 3 期。
② 马庆钰：《共建共治共享社会治理格局的意涵解读》，《行政管理改革》2018 年第 3 期。

"共享"已上升为我国治国理政的重要战略。2015 年 10 月 26 日，十八届五中全会明确提出"共享发展"理念，"坚持发展为了人民、发展依靠人民、发展成果由人民共享"。要"做出更有效的制度安排，使全体人民在共建共享发展中有更多的获得感……按照人人参与、人人尽力、人人享有的要求，坚守底线、突出重点、完善制度、引导预期、注重机会公平、保障基本民生，实现全体人民共同迈入全面小康社会"。

浙江的做法主要是充分发挥各地的自我发展优势，通过产业推进让居民充分享受经济和社会发展成果，是一种普惠制共享模式。

产业发展是社区共同体的物质基础，其重要意义在于统筹协调个体和集体经济，推进个人利益和社会利益的有机融合。浙江各地特别是农村社区和村改居社区在推进基层社会治理中，特别注重以发展的眼光来经营村庄，把潜在的资源转化为可以增值的资产、资本，促使农民财产性收入不断增加。一些地方还通过推动规模经营、宅基地整理、用活村级留用地政策、异地发展物业经济等途径，发展村级集体经济，形成了基层社会治理与农村经济互动发展的良好关系。仅 2016 年，全省农民人均纯收入就达到 22866 元，连续 32 年居全国各省（区、市）第一，城乡居民收入比为 2.07:1。2016 年，全省农家乐经营农户达 1.9 万户，直接从业人员有 16.6 万人，共接待游客 2.8 亿人次，增长 27.3%，营业收入达 291.1 亿元。产业兴旺夯实了基层社会治理的物质基础。

1. 发展民宿产业接轨快速的城镇化

经过近 40 年的高速工业化，浙江的城镇化迅猛发展，城镇化率由改革开放初期的 14.5% 提高到 2016 年的 67.0%，城乡人口的流动模式发生了重大变化，出现了人口由大城市、特大城市向小城市甚至农村回流的现象。一些农村社区出现了城市优质人口、新业态创业人口的流入。为积极应对这种新现象、新趋势，浙江省率先提出建设一批既有自然风光、乡土特色，又有现代社区特质的"田园社区"的规划，力争实现生产、生活、生态之间的内在平衡。其中特别注重通过整体统筹，规划民宿经济、新型旅游经济（参与式旅游、体验式旅游、农业文明休闲观光游、探索性旅游等）、有机生态农业、创意农业、农业综合体、家庭农场、传统村落文化保有与活化的经济、农民文化创意产业（农业艺术品、农民画、农民手工艺产品、非物质文化遗产等）等农村新经济、新产业，重点打造与旅游精品线相连的田园社区走廊,整体提升田园社区的品位与经济发展功能。如余杭塘栖村先后完成了村级留用地、原东升布厂旧厂房改造等集体经济发展项目,发展"鱼塘流转""龙虾美食一条街""民宿游"等一系列拆后重建和产业提升项目。2016 年村固定资产投入已增加近 5000 万元,村级集体经济年收入由 2015 年的 126 万元增加到 2016 年的 213 万元。村集体经济年收入在 500 万元以上。2017 年村集体经营性收入突破 700 万元,人均年收入达 39800 元。

2. "一镇一品"带动产业集聚化

相对集中的产业集聚有利于增加居民的归属感。嘉兴巧克力小镇主要以大云镇为依托,以产业为主体,以旅游为主线,通过第一、第二产业带动第三产业,又通过旅游业促进了工农业的转型升级,使现代精品农业、科技工业和生态旅游深度融合,实现小镇的生产、生态、生活"三美融合"。小镇项目总体布局为"一心四区、九个项目"。项目规划总面积达 430 亩,总投资 9 亿元。小镇打造出了巧克力产业链、文化创意创新链和休闲蜜月度假配套链三条产业链,极富独创性。海盐县沈荡镇马春峰创办的浙江万好食品有限公司目前种植面积达 3.8 万亩,带动农民 3.2 万户,创造了较好的社会经济效益。在个人致富的同时关爱农民,保障农民利益。对于贫困农民,建立"贫困农户 + 订单农业 + 技术支撑 + 农资资助 + 信贷担保 + 岗位就业"的精准扶贫模式,帮助贫困农民从根本上真正脱贫,并走上致富路,展现了该公司的核心价值观——"万家的好,才是我的好"。淳安县枫树岭镇下姜村按照村美、户富、班子强的总体要求,对照"布局优化、道路硬化、村庄绿化、河道净化、路灯亮化、卫生洁化"的"六化"标准,进行村庄整治。通过村庄的全面整治,下姜有了翻天覆地的变化,环境的优化和村庄的发展为乡村旅游做了铺垫,进而推动了民宿的发展。仅 2017 年就成功吸引游客 5000 余人次,日营业收入 7 万余元,民宿入住率高达 98%。

3. 村企统筹发展促集体致富

东阳市南马镇花园村曾经是个贫穷的小山村,而今已经成为一个出名的现代化新农村。花园村以村为基础,36 年间持续发展,分区建设,统一构建,福利共享,走可持续发展之路,以产业发展带动民生繁荣,最终走上多产业齐聚、集体致富之路。截至 2016 年,拥有个私工商户 2827 家,全村实现营业收入461.23亿元。全村村民不仅有着较为完善的社会保障服务，享受失地农民养老保险、新农合医疗保险、城乡居民养老保险等基本生活保障，而且拥有31项福利，如"建房补贴、奖学金制度、口粮费、特困户补助、高龄补贴、村民子女16年免费教育、村医院看病除农保报销外自费部分50%由村里负担、村内免费公交车等福利"。其特点是依托于强大的工业资源、技术资源，创办企业，发展集体经济。其将发展产业的基点放在村的完善建设上，以长远的发展眼光，在并村的同时，壮大村内的特色产业，将产业定位于全国，并推动上市公司的发展。此外，支持村民个体经济的发展，促进村集体事业的发展，既为集体提供强大的社会保障支持，又用充足的福利满足村民的各项生活需求，使其走上富裕之路。

产业发展成为农村社区服务群众、造福群众的物质基础，在一定意义上增强了居民的社区归属感，满足了其"美好生活需求向往"的经济条件。

四 文化资源建设与礼俗文化构建的文化共享黏合

社区文化包括社区的物质文化、精神文化和制度文化三个层面，是在社区共同体基础上长期传承累积而成的，受特定的地理环境和经济基础制约的包括生产生活方式、认知方式、价值观念、风俗习惯、宗教信仰、语言符号以及知识技能、行为规范、组织结构、劳动创造等在内的文化累积的总和与文化特质。它具有显著的地方性、多样性、封闭性、传承性等特点，对居民个体、社区群体和整个社区分别起着"塑造人格，实现社会化""规范和行为整合""社会整合和社会导向"的作用。

1. 文化载体建设满足了居民的精神需求

浙江社区文化建设的核心是通过公共文化体系的构建、公共文化空间的培育，最终推动居民的文化自觉和新的乡村文化形态的形成。具体地讲，就是挖掘、改造旧的社区文化，培育新的社区文化，推动新的社区文化形态的重构，构筑具有现代意识、科学精神、人文理念的社区公共文化空间，并使之成为创新和发展先进文化、提高社区发展能力、培育新式社区的孵化器。目前，浙江省已实现乡镇综合文化站、村（社区）文化活动室全覆盖；全省建成图书馆乡镇分馆 557 个、文化馆分馆 73 家、农村文化礼堂 7633 家、农家书屋 25335 个、文化广场 26109 个，乡镇综合文化站平均面积达到 2362 平方米。农村文化礼堂建设经验先后在全国农村精神文明建设工作交流会、全国基层公共文化服务现场会上做典型交流。以文化礼堂建设为引领，依托丰富多彩的村落文化、慈孝文化、红色文化、民俗文化、创意文化等形式，浙江省农村社区建设精彩纷呈，不仅使农村社区充满了诗情画意，而且使农村社区成为吸引优质人口及居民在家门口就业的重要精神力量，人们的归属感、认同感不断提高。如余杭塘栖村文化礼堂已经成为村民学习实用性技术知识、开展各类文体娱乐活动的文化殿堂，他们与时俱进地开通了"水乡塘栖村"微信公众平台，凝聚村民的"微"力量，打造文化宣传"微"平台；通过文化广场主题建设，以"一墙一廊一礼堂"的特色"文化中心"，有力推动了塘栖村的乡风文明建设工作。

2. 历史文化村落保护利用激发了居民文化身世的觉醒

文化认同是凝聚社区居民的重要纽带，乡村传统、乡村文化价值观等村庄共同体意识是唤起农民对乡村生活的认同感、幸福感的重要支撑①。浙江十分重视对历史文化村落的保护利用。针对部分历史文化村落遭受破坏、一些优秀传统文化逐渐消亡的紧迫现实，以等不起的紧迫感、坐不住的责任感、慢不得的危机感，把历史文化村落保护利用作为基层社区治理的重要节点来抓。围绕"建设有方向、实施有计划、政策有实招、推进有力量"的要求，全面开展历史文化村落现状普查，科学制定保护利用规划，明确分级分类保护利用的对象。浙江出台《关于加强历史文化村落保护利用的若干意见》，落实资金、土地等要素的保障举措。从 2013 年开始，全省每年启动 260 个村的保护利用，省里对省级重点村给予每村 500 万～700 万元补助和 15 亩建设用地指标支持。目前已实施或正在实施重点村项目 215 个，一般村项目 1070 个，前三批重点村在古建筑修复方面，已进行顶瓦修补 3320 幢、墙体加固 2419 幢、立面改造 2509 幢、构件修复 2561 幢；在风貌冲突的建（构）筑物整修改造方面，已进行立面改造 3581 幢、结构降层 334 幢、整体拆除超过 32 万平方米、异地搬迁 1698

---

① 赵定东：《留住乡愁　推进农村社区发展》，《中国社区报》2017 年 7 月 24 日。

户。这些措施有效保存了居民的"精神家园"和乡愁记忆。

3. 民俗文化建设凝聚了居民的社区认同感

当代社会居民需求多元，且参与社区活动的居民积极性不高是社区治理的共性问题，往往社区花费精力开展活动却得不到居民的回应。因此社区服务不能仅仅停留在社区基础建设、改善民生福利上，而应该力图通过人文环境的改变，从专业服务的角度切入，凝聚社区意识，改善社区生活环境，打造社区文化特色，这是新时代对社区发展的主轴和概念的新要求。社区治理的目标不只是打造物理环境，更重要的是培养社区共同体成员对于社区事务的参与意识和提升社区居民在生活情境中的美学层次。民俗文化建设应该是一个重要方向。杭州拱墅区"半道红民俗文化特色社区"通过开展"收藏进社区"等一系列活动，由市场派员为社区居民开办收藏知识讲座，展示收藏专题摄影图片，并利用市场每年两度，即春、秋季收藏品交流会，由社区搭台、市场唱戏，开展古钱币、邮票、地图、旅游门券等具有民俗风情的普及性收藏文化活动，使社区崇尚历史文化知识蔚然成风，营造了"收藏进社区，社区兴收藏"的良好氛围。相继推出的"药文化""茶文化"的展示会让人们领略到收藏文化的博大精深，在领略到藏品的历史价值和审美价值的同时，用收藏文化作为载体，贴近社会，贴近群众。通过民俗文化建设，营造了居民崇尚怡情养性、关爱生命、崇尚文化熏陶、提升素质的氛围，居民社区归属感和认同感明显增强。

居民与社区只有达成共识，才能提升社区建设绩效。但如何联民是基层建设的一个难题，文化黏合使社区真正成为区域社会成员的利益共同体和区域社会自治管理的载体，还有助于促进社区管理组织功能的正常发挥和社区成员参与社区建设意识的提高，同时有助于提高和改善社区资源配置的效率和使用效果，为社区建设和发展提供动力。因为基层治理的终极目标就是做到社区和谐与人心聚气，只有气通了、气顺了，才能聚气；只有充分发动居民参与，完善居民参与机制，有效解决基层治理的难点、热点问题，才能发挥出叠加效应，真正做到通气、顺气和聚气，使基层展现出崇德向善、风正气顺、和睦相处、平安和谐的新风貌、新氛围①。通过

---

① 龚上华、赵定东、谢江莺：《推进"顺通和"理念、深化治理新方式》，《杭州》2017年第 15 期。

上述分析不难看出，基层社会实现自治最终达至善治是目的，而要实现这一目标需要依赖法治和德治，其中法治是保障，德治则是自治和法治的基础，只有形成了良好的德治，自治和法治才有坚实的社会基础，而文化黏合是德治的重要载体。

五　政府的引导和社会的协作共享黏合

社区治理是一个宏大的课题，是政府、社区组织、居民及辖区单位、非营利组织等社会主体共同参与提供社会公共产品的过程和机制。作为国家治理的重要组成部分，社区治理是提高居民文化素质、生活素质，维护社会稳定、和谐与发展的重要环节。它有利于实现治理理念从"为民作主"向"由民作主"的转变，使社区真正成为区域社会成员的利益共同体和区域社会自治管理的载体，还有助于促进社区管理组织功能的正常发挥和社区成员参与社区建设意识的提高，同时有助于提高和增强社区资源配置的效率和使用效果，为社区建设和发展提供动力。

截至 2017 年 12 月 31 日，浙江省共有社区居民委员会 3581 个，居民委员会 885 个，村民委员会 27458 个，经济形态各异、管理体制复杂、居民需求不尽相同，对基层社会治理的能力和水平提出了挑战。针对上述问题，浙江省以"民利"为抓手，注重完善社区平台建设、社区设施建设、社区制度建设及社区品质建设，在治理过程中，注重将政府的表意愿景和民众的如意期望有机结合，从而取得了明显的成效。

1. 社区平台建设树立了亲民的理念

在基层社区治理中，常常遇到的困境是政府热情很高涨，但基层民众参与度很低。此种结果不利于基层民众"自我管理、自我教育、自我服务和自我监督"的实现，甚至可能妨碍居民自治能力的培养和提升，已经成为影响社区持续长效健康发展的关键因素。亲民是一种理念，即在社区规划和社区项目开展的基础上切实贯彻"居民优先"原则，有利于将政府热情与居民参与有机结合[①]。截至 2017 年，浙江省建设完成 96345 社会公共服务信息平台全省联网工程，72 个分站点已全部实现数据联网，覆盖了 89

---

① 赵定东：《共富共享　重塑乡村发展观》，《中国社区报》2017 年 10 月 17 日。

个县（市、区），工作人员达 1592 人，累计话务量在 1000 万人次以上。在具体实践过程中，各地根据自我实际探索出有效的形式，如嘉兴市海盐县通过"1+X"村庄布点规划的实施，使农户逐渐集聚，初步打造了社区服务中心、卫生服务站、文化礼堂、居家养老照料中心的 10 分钟半径服务圈。整合民政、残联、社保、医保、计生等 59 个公共服务事项进驻村一站式服务大厅，建立农村社区公共服务全程委托代理机制，实现了县、镇、农村社区三级服务协同，年均办理各类服务事项 2 万多件；组建了 40 多支文体活动团队，开展"送戏下乡""文化走亲""村自办文艺晚会"等活动 100 多场，活跃了群众性文化活动。湖州市德清县幸福邻里中心依托社会组织、社区社会组织和社工机构的联动机制，引导居民开展自助互助服务，丰富居民生活，调动居民参与"幸福邻里"各项活动的热情，"幸福邻里"中心服务成效显著。社会工作者以专业化的服务方式挖掘社区资源，积极培育居民组织，激发社区居民自身潜能，构建居民活动小组，实现邻里之间的互通互融。

2. 社区设施建设充分考虑便民的目标

社区基础设施是满足市民对社区生活要求的物质基础，是社区建设的重要组成部分，也是人民群众最关心、最直接、最现实的利益问题。截至 2017 年，浙江省新投入使用村级社区服务中心 386 个，累计建成 19750 个，总面积达 967.14 万平方米，平均面积超过 500 平方米（967.14 万/17950 个）；覆盖 25700 个村，覆盖率达 93.66%，比上年增加 0.47 个百分点。城市社区工作服务用房建筑总面积达 434 万平方米，平均面积超过 1000 平方米。便民是一种目标，即在社区发展中切实遵循"居民便捷"的原则。基础设施的便民与否直接关系到居民的城市生活机会分配、生活质量和成本问题，浙江在这方面做到了精致和大气。如余杭区小古城村在追求富裕过程中十分注重发展社会事业，认真落实了"两免一补"、新型农村合作医疗筹资免费参保等政策；成立小古城慈善基金工作室，由村干部对困难党员、贫困户进行"双结对"；等等。同时，着力改善居住环境，全村已浇筑硬化村道 70 余公里，建立数个日处理 50 吨生活污水池，80% 以上农户已进行污水处理，全村安装路灯 550 盏，建老年活动室 12 个、健身公园 15 个。衢州市柯城区府山幸福家园残疾人居家照料（庇护）中心充分利用社工机构"憨豆儿阳光工坊"的资源链接优势,举办了残疾人就业实训课堂,开设了编织、家政服务、简单职业生产、劳动技能训练等理论课程和实操课程,免费培训残疾人 120 人次,推荐、安排残疾人就业 6 人次。通过就业培训,很多残疾人找到了保洁、保安、家政服务等让自己称心如意的工作。

3. 社区制度建设优化了联民的手段

2013 年中共十八届三中全会提出,"推进协商民主广泛多层制度化发展",由此使协商民主从理论研究进入了公共政策领域。但在社区治理现实中,各种原因往往导致事难议、议难决、决难行。这就要求基层协商民主必须通过多层次的协商平台与制度构建,广泛吸纳社会精英人士和普通公民进入公共治理领域,和政府一起成为公共治理的主体,即通过有效联民优化社会治理,进而实现"善治"。自 2007 年起,浙江省委、省政府先后下发了《关于推进和谐社区建设的意见》《关于深入推进农村社区建设的意见》《浙江省城乡社区服务业"十二五"发展规划》《关于加快推进现代社会组织建设的意见》《浙江省社会工作专业人才队伍建设中长期规划(2011—2020 年)》等系列指导性文件,做好了创新基层社会治理的顶层设计安排,从制度上保障了各主体有序参与社会治理。在具体实践中,浙江特别注重充分发挥党建的功能,选树两批"千名好支书"共 2191 名,通过发挥党员的典范作用,实现党建治理[1]。浙江温岭市首创的"民主恳谈"制度开基层协商民主之先河,是中国基层创造的最早的协商民主形式,被赞誉为"中国 21 世纪基层民主政治建设的新曙光",对推动我国基层民主政治发展具有重大意义。早在 1999 年,温岭就采用群众广泛、直接参与的方式,解决群众关心的热点难点问题,效果非常显著。到 2005 年,温岭市又创新性地把民主恳谈引入镇人大工作中,在该市新河、泽国两镇按照不同模式开展参与式公共预算改革,让广大民众和代表切实参与政府预算的审核和监督,这种参与式预算被评为"2007 年十大地方公共决策实验",产生了巨大的社会影响。目前,各种新型的基层民主协商方式不断涌现,"民情沟通日""民主听证会""民主评议会""居民议事会""社区

---

[1] 赵定东、郑紫鹃:《探索"党建 +"基层社会治理新途径》,《中国社区报》2017 年 3 月 20 日。

议事会""乡贤参事会""村民说事""行业工资集体协商"，以及网络公共论坛等多种协商民主形式为基层治理创新不断加力。如杭州市余杭区径山镇径山村通过"党建＋治理"积极推进参与式治理，提升村民参与村级事务的积极性。村里的百步林道项目因为涉及农户土地和青苗赔偿问题较多，而一直下不了决心推进，后来通过"五议两公开"方式，广泛听取群众意见，引导农户自行协商、联合签名、事前补偿承诺，村民由"要我做"转变为"我要做"，仅用53万元就完成了原来预算300万元的工程。余杭塘栖村作为塘栖镇社会治理大联动项目试点村，创新"党员＋"联户模式，制作"党员联户卡"并上墙至全村各户，织成一张严密的"联户网"，确保该村党员联户工作真正做细做实。又如嘉兴沈荡聚金村创新千亩荡水源监管责任全覆盖，建立党总支、网格支部、党员齐抓共管的三级网格化管理模式，实现党员联系群众全覆盖，结合"美丽党员·美丽村落"示范共建，每位党员联系5～10户群众户，每月1次，使群众户做好保护水源地的宣讲员、指导员，引领、带动群众逐步达到清洁家园、庭院美化的目标。

4. 社区品质建设拓展了扶民路径

居民积极有序参与社区事务是社区品质建设的重要考量指标。基层治理的终极目标就是做到社区和谐和人心聚气。只有气通了、气顺了，才能聚气①。居民与社区达成共识，才能提升社区治理绩效。但如何联民是基层治理的一个难题，浙江的做法是充分发动居民参与，完善居民参与机制，有效解决基层治理的难点、热点问题，发挥出叠加效应，真正做到通气、顺气和聚气，使基层展现出崇德向善、风正气顺、和睦相处、平安和谐的新风貌、新氛围。如金华市兰溪市青松社区开展时间银行项目，由社区居民提出"微心愿"，通过动员社区居民开通个人账户，成为时间银行志愿者，根据居民的"微心愿"为社区居民提供需要的社区服务，从而获得积分，营造整个社区互帮互助的氛围，使社区居民真正做到"我来当家"，既是服务的提供者，也是服务的获得者。"时间银行"理念即存取正能量，传递爱心接力棒来践行时间银行"以服务换服务"的理念，更可贵的是激发了居民参与社区事务的主动性和能动性。

---

① 赵定东：《共富共享　重塑乡村发展观》，《中国社区报》2017年10月17日。

　　建德杨村桥镇的老年食堂建设为提升社区品质注入了活力。杨村桥镇是中国大棚草莓之乡，全镇有 1600 余户莓农远赴各省（区、市）种植草莓。杨村桥镇 60 周岁以上老年人有 4426 人，占全镇总人口的 21.45%，其中留守空巢老人有 1779 人。为了让老年人老有所养，杨村桥镇党委政府从解决老年人吃饭难问题着手，经过两年时间的建设管理，目前全镇 13 个行政村的老年食堂全部开张运营，成为杭州地区唯一一个实现老年食堂所有行政村全覆盖的乡镇，探索出"租建结合、规范管理、持续运营、特色鲜明、社会参与"的老年食堂创办运营模式。目前，全镇各村老年食堂日均用餐人数合计为 655 人，用餐人数占 60 周岁以上人口的比例为 15%，占 70 周岁以上人口的比例为 38%，占 90 周岁以上用餐人口的比例为 82%。

　　杨村桥镇的主要做法如下。一是租建结合，解决建设难题。13 个行政村充分整合农村闲置资产，采用改建、新建或租赁的模式，解决老年食堂的场地难题，共改建 7 家、新建 5 家、租赁 1 家。结合"三改一拆"、畜禽退养等中心工作，对闲置房屋进行改建，如黄盛村将畜禽退养后的生产用房改建成老年食堂。选择人口聚集、交通便利的村中心位置新建，便于老年人来往就餐。路边村租用村民的空闲房屋，既克服了无土地指标建设的问题，又节省了资金。此外，龙源村因老年食堂房屋老旧，在"百千万"蹲点调研单位九三学社等各界的帮助下，于 2019 年投资 165 万元异地新建老年食堂。在资金保障方面，该镇给予新建的老年食堂 3 万元建设补助和每年 2 万元的运营补助，三年内共争取到政府扶持资金 300 余万元，接受社会团体、爱心人士捐助 365 万元。二是整合资源，实现规范管理。所有村的老年食堂实行名称、培训、管理、价格、监督"五统一"。统一名称，冠名为"建德市杨村桥镇老年爱心食堂"；统一培训，食堂服务人员接受培训后持相关职业资格证上岗；统一管理，制定《就餐管理制度》《卫生管理制度》等规范并上墙；统一价格，70～79 岁老人和低保老人收取 3 元/（人·餐），80～89 岁老人收取 2 元/（人·餐），90 岁以上老人以及特殊困难老人免费用餐；统一监督，注重日常监管，对食堂卫生、采购、资金使用情况进行公开公示，确保规范透明。老年食堂还整合了居家养老服务照料中心和文化礼堂的功能。依托居家养老服务照料中心，开展医养结合试点工作，为老年人提供生活照料、医疗保健、法律维权等服务。5 个村实现"老年食堂"和"文化礼堂"一同设计、一同建设，为老年人提供学习、娱乐和交流的平台。三是因地制宜，促进可持续运营。该镇老年食堂以自营为主、外包为辅，11 个自主经营，2 个外包经营。自营模式由行政村负责老年食堂的日常经营管理，2 名村干部分别负责食材采购和记账，确保资金使用规范和明晰，并聘请 1～2 名厨师负责中晚餐。梓源村、上山村采取外包模式，将老年食堂承包给个人管理经营，根据实际用餐人数按月支付费用。通过食堂的市场化运作，既满足了需求，又节约了成本。据统计，平均每个老年食堂的收支基本平衡（每年开支约 11 万元，包括食材采购 7 万元和人员工资 4 万元；每年补贴也约 11 万元，包括镇政府补助 2 万元，上级补助 1 万元，爱心捐助 1 万元，老人就餐费 2 万元，村兜底 5 万元）。老年食堂还有两大运营特色，即送餐服务和蔬菜自给。针对行动不便的老人，村里提供送餐上门服务；每个老年食堂都安排 2～3 块农田作为爱心蔬菜基地，实现蔬菜基本自给自足，既节约了开支，又可放心食用。

取得的主要成效如下。一是公共服务能力进一步增强。目前，人口老龄化是社会面临的一大问题，对政府的公共服务能力提出了巨大挑战。杨村桥镇从实际出发，着力解决老年人特别是空巢老人以及困难老人的就餐问题，实现老年食堂全覆盖，打造独具特色的为老服务品牌，提高了公共养老服务水平，为政府公共服务能力的增强树立了典型。二是干群关系进一步融洽。老年食堂为促进干群关系搭建了良好平台，实现了双赢。行政村作为老年食堂建设、管理、经营的"主力军"，帮助老年人解决就餐问题，为村民特别是外出莓农解决后顾之忧，得到多数村民群众的认可。这些村民在表示感谢并提供物资捐助的同时，更加积极支持村"两委"工作，确保了"五水共治"、"无违建"创建、征收保障等重点工作的顺利推进，从而提升了村班子公信力，融洽了干群关系。三是社会良好风尚进一步凸显。尊老敬老既是传统美德，也是良好的社会风尚。将老年食堂作为尊老敬老的服务平台，充分发挥党建引领作用，积极推进"党建 + 为老服务"。各村成立党员志愿服务队，开展"爱心助老日"活动，为老人送餐、理发、义诊等。各村在每年重阳节由乡贤出资，为全村老人摆敬老宴，并为 90 岁以上老人集体祝寿。通过发挥党员的先锋模范作用，带动广大群众积极参与为老服务，形成尊老敬老的良好社会风尚。

幸福感、获得感和安全感目标治理是基层社区建设的必然选择①。从浙江省的基本做法可以看出，建设一个文明富裕、和谐稳定的新社区，一方面要依靠党和政府的正确领导，另一方面要着眼于现代社区发展的实际，充分集纳各方面的聪明与才智，坚持"群众标准"是衡量基层社会治理能力的试金石。在基层治理过程中，浙江地方基层政府所表现出来的回应性、即时性、透明性、民主性、效率性和正义性等特征与居民需求紧密切合。

但也应该指出，政府推动和主导社区建设的目的是将城市社区作为一个国家治理单元，以解决单位制解体后城市社会的整合与社会管控，而不是一个可以促进公共领域形成或市民社会发育的地域社会生活共同体②。由此导致了社区建设的行政化趋向③，以及基层社会的一元化治理。社区治理的行政化，一方面，通过财力和人力支持，在社区层面"建组织、建制度、搞服务、配设施"④；另一方面，在某种程度上陷入了 20 世纪 30 年代梁漱溟先生所说的"依附政权"和"乡村不动"⑤，政府热情很高涨，但基层民众参与度很低。此种结果不利于基层民众"自我管理、自我教育、自我服务和自我监督"的实现，甚至可能妨碍居民自治能力的培养和提升，而这正是社区持续长效健康发展的关键。

调查发现，新社区居民转变不彻底。具体表现如下。一是生产方式转变得不彻底。城乡一体新社区的居民虽然居住在新社区中，但其户籍仍在农村，仍是原村集体经济组织的成员，在经济身份上仍然是农民，这直接导致他们的生产生活无法完全融入新社区。比如，部分居民的承包地尚未流转，仍然需要自行耕种，生活起居在社区而生产在农村，造成生产生活相分离。二是生活习惯转变得不彻底。受原有农村生活习惯影响，部分居

① 赵定东：《就地城镇化理念下的村改居社区治理创新——以浙江省探索经验为例》，《北华大学学报》2018 年第 1 期。
② 杨敏：《作为国家治理单元的社区——对城市社区建设运动过程中居民社区参与和社区认知的个案研究》，《社会学研究》2007 年第 4 期。
③ 赵光勇、陈邓海：《政府主导下的社区建设困境与出路——以杭州市社区建设为案例的考察》，《中国劳动关系学院学报》2013 年第 1 期。
④ 摘自《谁的社区？谁的治理？》，《清华社会学评论》2017 年第 1 期。原文是浙江大学毛丹教授于 2016 年 12 月 10 日在清华大学"社会治理与社区建设"研讨会上的发言。
⑤ 陈雷：《梁漱溟乡村建设理论与实践新探》，《社会工作》2012 年第 9 期。

民在花园内种菜，在树上晾晒衣物，在社区内乱丢乱扔垃圾，甚至提出要在车库内养猪、在空地上挖井等想法。三是观念转变得不彻底。新社区的居民大部分由"两新"工程的搬迁拆迁安置而来，很多人一辈子生活在农村，农村的自给自足思想观念根深蒂固，如缴纳物业管理费的相关问题。同时，社区居民生活成本大幅增加，从原来的自给自足型转变成市场购买型，经济压力的加大会引发居民对社区工作的不配合、不支持。另外，新社区管委会是个过渡性组织，与原行政村存在"多头"管理的问题，容易导致不问不管、相互推诿等现象发生。

上述这些都给新社区管理和服务增加了难度，同时也为"社区父爱情结"再生提供了条件。我们知道，在经典的单位体制中，作为功能相对完整的"小社会"，单位全能性地包揽城市职工的住房、劳保、医疗、健康检查、结婚、生育、子女入托入学、家属就业、食堂就餐、理发、上班交通、文体活动、日常用品供应、养老送终、治安环卫等事务，成为绝大多数城市居民获取生活资源的组织化渠道。正如刘建军所指出的，"从功能上来说，城市单位履行着极其重要的保障功能与供给功能，个人生存与发展的资源基本上都是从单位中索取，……一旦进入一个单位，则意味着获得了充足的、持久的保障机制"①。虽然随着再分配体制到市场经济体制的过渡与转型，单位的社会职能逐渐收缩，城市居民开始在单位之外获取日常所需的生活资料，如住房、医疗保险以及多种福利条件（如子女教育、用品供应）等，但要说明的是，20世纪80年代取代单位而产生的社区职能中的"社区父爱情结"并没有完全消失。

在新的基层社会生活框架中，新社区正在成为一个相对独立的实体，作为一种相对独立、相对稳定的新型城乡组织管理类型，其效用的实现程度与其共同体的特征有明显的关联。共同体是建立在自然基础之上的群体，也可能是历史形成的联合体以及思想的联合体。"共同体是一种持久的和真正的共同生活"，是"一种原始的或者天然状态的人的意志的完整的统一体"②。目前的新社区通过住房改造、土地流转、行政化社区组织搭

---

① 刘建军：《单位中国——社会调控体系重构中的个人、组织与国家》，天津人民出版社，2000。

② 费孝通：《居民自治：中国城市社区建设的新目标》，《江海学刊》2002年第3期。

建和提供类似城市社区服务弱化了共同体的特性。在一定意义上，传统的乡村"人伦"关系弱化，其横向联系的共同点也远弱于新居民共同居住的原共同体。正如前文所指出的，目前大部分新社区居民转变不彻底。新居民之间在收入、社会地位、生活方式及兴趣、爱好方面都存在差异甚至是冲突。但既然要维持社会共同体的生存，就必须要求生存在其中的个体在如何维护共同体存在的问题上达成某种共识或做出某种妥协，从而形成某种公认的、基本的社会价值观。在真正培植出有较强归属感与认同感的现代城乡一体化新社区方面，政府的主导功能是明显的，其中"社区父爱情结"的再生更是有力的推动因素。更何况在中国特殊国情的背景下，改革开放40多年来"国家主导"的行动特征一直没有改变，与之相关的是"国家的父爱情结"也没有发生根本变化，父爱情结引导的"国家主导"行动策略将是城乡一体新社区建设的基本保障①。

村庄曾是"熟人社会"，但现代国家的介入和改革开放带来的流动性、开放性已经逐渐改变了村落社区的性质，致使维系传统社区的文化资源流失②。但土地的牵连使他们"打断骨头连着筋"，共同的地域、相似的生计模式、相同的身份界定、积淀的历史记忆使伦理亲情、互惠互助、不丢面子等观念尚未彻底消失。而新居民社区以城市生活为指向，基于利益的算计、合约、公私观念是其基本价值。既要充分维护个人权利，又要有公共参与精神，这是现代城市人价值追求的境界。在按照市场规则计算个人利益的同时关注公共利益，公私空间的区隔与融合、付出不等于回报等"矛盾"的规则意识让快速成为城里人的新居民感受到的是冷漠、隔离，于是他们观望、迷茫，甚至产生挫折感而沮丧③。传统社会中乡土气息浓厚、人际关系密切的社会被现代市场经济与城市化发展中的人口密度大、异质性强、社区冷漠、组织化程度低所代替，即"社区失落论"④。

---

① 赵定东、王洲：《新型城镇化进程中城乡一体新社区建设的新单位化现象》，《华中农业大学学报》2013年第6期。

② 徐勇：《在社会主义新农村建设中推进农村社区建设》，《江汉论坛》2007年第4期。

③ 吴晓燕：《从文化建设到社区认同：村改居社区的治理》，《华中师范大学学报》（人文社会科学版）2011年第5期。

④ 夏建中：《现代西方城市社区研究的主要理论与方法》，《燕山大学学报》（哲学社会科学版）2000年第2期。

|第十章|

村改居居民的环境利益
及其"安全感"诉求

环境问题是人类与自然恶性互动的结果，作为社会事实，其早就存在；但是作为社会问题，其引起政府、社会、学界等的关注是近期的事情。

2005年8月15日，习近平同志在视察浙江省安吉县天荒坪镇余村时指出，"我们过去讲，既要绿水青山，又要金山银山。其实，绿水青山就是金山银山"。在此基础上，党的十八大将生态文明建设放在突出位置，将其纳入"五位一体"的总布局并将"美丽中国"作为生态文明建设的宏伟目标。十八届三中全会提出要建立系统完整的生态文明制度体系。十八届五中全会将"绿色"作为新的发展理念提出来，进一步强调了生态文明建设的紧迫性、战略性和前瞻性。2015年3月24日，中央政治局审议通过《中共中央　国务院关于加快推进生态文明建设的意见》，正式把"坚持绿水青山就是金山银山"作为我国加快推进生态文明建设的重要指导思想。新《中华人民共和国环境保护法》明确规定："公民应当增强环境保护意识，采取低碳、节俭的生活方式，自觉履行环境保护义务。"

村改居是城镇化的产物。一般而言，城镇化与生态环境之间是一种相互依存的关系。一方面，城镇化的快速推进必然会引起城镇及其周边地区生态环境的改变；另一方面，生态环境的变化必然引起城镇化水平的变化。由此可见，城镇化与生态环境是一种相互依存、交互耦合的关系：生态环境改善可促进城镇化水平的提高和城镇化进程的加快；生态环境恶化则会限制或遏制城镇化进程①。另外，本书所指的环境并非特指自然环境，

①　荣宏庆：《论我国新型城镇化建设与生态环境保护》，《现代经济探讨》2013年第8期。

还包括人文环境。环境治理是促进城镇化顺利推进的重要考量指标。

一 环境意识、环境利益与研究 问题的提出

自然环境是指人类生存的空间及其中直接或间接影响人类生活和发展的各种自然因素①。《中华人民共和国环境保护法》中所称的环境是指影响人类生存和发展的各种天然的和经过人工改造的自然因素的总体,包括大气、水、海洋、土地、矿藏、森林、草原、湿地、野生生物、自然遗迹、人文遗迹、自然保护区、风景名胜区、城市和乡村②。随着人类物质文明的演进,环境一词也被赋予了越来越多的含义,我们现在所讲的环境也不再局限于之前的自然环境,而是涵盖了经济、政治、文化和社会的方方面面。纵观人类文明史,在城市化和工业化道路建设的历程中,人们为了追求经济建设的高速度,忽视了环境治理,因此引发了环境污染问题,为还人类一个天蓝、山青、水绿的生态空间,环境问题早已被提上议事日程。为了表达人们对美好生活环境的向往和追求,1972 年的《联合国人类环境会议宣言》将每年的 6 月 5 日规定为"世界环境日",这大大增强了人们的环境保护意识③。

环境利益指的是环境带来的好处以及这些好处在人与人之间进行分配时所形成的社会关系,其主体是人,客观需要对象是环境,包括自然环境和人化环境,本质关系是环境带来的好处和产生的责任在人与人之间的分配④。

国内外学者关于环境意识的研究主要体现在如下几个方面。第一,对于环境意识的内涵,从哲学、心理学、社会学等多角度进行了深入解读,认为环境意识是人们对客观存在的生态环境的主观反映,环境意识的核心

---

① 陈德第、李轴、库桂生主编《国防经济大词典》,军事科学出版社,2001,第 443 页。
② 向洪主编《国情教育大词典》,成都科技大学出版社,1990,第 556 页。
③ 朱达俊:《联合国三大环境宣言的发展及对中国的影响》,《资源与人居环境》2013 年第 9 期。
④ 宋惠芳:《当前中国城乡环境利益协调问题研究》,博士学位论文,福建师范大学,2016。

是对生态环境问题的认识、态度和行为取向①。第二，认为环境意识的结构组成包括环境意识的层次结构、空间结构、人群结构等。从层次结构来看，可以分为日常生活环境意识与生态环境意识两部分，或表述为浅层环境意识与深层环境意识；从人群结构来看，则包括个体环境意识与群体环境意识②。第三，对环境意识现状的实证调查主要是运用问卷、观察、走访等调查方法，对大学生群体、城市居民、旅游目的地社区居民、游客、农村妇女等不同类型群体的环境意识状况进行实证调查，分析现状，发现问题。

有关环境意识问题的研究已取得了较为丰硕的研究成果，但关于村改居农村居民环境意识的相关研究，目前还比较少见。从环境的角度审视村改居社区建设，不难发现，不少地区在撤村建居的过程中都存在环境建设方面的问题。如庄楚剑认为村改居社区环卫工作管理中存在的问题有：政府财政投入不足，环卫基础设施薄弱；村改居社区环卫工作管理制度不完善；社区内无规范的垃圾收集转运体系；保洁人员不足，工作不规范，专业化程度低；等等③。

在长三角区域，随着村改居社区发展趋于成熟，人们对社区的环境建设提出了更高的要求，环境建设在村改居社区建设中的地位日益重要。如何为居民营造一个舒适、温馨的村改居社区环境，如何使居民在村改居社区各项环境建设中更能体会到美好生活的感觉，为此，本研究将从硬环境和软环境两个维度对村改居社区环境建设展开叙述。硬环境是指环境建设的硬件方面，主要指自然地理条件、基础设施建设等物质条件。软环境是指环境建设的软件方面，包括政治、经济、法律、社会文化心理、社会服务等环境，与硬环境相比，软环境具有相对独立性，具有硬环境不能替代的作用。硬环境保障力的构成主要包括：生活污水的处理、交通设施、环境绿化设施、医疗卫生、公共卫生设施、社会保障等。软环境保障力的构

---

① 俞继灿：《广东省新华镇公众环境意识调查》，《环境污染与防治》2001年第2期。

② 杨莉、戴明忠、窦贻俭：《论环境意识的组成、结构与发展》，《中国环境科学》2001年第6期。

③ 庄楚剑：《村改居社区环卫工作存在的问题及对策》，《中国新技术新产品》2013年第21期。

成主要包括：文化传承、公民满意程度、邻里关系、社区安全等①。但是，二者在分析的过程中可能相互穿插。

二　社区硬环境建设的政府理念与居民需求

1."田园社区"建设：新时代的政府环境治理理念实践

理念是行动的先导。长三角区域是中国经济和社会的快速发展地区，在城镇化的推进过程中，也体现了环境保护的先进理念。如杭州市针对城镇化过程中农村社区建设的可持续性和深入性问题，创造性地提出了"田园社区"建设理念。

众所周知，我国的乡土文化源远流长，是农民群体通过世代相传形成并积淀的特定区域内的共同文化。乡土文化是种具有独特性的传统文化形态，构成了地方独具魅力的人文风景，是人们的乡土情感、亲和力和自豪感的凭借与纽带。在现代乡村经济社会转型的背景下，对乡土文化的尊重与延续，是一种新的文化自觉②。田园社区突出了文化自觉性，是有根的社区。田园社区很好地传承了中国传统文化美学与文化情趣，把现代农业与社会风尚嵌入传统文化意境之中，产生了自然之美、意境之美、内在之美的农村美学效应，符合美好田园生活理想与审美情趣，具有很好的文化自觉性，既有利于留住"乡韵"，记住"乡愁"，又有利于重振乡村精神，增强农民的自豪感。

2012年，为适应杭州市的"逆城市化"趋势，加快田园社区建设步伐，杭州市城乡社区建设领导小组在历时一个多月对全市涉农4区4县18个村庄实地走访调研的基础上，出台了《关于开展杭州市"田园社区"创建活动的实施意见》（杭社建〔2012〕4号）文件，提出分类打造生产发展、生态环保、生活幸福的"好山好水好人家，好邻好居好生活"的"六好"田园社区。在建设过程中，杭州市各级党委、政府切实加强对田园社区建设工作的组织领导，形成了"党委领导、政府负责、民政牵头、部门

---

① 丁健：《上海构建全球城市软环境与硬环境保障力研究》，《城市》2016年第12期。
② 陆益龙：《乡土重建：可能抑或怀旧情结》，《学海》2016年第3期。

配合、农民主体、社会参与”的领导体制与工作机制。“田园社区”建设实行项目化管理，主要参照《杭州市“田园社区”建设指导试行标准》（以下简称《标准》，该《标准》根据构建管理体系、健全服务体系、打造特色田园、共享和谐文明、提升综合效益五个方面的 28 项指标对田园社区提出了具体的建设要求）执行，总分为 1000 分，自评在 850 分以上的社区方可参与“田园社区”项目评定。各级财政部门按照建设服务型政府、完善公共财政体系的要求，为“田园社区”建设提供了必要的资金保障。各级财政部门每年投入 200 万～300 万元专项经费，对评定为杭州市“精致田园社区”的农村社区，通过以奖代补的方式给予项目资金补助。到 2015 年底，杭州市已经创建出 90 个“田园社区”。

杭州市“田园社区”的建设核心和理念是“好山好水好人家，好邻好居好生活”。“好山好水”：森林、水体、湿地、农田、丘陵等生态系统功能完善，物种多样性丰富，环境质量优良，自然景观优美，田园风光独特，“一村一业、一村一品”特色鲜明。“好人家”：居民乐于在家门口就业，收入增长较快，空巢老人和留守儿童减少，优生优育，尊老爱幼，婆媳互敬，夫妻互爱，无家庭暴力，家家和睦幸福，育子、养老环境优美。“好邻好居”：邻里和睦相处，社区公益事业发展又好又快，“和事佬”等公益组织发挥效用，城乡互动频繁，公共基础设施完善，居民生活便利，村容村貌整洁优美，社区秩序和治安良好。“好生活”：社区领导班子团结奋进，民主自治管理规范，社区文体、培训活动丰富，民风民俗纯朴，村落文化厚蕴，村民文化生活丰富多彩，村民经营诚信守法，社区服务业蓬勃发展[1]。

其中，外桐坞村艺术小镇的“田园社区”建设就是一个典型代表。外桐坞村位于杭州市西湖区转塘街道西北面 5 公里，置于素有“万担茶乡”之称的龙坞茶叶基地之中，是西湖龙井的主产地中心区块。外桐坞村山清水秀，生活环境清幽，艺术气息浓郁，被誉为中国版的“枫丹白露”。目前，全村由外桐坞和顺家湾两个自然村组成，总面积 2000 亩，茶园面积 520 亩，常住人口 582 人，入驻艺术家工作室 60 多家，主要包括国画、油画、雕塑、陶瓷、玻璃、漆器等八大艺术场馆。外桐坞村主要包括茶农家

---

[1] 浙江省民政厅：《浙江省基层社会治理研究报告》（内部资料），2017。

休闲娱乐区、居民生活休闲区、石榴采摘体验区、茶园观光区、茶艺体验区、艺术文化区等六大功能片区。外桐坞村是一个集艺术旅游、休闲养生、艺术品展示拍卖、名家学术交流于一体的"田园社区"。

外桐坞村自 1984 年正式成立以来,村庄发展一直以茶叶农业为主。截至 1985 年底,该村的茶园面积从新中国成立前的 200 亩扩展到 380 多亩,传统茶叶农业为该村的主要经济支柱,经济效益总量不高。1986 年以后,外桐坞村茶园地块被政府列为"西湖龙井"茶保护基地,茶叶质量和价格得到提升,经济效益翻番。尽管茶叶产量逐年增加,但外桐坞村依然与周边村落一样只是普通茶村,至 2007 年村集体经济年纯收入仅 60 多万元。从 2007 年开始,外桐坞村与艺术结缘,中国美院的艺术家入驻外桐坞村,设立艺术创作基地,走上了文创艺术的发展之路。2013 年,外桐坞村被评为"国家 3A 级景区"。

外桐坞村,从一个世代以茶叶农业为经济支柱的普通茶村,成功演变为文化艺术的田园社区。其发展特点可以概括为以下三点。一是用文化提升乡村品位。外桐坞村在艺术小镇建设的基础上,深入梳理村庄历史、村落文脉,挖掘孝文化、红色文化、民俗文化、创意文化等特色内涵,按照"两堂""五廊"的标准,统一规划布局,努力把全村打造为开放式文化礼堂。外桐坞村挖掘红色文化资源,将文化艺术与农产品深度融合,有效提升农产品产业链的品位和附加值。在纵向上,拓展产业链,优化组合农产品的生产、采集、制作和销售各环节。在横向上,拓宽产业链,突出特色农产品的文化价值。比如外桐坞村盛产茶叶,而朱德元帅曾多次考察外桐坞村,该村基于此历史渊源,目前正在打造"元帅茶"。另外,一些画家常年驻村作画,该村还通过与艺术家合作,着力打造"艺术家私家茶系列"。二是紧抓机遇,发展新兴产业。外桐坞村紧抓政府建设风情小镇、美丽乡村和 3A 级景区机遇,推进社区基础设施建设和生态文明建设。之后,充分挖掘社区资源,发展文化艺术产业。文化创意产业是新型生产力,带动了整个社区的发展,使得外桐坞村逐渐从普通茶村发展为艺术家集聚地的田园社区。三是注重社区居民生活改善。在促进社区居民增收方面,目前外桐坞村的经济来源是房屋租金、给艺术家老师打工、茶业收入以及第三产业收入,实现了收入多元化。在生活品质方面,外桐坞村党支部、村委会的争先创优举措始终把工作着力点放在提升社区居民生活品质上，使得社区基础设施改善，大部分民居得以新建或改建。在社区经济发展方面，随着游客数量的增多，社区在门票定价方面借鉴国内其他3A级景区经验，在合理的范围内适当收取门票费，增加社区收入。

田园社区是"城镇化"和"逆城市化"交互作用的产物。这种"城镇化"不是西方发达国家的"城进乡退"模式，而是"城进乡不退"模式；"逆城市化"不是西方的"城退乡进"模式，而是"城进乡进"模式。在这种模式之下，田园社区成为推动城乡一体化的有情社区①。城乡一体化的实质是城乡融合发展，田园社区综合了城市社区和农村社区的优点，在规划布局、要素配置、产业发展、公共服务、生态保护等方面实现城乡相互融合和发展。此外，城乡融合还包括城乡居民之间相互融合，田园社区既有从城市流入的"新"居民，也有农村社区的"老"居民，"新老"居民在文化素质、生活方式、生活习惯等方面存在很大的差异，田园社区为城乡居民融合提供了一个很好的平台。

"田园社区"理念的提出和广泛有效的实践无疑为农民环境利益的保护注入了新鲜的血液。但随着城镇化的进一步推进，有些问题需要提前思考，主要有以下几点。一是社区服务短缺问题。随着城市人口越来越多，大量优质人口流入和定居田园社区，他们的服务需求日益精细化和多元化。因此亟须构建以基本公共服务为基础、社会专业化服务为依托、志愿互助性服务为补充的社区服务体系；创新社区服务供给方式，对非基本公共服务，要通过政府购买、项目扶持、活动补贴等方式，引导各类社会组织和个人积极参与，实现供给主体和供给方式的多样化。对于商业性的便民利民服务，要引入市场化机制，鼓励社会资本以多种方式参与，以满足群众日益个性化、多样化的服务需求。规范和鼓励社区志愿服务，充分发挥社区志愿者在提高社区服务水平中的积极作用。二是新居民社区参与问题。田园社区居民不再是单一的农村户籍人口，还有流入的城市人口。而且，随着优质产业流入社区，越来越多的企事业单位进驻社区。田园社区建设需面对的一大问题，就是如何促进新流入人口和企事业单位有效参与社区治理，依法保障流入人口参加社区选举和享有社区基本公共服务的权利。因此，亟须推进社区治理体制改革，吸纳辖区商业企业、居民中的贤

①　浙江省民政厅：《关于浙江省田园社区的发展研究报告》，2017。

达能人等共同参与社区治理。三是"新老"居民融合问题。田园社区的"新"居民的文化程度、专业素质普遍高于本地居民,而且二者的生活习惯、生活方式存在很大的差异。如何增进"新老"居民的交流和互动,是田园社区建设亟须解决的问题。对策之一就是提高"新老"居民的审美情趣,培育关于社区的共同的"美"的记忆。美作为一种共同的财富,有助于减轻"新老"居民关系的撕裂,还可以帮助本地居民提升生活品质,减轻生活压力,开拓人际关系,增强新居民的归属感、存在感。四是本地居民的聚合问题。随着集体经济的淡化、经济自由度和社会流动性的加大,田园社区已经进入"半熟人社会",本地居民家庭与村集体、社区的紧密度逐渐松散,即使一些社区发展新产业,也因家庭经营方式相似和同类竞争,导致人与人之间关系的疏离。特别是近年来,田园社区民宿经济兴起,以家庭为单位、品牌单一化,带来同质竞争,导致本地居民之间关系的疏远。如何破解这一难题,提升田园社区的公共性与凝聚力呢?对策之一就是对社区集体经济进行股份制改造,建立现代企业管理制度,让田园社区的居民都持有股份,使他们真正成为集体经济的投资主体、决策主体、经营主体,进而提高他们的聚合力、凝聚力。五是土地政策的改革问题。田园社区未来发展的方向或是田园小镇,或是田园城市,而既有的田园社区的土地政策仍然是沿袭农村的土地政策。虽然中共中央办公厅、国务院办公厅 2016 年 10 月 30 日印发了《关于完善农村土地所有权承包权经营权分置办法的意见》,但只是将土地承包经营权分为承包权和经营权,实行所有权、承包权、经营权分置并行,土地难以在市场上流通,这极大地限制了田园社区向田园城市的迈进。因此,亟须探索和改革社区既有的土地政策。

2. 居民的环境感受与需求

美国心理学家马斯洛在《动机与人格》一书中提出需求层次理论。他将人的需求从低级到高级共分为五个层次,依次为生理需求、安全需求、社交需求、受人尊重的需求以及自我实现的需求。这五个层次的需求只有在最低层次的需求得到满足后,才能实现下一层次的需求[①]。其中生理需求满足最低层次的需求,例如阳光、水、食物等;安全需求指的是追求生

---

① 〔美〕马斯洛:《动机与人格》,许金声、程朝翔译,华夏出版社,1987。

活稳定，使身体免受病痛；社交需求满足的是与交际有关的需求，即希望得到友情和爱情；受人尊重的需求是一个人希望有地位并受到别人的尊重；自我实现的需求满足的是最高层次的需求，即实现自己的理想和抱负。这五个层次的需求在整个人类社会中呈金字塔形。从人的需求层次的角度来审视环境，可以将社区生活环境划分为三类，即必需的社区生活环境、舒适的社区生活环境、高层次的社区生活环境，只有当低层次的生活环境需求得到满足以后人们才会去追求更高层次的生活环境需求。

必需的社区生活环境是人类生活的最基本需求，即对物质生活环境的追求。必需的社区生活环境应包括以下方面：完善的基础设施建设、便民购物中心、社区诊疗室、幼儿园、学校、停车场地、警务室、老年活动休闲场所、老年食堂、垃圾回收站等公共服务设施。舒适的社区生活环境不仅指社区拥有与居住配套的公共服务设施，还要提供较多令人产生愉悦感的高质量综合感官信息（包括视觉、听觉和嗅觉在内的综合感受），即优美、和谐、令人流连忘返的居住环境①。高层次的社区生活环境除了满足居民上述两种环境需求外，还应该满足居民对精神文化的需求，即社区应经常举办一些文化活动从而陶冶社区居民的情操。

从马斯洛的需求层次理论出发，城镇化带来的村改居社区硬件环境建设趋于完善，取得显著成效。舒适的社区环境体现了共享经济发展成果，实现了共建共享的发展目标。居民普遍认为村改居后社区内的环境建设较之前生活的环境明显变好了，居民对现在社区的生活环境感到很满意。

从调查结果来看，长三角地区的居民对村改居后的环境建设总体来说还是比较满意的。其中富阳居民的满意度为 91.3%，嘉兴居民的满意度为 97.9%，温州居民的满意度为 95.6%，上海居民的满意度为 96.4%，江苏居民的满意度为 95%。从各区域的满意度数据可知，五个地区的居民对村改居后环境建设的满意度均在 90% 以上。长三角地区对外开放程度高，经济实力雄厚，村改居建设起步较早，加之政府部门高度重视村改居建设，无论是在政策的实施还是资金的投入上都给予了大力的支持。其中嘉兴地区村改居后居民的满意程度最高，这与嘉兴地区政府机关严格贯彻落实国

---

① 程旭沛：《"城中村"人居环境改造建设规划导则研究——以武汉市洪山区为例》，硕士学位论文，华中科技大学，2006。

家城乡一体化发展战略密切相关。作为沿海发达地区、统筹城乡发展先行地的嘉兴,2003 年确立了城乡一体化战略,2008 年,嘉兴在被列为省级统筹城乡综合配套改革试点后,在推进城乡一体化建设、促进城乡均衡发展等方面取得了良好成绩。2009 年,嘉兴创新提出全面推进"两新"(新市镇和城乡一体新社区)工程建设,将"两新"作为打破城乡二元结构、实现城乡一体化的"有效试验田",同时作为就地城镇化的两大关键节点[①]。

> 周女士,68 岁,农民,现居住在富阳区富春街道。她说:"村改居后,村里的人们家家搬进了整齐划一的小公寓,公寓内的各项设施和之前在电视上看到的几乎没有什么差别,这在几十年前是想都想不到的。小区的楼下就有便利的购物中心,家里要买的一切生活用品在楼下都可以买到,不再像之前买什么东西要跑到很远的大商场。小区内环境绿化也很好,地面每天都有专门的环卫工作人员打扫,垃圾也有专门的放置区,不再像以前地面脏乱,垃圾乱丢,苍蝇乱飞。"周阿姨说小区内的这一切变化都归功于国家和政府领导人的共同努力,是他们让小区内的居民过上了好日子。

(1)水环境治理取得较大成效

水是人们赖以生存的物质基础,对生活污水的治理一直都是加强农村硬环境建设的重要内容之一。为提高居民饮用水的质量,嘉兴市积极参与到水污染的治理中,嘉兴的水污染治理主要为农村生活污水的治理。农村污水治理首先是卫生改厕,目的是保障居民的身体健康,防止传染病,为此建造了三格式化粪池,让排泄物经过充分发酵而杀死病原体[②];其次是开展生活污水治理,治理的污水主要包括厨房间的污水、洗衣污水、卫生间的污水等。在治理污水的过程中,各区县依据自身水污染的实际情况在各村庄建设生活污水治理设施,有些村庄水污染严重,就需要集中进行处理,有些村庄为了更好地为人民营造好的生存环境,则在村内自建生态化治理设施。这一系列的举措使得嘉兴地区水污染得到了治理,改善了人民的生活环境,提升了人民的生活质量。

---

① 汪洪波:《关于加快推进嘉兴市新市镇建设的若干思考》,《嘉兴新农村》2009 年第 4 期。
② 葛永元、俞日富、何文泉:《关于嘉兴市农村生活污水治理工作的调研报告》,2014。

对生活污水的治理是保护水环境的一项重大工程，在村改居的建设过程中，对村改居社区生活污水的治理成为加强村改居硬件环境建设的重要指标之一。各市区在村改居的建设过程中积极投身于对生活污水的治理，在一些生活污水多的地区，成立专门的污水加工厂，并集中进行加工处理，使得饮用水的质量得到保障，有利于减少疾病的传播，有益于人们的身体健康。

> 刘先生，35 岁，大学毕业，在政府部门工作，现居住在嘉兴市南湖区。农村生活污水治理和工业生产污水治理是政府现阶段开展的一项重要工作。农村生活污水治理点散、面广，治理条件复杂，是一项系统工程。工业生产污水治理要抓好工业污染减排，深化重点行业整治，开展"清污分流"。到 2013 年底共否决排放无法达标的新项目 28 个，实施废水减排项目 20 个；关停污染企业 14 家，正在整治提升 43 家。为做好河道清淤保洁，嘉兴市加大基础设施投入，推进"四位一体"长效保洁工作，开展河道综合整治，加大河道生态修复力度，提高河道通畅水平和自净能力。近年来，新添保洁船 97 艘，完成河道清淤 142 公里；开展 2 条中小河流和 3 个农村河道综合整治，共投入 6296 万元，完成小河小浜整治 42.8 公里。

生态环境的保护和改善始终是杭州村镇建设的重点。通过开展"五水共治""五气共治""三改一拆"等工作，村镇环境得到了很大程度的改善。具体来说，在生态环境建设方面，771 个小城镇环境综合整治项目完成，县域劣 V 类水质断面全部"摘帽"，大批村镇全面实现农村生活污水治理，垃圾收集率、污水处理率和卫生户厕率均达 100%。在环境整治方面，"城中村"改造提升超额完成年度任务，整村拆迁"清零"51 个、签约近 7 万户。在"五废共治"方面，余杭区全面落实秸秆禁烧工作，同时健全网格化巡查监管机制，实现卫星遥感监测秸秆火点零发生，全区秸秆资源化利用率保持在 90% 以上；多数村镇完成全域性污染型畜禽禁养关停、温室甲鱼关停整治和黑鱼养殖退养转产等工作，基本消除养殖污染；九峰环境能源、萧山临浦和钱江餐厨废弃物资源化利用项目建成，农村生活垃圾分类覆盖率达到 80%①。

---

① 赵定东等：《杭州市健康社会建设评价》，《健康杭州发展报告（2018）》，社会科学文献出版社，2018。

水环境治理虽然取得一定的成效，但也有一些问题，主要是居民环保意识不强，大量的生活污水被排入河道，再加上企业的功利性，导致河流污染严重。受地形及区域性条件的限制，在治理污水的过程中存在政策落实不到位、治理手段单一、资金筹集难度大等问题。具体表现在以下几方面。其一，政策落实有待加强。水环境治理包括河道清理、环境整治、综合治理。针对污水的治理，各级政府相继出台了相关法律，但法律的实施并没有产生应有的效果。这主要是由于各部门间分工过细，各政策间缺少衔接和协调，所以实施效果不明显。另外，在政策执行过程中，由于受各种客观因素的影响，实际效果大打折扣。因此在政策的实施过程中应加强政策之间的协调性和衔接性，减少可控因素的影响，真正使政策落到实处。其二，工作力量相对薄弱。地方污水的治理并没有引起政府部门的高度重视，地方政府没有成立专门的领导小组，而是象征性地组建工作小组，抽调几个人集中办公。而镇、村两级的工作力量更为薄弱，且随着"三改一拆"重点工作的推进，基层工作者任务繁重，投入在污水治理上的精力减少，污水治理效果不理想。对此政府应加强地方污水治理团队建设，成立专家小组，加大污水治理力度。其三，政府财政投入力度小，资金筹集困难。按照全覆盖、广受益的要求，嘉兴市三年要完成717个村、8417个自然村39.18万户农户的生活污水治理任务，工程量巨大，按户均投入1万元计算，全市需要投入建设资金近40亿元。而省级专项建设资金重点扶持欠发达县（市、区）项目建设，对经济较发达和发达县（市、区）补助较少。在财力安排上，自2018年以来，在"五水共治"工作上的资金投入有100多亿元[①]。巨大的财政压力，使得村级资金的筹集更加困难，直接影响了农村污水治理工程的稳步推进。对此应发挥市政府的主导作用和地方政府的辅助作用，针对不同地区经济发展水平给予合理补助，尤其要加大对农村地区污水治理的投入。其四，治理方法有待改进。水环境治理讲究综合性、全面性、渐进性。如果治理方法急于求成，就治水而治水，那最终会陷入污水治理的恶性循环中，造成人力、物力和财力的浪费。具体表现为以下几点。一是重治水机制建设，轻长效落实和实

---

① 葛永元、俞日富、何文泉：《关于嘉兴市农村生活污水治理工作的调研报告》，2014。

施。目前水环境治理手段较单一，工作方式以"运动式"为主[①]，以期在短时间内见成效。比如，河道治理主要集中在治污上，而忽视了对生态水环境的修复；再如，实施"河长制"的目的是把责任落实到个人，加强治水的统筹协调，但存在政府重视度不高、责任落实不到位、监管不力等问题。二是过分强调政府的作用，而忽视了群众的作用。在治水过程中，政府部门注重治水项目建设，而忽视了人民群众的力量，导致治水效果不明显。相关调查显示，大多数农民和个体户对水环境治理缺少关注。因此，在水环境的治理中应整体把握，找出污水治理的正确方法，注重污水治理的实效性。另外，政府部门应高度重视污水治理，加强立法，完善责任监督机制，并放手发动人民群众，使水环境治理真正落到实处。

（2）住房环境建设整体满意度较高

农村住宅（农村住房和宅基地）是农民从农村集体经济组织取得的一项重要财产。随着市场经济、城镇化的快速发展，农民不断向周边城镇集聚，宅基地及农村住房由原来满足农民的生活居住功能，逐步转向了发挥物权经济价值的历史阶段。十八届三中全会提出了"保障农户宅基地用益物权，改革完善农村宅基地制度，选择若干试点，慎重稳妥推进农民住房财产权抵押、担保、转让"。在此背景下，长三角区域各地都在探索农村住房及宅基地管理制度的改革与创新，以建立有效的农村住房及宅基地管理新机制，适应城镇化的需求。

从调查结果来看，所调查居民对村改居之后的住房是较满意的。其中浙江富阳区、上海市、江苏省三个地区的居民对村改居后住房条件的不满意率均在5%以下。城镇化推进的村改居居民的房屋建设较为集中，都是政府部门严格按照国家规定建设而成的。政府在新社区建设前期大规模的基础设施投入，成为"村改居"社区最主要的吸引力。如嘉善县姚庄镇桃源新邨社区是嘉兴市"两分两换"试点之一，试点项目于2009年4月开工建设，到2010年7月交付使用，总投资3.2亿元，总占地350亩，总建筑面积28万平方米，绿化率30%，社区内建有18幢标准公寓房588套、85幢复式公寓房556套，可置换农户1000户[②]。还如海盐县2009年以前

---

① 赵群乐：《深化水环境综合整治加快生态文明建设调研报告》，2017。
② 沈水根：《嘉善县姚庄镇桃源新社区管理调查》（内部稿），2014。

只有 3953 个自然村，布局分散，人均占地 1.15 亩，资源利用率低下，为优化村庄布局，海盐县利用两年多时间开展了"1＋X"（新市镇和城乡一体新社区）规划编制，将散落的小村庄集聚至"9＋69"空间范围内，农民建房占地标准调整至 100 平方米或 90 平方米。2012 年，结合土地整治规划、美丽乡村规划进行完善，明确将 X 点适当缩小规模至规划区内的允许建设区范围内，将文化底蕴深厚的古村落、传统村落，以及人口相对集中、户均占地面积较小的自然村落列为保留点。完善后的村庄规划布点调整至"9＋54＋307"空间范围内，出台的《海盐县农村居民居住用地使用管理办法》和《农村居民建房规划管理若干意见》，规范了农民建房。这既为城镇化发展奠定了空间基础，又充分保留了农村的自然风貌和特色，有利于江南水乡典范的打造。

大多数村民对新建住房十分满意，认为其各项设施建设齐全，改善了居民的居住环境，也方便了居民的生活。

> 林女士，36 岁，大专毕业，现在一家小型服装厂担任会计，家住南京鼓楼区江东街道。她说："在村改居之前，我居住的环境可以说是很糟糕的，我家在城乡交接处，住房设施简陋，房价便宜，因此这里聚集了大量的外来务工人员。由于房屋建筑过于集中，采光和通风都不好，特别是到了梅雨季节，天天下雨，屋内充斥着一股发霉的味道，再加上人们的环保意识不强，垃圾更是随意堆放，地下排水设施建设不完善，每到下雨天空气中到处散发着难闻的味道。村改居后这一切都改变了，我们不仅住进了舒适的楼房，小区内的环境建设也令人满意，各项设施也很完善，之前种种不好的现象再也不存在了。"

客观而论，就住房而言，农民是城镇化的受益者，但目前的问题依然明显。一是流转市场混乱。尽管我国现行法律对农村住房及宅基地流转有着诸多限制，但随着市场经济的发展，特别是商品房市场的不断扩大和升温，农民逐步认识到土地的巨大价值，加之农村宅基地取得的无偿性和无期限性，以及大量农民向城镇转移导致农村闲置房屋的增加，农村住房及宅基地私下流转现象越来越普遍，而且相当一部分购买主体是城镇居民，这显然违反了国家有关规定。二是市场交易行为不规范。流转形式多种多样，有的农村居民将自有房屋出租，有的直接出卖住房，有的与城镇居民联合建房，等等。交易方式也五花八门，有的房屋以口头方式进行交易，有的采用书面形式进行。书面形式的格式也不尽相同。由于缺乏相应的管理机构和具体的管理制度，大部分农村房屋买卖都处于暗箱操作状态。三是房屋买卖纠纷增多。随着城市化进程的加快，农村房屋的价格也随之节节攀升，农村房屋买卖日趋活跃，引发的买卖纠纷案件数量也呈上升趋势。当初以较低价格卖掉的自有住房，因土地价格逐年上涨而产生巨大利益，农民在产生悔意后纷纷起诉到法院要求确认房屋买卖行为无效，于是这类纠纷案件剧增。究其原因，主要是国家的农村房屋管理制度不健全，流转限制不合理。四是土地和住房资源浪费严重。随着城镇化进程的加速，大量农民改变了世世代代务农的习惯迁居到城市，有的在城镇买了商品房，其在农村的房屋就闲置了下来；有的农民继承了父母的房屋，住宅面积增加而造成闲置；有的宅基地存在管理混乱，乱占乱建，超标准审批等问题，导致农民新建住房而不拆旧房造成闲置，进一步加重了土地资源和住房资源的浪费。

（3）治安环境建设有进一步推进的空间

村改居社区是由原来不同村庄的人聚集在一起形成的新社区。社区内良好的治安环境能为居民的财产安全和人身安全提供保障。给居民营造安全的生活环境，并形成安全治理体系是居民安全感得以产生的首要条件。

从调查结果来看，受访居民对村改居之后社区的治安建设满意率较高。其中富阳区、嘉兴市、江苏省三个地区的居民对村改居后社区治安环境建设的不满意率均低于5%，这说明政府对村改居社区的治安建设较为关注。在调查中发现，每个社区除了建立社区警务室用于维护社区治安、保护村民生活安全之外，还设有消防中心和报警点，在居住区主要道路上每120米设置一个室外消火栓，当发生紧急火灾时方便居民求生。有的社区充分发挥社区居民的作用，组织志愿者开展"巡村护村"活动，人人充当保卫社区安全的志愿者。白天组织老年人，放学后的由青少年承担参加巡村，晚上则由中年人来负责。针对一些治安状况不理想的社区，政府还以购买服务的方式，每月给予参加安全巡逻的成员一定的生活补助，政府的这种购买服务大大提高了居民参与志愿服务的热情和积极性。如余杭丁河村通过志愿服务队有效改善了村落的治安状况。该村平安志愿者队伍共

209 名成员，其中四支平安巡查小分队、六支消防检查小分队、一支督查小分队、一支应急小分队，各小分队做到了巡查中发现情况有报告、有措施、有整改、有结果，巡查中无新情况发生的，每小时整点在微信群报平安。

舒适的生态环境是人们健康生活的基础，但健康社会的环境建设并不仅限于此，更重要的是良好的社会秩序所营造的社会氛围，表现为社会的稳定性、有序性和和谐程度。杭州村镇社会环境营造主要从三方面构建良好的社会秩序：一是坚持基层民主自治、法治、德治、共治并行，形成部门依法指导、基层依法决策、组织依法运转、干部依法办事的法治新常态；二是强化市场监管，在镇街设立市场监管工作站，将人、财、物向基层倾斜，扎实开展"打非治违"专项行动，增强食品药品市场安全监管，多数达到安全生产三项指标"零增长"；三是扎实推进"平安浙江"建设，各区通过加强社会治安防控系统建设、组建平安巡防志愿者队伍、推进视频监控系统和出租房屋门禁系统建设，完善村镇社区治安体系。

治安问题是社会矛盾的外显表现。任何国家、任何社会、任何地方都不可能没有矛盾和冲突，差别在于解决矛盾和冲突的能力不同。凡是发达国家、成熟的市民社会，都形成了一种比较完善的利益协调和冲突化解机制，尽可能让大量的社会问题、社会矛盾、社会冲突在基层得以解决，从而增进社会的稳定与和谐。因为社会是人类生活的共同体，社会系统即社会各要素通过相互作用形成的较稳定、有组织且互相联系的复杂整体。社会秩序即社会正常活动的状态，既表现为社会结构的相对稳定，又表现为各种社会规范正常运转。安全即社会秩序有序，社会秩序的背后是利益关系的较量。对于利益的不同形式，如个人利益、团体利益与公共利益，政治利益、经济利益、文化利益与环境利益，近期利益、远期利益和长远利益（包括后代利益）等，社会并没有一个统一的衡量尺度，与此同时，某种现行秩序是否应该改进或能否创造出全新的秩序又与不同社会群体的利益选择和价值追求有关。因而，所有社会都存在冲突，不能强求不同个人和群体在利益和损失之间做出同样的选择，也不能要求他们在具体问题上有完全一致的认识论和价值观，关键是如何在利益追求上寻找到共同点，在认识方向上大体一致，从而在行动上协同整合，最终形成能为大多数人所接受的社会秩序。农村社区的治安问题如果仅仅依靠行政管理，固然能

势，这是很多中西部村改居建设值得借鉴之处。

案例 2：大庄村村容整治

大庄村是浙江省台州市仙居县埠头镇的一个村庄，位于诸永高速埠头出口旁，毗连小屋基村。2009 年之前，它是一个破烂不堪的小村庄，房屋破旧，道路泥泞，污水横流，人居环境极差，严重影响了广大村民的生产生活；2009 年之后，开始了新农村建设，以"美丽乡村"建设为抓手，改善村民居住环境为目标；2013 年经合并以后三个自然村合为一个行政村，2014 年开始了重建。"美丽乡村"建设开始后，进行了很多的房屋改造建设。新建住房 150 间，其中建成别墅 72 幢，实现了道路、排污、管线、绿化、亮化全方面地改造，大庄村已经成为九都港美丽乡村精品线上的一道靓丽的风景。大庄的美丽早有耳闻，去到大庄才真切地体会到它的美。蓝天白云，小桥流水人家，如此的大庄我怎能不为之着迷。大庄的美不仅仅因为它如水墨画般的美景，更因为它在如此美景中那正在建设的美丽乡村建筑。现代化建筑与青山秀水结合得天衣无缝，让人赞叹不已。在大庄的这些日子里，我的眼里尽是青山秀水、蓝天白云，绿树成荫的村公园里有孩子玩闹，整齐统一的小洋房鳞次栉比。这个村子有着和城市不一样的自然风貌，干净整洁，贯穿村子的小河流清澈见底，家家有庭院，路旁还有随处可见宣传 G20 的标语。我很好奇：都说农村资源不丰富，为什么大庄建设得如此美丽？终于，在与村党委书记的谈话中和设立在村口的宣传栏上，我了解到村子在党委政府的指导下建设的一些美丽故事。十年前的大庄，也是房屋破旧，道路泥泞，污水横流，人居环境极差，严重影响了广大村民的生产生活。大庄村党支部团结带领村"两委"班子抢抓机遇，以"美丽乡村"建设为抓手，以改善村民居住环境为目标，按照"村容美丽、村民富裕、村庄和谐"的要求，听取多方意见，形成科学的新村规划。在建设过程中，村党支部充分调动党员的积极性和主动性，大家心往一处想、劲儿往一处使，党员干部带头拆、自行拆、协助拆，带动了"美丽乡村"建设的顺利开展。村"两委"干部一班人，跑资金、找项目，加大建设美丽乡村的力度。

在村容整治的过程中，党和政府起着主导性作用，这有利于把各项政策措施普惠到农村基层，有利于带动社会各阶层参与新农村社区建设，有利于整合资源，统筹城乡发展，有利于公共服务向农村社区延伸，让广大农民共享经济发展成果，加快城乡一体化建设步伐，增强村民的获得感。

（5）公共服务环境建设成就显著

长三角区域是中国的经济发展区域，为了基层社会的可持续发展，整个区域探索出了在生产、生活、生态之间建立最佳平衡点的有效路径，即在规划布局、要素配置、产业发展、公共服务、生态保护等方面实现城乡相互融合和发展，为城乡居民融合提供了一个很好的平台。在实现富裕的同时十分重视发展社区商业服务，完善社区服务网络，积极培育商贸示范企业，鼓励社区商贸企业运用连锁经营等方式在社区设立超市、便利店、"菜篮子"专营店、家政服务站等各类便民服务店。合理规划建设了文化、体育、商业、物流等自助服务设施，在大型住宅区、新建社区等探索建立社区商业中心，加大财政、规划、用地等支持力度，鼓励和引导各类市场主体参与社区服务业。积极开展以生产互助、养老互助、救济互助等为主要形式的互助活动，方便居民生产生活。特别是浙江省提出的"好山好水好人家，好邻好居好生活"建设核心和理念正在推动区域基层社区治理的创新发展和城乡统筹发展。

通过对所调研居民前后公共服务变化的对比分析可知，居民普遍认为村改居后公共服务的质量变好了。公共服务质量的提升主要包括以下几个方面。

社会保障方面。各省市提出进一步完善城乡居民养老保险制度，缩小城乡养老保险待遇差距。完善以被征地农民为重点保障对象的多层次养老保险体系，实现各类养老保险制度之间的转移接续，实现养老保险的全覆盖。在医疗保险方面，完善统一的城乡居民基本医疗保险制度和大病保险制度。扎实推进全民医保，稳步提高基本医疗保险补助标准和待遇水平，缩小居民医保和职工医保待遇差距。在最低生活保障方面，完善城乡居民最低生活保障制度，确保低保金的保障标准随物价变动而不断调整，建立较为完善的覆盖城乡低收入家庭的社会救助体系。在社会福利方面，不断提高企业职工、城乡居民的福利待遇，对一些高龄的老年人，社区内的工作者在节假日或者特殊节日给予他们物质上的帮助和精神上的慰问。

李女士，68岁，现在是一名退休工人，家住嘉兴市海盐县。海盐县是实行村改居建设较早的城镇之一，到现在已有几十年的发展历史了，这几十年海盐县的变化她是非常清楚的。

撤村建居带来的不仅是周边环境变美，人们居住的条件和各种设施也不断完善，其中最让她感到欣慰的是社会保障制度也在不断完善。养老待遇不断提高，2015年海盐县再次调整城乡居民最低生活保障标准，自2015年12月1日起，最低生活保障标准从每人每月588元调整为每人每月664元。城镇职工的养老待遇和城乡居民的待遇差距不断缩小。医疗保险城乡待遇差距进一步缩小，实现了城乡居民、城镇职工医疗保险制度间的衔接。建立统一的大病医疗保险制度，将参加居民医保和职工医保的参保人员统一纳入大病保险制度中，基本医疗保险补助标准和待遇水平不断提升。

2011年杭州市出台全国首个地方标准规范《农村社区公共服务规范》，标准化和规范化了村镇社区社会保障、公共设施建设、文卫教育、法律法规等公共服务的供给。目前，杭州各区块社会保障基本实现"城乡无差别化"，如余杭区农村居民基本养老保险参保率、基本医疗保险参保率分别达到了96.55%和99.28%。就业服务体系、公共安全体系、公共法律服务体系、农民素质教育机制实现了区、镇街、城乡社区三级网络覆盖。且在余杭区、萧山区等多地，每年都会开展村镇社区公共服务第三方测评，以保障服务供给的有效性和准确性，使服务真正落实到居民。社会救助方面，杭州创新发展出"兜底线、织密网、建机制"的模式和统筹城乡社会救助体系。以完善最低生活保障为基础，努力织密社会救助安全网，精细化社会救助工程。在政策体系构建上，一是进行低保标准调整机制改革，依据不同地区的实际情况调整最低生活保障标准：杭州主城区和萧山区、余杭区、富阳区调整为每人每月917元，临安区调整为780元，桐庐县、淳安县、建德市调整为734元。建立最低生活保障边缘家庭定期生活补助制度，主城区和萧山区、余杭区、富阳区发放74元定期生活补助。二是优化社会救助家庭认定体系，更细化标准分类，将"低保"、"支出型"、"残保"、"低边"和"低收入"等五类社会救助困难群体统一纳入认定范围，实现一次申请分类认定。同时简化操作流程，使认定过程更加便民惠民。三是出台杭州市临时救助办法，将困难发生在本市的户籍人口、流动人口和外籍人员纳入临时救助对象的范畴，对因医疗费用负担过重导致的基本生活出现严重困难的家庭给予二次医疗救助①。

住房保障方面。目前我国已建立起完善的住房保障体系，包括适合高收入群体所需的商品房、中等收入者所需的经济适用房、低收入群体所需的廉租住房或公共租赁住房等住房保障制度。为使广大低收入者都能住得起房子，各级政府不断提高住房保障标准，扩大保障范围；创新住房保障模式，完善住房保障管理机制。为改善农民的住房条件，提高村民的住房质量，政府加快对农村危旧房屋的改造步伐，积极推进农民自愿放弃宅基地置换成城镇住房的改革试点工作，强化对农村新社区进行管理的长效机制。如海盐县政府在《海盐县住房保障基本公共服务均等化改革试点工作实施方案》中指出，要以实现城乡、区域和群体间住房保障基本公共服务均等化为目标，逐步实现城乡统筹，保障群体扩大到城镇中低收入住房困难家庭、新就业无房职工和稳定就业的外来务工人员、农村危房家庭及农村转移人口家庭等，并指出到 2017 年底的目标是，全县城镇住房保障覆盖面在 25% 以上，城镇住房保障体系基本完成，上报的集中成片的棚户区改造基本完成，城镇中、低收入住房困难家庭，新就业无房职工和符合条件的外来务工人员的公共租赁住房保障需求得到基本满足②。

王先生，46 岁，初中毕业。他说："我没什么文化，现在一家食品加工厂当包装工人，每月的工资在 3000 元左右，我妻子在家附近的一家超市当服务员，每月的工资在 2000 元左右，加上家里有一位体弱多病的老母亲和两个还在读书的孩子，我和妻子每月的工资刚够家里的花销，几乎没有结余。2012 年我们村恰逢政府撤村建居工程，我们的老房子被拆掉了，政府承诺会给我们一部分赔偿金，如果我们想用

① 赵定东：《杭州市健康社会建设：成就、问题与未来策略》（内部研究报告），2017。
② 公共服务政策研究组：《海盐县"撤村建居"基本公共服务调研报告》（内部稿），2017。

旧的宅基地置换新房子还需要自己再拿出一部分钱。由于我的工作具有不稳定性，银行贷款几乎贷不出多少钱，住房问题成了生活上的一大难题。当地政府在了解了我家的实际情况以后，说我家可以享受到政府部门提供的住房津贴，在政府工作人员的帮助下，我家如愿住上了经济适用房，我对现在的住房设施和住房条件非常满意，政府实施的住房政策真正保障了我们这些低收入者的权利。"

就业服务方面。俗话说"授人以鱼不如授人以渔"，在村改居建设的过程中大量的农民失去了土地，对农民来说失去土地就等于失去了生活来源，虽然农民可以从政府那里得到补偿金，但如果不合理使用补偿金也可能会因地致贫。如何提高失地农民的技能、如何促进农民向职业农民的转换已成为解决失地农民问题的重要路径。针对撤村建居的失地农民，政府部门通过整合各方资源，积极探索对新一代农民进行职业培训的新路径、新模式。地方政府和企业联合开展就业培训项目，通过对失地农民进行"车间化"培训，使农民经过一定的培训期后，可以掌握一门技术，同时提高自己的职业素养，成为优秀的技术人才。如嘉兴平湖市至 2015 年共培训各类农民 28758 人，其中农村"两创"实用人才培训 3754 人，农业专业技能培训 6705 人，农民转移就业技能培训 4368 人，务工农民岗位技能培训 4370 人，双证制培训 1717 人，其他普及性培训 7302 人，培训"五个一批"新农村建设人才 595 人，新增实用人才 2427 人[1]。

尽管公共服务设施建设已取得显著成效但仍存在问题，有待进一步加强，需要以完善社区公共服务网络为重点，提升社区公共服务水平。一是设立社区公共服务代办点。依托社区网格化管理工作站，在每个社区成立公共服务代办点，由社区网格员负责开展低保、计生、失业、老龄等民生服务事项的受托代办服务，以增加社区公共服务点位，延伸基层公共服务网络，有效解决政府服务群众的"最后一公里"问题。二是加快基层公共服务体系建设步伐，提供贴心化的优质服务。巧借当前基层"四个平台一张网"建设和村（社区）行政服务中心建设东风，加快完善公共服务体系

---

① 平湖市农培办：《注重特色　因需施教　不断提升农民培训实效——平湖市农民素质培训的探索与经验》，《嘉兴新农村》2015 年第 4 期。

建设，推进公共服务进村入户，努力实现基层公共服务的全覆盖，基层民政部门积极与行政服务中心加强沟通合作，培养和派遣一批精通全流程审批程序的专职人员受理群众企业的疑难问题，主动为群众就近提供人性化、精准化、贴心化服务。三是提升信息化水平。引入专业技术力量，开发基层公共服务业务办理系统，探索建立基层政务服务跨街道通办机制，逐步实现居民凭身份证可在某个区内任一个街道公共服务站"一站受理，全区通办"。四是广泛开展志愿服务，提高自助互助服务的参与率。依托社区社会组织，构建社区"两委"牵头、共产党员带头、驻区单位和居民广泛参与的社区志愿服务新格局，不断扩充社区志愿者队伍。推行以社区志愿者注册登记制度以及记载志愿服务时长和服务质量为主要内容的社区志愿服务记录制度，并以志愿服务积分兑换、优秀志愿者评选等方式落实激励表彰机制，鼓励、支持驻区单位和居民以社区困难群体为对象开展社会捐赠、邻里互助等自助互助服务。

（6）生态环境建设居民获得感最强

习近平总书记在十九大报告中提到，建设生态文明是中华民族永续发展的千年大计，我们应该像对待生命一样对待生态环境；我们要牢固树立社会主义生态文明观，推进形成人与自然和谐发展的现代化建设新格局，贯彻创新、协调、绿色、开放、共享的发展理念，为把我国建设成为富强民主文明和谐美丽的社会主义现代化强国而奋斗。生态文明建设是一场涉及生产方式、生活方式和价值观念的革命，关系人民福祉、民族未来[1]。生态环境治理是美丽乡村建设的重中之重。

根据已经掌握的资料，在撤村建居之前，各地都认真整合各方资源，整体布局，合理规划，示范引领，坚持以"改变生产方式、提高生活质量、实现生态景观"为载体，通过对村庄环境的绿化与整治，让村庄美起来。在村改居的整建过程中牢固树立"绿水青山就是金山银山"的发展理念，大力实施城镇绿化建设。其中嘉兴地区的居民对村改居后环境绿化的满意度最高，这是因为嘉兴地区大力推行"万亩城市森林、万亩绿色长廊、万亩村镇绿化、万亩绿化改造"，连线成片、织绿成网，构建城乡一

---

[1] 邓羽、孙超：《生态文明建设须树立底线思维》，《人民日报》2017 年 10 月 20 日。

体、四季常绿、春秋增色的绿化格局。① 富阳地区的居民满意度略低一些，这主要是由于当地政府对社区绿化资金的投入不足，居民对社区环境绿化意识不强。

在城镇化的进程中，生态环境遭到破坏，居民生产垃圾的总量逐年增加。垃圾分类、垃圾回收是解决城市垃圾围城问题、保护生态环境的重要途径。从调查结果来看，大多数村改居居民认为社区垃圾倾倒、存放现状对其正常的生产生活产生了不同程度的影响。其中温州地区高达94%的居民认为垃圾倾倒、存放现状影响了其正常的生产生活，这间接地反映出居民的环境意识逐渐增强，居民对社区环境建设提出了更高的要求。

三　社区软环境建设的政府理念与居民需求

如前所述，本研究将环境分为硬环境和软环境两类。硬环境是指环境建设的硬件方面，主要是自然地理条件、基础设施建设等物质条件。软环境是指环境建设的软件方面，包括政治、经济、法律、社会文化心理、社会服务等环境。硬环境保障力主要包括生活污水的处理、交通设施、环境绿化设施、医疗卫生、公共卫生设施、社会保障等，软环境保障力主要包括文化传承、公民满意程度、邻里关系、社区安全等。对于硬环境，前文做了较为详细的分析，一般而言，硬环境的建设可以在短期内完成，但软环境的建设需要许多制度安排，即需要持续的"内力"才能达到目标。

1. 城乡一体新社区建设：村改居软环境的重要实践

虽然在本书的第二章已经详细分析过嘉兴市的城乡一体新社区建设的主要背景和实施过程，但那部分主要是从新居民的角度来分析生活方式转型问题，本部分试图从政府的角度分析城乡一体新社区建设的理念。

依据嘉兴市政府对于城乡一体新社区建设定位和统筹城乡发展目标，嘉兴市城乡一体新社区的发展趋势和目标被确定为：建设生活便利舒适型宜居社区、现代化网络型田园社区、江南水乡文化型文明社区、绿色整洁生态型低碳社区和管理有序自治型民主社区。

---

① 平湖市农办：《平湖市加快城乡一体化、推进城乡融合发展的路径选择》（内部研究报告），2016。

生活便利舒适型宜居社区，即城乡一体新社区规划应从居民的共同利益出发，加强水、电、路、广电、通信、垃圾污水处理等基础设施建设，配备医疗卫生、保安警务、文化体育、社区教育、科普活动等公共服务设施，较好地满足社区群众日益增长的物质和精神文化需求，使社区居民出行快捷、生活便利，基本形成环境优美、文明和谐、安全稳定、居住舒适的宜居环境。

现代化网络型田园社区，即嘉兴市加快现代化网络型大城市建设，建立"1640300"城乡布局体系。加强城乡统筹，抓住城乡布局的历史机遇，推进城乡一体新社区建设，拆迁集中居住社区、城中村社区和城郊村社区的建设要突出"现代化"的发展理念，构建"网络型"发展框架，形成"田园式"发展特色。以电网、气网等为重点，形成安全可靠、清洁、节约、高效的能源保障网络；以城乡一体化供水、污水综合处理等为重点，形成水资源综合利用网络；以电信网、广播电视网、互联网等为基础，形成信息网。最终形成城乡区域相对均衡发展、城市与农村良性互动的发展新格局，人与自然协调发展的现代化网络型田园社区。

江南水乡文化型文明社区，即城乡一体新社区要倡导文明和谐的理念，培养农村居民讲文明、讲礼貌理念，养成良好的卫生习惯、健康的生活方式；依托嘉兴市独特的江南水乡自然禀赋和"越韵吴风"文化特质，坚持"文化特色"，形成社区浓厚的学习氛围、丰富的文化生活；打造安居乐业、家庭和睦幸福、人际关系和谐的文明社区。

绿色整洁生态型低碳社区，即城乡统筹新社区的建设应以生态建设为契机，以环境生态化改造为重点，社区能源利用合理，粪便、垃圾、污水得到无害化处理，社区绿树成荫，鲜花飘香，环境整洁，营造舒适优美的生态环境。大力发展生态文化，积极倡导生态文明理念，提高居民的生态文明意识和素养，推行绿色消费和低碳生活方式，积极构建文明健康的生态文化体系，实现人与自然的和谐发展。

管理有序自治型民主社区，即建立健全社区组织体系和领导体制，探索建立以社区党组织为领导核心、政府为主导、居民自治为基础、社区居民广泛参与、各类社区组织分工合作的社区民主治理机制；不断完善居民自治机制，保证民主选举、民主决策、民主管理、民主监督制度有效实行，不断推进社区居民自治制度化、规范化和程序化。进一步理顺社区内各组织之间的关系，实现政府行政职能、居民自治功能和社会组织服务功能互补、互联、互动，发挥整体功能，形成有效的利益协调机制。

从中可以看出，与前文分析的杭州"田园社区"不同，城乡一体新社区主要立足于内部改造，在整体设计上偏重于社区软环境打造。

从嘉兴市几年来的实践来看，其特点主要体现为以下几点。

其一，理念清晰，以制度的供给来发挥政策导向作用。近年来，嘉兴市按照"政府可承受、百姓可接受、发展可持续"的原则，制定出台了《关于推进农村社区建设的意见》《关于推进农房改造集聚 加快现代新市镇和城乡一体新社区建设的意见》等一系列政策文件，初步构建既切合实际又具操作性的政策体系。根据实际发展的需要，又逐步出台了涉及农业发展、集体资产产权制度改革、新社区管理体制改革、跨区域集聚、农民增收以及完善新市镇建设等一系列配套文件，为城乡一体新社区建设的进一步深入夯实政策基础。通过出台一系列政策措施，创新各项制度，充分发挥政策的导向作用。鼓励农户联户成片搬迁集聚。以海宁为例，该地制定出台了"一提高二优先"配套政策，在原有基础上，对连户成片规模搬迁的农户，提高奖励补助标准，优先受理农房安置申请，优先提供土地流转服务。通过激励政策，调动了农民的积极性，有效地推动了农户连户成片进行搬迁集聚。引导农民向主副中心城市集聚。平湖市在完善原有本村、跨村集聚模式的基础上，研究探索跨镇集聚模式，以三港新城为载体，鼓励农民向中心城区集聚［只要在平湖市拥有合法农村住房、自愿永久放弃农村全部宅基地、宅基地符合复垦条件的，都可以以户（宅）为单位提出申请］，初步形成了农房向中心城区、镇区和"X"点集聚的三级梯度集聚体系。

其二，因地制宜，突出特色，形式多样。嘉兴市在城乡一体新社区建设政策制定中，充分考虑农民集聚需求的多样化，设身处地地为农民着想，政策灵活、创新举措，既保障了农民的切身利益，也激发了农民参与的积极性、主动性。如秀洲区因地制宜，创新实践，积极谋划推进"跨镇集聚""生产生活分离""出租自住分离""一房两评估"等试点工作，加快推进城乡一体新社区建设。王店镇结合周边企业员工对单身公寓的需求，计划在拟新建的农户安置房中推出400套产权式单身公寓房，方便农户今后把这些四五十平方米的公寓租售给企业员工。王江泾镇在"两新"

工程建设的同时积极建设家庭纺织工业,拟建家庭纺织工业集聚区,兼顾农民的生活、生产和生态。在建设和置换上,按照"功能区块清晰、人口集聚适度、服务半径合理、功能配套齐全"的要求,因地制宜,充分考虑各个点的经济社会发展、自然环境、传统习俗、历史文化等实际情况,注重地方特色,不搞"一刀切",不千篇一律、千村一面,努力实现人口集聚、村落减少、功能配套、生产发展、文化传承、生态美好。在置换住房上,出台激励政策,鼓励农户选择公寓房和联排房安置,同时尊重农民意愿,推出公寓、联排、单体,大、中、小等不同的住房选择,让农民根据自身情况和需求进行自主选择。

其三,建立和完善居民自治,开创社区民主管理新局面。基于城乡一体新社区的特殊性,嘉兴市委、市政府出台了《关于加强城乡一体新社区建设管理服务的意见(试行)》,明确提出:"针对城镇化进程中过渡期内城乡一体新社区的双重属性和社区居民的双重身份,建立健全相关组织和制度,实施社区党组织、居委会和村党组织、村委会对社区党员、居民的'双重'管理和服务。"该文件打开了城乡一体新社区管理服务建设的新局面。如嘉善县姚庄镇率先探索,给其他地区的实践提供了很好的借鉴。姚庄镇桃源新邨社区抓住城乡一体新社区表现形态的双重性、社区本质的过渡性、内部关系的复杂性、常态管理的艰巨性、发展态势的创新性的实际,按照"生活原则上由社区管、生产原则上由村里管""权利两地共享、义务两地共担"的原则,实行"双重"管理和服务。通过强配人员,建立社区党总支、管委会、党员议事会、居民议事会、志愿者队伍、社区事务联席会议等,健全组织领导机制;整合各项居民服务事项,设立社区"一站式"便民服务大厅,完善全程服务机制;加强活动中心建设管理和文化队伍建设,创建共享自治机制;采取社区居民缴纳一点,向村集体收取一点,多余公建配套用房出租增收一点,政府财政补助一点,社会各界资助一点"五个一点"的办法来筹措社区管理资金,加大社区持续建设投入,健全完善多元投入机制;初步构建起"政府主导+社区自治"的城乡一体新社区管理模式。

其四,健全完善服务体系,切实解决农民后顾之忧。嘉兴市的城乡一体新社区的实践不是简单的拆旧房建新房,不是单纯的腾地方挪位置,而是先行规划,推进优化土地使用制度改革,同时跟进土地流转服务、就业培训服务和保障体系建设，搭建服务平台，切实解决农民的后顾之忧。

第一，构建土地流转服务组织网络。在城乡一体新社区的实践中，最重要的一个方面就是新社区居民的就业增收问题。创新农民增收渠道，保障农民持续稳定增收，嘉兴市从土地入手，通过"两分两换"，不断优化土地使用制度，实现了土地效益的增值，增强了土地的保障功能，同时通过就业培训与服务，实现农民生产方式的转变，拓宽农民增收的渠道。近年来，嘉兴市为加快推进农村土地承包经营权流转，加强对土地流转的管理和服务，建立起土地流转中介服务组织，搭建一个土地流转双方联系的平台，提供土地流转信息、政策咨询，开展土地流转委托、中介介绍、流转登记、流转储备、签订合同等服务。建立土地流转信息公开机制，构建土地流转信息网络，及时发布土地流转信息，提高土地流转的透明度，在各行政村设立服务站，并明确安排专门的人员负责，积极推进农村土地承包经营权市场化流转。同时，建立健全土地流转的价格机制、运行机制、补偿机制和纠纷调解仲裁机制，形成公开、公平、公正的农村土地承包经营权流转市场。2009年，海盐县率先成立了全省首家县级农村土地流转和产权交易服务中心，又相继建立了8家镇级土地流转服务平台和94个村级农村土地流转服务站，构建了县、镇、村三级土地流转服务组织网络。目前，县（市、区）已全部建立服务中心，62个镇（街道）、809个村已建立服务组织，占应建数的100%。经过流转服务组织已签订的土地流转面积为3.2万亩，全市新增土地流转面积已达到11.36万亩。

第二，健全就业创业服务体系。一是完善就业政策和服务体系，有力推进农民实现职业转换和社会角色转型，加速传统农民市民化。嘉兴市立足城乡一体新社区建设的实际，制定出台《关于进一步做好促进城乡就业工作的实施意见》，建立和完善了覆盖城乡的人力资源市场体系，城乡和本外地劳动者平等就业机制已经建立，城乡统一的就业体制更加完善。按照"政策制度城乡统一，公共服务城乡一体，就业机会城乡均等"的思路，突破就业政策享受对象户籍和城乡界限，将农村居民纳入政策享受范围，实现城乡失业人员享受同等政策扶持。积极开发公益性岗位，用于安置就业困难人员和农村低保家庭就业。二是健全创业服务体系，基本形成创业培训、项目开发、专家指导、小额担保贷款、税费减免等"一条龙"式的创业服务体系。就业创业服务组已经进入了村级社区，实现了就业创业信息服务的网络化。

第三,优化金融支农服务体系。一是加大政策支持力度。嘉兴市积极创新金融服务来支持"三农"政策,制定出台《关于推进金融支持统筹城乡发展的指导意见》等一系列支持农村经济"保增促调"的政策措施,有效营造了金融支农的政策环境。二是创新创优金融支农产品。大力发展农村小额信贷和适合"三农"特点的微型金融服务,海盐县在全省率先试点"农钻通"农村流转土地经营权抵押贷款业务,平湖市、嘉善县也相继推出了该类抵押贷款,有效激活了土地的资产属性。率先试点"农民建房配套贷款",全市参加"两分两换"的农民建房配套贷款余额526万元;创新开展农村住房置换担保贷款工作,巾帼创业贷款、农村党员贷款等传统优势金融产品深入推广,努力扩大农户可抵押担保范围。三是优化金融支农组织体系。以试点农村地区小额信贷组织为落脚点,在全省率先开展小额贷款公司试点工作。从小额贷款公司机构数量来看,目前浙江省已先后成立11家小额贷款公司。

第四,健全农民社会保障体系。按照"公共财政向农村倾斜、社会保障向农村覆盖"的要求,结合"两分两换"和户籍制度改革,率先建立了被征地农民养老基本生活保障制度,对被征地农民实行养老基本生活保障和社会保险相结合的办法,实现了"即征即保、应保尽保"。制定出台了《嘉兴市城乡居民社会养老保险暂行办法》,实施城乡居民社会养老保险制度。嘉兴市多层次、广覆盖、保基本、可衔接的城乡居民社会养老保险体系已基本确立;建立和完善了多层次的城乡医疗保障体系,全市目前已形成职工基本医疗保险制度和城乡居民合作医疗保险制度两大体系。

其五,以城镇服务体系为依托做好对接,推进城乡公共服务均等化。通过建设城乡一体新社区,实施一系列的配套改革,带来了农村居民生活居住方式上的变革,在根治农村脏、乱、差现象上取得了较好的成效,有效改善了农村的居住环境,硬件设施逐步完善。但是,公共服务体系的不均衡现象依然存在。从2009年开始,嘉兴市把新市镇和城乡一体新社区建设结合起来,在服务体系的构建上,利用好新市镇的"桥梁"和辐射带动作用,加快推进城乡基础设施网络化和公共服务均等化。

配强"硬件",努力实现城乡基础设施网络化。嘉兴市依托城市和新市镇现有的基础设施,充分利用城乡居民点的布局优势,科学配置城乡资源要素，统筹配套城乡基础设施，提高路、水、电、信息、通信、文化娱乐休闲、物资供应、垃圾收集处理和生活污水管网等建设水平，提升区域基础设施共享水平。根据城乡一体新社区人口规模、区域位置、周边产业特色，城乡一体统筹规划基础设施布局，合理建设城乡一体新社区生产、生活服务机构、设施和平台，形成都市化、现代化的城乡一体新社区服务中心，使新社区居民能共享现代文明成果。

完善"软件"，着力提高城乡公共服务均等化水平。嘉兴市按照"结构合理、发展均衡、网络健全、运行有效、惠及全民"的原则，积极调整财政支出结构，将更多财政资金投向公共服务领域，尤其向民生倾斜，向农村倾斜；实现公共服务以城镇为中心，向农村延伸，向城乡一体新社区集中，城乡公共服务均等化水平整体提高。文化发展方面，公共图书馆乡镇分馆建设嘉兴模式得到广泛认同，已先后建成开放图书馆乡镇分馆30个，其中市本级基本实现全覆盖。坚持政府推动、市场运作、群众受益的原则，建成农村新华书店小连锁网点41家，"农村小连锁"工程在嘉兴市五县（市）两区实现全覆盖，构建起一个城乡协调、功能完备、和谐有序、纯净健康的农村出版物发行体系。教育优质均衡纵深推进，强化市域统筹下的"以县为主"管理体制，加大县级政府对教育经费的统筹管理力度和保障力度，明确镇级政府对辖区内学校的教育管理职责。创新就医服务机制，将全市所有社区卫生服务机构确定为合作医疗保险定点医疗机构，增强社区卫生服务机构的服务能力，逐步形成"小病进社区，大病进医院"的就医服务新机制。

但也要指出，嘉兴市的城乡一体新社区尚处于起步阶段，目前存在组织结构单一、服务效果不明显、社会保障不完善、农民自治理念缺乏等问题。在社区管理体制单一方面体现为社区党组织、管委会与居委会的职能、定位不同，目前由党组织这一套班子来管理，再加上民间组织的严重缺乏，容易出现政府的越位和缺位以及社区自治功能的淡化等问题。在这个意义上，政府的合理定位，自治组织作用的真正发挥，监督效力的有效发挥，是事关社区和谐稳定的重要方面。就业扶持政策效果不明显。首先，由于农民本身文化素质、思想观念等原因，其就业难度比较大；其次，农户资产萎缩，比如家庭资产的消逝，让农民失去了一条重要的增收途径；最后，相对于外来劳动力，用人单位聘用本地农民要负担更高的人力成本。

以上种种原因增加了农民转移就业的难度。社会保障体系不完善。"两分两换"中的"土地承包经营权置换社会保障"受到社会的质疑,即便在嘉兴市也是"置换土地承包经营权增加社会保障"。可见,社会保障体系仍须继续完善。农民自治理念缺乏。现在社区的建设理念之一是发展基层民主,但是农民的自治理念缺乏仍是制约基层民主发展的一个重大因素。

2. 居民的环境感受与需求

(1)人文环境建设——邻里关系满意度高

人文环境建设是村改居环境建设的一个重要组成部分,村改居后邻里之间建立起的互敬互爱的邻里关系是衡量人文环境建设的重要方向性指标。"睦邻友好"长期以来都是中华民族的优良传统,唐代诗人于鹄的诗"僻巷邻家少,茅檐喜并居。蒸梨常共灶,浇薤亦同渠"生动形象地表达了邻里之间睦邻友好的关系。建设社区良好的邻里关系有利于营造互帮互助的和谐氛围,为居民创造一个温馨的生活环境。

从调查结果来看,大多数居民对村改居后的社区邻里关系建设较满意。通过对不满意率分析可知,五个地区的居民对社区邻里关系的不满意率均在5%以下,其中嘉兴地区的不满意率最低,仅为1.7%。在村改居建设的过程中,各级政府本着"以民为本,对民负责"的原则,实现了从"维护社会稳定"到"打造优质服务,满足公众需求"目标的转变。建设和谐社区就是为了提高人的素质,使人际关系得到升华。在构建社会主义和谐社区的进程中,我们可以通过加强伦理道德建设,实现人与人之间的互帮互助。从人际方面来看,家庭仍然是社会的细胞,是社会凝聚力量的源泉。但随着物质财富的增加,人际关系呈现冷漠化的趋势,因此,我们依然需要一种伦理道德的力量来维系我们的社会,因为一个完善的社会是以伦理道德价值为中心,向全社会辐射的最具吸引力的一个价值体系的载体。除了加强伦理道德建设,和谐社区的建设还要充分发挥党组织的作用,组织社区内的党员成立邻里互助小组,在一些重要节日邻里互助小组会动员大家参加社区组织的一些活动,例如厨艺大赛、书法比赛、歌唱比赛等。在新社区内,大家相互帮助,尤其是对社区内子女不在身边的老人,社区工作者在节假日时会给老人送去慰问,社区内的孩子们也会在周末去陪老人聊天。

村改居社区为居民营造了家的感觉,人人都是社区的主人,人人享有社区公共资源。社区内人人互帮互助，共建和谐大家庭。

村民普遍认为村改居后邻里之间需要互帮互助。长三角地区经济较发达，物质财富丰富，为了进一步丰富人们的精神财富，拉近人与人之间的关系，各级领导人都重视村改居社区的人文关系建设。为增进居民之间的感情，各社区会组织居民参加一些活动。如兰荫社区组织开展的"共享亲人"活动。这项活动目的是把社区中没有血缘关系的不同代际的居民结合在一起。这些居民虽然没有血缘关系，但是能像亲人般亲密，在这样的关系下，双方能够相互受益，成为彼此生活中的补充。兰荫社区的共享亲人活动首先通过"周末亲人"开展，通过将社区青少年和需要帮助的老年人结对，将一个或几个青少年与社区的一户老人联系在一起。青少年可利用周末和放学后的闲暇时间，作为服务提供者进入结对老人的家中，陪伴老人说话聊天，与老人建立亲人般的关系。也可根据实际情况提供一些诸如打扫卫生、买菜做饭等力所能及的帮助。青少年在与老人的交流中可以获得长者的知识和经验，丰富自身阅历；同时年轻人也可将自己擅长的现代电子产品的使用方法教给老人，达到互助学习的目的。

调查显示，村改居后人们的住房、交通、治安、绿化、基础设施等方面都有了很大的改善，但仍有相当比例的村民认为村改居后的生活环境没有之前的生活环境好，他们宁愿选择原来的乡村田园生活，也不愿住进改迁后的社区公寓。其中最主要的原因是村改居在建设的过程中没有做好文化的传承工作，居民乡土情结浓厚。

通过对浙江富阳、嘉兴、温州三个地区的数据分析可知，富阳地区有35.7%的居民认为农村的生活环境好，而只有19.5%的居民认为社区的生活环境好，认为农村生活环境好的居民的占比远高于认为社区环境好的居民的占比；嘉兴地区有36.8%的居民认为农村的生活环境好，30.6%的居民认为社区环境好，但认为农村生活环境好的居民所占的比例高一些；温州地区有近26%的居民认为农村的生活环境好。以上数据表明人们有浓浓的乡愁。

邻里关系建设问题是社区环境问题，更是乡风文明建设问题。对此，笔者曾指出，中国是乡村大国，乡风文明是中华民族国民性的重要体现①。

①　赵定东：《乡风文明建设的关键在于乡土性社区精神共同体的培育》，《杭州》2017年第6期。

从历史的长时段来看，乡风文明表现为乡村熟人社会中以家训村规为主要内容的宗族、宗法制度下的道德内化和道德他律，如提倡尊老爱幼、邻里和睦、遵纪守法、遵守社会公德等良好乡风民俗，以社会公德来制约个人行为。因此传统的乡风是"在域共同体"社区链接的核心。但在当代，之所以重新提出乡风文明建设，主要是因为当前绝大多数乡村人力和经济资本外流性增加，建设合力弱化，部分优良传统逐渐淡化，这削弱了农村社会发展的精神动力，不利于农村社会的和谐发展。特别是道德自律的载体缺失和道德他律的精神纽带断裂，导致乡土性社区精神共同体的空位。于此而言，乡土性社区精神共同体的培育成为重建乡风文明的关键。

协调邻里关系历来就是基层治理的主要着手点。随着城镇化和市场化的纵深推进，城市规模不断扩大，人员流动日趋加速。社区内居民的亲缘、地缘、业缘纽带被逐步瓦解，致使居民间的组织方式变得松散、邻里关系趋于淡漠、社区归属感逐渐消失，社区作为生活共同体的本源属性遭受重创。为了使社区作为生活共同体的自治本源得以归位，重塑社区自治与服务的非政府组织与志愿者团队成为居民之间制造联系纽带的重要组织渠道。社区治理必须回归到社区共同体的整体性建设上来，具体包括社区公共利益、社区团结感、社区归属感、社区认同感等公共性的培养。

重建社区生活共同体成为基层社会治理的一个重要出发点。绍兴市越秀区将周礼的"五家为邻、五邻为里，远亲不如近邻"的邻里感情理念引入，从地缘联系着手，以"互联、互助、共建、共享"为宗旨，搭建社区"五邻社联合会"交流互助平台，在基层党组织的引领下，发动多元主体以组织化形式在区域内开展活动、服务，参与社区治理，达到了增进邻里感情、减轻社区负担、增强社区自治功能、创新社区治理与服务新格局的目的；杭州市上城区梅花碑社区陈文英工作室通过拓展居民自我服务功能，以自助、互助等方式及时、有效地解决居民的实际问题，引导和推动居民自治工作，在更高的层面，集结了辖区单位、在职党员、社会组织等社会各方力量参与居民自治，共解民生"最大公约数"，使居民自我教育、自我管理、自我服务的能动性得以巩固和深化，在老百姓中赢得了口碑；衢州市柯城区兰花热线工作室以志愿者联合的方式及时为社区居民免费提供矛盾化解、心理疏导、助老服务、爱心帮扶、就业推荐等公益性免费服务。截至2017年，工作室成功化解了各类疑难、简易矛盾纠纷3783起，调解率达 100% , 调成率达 98% , 为广大居民挽回了经济损失 230 多万元。

（2）以合作与互助有效提升居民的组织化参与力

治理理论认为，在参与治理的各个主体之间存在权力依赖，也就是说，致力于集体行动的组织必须依靠其他组织；为达到目的，各个组织必须交换资源、谈判共同目标①。因此，能否协调参与治理过程的各个组织之间的关系，就成为能否达到"善治"的关键。这不仅取决于参与者各自所拥有的资源，同时还取决于它们之间的游戏规则和所处的环境。

众所周知，现代化的城乡社区治理应当是具有较高的法治化、科学化、精细化和组织化水平，由基层党组织领导、基层政府主导，以民为本、服务居民的多方参与、共同治理的社区治理。基层社会治理要求，服务对象的延伸与城市基层治理主体的多中心化、服务内涵的扩展与城市基层治理方式的双向互动、服务主体的多元与城市基层治理机制的协同合作。其中社会需求与社会需求供给的关系是社会治理的根本问题和基本对象。

其一，以合作链接原子化的居民。随着中国社会主义市场经济的深入发展和社会结构转型的加快，社区治理如何正确处理政府、市场与社会的关系成为一个新的核心议题。在当代社区中，居民除了具有户籍身份以外，还具有职业身份、房屋的业主身份等，不同的身份意味着不同的社会关系网络。而正是关系网络的交叉，促使居民的自由性日益增强。同时，社区居民身份属性的复杂化意味着社会分化的加强，这种加强不仅使基层社区生活越来越远离政府的行政领域而日益显现出它的社会性，也使社区中的功能性组织不断增多。就形式组织而言，除了居委会和居民区党支部，还出现了业委会、物业管理公司等组织。它们在体制和功能上分别属于政治、行政、民间社会和市场经济。正是由于这些组织不仅具有各自的关系系统，也有各自不同的运行逻辑，才使得基层社区的组织过程变得更加复杂。在社区治理的逻辑趋向复杂化的背景下，城乡居民的再组织化成为基层社会治理的重要问题。

截至 2017 年底，浙江全省建有包括备案社区在内的社会组织共计 14

---

① 格里·斯托克：《作为理论的治理：五个论点》，《国际社会科学杂志》（中文版）1999 年第 1 期。

万个，其中城市社区社会组织 51528 个，农村社区社会组织 88472 个。已建成社区社会工作室 8438 个（新增 503 个，截至 2016 年底为 7935 个）。其中城市社区社会工作室 3690 个，农村社区社会工作室 4748 个。在农村通过劳务合作社、在城市通过社区社会组织的建立和培育完成居民的再组织化是浙江的主要特点。

如浙江各地农村社区根据自身条件还大力发展劳务合作社，主要吸收失去土地但有劳动能力且难以寻找到合适就业岗位的中老年闲置劳动力，通过自愿联合，对外提供劳务，承接绿化、道路养护和社区物业管理、农业生产技术服务等工作，对内实行民主管理、自我服务、利益共享、风险共担。劳务合作社有利于促进就业和稳定就业、增加农村居民收入，有利于促进农业规模化经营，有利于推进农民的市民化和农村的城镇化，有利于推动农村社会管理创新，促进农村社会和谐稳定。劳务合作社能够把刚刚从土地分离出来，尚未适应其他岗位的劳动力组织起来，进行必要的技能培训，年轻的可转移到企业工作，年龄老且有劳动能力的可安排其从事简单的劳动，分群体、分工种地合理安排岗位，实现农村劳动力资源重新优化配置。农民除了参加城乡居民养老保险可以享受养老保险待遇外，还有一份劳动收入，若劳务合作社年终有盈利还可分配利润。推进城乡统筹发展，真正实现居民的就地城镇化转型，使社区真正成为区域社会成员的利益共同体和区域社会自治管理的载体，这有助于促进社区管理组织功能的正常发挥和社区成员参与社区建设意识的提高，同时有助于提高社区资源配置的效率和实现使用效果，最重要的是有助于发展社区经济，为社区建设和发展提供动力。而且随着社区经济的逐步发展，将逐步增加社区组织的经济收入，增强社区发展的后劲，夯实社区可持续发展的基础。

通过劳务合作社，居民实现了从个体性就业到自主联合就业的转变。首先，社员在组织化行动中更能体会到社员共同利益的重要性；其次，在外出务工的过程中，劳务合作社将原本原子化的劳动力联合成一个组织化的集体，使得务工社员在面对雇员和雇员组织时不再居于弱势地位，社员的合法权益可以得到更好的保障。如嘉兴市海盐县沈荡镇已成立农村劳务合作社 11 家，入社社员 3175 人以上，55 周岁以上人员占总人数 1/3 以上，开展劳务活动 624 次，累计参加劳动社员有 10238 人，社员平均每天劳务收入达 50 元，社员月平均增收 1500 元左右。

在社区主要通过社区社会组织的运作来增进居民与社区的联系，将政府、社会及市场有机联为一体。如德清县建立的"幸福邻里"中心以居民需求为导向，发挥社会工作者的资源链接作用，开展形式多样的学习、娱乐活动，不断满足社区居民多元需求。如钟管镇曲溪村幸福邻里通过"舌尖上的曲溪"系列活动，挖掘村民美食记忆，通过动手、动脑和相互合作来增加互动，激发居民主动参与幸福邻里活动的积极性。其中，社会工作者以专业化的服务方式挖掘社区资源，积极培育居民组织，激发社区居民自身潜能，培育居民活动小组，实现邻里之间互通互融。杭州市结合村社组织换届，做好新一届议事协商机构的换届选举工作，支持党组织代表、村（居）民代表、辖区单位代表、村（居）创业成功人士、人大代表、政协委员等人员组成新一届议事协商机构，充分保证议事协商机构成员的代表性和广泛性。全市 1038 个社区、2041 个村全部成立社区议事协商委员会、村务协商议事会、乡贤参事会、村民恳谈会等形式多样的议事协商机构。

其二，以志愿服务提升社区凝聚力。随着社区城镇化建设的推进，社区的服务事业也逐步发展，而社区公益慈善服务作为社区服务事业的重要组成部分，其需求也得到了较大提升。社区志愿服务是在社区层面上，整合并依托社区资源，以社区居民与社区公益事业发展为目标的无偿性、自愿性服务。社区居民依托社区公益慈善组织展开志愿合作，不仅满足了特定群体的需要，而且在培养居民的合作精神、推动社区和谐有序发展方面发挥了重要作用。

社区志愿者的存在为居民互帮互助、社区的和谐发展注入了一股新鲜的泉水，浙江省各地普遍建立起志愿服务网络，将零散性、单体性的公益服务转变为综合性、群体性服务，如嘉兴市为能提供更优质的志愿服务，吸收各类小型志愿服务组织，成立 96345 志愿服务总团。其注册社区志愿者人数突破了 24 万。96345 志愿服务总团根据需要来开展志愿服务，如针对空巢老人问题，嘉兴市各地居民依托各地 96345 志愿服务组织展开志愿合作，为累计 1600 多户空巢老人免费安装"一键通"应急呼叫系统，并且实时帮助联系应急志愿者，联系 120 救护车辆，联系子女亲友及提供送药上门等老年人特需服务；针对困难家庭的生活实际，服务总团推出助困家庭"优惠卡"，实现了志愿服务与企业经营的合作，不仅树立了"奉献、友爱、互助、进步"的服务精神，还确保了企业的正常运转，实现了企业、社区和个人的良性互动。衢州市府山社区老街坊工作室通过志愿者的参与，组建老街坊"帮忙团"，共成立"治安"巡逻队、"老娘舅"社区调解队、"飞扬"社区文体指导队、"黄丝带"助老助残帮扶队、医疗健康援助队等7支小分队。将这些小分队的工作情况加以整理安排，形成了矛盾问题协调沟通、安全隐患定期排查、重难点问题"坐诊会诊"以及教育培训等多项工作机制，通过"组团式服务、网格化管理"的模式为老百姓打造一个身边最贴心的服务站。

四 社区环境建设与居民安全感：简单的探讨

长三角地区村改居社区在环境建设方面取得的成就是显著的。各地区村改居社区在环境整治的过程中既有共性又彰显了个性。共性主要表现在点面结合、以点带面、以面促点几个方面。村改居社区环境治理实质上是基层社会建构政府、居民、社会等多元主体的互动和协商，以实现共治共享。点就是通过依法建制、以制治村实现基层治理能力的提升；面就是通过村务公开与信息透明实现民意通气，通过民主参与和协商治理实现治理顺气，通过邻里和谐实现共建共享，实现顶层设计上的有序治理。有序治理关系到治理主体的多元参与、"三社联动"、资金保障、民情直通、民事公开、网络协商议事、凝心聚力等内容。强政府强社会的最优目标突出了中国特色。治理体系的现代化决不能盲目照搬西方模式，中国政府强大的自主性和动员能力是我们完善基层社区治理方式的基础。个性主要表现为各社区在环境整治的过程中从自身实际情况出发，依据自身资源打造属于自己的特色。

从2002年全国各地开始大规模开展村改居建设以来，现阶段已经形成了四种具有代表性的模式，分别为：广州模式、深圳模式、温州模式和杭州模式。由于各地区经济发展、社会环境、地理条件的不同，在村改居建设的过程中遇到的问题不同，提出的解决方案也就不同。各地村改居社区在环境整治的过程中可以借鉴别人的成功之处，但在借鉴的同时应杜绝盲目照搬，在借鉴的基础上从本地区的实际情况出发，结合自身优势，突出特色，打造属于自己的特色品牌。

但在村改居社区环境建设的过程中同样面临着问题，即出现了社区发展的利益失衡问题。村改居是我国城镇化过程中所特有的产物，但在村改居建设的过程中各级政府只注重人的城镇化建设，忽略了人们对传统文化的传承，使人们的归属感降低。人们居住和生活的环境越来越好了，但是人们并没有感受到家的温暖，心中仍有挥之不去的乡愁。这就要求各级政府在村改居建设的过程中既要做好硬环境建设，也要注重软环境建设，做到二者相结合，给居民营造"主人"的感觉。针对村改居社区环境利益的诉求，笔者在这里引入"共生"的理念，共生的目标是在互动、共赢的基础上，实现要素配置的最优化与效用的最大化，区域和谐、协调与持续化。因此，在村改居社区硬环境和软环境建设的过程中，应本着"自主、互补、互利、共担、共赢、共享"的原则，构建多中心发展平台与窗口，实现多中心联动发展、协同与共赢，实现共生协同的放大效应①。

1. 重视农民共建参与的在场与发声

农民是农村公共服务的最终消费者，农村公共服务设施共建共享的目的在于提供满足农民需要的公共服务，从而促进农民生活改善与生产发展。携带自身利益偏好参与共建决策的农户会在与政府、市场组织、民间组织协商妥协中使自身的利益要求更加现实化，克服公共需求中消费者的偏好难以精确界定的困难②。因此，如何充分把握农民的现实需求、了解农户的共建参与意愿应成为贯穿公共服务供给过程的要旨之一。

以农民的偏好特点、农村的社会网络为研究重点，对农村公共服务的供需结构调整做推演，其落脚点往往会指向农民诉求的上呈、参与内容的拓展和参与渠道的拓宽等。公共服务供给应实现政府选择向农民选择的逐步转变，更加注重农户需求的表达和享用偏好的收集，加强政府对设施实际效用的预估，理顺供给需求关系；不断扩大共建参与范围，引导农户在设施布局、运维层面的决策和实践参与，让农民真正受益，提高设施资源利用效率。具体来讲，要不断推进现有诉求传送机制的完善，着力解决村级公益事

---

① 赵定东：《长三角社会突发事件治理中的政府区域性协作机制研究》，中国社会科学出版社，2012，第211页。
② 刘义强：《建构农民需求导向的公共产品供给制度——基于一项全国农村公共产品需求问卷调查的分析》，《华中师范大学学报》（人文社会科学版）2006年第2期。

业"一事一议"制度的组织成本和操作程序问题，创新集会方式，简化操作程序，进一步规范财政奖补的项目管理，实现农民需求的顺畅表达。此外，应进一步拓宽农民诉求的表达渠道，充分利用现代化网络终端，了解农民的投资意愿、服务偏好，激发农户参与热情，增强需求上传的时效性。

2. 重视培育乡土性社区精神共同体[①]

众所周知，中国传统的乡村是地域性社会组织类型和社会关系或情感类型相互重叠的社区，其中既包括共同拥有一个确定的地理区域，也包括具有共同特质、归属感，并且维持着形成社会实体的社会联系和社会互动。因此它不是西方社会结构的个体化趋势下的"私人社区"，但在当代又具有"脱域的共同体"的基本特征。如在当前的部分村落，村民对乡村公共事务的参与率和参与热情低、基层村落社会治理难度大就是明显的表现之一。

当前大力加强乡村协商治理，要旨之一就是重塑"地域性社区信任"，这种组织起来的地域化关系提供了与之相伴随的"熟悉"及"信任"，有助于产生"本体性安全"，有助于提供熟悉的意义和认同的环境，进而产生关系亲密、守留相助、富有人情味的生活共同体；村落是生活在特定地域空间内村民的社会生活共同体，它是中国社会的细胞，是村民情感的纽带，更是乡村社会治理、社会救助、社会保障的依托。随着村民物质生活水平的提高，人们越来越注重精神追求，而"共同的关系和参与"活动能为广大村民提供平台，在参与过程中，村民以所在村落为家，形成良好的互动，村民的道德感和认同感在这种良好的环境中得以不断完善。他们能通过经常性的活动参与沟通与交流从而不断增强自身的归属感，而村落社区也会在全体村民的共同管理中趋于完善。在当前的很多农村社区，随着经济化利益目标的过度引导，村民虽处于共同的社区，但是相互之间的交流与联系甚少，相对而言，成员之间还是一个个孤立的个体，故而也就谈不上形成心理上的归属感。"共同的关系和参与"活动旨在使所有村民都具有良好的角色认知与心理认可，通过彼此间协作互动的共同活动，解决共同的问题。这就为村民形成强烈的心灵归属感、敞开心扉去追求共同体的共同目标提供了新的契机。如塘栖村的"千户宴"活动和目前各地举办的乡贤文化

① 赵定东：《乡风文明建设的关键在于乡土性社区精神共同体的培育》，《杭州》2017年第6期。

活动以及逐渐推广的乡村文化礼堂建设就是有效提升全体社区成员的心灵归属感的重要载体，这些活动有利于使村落真正成为村民共同的"心灵归宿"。俗话说，"仓廪实而知礼节，衣食足而知荣辱"。物质条件的改善和精神共同体的追求是一对不可分离的兄弟，二者相互促进和制约。

詹姆斯·斯科特认为，农民首要关注的是"生存安全"问题，这是他们自主性意识的主要目标，任何能够保障他们生存安全的措施，农民都会表示热烈的欢迎。当前农民的观念至少有四个转变：一是乡土观念逐渐淡薄，二是宗族观念开始淡化，三是农本观念逐渐消退，四是传统生活方式大为改变。农民追求利益的观念也由单一性向多样性过渡。特别是"为富求变"，谋求和谐有序的小康生活。但在物质利益的驱动下，不少人把"一切向钱看"作为自己行动的准则，处处追求个人利益最大化，认为管好自己就行，自己和他人没有什么关系，集体观念淡薄，个人主义严重，拜金主义、功利主义、极端利己主义等城市恶习逐渐在农村蔓延开来。这种变化的原因主要是农村集体经济的衰落和农民对贫困的恐惧以及城乡差距扩大的不公平感认知。由此而言，乡村生活共同体精神的发育和成熟依赖于农民物质财富的增加。这是未来农村乡村文明建设的方向。总而言之，一种优良的村风，反映的是农村一种共同的内在精神。不言而喻，乡村社区精神共同体是乡风文明建设的内在要求和逻辑归宿，也是引领农村生活共同体走向的风向标。

3. 建构以共识和认同为基础的协商对话

农村公共服务设施体系多方协商对话机制是指由基层政府、乡镇企业、民间组织、农民平等参与的有关设施总量、设施布局、设施调配等内容的交流活动，这一互动过程应贯穿于公共服务设施共建共享的始终，是增强多元利益主体互信互助的价值基础。换言之，协商对话不仅对农村公共服务设施共建决策的科学化具有推动作用，其内在的协同逻辑还应被嵌入服务设施体系经济或社会效益的分享活动之中。基层政府在设定地区公共服务发展议题时，应包容具备差异性利益取向的共建参与者的在场，并对服务设施地区总量分布进行思辨对话，促成村级公共服务设施共建的价值中和①。

---

① 杨弘、张等文：《中国社会协商对话制度的现实形态与发展路径》，《理论探讨》2011年第6期。

在公共服务设施体系建设过程中，应促进设施供给信息共享平台的良性运转，保障设施共建的多元沟通，将分散的组织成员黏合到多个不同的供给网络之中，为设施建设的效率提升创造条件。在此期间要关注共建共识的达成，重视多元利益关系的调节，对参与公共服务设施建设的乡镇企业、农民自组织给予税费减免优惠或名誉奖励，使各主体的价值诉求在农村公共服务设施合作共建中得到满足。最后，要充分发挥服务设施对农村公益活动开展的承担作用，将公共服务设施作为多样化协商的公共场域。在连续的供需对话中，促进农民主体自觉意识的觉醒，引导农民在公共服务设施共建参与中谋求个人利益与他人或集体利益的平衡，从而培养其妥协、忍让、合作的包容精神[1]。依靠设施项目的建设，建构农村社区成员的对话可能，进而缩小公共服务需求的代际差距，形成公共服务在村民内部的协同共享。

4. 强化公共服务设施资源的布局与调配

一是加强村镇基础设施和公共服务设施建设，推进村镇服务设施的全覆盖和高规格工作。进一步加大财政投入，通过引入租赁、共建配套等方式加强村镇综合性服务设施建设，为辖区村民开展民主议事、公益慈善、志愿服务、公共服务事项代办等公共事务提供综合性活动场所，更加注重设施建设中设备配置、窗口设置、环境装修等方面的规范性和标准化。二是结合全能服务形式，设立村镇社区公共服务代办点。依托村镇网格化工作站，在每个村镇成立公共服务代办点，集中开展低保、计生、失业、老龄等民生服务事项的代办工作，在延伸公共服务供给网络的同时提升服务的效率，为村民民生问题的处理带来极大的便利。三是创新发展出由居民、社区、社会组织、媒体等构成的社会服务互动平台，通过民情走访、专题讨论、村民居民建议等形式了解社会各界对村镇建设的意见和建议，多方合力共同推进村镇服务水平的提高。四是提升村镇建设的信息化水平。引入专业技术，开发村镇社区公共服务业务办理系统，探索建立并实现居民凭身份证"一站受理，全区通办"的村镇基层政务服务跨区域通办机制，大大简化村民办事流程。

---

[1] 张宇、刘伟忠：《公民身份认同：政策协商对话中的社会粘合基础》，《贵州社会科学》2014年第8期。

第十一章

结语和未尽的研究

快速的城镇化是以农民身份的转变为基础的。村改居是中国城镇化推进过程中出现的特殊现象。中国的城市化被认为是当今世界最重大的事件之一，这意味着我国整体社会结构和社会面貌的深刻变革。城镇化进程的快速推进，给农民、农村以及乡土文明带来了巨大的压力和挑战。对农民而言，其遭遇了空间转向、身份转换和生活方式转型的全新问题，由此引发农民思想状况的变迁与激荡。利益诉求既是农民思想风向标，又是农民思想的呈现形式。如果说农民思想状况是农民"想什么"的问题，那么农民的利益诉求则是农民"要什么"的问题。在中国城市化的汹涌大潮中，东部先发地区合宜的地理环境和较为均衡发达的区域经济，使新型城镇化有了长足的进展，因而也较早地遭遇到城镇化进程中的利益诉求问题。就村改居居民切身利益类型而言，可以分为个体利益和集体利益等。

从一定意义上说，村改居居民既非城市居民，又非农民，但也可以说，村改居居民既是城市居民，又是农民。因为村改居居民在户籍上完成了从农民向城市居民的转化，但从生活方式、收入来源及思维习惯看，他们更多具有农民的特点。农民非农化面临被割裂为"农民—农民工—城市市民"的"半城市化"尴尬困境。就此而言，他们的利益诉求有其更特殊的根源：其一是市场化体制催生了村改居居民个体经济利益诉求保护意识；其二是土地使用制度缺陷使得政府、村集体与村民个体利益分配失衡；其三是部分"公共利益"征地的不透明性、模糊性使得村民对村委会及地方政府有一定不满情绪；其四是国家强有力的制度保障促进了农民个体利益意识的形成和提高；其五是村改居后村级经济的发展激发了农民个体利益维护的动力；其六是"公欲"的模糊性弱化了村改居居民利益诉求的价值。

基于上述判断，本研究认为，村改居社区事实上成了城镇化过程中城乡利益冲突的交织点，在一定意义上也成为中国各种利益冲突的交汇点。城镇化过程中利益冲突产生的机理，除了心理因素、决策透明和公正性因素、经济因素、利益集团因素和专家因素等非实质因素外，还有诸如民众目的理性的增长、个体利益维权意识的过度支付和政府决策的执行能力削弱等实质性因素。利益诉求与思想上的困惑呈现多面性，要求本研究展开立体化分析。

为此，本研究分十章对这个问题进行解析。即如何认知村改居居民的利益及利益观、村改居居民生活方式变革的状况与问题、村改居居民的社会保障利益问题及其诉求、村改居居民的合作诉求问题及其实现、村改居的产业发展及其富裕化诉求、村改居社区基础设施建设问题及改进、村改居居民的"亚市民化"问题以及户籍福利平等化需求、村改居居民的社会支持现状及问题、村改居的社区建设及其居民"满足感"需求、村改居居民的环境利益及其"安全感"诉求。本研究认为，选择空间转向中的农民利益诉求、身份转换中的农民利益诉求和生活方式转型中的农民利益诉求进行实证研究，可以使测量做到有的放矢。同时根据私人生活领域、公共生活领域和国家公共领域三个学界通用的范围，将农民利益观构成划分为生存观念、发展观念、生态观念、合作观念、权利观念、家国观念六个观念。将空间转向中农民最关心的利益诉求划分为土地房产权益，产业结构的合理化供给，农民生活、交往的舒适保障，农民交往的组织网络和社会融入的诉求保障等，农民发展的制度空间和精神空间的供给和保障，如农民进城的权利空间供给和权利获取机会以及行使的制度化供给等；将身份转换中的农民最关心的利益诉求划分为就业机会、劳资关系、人格尊严、社会支持、户籍待遇、福利保障指标；将生活方式转型中的农民最关心的利益诉求划分为人居平安、邻际交往、风尚民俗、休闲品质、政治参与、信仰信念等，可以使"思想"和"利益诉求"变成可以科学测量的工具，有利于从实质上抓住当前农民利益转变的真正内涵。其目的在于通过研究实现农民生活方式的改变和生活质量及社会质量的全面提高。

在第一章即如何认知村改居居民的利益及利益观部分，本研究主要从理论上介绍村改居居民的利益类型和交代本研究的样本。研究视角上，主要以农民利益观念构成的核心要素切入，并从政策、结构和过程三个维度进行分析，力图突破学界现有的研究局限，在农民的利益激励、利益约束及其图景的模型构建方面有所建树，为揭示当代农民的满意度逻辑提供理论和决策基础。

就具体的研究方法而言，本研究主要采用以下三种方法。一是问卷调查法。根据指定的长三角区域范围，本研究按近郊程度在浙江的杭州余杭区、萧山区、江干区、经济技术开发区下沙街道、下城区石桥街道、富阳区及安吉市、台州市，宁波的镇海区，金华的兰溪县和嘉兴的南湖区、海盐县，温州瑞安的湖岭镇，安徽铜陵五松镇和淮北刘桥镇，江苏常州和张家港永联镇，上海的宝山区和嘉定区，共选定 27 个代表性村改居社区，按照不同研究内容发放问卷，两套共 2800 份，有效回收 2252 份，其中第一套问卷分析的样本是 1252 份，第二套问卷分析的样本在其他区域不同，如衙前镇发放 540 份问卷，回收 513 份问卷，其中有效问卷为 495 份，而安吉市有效回收问卷 83 份。二是个案访谈法。根据研究的内容采用结构性访谈和非结构性访谈，共收集访谈代表性个案 43 个，主要的访谈或案例大部分集中在浙江省。三是比较法。在上述问卷调查和个案访谈的基础上，对这些村落的历史、城镇化过程、利益诉求的主要指标等相关资料进行比较分析，同时完成京津和珠三角及中西部区域等地城镇化资料的二次比较分析。从调查的总体情况看，基本的村改居改革要求是村集体经济已完成股份经济合作制改革，集体土地已基本征用完毕，村庄已全部或大部分完成拆迁，或近期已列入规划需整体征用土地和搬迁，且村民已落实安置计划的行政村，可进行撤村建居。大致分为三类，一是撤村建居型，村民不改变居住地点，只是按照原有村落集中居住，目前的村改居大部分是这类形式；二是集中搬迁型，将不同村落打乱集中居住，按照小区类型安置，这次调研的主要有 12 个村；三是留村就地城镇化型，住房为统一样式，根据地形，按照小组分散居住。

需要特别说明的是，村改居是一个特定用语，主要指城镇化后的农村户籍改变、土地被征用后农村社区的新形态，即农村户口改为居民户口的行为，也可以称为农转，村委会改为居委会或社区委员会。当农村不再以农业生产为主，至少有 2/3 的农民不再从事劳动，不再以农产品收入为主要收入来源时，就满足了村改居的条件。但在当前，村改居有两种形态，一是彻底改制，如上；二是村委会并没有改为居委会，但事实上已经完成了农村的产业化变革，即实现了农业产业化、农村城镇化、居住社区化、农民工人化。因此对于经济发达的长三角区域而言，几乎所有的农村社区不再是严格意义上的农村社区，本研究的范围也不局限于改制后的村改居社区，个别论述事实上包含了全部的农村社区。

在第二章即村改居居民生活方式变革的状况与问题部分，本研究分四点进行阐述，即生活方式研究的缘起及其理论和实践问题、村改居居民职业素养转变与其生活方式转型问题、村改居居民生活收入来源及消费方式转变与其生活方式市民化转型问题、村改居居民生产方式和生活习惯转变特点问题。在具体案例描述中，诸如职业素养、收入、生产方式、生活状况、居住方式等成为操作性指标。

关于村改居居民职业素养转变与其生活方式转型问题，本书通过实证研究发现，村改居居民参与职业培训的主动性不是太强，对政府主办的职业培训期待感区域表现不一，但整体上表现强烈，而居民职业素养还没有达到"人的城镇化"要求。关于村改居居民生活收入来源及消费方式转变与其生活方式市民化转型问题，本研究主要对村改居居民收入来源及生产居住方式转变展开分析。研究发现，村改居居民生活来源呈现一强多弱状态，村改居居民收入来源的多样化和非农化正在成为现实，家庭教育消费成为村改居居民家庭生活消费的重要部分。关于村改居居民生产方式和生活习惯转变问题，本研究认为，村改居的产业结构是工农并重，居民主要生活习惯呈现出传统与现代并存的特点，休闲方式朝个体化方向发展，居住方式变迁为其生活提供了坚实的基础。本研究还认为，城镇化确实带动了村改居居民生活方式的变革，但也有一些明显的问题，如从政策、过程和结构的维度来判断，政策推力、乡愁抑或城市性缺场都发挥了不同的功能，但功能效用不一致。

在第三章即村改居居民的社会保障利益问题及其诉求部分，本研究分五点进行阐述，即中国农村社会保障政策的历史回顾与问题、城市养老保险政策的变迁与问题、村改居居民社会保障公正性问题、村改居居民社会保障可持续性问题、日韩农村养老保险制度现代化的异同及对我国的启示。对中国农村养老政策展开纵向和横向的分析发现，中国政府在履行养老责任方面做出了巨大努力，也取得巨大成就。但相对于城市养老政策，农村养老政策存在这样几个问题：一是政策变动性大，二是保障水平低，三是保障理念适度落后，四是农民个体承担的责任大。于此而言，建立起更为适用于农民的养老政策十分迫切。从新中国成立以来城市养老保险政策的发展历程分析发现，无论是将养老保险体制作为一个整体来看，还是将其分割为三个主体部分来看，从建立伊始到发展完善，我国的养老保险政策都取得了有目共睹的成就，为中国的社会发展和经济增长提供了动力引擎。但这一过程中显现出来的问题也是不可小觑：一是养老保险在立法方面匮乏，二是养老保险政策的发展呈现断裂性和不稳定性，三是养老保险的顶层设计和基层政策的实施都缺乏综合改革和整体推进的动力，四是养老保险政策落后于时代发展的步伐。于此而言，我国城市未来的养老保险政策应该以根本上改进为主。本研究认为，长期的城乡二元社会保障制度及现阶段的土地征用补偿及社保政策，导致村改居居民在土地补偿及其基本生活、养老、医疗、住房、就业等方面都存在制度设计不完善和实施措施不力的问题。村改居居民高层次的保障平衡性较差，影响着人的城镇化目标的有效实现。在顶层设计上注重保障水平的底线公平，而在保障方式上注重多样性，是保证村改居居民社会保障公正性的基本理路。社会保障的可持续性困境已经成为影响城镇化国策推进的一个重要方面。

本研究通过对城市居民、农民与村改居居民三类群体在医疗、养老、就业、住房等社会保障方面的差异分析，认为村改居居民在社会保障方面存在参保困难、持续缴费能力不足等问题，并提出通过合理的土地补偿政策、以家庭为单位建立土地账户的保障方式、计算恩格尔系数确认保障底线等途径，促进村改居居民社会保障的可持续性。在比较日本和韩国农村养老保险制度现代化后，发现日韩两国既有诸如制度设计和运行中的政府主导、法律先行、权利和义务对等及多层次、多种类保障方式等经验，又有诸如养老金的支付持续性存在困境、给付待遇存在不公及过度依赖个人经济支付能力等问题，但两国建立了相对完善的农村养老保障制度，经验大于教训。其对中国的启迪在于，推进农村养老保险制度现代化必须强化法律的制定、加强政府的兜底功能、完善保障制度的多层次性及实现农村养老方式的多元化，以提升农民的幸福感和获得感。

在第四章即村改居居民的合作诉求问题及其实现部分，本研究分三点进行阐述，即村改居居民的主要经济合作组织形态及合作诱因、村改居民的政治参与与合作问题、村改居居民的社会文化合作诉求。研究发现：一是精英俘获成为降低村改居居民合作信度的内在原因，二是对行政侵入的爱恨纠缠成为弱化村改居居民合作动力的外在原因，三是小农意识的残留成为迟滞村改居居民合作深度的历史原因，四是"统"文化的缺位成为限制村改居居民合作效率的深层原因。本研究认为，目前大力提倡的乡贤参事会强调乡贤引领，事实上是一种政府指导下的新型"乡绅自治"，在统合社区资源，组织社区人力资本，形成社区凝聚力的方面发挥了重要作用。但是，由于地域因素、政治因素、人治因素，乡贤参事会依旧存在许多局限。综上，重构社区新型"统"文化的探索，依旧任重而道远。

在第五章即村改居的产业发展及其富裕化诉求部分，本研究分三点进行阐述，即产业发展研究的缘起及其理论和就地城镇化的产业发展实践、长三角地区村改居产业发展特点与问题、产业化繁荣与富裕化发展的可行性探究。本研究发现，产业结构从农业为主转变为工农并重，旅游业不断发展，各方利益博弈下产业发展利用空间不足。在分析产业发展成就和经验的基础上，本研究认为，将产业富裕转变为集体富裕，再将集体富裕转变为个体富裕，最关键的一步就是发展集体福利。集体福利应由村改居集体组织提供，提供的福利主要由物质支持和精神满足两方面构成。首先，要建设共享性资源，重点完善村改居社区的基础设施建设；其次，要提供精神支持，培育一种关怀备至的集体氛围；再次，要加大对社会保障的支持力度，增加社会保障的个人付费补贴，提升老龄服务质量，满足幼龄求教需求，增加年轻人就业创业的信心；最后，要重视文化建设，在自身发展文化产业的同时，将人文关怀纳入村改居的集体福利事业，提高村改居居民的参与感，增强村改居集体的凝聚力，提升产业福利水平，增加集体福利带来的获得感和幸福感。

在第六章即公共服务诉求中的村改居社区基础设施建设问题及改进部分，根据社区规划和社区基础设施建设基本理论和标准，本研究重点根据个案描述分析了村改居社区公共服务设施状况、村改居社区公共服务设施满意状况与问题、村改居社区公共服务设施建设方式及其存在的问题、村改居社区公共服务设施建设问题改进策略。本研究认为，公共服务设施作为社区建设的重要组成部分，是村改居居民最关心、最直接、最现实的利益问题。公共服务设施的完善程度直接关系居民的城市生活机会分配、生活质量和成本。同时，它还能满足居民的一般性需求，提升居民的生活质量和满意度，对于改善居民生活具有重要和基础性意义。村改居社区由于刚刚从农村向城市社区转变，原有的公共服务设施水平较低，公共服务设施建设经验也十分缺乏，社区居民的设施需求不明确，在公共服务设施建设的资金筹集方式和设施管理方式上都缺乏一定的经验。因此村改居社区不仅要建设大量的公共服务设施以满足社区居民的需求，推动村改居社区的建设和发展，同时还应尽快完善公共服务设施建设管理的条例和方案。

在第七章即村改居居民的"亚市民化"问题以及户籍福利平等化需求部分，本研究分三点进行阐述，即我国户籍制度发展带来的利益变化及其"亚市民化"的现状、村改居居民户籍制度变革下的利益诉求及新一轮户籍制度改革下村改居居民利益诉求实现路径。本研究发现，户籍利益改革的脚步远不及城镇化的发展速度，最终导致村改居工作中出现"亚市民化"这一新的城市病，其体现为村改居居民的基础设施建设的不均等，村改居居民的基础公共服务水平有待提高，公共服务的均等化程度有待进步。因此，在新型城镇化的大背景下，新一轮户籍制度的改革不仅要努力剥离户籍制度上的制度利益，也要重视消除隐藏在户籍制度背后的人为利益，真正实现村改居居民从制度"市民化"过渡到全面"市民化"，使其成为平等享受城市美好生活的城市居民。

在第八章即村改居居民的社会支持现状及问题部分，本研究分四点进行阐述，即村改居居民政治支持现状与问题、村改居居民经济支持现状与问题、村改居居民社会支持现状与问题及村改居居民文化支持现状与问题。针对上述问题，本研究发现，政府在政策执行的力度与完善程度上负有重要责任，社区居民委员会的服务效度尚处于起步阶段，土地补偿体系的支持力度不足，就业岗位待遇水平有待提高，集体经济支持渠道单一，就业支持体系未能实现一站式惠民，三社联动机制存有较大需求与提升空间，社区居住环境尚未达到"家"理念标准，政府政策的文化社会化功能有待加强，社区干部尚未担当起发挥文化感召力的重任，村改居居民的自我角色认同感不足。

在第九章即村改居社区建设及其居民"满足感"需求部分，本研究主要是基于浙江省的实践，分析何种方式的社区治理能够满足居民的利益需求。本研究分四点进行阐述，即村规民约和居民公约的道德满足感黏合、个体经济与集体经济协同发展的产业共享黏合、文化资源建设与礼俗文化构建的文化共享黏合、政府的引导和社会的协作共享黏合。本研究认为，居民满足感的问题事实上是一个基层社会居民之间秩序关系的有序化治理问题。村规民约和居民公约的现代化转型正是国家权威与民间社会权利各自匡正内在"合法性"，使"合法性"与"合法律性"渐趋一致的动态平衡过程。因此它是双向的互惠互动，而不是国家权威对民间社会的单向"收编"，也不是民间社会向国家权威的单向"靠拢"；它还是国家权威与社会权利在协商合作基础上转换各自偏好，最终实现民间社会自身正当性与合法律性相一致、相统一的社会重建过程。从经验的角度看，浙江省有效实践，站在理论前沿。突出"两约"的基础秩序建构功能；通过"德法利"并济，推动"两约"执行有效化；注重顶层设计，推动"两约"工作体系化；突出问题导向，推动"两约"工作务实化；强调规范操作，推动"两约"程序标准化；充分调动村改居居民参与，推动"两约"工作民主化。个体经济与集体经济协同发展的产业共享黏合方面，浙江省的做法主要是充分发挥各地的自我发展条件，通过产业推进让居民充分享受经济和社会发展成果，是一种普惠制共享模式。文化资源建设与礼俗文化构建的文化共享黏合方面，文化载体建设满足居民的精神需求，历史文化村落保护利用、激发居民文化身世的觉醒，民俗文化建设凝聚居民的社区认同感。政府的引导和社会的协作共享黏合方面，社区平台建设树立亲民的理念，社区设施建设充分考虑便民的目标，社区制度建设优化联民的手段，社区品质建设拓展扶民的路径。但本研究也指出，政府推动和主导的社区建设，易导致社区建设的行政化趋向以及基层社会的一元化治理问题。

在第十章即村改居居民的环境利益及其"安全感"诉求部分，本研究主要分两点进行阐述，即社区硬环境建设的政府理念与居民需求、社区软环境建设的政府理念与居民需求。在经验案例方面，本研究着重分析了杭州市的"田园社区"建设及嘉兴市城乡社区一体化建设的运作方式；在居民感受方面，本研究根据调研所得，提出了水环境治理取得较大成效、住房环境建设整体满意度较高、治安环境建设有进一步推进的空间、村容整治普遍评价高、公共服务环境建设成就显著、生态环境建设居民获得感最强、邻里关系满意度高及提升居民的组织化参与力的方式合适等判断，但也发现了社区发展的利益失衡问题。就此，本研究提出了重视农民共建参与的在场与发声、重视培育乡土性社区精神共同体、建构以共识和认同为基础的协商对话、强化公共服务设施资源的布局与调配等改进举措。

笔者在研究中尽可能地实现了当初的课题设计，并对长三角地区的具体实际状况进行了广泛深入的调研。但问题也是明显的，主要表现在三个方面：一是囿于笔者所在的地域、时间和资金，本研究重点分析了浙江省的典型做法，虽然本研究为取得实证材料花费了大量的精力和资金，但外省调查委托他人，没有实地的经验，在这种情况下，本研究大多借用了浙江省的材料，影响了研究的地效性；二是社会学的独特视角还是不突出，特别是缺乏结构的分析路径，虽然本研究的设计力图以政策、结构和过程作为分析的三条主要线索，但在具体研究中重视了对过程和政策的分析，忽视了对社会结构、社会利益关系的细化分析，影响了研究的深度，这在后续研究中应该着力弥补；三是本研究提出的村改居治理策略不太具体，很难在政府与居民需求之间架起有效的桥梁，虽然本研究力图提出直接的操作路线，但由于社区治理涉及的层面过于复杂，村改居也过于独特，本研究参阅了学界的很多成果也很难提出一个完整的方案，笔者还将继续这方面的研究，力图为村改居社区治理做出实际贡献。

但无论如何，本研究提出的一些分析结论对学界的进一步研究及政府资政必有一定的价值。

主要参考文献

一 专著论

王伟光:《利益论》,人民出版社,2004。

《马克思恩格斯选集》第 1 卷,人民出版社,1972。

亚里士多德:《政治学》,吴寿彭译,商务印书馆,1965。

张晓明:《伟大的共谋——市场经济条件下的利益关系研究》,中国人民大学出版社,2002。

晏智杰:《亚当·斯密以前的经济学》,北京大学出版社,1996。

赖特·米尔斯:《社会学的想像力》,陈强、张永强译,生活·读书·新知三联书店,2005。

周长城主编《主观生活质量:指标构建及其评价》,社会科学文献出版社,2008。

张海东主编《社会质量研究:理论、方法和经验》,社会科学文献出版社,2011。

董明:《政治格局中的私营企业主阶层》,中国经济出版社,2002。

赵丽江:《中国私营企业主的政治参与》,中国经济出版社,2006。

陈光金:《私营企业主的社会来源、阶层意识与政治—社会参与分析》,《中国私营企业发展报告》,社会科学文献出版社,2004。

托马斯·海贝勒:《作为战略群体的企业家——中国私营企业家阶层的社会与政治功能研究》,吴志成等译,中央编译出版社,2002。

曼瑟尔·奥尔森:《集体行动的逻辑》,陈郁、郭宇峰等译,生活·读书·

新知三联书店、上海人民出版社，1995。

马克思：《路易·波拿巴的雾月十八日》，《马克思恩格斯选集》第 1 卷，人民出版社，1972。

杨伟民编著《社会政策导论》，中国人民大学出版社，2004。

詹姆斯·C. 斯科特：《农民的道义经济学：东南亚的反叛与生存》，程立显、刘建等译，译林出版社，2001。

蔡昉主编《中国人口与劳动问题报告 No.11》，社会科学文献出版社，2010。

戚学森主编《农村社区建设理论与实务》，中国社会出版社，2008。

费孝通：《乡土中国　生育制度》，北京大学出版社，1998。

多吉才让：《中国最低生活保障制度研究与实践》，人民出版社，2001。

杨红燕：《中国农村合作医疗制度可持续发展研究》，中国社会科学出版社，2009。

陈剑：《中国改革报告 2012》，法律出版社，2012。

文贯中：《吾民无地——城市化、土地制度与户籍制度的内在逻辑》，东方出版社，2014 年。

吴礼宁、韩兴华、高建军：《新型城镇化与农民权利保障》，法律出版社，2015。

宋金文：《日本农村社会保障——养老的社会学研究》，中国社会科学出版社，2007。

馆山不二夫编著《详解护理福利事典》，日本实业出版社，2000。

敬义嘉：《合作治理：再造公共服务的逻辑》，天津人民出版社，2009。

曹锦清：《黄河边的中国》，上海文艺出版社，2000。

徐震：《社区发展》，中国文化大学出版部，1985。

王兴中：《城市社区体系规划原理》，科学出版社，2012。

侯希红：《农村集体资产管理》，中国社会出版社，2010。

约翰·克莱顿·托马斯：《公共决策中的公民参与》，孙柏瑛译，中国人民大学出版社，2005。

郑志龙：《行政管理学》，高等教育出版社，2011。

何雪松：《社会工作理论》，上海人民出版社，2007。

王瑞鸿：《人类行为与社会环境》，华东理工大学出版社，2013。

刘建军：《单位中国——社会调控体系重构中的个人、组织与国家》，天津人民出版社，2000。

赵定东：《长三角社会突发事件治理中的政府区域性协作机制研究》，中国社会科学出版社，2012。

赵定东：《俄罗斯社会转型模式研究》，人民出版社，2007。

李培林：《村落的终结：羊城村的故事》，商务印书馆，2004。

H. 孟德拉斯：《农民的终结》，李培林译，社会科学文献出版社，2005。

詹姆斯·C. 斯科特：《弱者的武器》，郑广怀、张敏、何江穗译，译林出版社，2007。

E. 博登海默：《法理学——法哲学及其方法》，邓正来等译，华夏出版社，1987。

肖唐镖：《维权表达与政府回应》，学林出版社，2012。

郑杭生：《多元利益诉求统筹兼顾与社会管理创新》，华中科技大学出版社，2012。

新玉言：《国外城镇化：比较研究与经验启示》，国家行政学院出版社，2013。

二　论文类

顾益康、张伟明：《新型城镇化要注重人文传承》，《浙江经济》2014年第20期。

刘义强：《建构农民需求导向的公共产品供给制度——基于一项全国农村公共产品需求问卷调查的分析》，《华中师范大学学报》（人文社会科学版）2006年第2期。

林聚任：《村庄合并与农村社区化发展》，《人文杂志》2012年第1期。

陆益龙：《后乡土中国的基本问题及其出路》，《社会科学研究》2015年第1期。

高丙中：《西方生活方式研究的理论发展叙略》，《社会学研究》1998年第3期。

王雅林：《生活方式研究评述》，《社会学研究》1995年第4期。

邹农俭：《社会利益关系：变化·矛盾·调整》，《江苏行政学院学报》2001年第2期。

梁平等：《政治诉求与权利救济》，《重庆社会科学》1998年第1期。

彭劲松：《利益理论：历史唯物主义的重要一环》，《武汉工业学院学报》

2005 年第 4 期。

赵定东、龚上华、张孝廷、赵光勇：《农村社区"上下联动"协同治理的机理与效用》，《观察与思考》2017 年第 5 期。

赵定东：《就地城镇化理念下村改居社区治理的浙江经验及启迪》，《北华大学学报》2018 年第 1 期。

赵定东：《农民市民化迟滞问题的供给侧改进路径》，《嘉兴新农村》2016 年第 12 期。

王雪莲、王绪朗：《论农村城镇化与农民生活质量》，《小城镇建设》2004 年第 11 期。

赵定东、张英英、毕婧千：《社会质量和生活质量研究的规范、目标分歧及其融合》，《山东社会科学》2015 年第 6 期。

赵定东、郭旭鹏：《完善乡镇治理机制的思路和举措——基于杭州市的 12 个村落调查》，《杭州研究》2010 年第 3 期。

朱光磊、杨立武：《中国私营企业主政治参与的形式、特点、意义和限度》，《南开学报》2004 年第 5 期。

李宝梁：《从超经济强制到关系性合意——对私营企业主政治参与过程的一种分析》，《社会学研究》2001 年第 1 期。

梅东海：《社会转型期的中国农村土地冲突分析——现状、类型与趋势》，《东南学术》2008 年第 6 期。

李攀：《新目标：中国特色社会主义的战略部署》，《北京日报》（理论周刊）2017 年 10 月 23 日。

黄平：《生活方式与消费文化：一个问题、一种思路》，《江苏社会科学》2003 年第 3 期。

赵定东、张慧：《政策推力、乡愁与城市性缺场：就地城镇化中的农民生活方式变革困境分析》，《社会科学战线》2017 年第 4 期。

鲍海君、冯科：《隐性职业素养：失地农民培训的关键领域》，《成人教育》2010 年第 4 期。

赵定东：《当前我国农民"半城市化"问题及破解路径》，《社会学（智库报告）》2016 年第 3 期。

赵定东、王洲：《新型城镇化进程中城乡一体新社区建设的新单位化现象》《华中农业大学学报》2013 年第 6 期。

谷中原、朱茂静：《不同职业群体农民生活方式的差异》，《湖南农业大学学报》2012 年第 2 期。

苏燕平、王建敏：《撤村建居后"农民"社会交往状况分析》，《中国市场》2015 年第 21 期。

王卓祺、雅伦：《西方社会政策概念转变及对中国福利制度发展的启示》，《社会学研究》1998 年第 5 期。

杨团：《社会政策的理论与思索》，《社会学研究》2000 年第 4 期。

林聚任：《村庄合并与农村社区化发展》，《人文杂志》2012 年第 1 期。

赵定东、周刘晶：《中国农村养老政策的历史回顾与展望》，《北华大学学报》2018 年第 2 期。

徐文芳：《中国农村养老保障制度研究》，博士学位论文，武汉大学，2010。

汪沅：《中国农村养老保障制度改革研究》，博士学位论文，东北师范大学，2008。

容锦屏、毕名铭：《中国农村社会养老保险的突出问题及政策建议》，《经营管理者》2009 年第 18 期。

张自宽：《中国农村合作医疗 50 年》，《中国卫生》2006 年第 3 期。

徐嘉辉：《我国农村社会保障法律制度研究》，博士学位论文，东北农业大学，2009。

袁守启：《中国社会保障制度改革评析与展望》，《经济研究参考》1996 年 1 月 1 日。

赵定东、袁丽丽：《城镇化过程中村改居居民社会保障公正性问题分析》，《杭州市委党校学报》2017 年第 6 期。

赵定东、林敏：《新中国建立以来城市养老保险政策的变迁与未来展望》《杭州师范大学学报》2019 年第 3 期。

赵定东：《改变重物轻人的传统城镇化思维》，《人民日报》2016 年 7 月 3 日。

郑雄飞：《从"他物权"看"土地换保障"：一个法社会学的分析》，《社会学研究》2009 年第 3 期。

王瑞雪：《土地换保障制度的逻辑困境与出路》，《中国土地科学》2013 年第 6 期。

宋明岷：《失地农民土地换保障模式评析》，《福建论坛》2007 年第 7 期。

丛旭文：《失地农民社会保障问题研究》，博士学位论文，吉林大学，2013。

周钦、田森、潘杰：《均等下的不公——城镇居民基本医疗保险受益公平性的理论与实证研究》，《经济研究》2016 年第 6 期。

周毕芬：《社会排斥视角下的失地农民权益问题分析》，《农业经济问题》2015 年第 4 期。

苏东海：《银川市失地农民住房问题研究》，《人口学刊》2009 年第 2 期。

曹晓腾等：《城乡统筹背景下失地农民住房安置补偿政策研究：以重庆市璧山县璧泉街道安置房补偿为例》，《安徽农业科学》2012 年第 14 期。

马良灿：《土地征用中的国家、基层政府与农民——土地征用问题研究评述》，《贵州大学学报》2008 年第 4 期。

赵定东、袁丽丽：《村改居居民的社会保障可持续性困境分析》，《浙江社会科学》2016 年第 12 期。

兰措卓玛：《法制视角下的失地农民利益表达研究》，《青海社会科学》2014 年第 5 期。

欧胜彬、陈利根：《被征地农民社会保障制度创新研究——以南宁市为例》，《学术论坛》2016 年第 6 期。

朱常柏、双传学：《失地农民公民身份及其社会保障公平性研究》，《南京社会科学》2014 年第 11 期。

谢淑娟：《新型城镇化建设中扩大农村居民消费的探讨与研究》，《宏观经济原理》2014 年第 11 期。

崔香芬、赵淑华：《中青年被征地农民养老保障参与意愿实证分析——基于江苏 6 市的调研》，《经济体制改革》2014 年第 6 期。

陈雪彤、李乐乐、于立明：《失地农民社会保障问题现状及对策研究——以烟台市高新区 A 村为例》，《生产力研究》2013 年第 3 期。

郑美艳、秦启文：《城乡统筹背景下失地农民社会保障的路径分析与选择》，《西南大学学报》（科学社会版）2008 年第 4 期。

赵定东、陈亚：《日韩农村养老保险制度现代化的异同及对我国的启示》，《日本问题研究》2017 年第 6 期。

王翠琴、黄庆堂：《日本农村养老保险制度及对我国新农保的借鉴》，《当代经济管理》2010 年第 10 期。

姜向群：《韩国养老保险制度的发展、特点、问题及与中国的比较分析》，

《东北亚论坛》2003 年第 5 期。

王晓东：《日本农村养老保险体系设计和建立时机对我国的启示》，《经济体制改革》2014 年第 2 期。

张慧智、金香丹：《韩国多支柱养老保障体系改革及启示》，《人口学刊》2017 年第 2 期。

林海波、杨黎源、刘莉：《韩国农村家庭养老模式及其对中国的启示——基于韩国 KLoSA 微观数据的分析》，《探索》2016 年第 2 期。

洪松：《韩国养老金制度双轨并行》，《中国老年》2015 年第 2 期。

金辰洙、叶克林：《韩国老龄化与养老保障制度》，《学海》2008 年第 4 期。

李青竹、赵越：《韩国养老金法律制度的历史变迁及对中国的启示》，《学术观察》2014 年第 1 期。

边恕、孙雅娜：《论日本养老保险制度及其改革趋势》，《现代日本经济》2004 年第 2 期。

夏子敬：《日本财政支出及其对经济增长的影响分析（1969~2011）》，博士学位论文，吉林大学，2014。

田近荣治：《日本的公共养老金制度：给付迅速扩大的后果》，《经济社会体制比较》2001 年第 1 期。

徐子唯、周志凯：《韩国养老保障体系：构成、制度特点及启示》，《湖北社会科学》2015 年第 3 期。

孙守纪、柴源：《韩国个人养老金制度及其启示》，《社会保障研究》2016 年第 4 期。

马光炎、李中义：《人口老龄化下日本农村社会养老保险制度分析及启示》，《中国经贸导刊》2009 年第 23 期。

李梅花：《日本、韩国人口老龄化与老年人就业政策研究》，博士学位论文，吉林大学，2014。

李欢：《日本农村养老保险制度及其对我国的启示》，《四川省干部函授学院学报》2009 年第 3 期。

景天魁：《底线公平与社会保障的柔性调节》，《社会学研究》2004 年第 6 期。

谷亚光：《我国失地农民社会保障问题探讨》，《当代经济研究》2010 年第

5 期。

孟萍：《和谐社会语境下失地农民社会保障新模式的建构——以土地征收制度分析为视角》，《河北法学》2009 年第 9 期。

赵昌文：《改革以来我国农民组织化的系统考察》，《社会科学研究》1994 年第 2 期。

甘国华：《农村合作经济组织的年终收益分配审计》，《财会通讯》1992 年第 11 期。

武广吉：《农村合作经济内部审计的探讨》，《农业经济》1993 年第 6 期。

韩长斌：《关于农村合作经济立法的若干问题》，《农业经济问题》1994 年第 5 期。

赵铁桥：《农村合作经济立法问题刍议》，《中国农村经济》1995 年第 2 期。

袁品章：《加强农村合作经济集体资产管理》，《上海农村经济》1994 年第 1 期。

陈富云：《明晰农村合作经济组织产权的几点思考》，《上海农村经济》1994 年第 3 期。

贾玮：《当代中国农村合作经济组织变迁研究》，硕士学位论文，西北农林科技大学，2018。

闫芳：《中国农村合作经济组织的演进逻辑研究》，博士学位论文，上海交通大学，2013。

魏娜：《我国城市社区治理模式：发展演变与制度创新》，《中国人民大学学报》2003 年第 1 期。

袁建军：《新型城镇化进程中社区社会组织发展的三重困境》，《天津社会科学》2014 年第 5 期。

何欣峰：《社区社会组织有效参与与基层社会治理的途径分析》，《中国行政管理》2014 年第 12 期。

刘友春：《农民协会重建探析》，硕士学位论文，四川师范大学，2006。

国家统计局从村社会经济调查总队：《小生产如何走向大市场》，《调研世界》2003 年第 10 期。

张永强、张晓飞、高延雷、周宁：《合作社"大农吃小农"的博弈研究》，《运筹与管理》2017 年第 8 期。

张超：《农民专业合作社的公共服务效率研究》，博士学位论文，华中农业大学，2015。

蒋颖、郑文堂：《"空壳合作社"问题研究》，《农业部管理干部学院学报》2014年第17期。

贺强：《城中村集体经济股份制改造法律问题研究》，硕士学位论文，山西大学，2013。

李小卉：《农村社区股份合作制的制度创新研究》，硕士学位论文，湖南农业大学，2002。

王琴、朱金萍、江情：《股份经济合作社和股份制公司内部治理对比分析——基于浙江绍兴东浦村村级经济股份改革调研》，《中小企业管理与科技》2009年第9期。

傅晨：《社区型农村股份合作制产权制度研究》，《农村改革》2001年第5期。

陈晓军、李文君：《"村改居"背景下集体经济组织发展与改革研究》，《中国农村研究》2016年第2期。

杨贵华：《集体资产改制背景下"村改居"社区股份合作组织研究》，《社会科学》2014年第8期。

胡晓：《社会角色视角下社区股份合作社的发展困境研究》，硕士学位论文，吉林大学，2013。

常凯：《劳动关系的集体化转型与政府劳工政策的完善》，《中国社会科学》2013年第6期。

陈建忠等：《新型农村劳务合作社发展路径探索》，《中国劳动》2015年第19期。

李援朝：《城市社区居民政治参与浅析》，《沈阳干部学刊》2004年第6期。

肖丽娟：《城市化背景下"村改居"居委会职能研究》，硕士学位论文，华中师范大学，2014。

杨贵华：《城市化进程中"村改居"社区居民社团组织培育发展研究》，《中共福建省委党校学报》2013年第6期。

王釜山：《"社区服务求助中心"：社区志愿服务新模式及其经验与启示——以嘉兴市96345志愿服务总团为例》，《观察与思考》2013年第

1 期。

杨贵华：《城市化进程中的"村改居"社区居委会建设》，《社会科学》2012 年第 11 期。

文小才：《论小农意识与新农村建设》，《南阳师范学院学报》2009 年第 11 期。

黄家亮：《乡土场域的信任逻辑与合作困境：定县翟城村个案研究》，《中国农业大学学报》（社会科学版）2012 年第 1 期。

车将、廖允成：《国外农村建设对我国新农村建设的启示》，《安徽农业科学》2007 年第 29 期。

潘晓黎：《韩国城镇化对中国新型城镇化建设的启示》，《企业改革与管理》2016 年第 22 期。

密婷：《土地财政的成因与危害分析》，《安徽农学通报》（上半月刊）2011 年第 13 期。

李德峰：《我国农村土地产权制度改革研究》，硕士学位论文，山西财经大学，2009。

袁玮：《绍兴村改居社区启动"三年推进计划"》，《绍兴日报》2015 年 9 月 11 日。

陈建芳：《昔日养猪舍 今日观光园 嘉兴养猪大镇的美丽蜕变》，《杭州日报》2016 年 4 月 28 日。

张伟琪：《杭州合作开发"10% 留用地项目"中以租代售模式经济管理问题初探》，《浙江建筑》2015 年第 7 期。

严杰：《城市公共服务设施空间可达性评价方法研究》，硕士学位论文，东南大学，2016。

余颖、曹春霞：《城市社区规划和管理创新》，《规划师》2013 年第 3 期。

应联行：《论建立以社区为基本单元的城市规划新体系——以杭州市为例》，《城市规划》2004 年第 12 期。

钱征寒、牛慧恩：《社区规划——理论、实践及其在我国的推广建议》，《城市规划学刊》2007 年第 4 期。

胡伟：《城市规划与社区规划之辨析》，《城市规划汇刊》2001 年第 1 期。

刘君德：《上海城市社区的发展与规划研究》，《城市规划》2002 年第 3 期。

孙施文、邓永威：《开展具有中国特色的社区规划——以上海市为例》，《城市规划汇刊》2001年第6期。

何志平：《加强社区规划创建和谐社会——温州市旧城城市社区规划探索》，《规划师》2005年第7期。

赵蔚、赵民：《从居住区规划到社区规划》，《城市规划汇刊》2002年第6期。

杨贵庆：《未来十年上海大都市的住房问题和社区规划》，《城市规划汇刊》2000年第4期。

童明、戴晓辉、李晴、田宝江：《社区的空间结构与职能组织——以上海市江宁路街道社区规划为例》，《城市规划学刊》2005年第4期。

倪梅生、储金龙：《我国社区规划研究述评及展望》，《规划师》2013年第9期。

鲁晓军、门坤玲：《社区划分的经济解释——兼论城市规划作为一种制度安排的意义》，《江苏城市规划》2007年第10期。

赵万良、顾军：《上海市社区规划建设研究》，《城市规划汇刊》1999年第6期。

张玉枝：《居住社区评价体系》，《上海城市规划》2000年第3期。

刘艳丽、张金荃、张美亮：《我国城市社区规划的编制模式和实施方式》，《规划师》2014年第1期。

赵定东：《杭州市村改居配套设施建设问题》，《杭州研究》2015年第4期。

王元京、张潇文：《城镇基础设施和公共服务设施投融资模式研究》，《财经问题研究》2013年第4期。

黄新华、李凯：《公共选择理论与交易成本政治学的比较分析》，《财经问题研究》2011年第1期。

李成明：《农村基础设施建设现状及决策机制分析——以淄川区2011—2013年农村基础设施建设为例》，硕士学位论文，江西师范大学，2016。

李莉：《赫伯特·西蒙"有限理性"理论探析》，硕士学位论文，苏州大学，2007。

施文：《公共基础设施建设外包问题研究》，硕士学位论文，宁波大学，2012。

黄秀华：《公平理论研究的历史、现状及当代价值》，《广西社会科学》

2008 年第 6 期。

宋圭武、王渊：《公平、效率及二者关系新探》，《江汉论坛》2005 年第
　9 期。

骆乾：《福利经济学视角下城乡社会救助体系建设研究》，硕士学位论文，
　山东财经大学，2013。

朱士凤：《阿瑟·奥肯平等与效率观点解读》，《国外社会科学》2014 年第
　3 期。

文华：《地方政府户籍制度改革：多案例比较研究》，《人口与发展》2015
　年第 5 期。

钱洁、殷建国：《新型城镇化进程中推进户籍改革的制约因素及其对策》，
　《中国人民公安大学学报》（社会科学版）2016 年第 4 期。

郭秀云：《户籍制度分立式改革路径：利益剥离与利益扩展》，《改革》
　2016 年第 9 期。

陶丽：《我国农村公共服务供给问题研究》，硕士学位论文，郑州大学，2011。

储德平、伍骏骞、卫龙宝：《区域分异视角下农村居民迁移意愿及影响因
　素——基于浙、川、豫 3 省 1325 个农户的实证分析》，《福建师范大
　学学报》（自然科学版）2017 年第 2 期。

朱常柏、双传学：《失地农民公民身份及其社会保障公平性研究》，《南京
　社会科学》2014 年第 11 期。

魏义方、顾严：《农业转移人口市民化：为何地方政府不积极——基于农
　民工落户城镇的成本收益分析》，《宏观经济研究》2017 年第 8 期。

张国胜、陈明明：《我国新一轮户籍制度改革的价值取向、政策评估与顶
　层设计》，《经济学家》2016 年第 7 期。

李翠玲：《珠三角"村改居"与反城市化现象探析》，《广西民族大学学
　报》（哲学社会科学版）2011 年第 2 期。

李雪莲：《撤村并居背景下失地农民社会支持网络的建构研究——基于武
　汉 F 社区的实证研究》，硕士学位论文，西北农林科技大学，2014。

全宏艳：《社会支持研究综述》，《重庆科技学院学报》（社会科学版）
　2008 年第 3 期。

贺寨平：《国外社会支持网研究综述》，《国外社会科学》2001 年第 1 期。

肖鸿：《试析当代社会网研究的若干进展》，《社会学研究》1999 年第

3 期。

李学军:《试论弱势群体社会支持系统的建构》,《理论与改革》2004 年第 6 期。

盛正国:《弱势群体由弱渐强的社会支持体系构建》,《特区经济》2006 年第 6 期。

沈菊:《失地农民社会支持网研究——以重庆市北碚区失地农民为例》,硕士学位论文,西南大学,2009。

郑姝:《建设和谐社区视角下的失地农民社区支持平台研究——基于社会网络的实证调查》,硕士学位论文,上海交通大学,2009。

张波:《我国弱势群体社会支持研究的可能立场与范式重构》,《社会工作与管理》2016 年第 1 期。

赵晓曼:《增权:失地农民就业的社区支持研究——基于南通市 H 社区的调查》,硕士学位论文,中南民族大学,2011。

韩丹:《工作满意度:"体制内"与"体制外"就业者的比较研究》,《社会科学辑刊》2010 年第 6 期。

赵凯:《"村改居"后失地农民城市适应性研究——以山东省泰安市为例》,硕士学位论文,西北农林科技大学,2014。

吕洁:《社区服务工作的专业化研究》,硕士学位论文,首都经济贸易大学,2012。

郑涛:《城镇化进程中失地农民利益诉求问题研究》,博士学位论文,华东师范大学,2013。

张建霞:《浙江省农民工市民化进程中的社会保障问题研究》,硕士学位论文,浙江财经学院,2012。

陈建胜:《社会资本视野下的"撤村建居"型社区治理——以杭州的实践为例》,《调研世界》2010 年第 11 期。

王寻寻、苗齐:《不同补偿方式下失地农民福利状况研究——以江苏省淮安市为例》,《江苏农业科学》2017 年第 8 期。

黄立敏:《社会资本视阈下的"村改居"社区治理——以深圳市宝安区为例》,《江西社会科学》2009 年第 9 期。

朱勤、孙春宁:《激活"三社联动"让基层坚如磐石——浙江省委"两新"工委副书记、民政厅副厅长溧星心谈如何推动"三社联动"》,

《中国社会组织》2016 年第 2 期。

江宇：《大力培育发展社区社会组织　构建社区多元治理体系》，《中国社会组织》2017 年第 3 期。

胡羽：《浙江舟山的"三社联动"实践》，《中国国情国力》2017 年第 2 期。

李培林：《从"农民的终结"到"村落的终结"》，《传承》2012 年第 15 期。

钟涨宝、李飞、余建佐：《城市化进程中失地农民城市适应的社会学探析——基于帕森斯社会行动理论的视角》，《农村经济》2009 年第 2 期。

吴晓燕：《从文化建设到社区认同：村改居社区的治理》，《华中师范大学学报》（人文社会科学版）2011 年第 5 期。

张海波、童星：《被动城市化群体城市适应性与现代性获得中的自我认同——基于南京市 561 位失地农民的实证研究》，《社会学研究》2006 年第 2 期。

费孝通：《二十年来之中国社区研究》，《社会研究》1948 年第 77 期，转引自白益华：《中国基层政权的改革与探索》，中国社会出版社，1995。

夏建中：《治理理论的特点与社区治理研究》，《黑龙江社会科学》2010 年第 2 期。

施远涛、赵定东、何长缨：《基层社会治理中的德治：功能定位、运行机制与发展路径——基于浙江温州的社会治理实践分析》，《浙江社会科学》2018 年第 8 期。

格里·斯托克、华夏风：《作为理论的治理：五个论点》，《国际社会科学杂志》（中文版）2019 年第 3 期。

田中重好、朱安新：《中国社会结构变动和社会性调节机制的弱化》，《学习与探索》2010 年第 4 期。

沈原：《又一个三十年？转型社会学视野下的社会建设》，《社会》2008 年第 3 期。

马庆钰：《共建共治共享社会治理格局的意涵解读》，《行政管理改革》2018 年第 3 期。

杨敏：《作为国家治理单元的社区——对城市社区建设运动过程中居民社

区参与和社区认知的个案研究》,《社会学研究》2007 年第 4 期。

赵光勇、陈邓海:《政府主导下的社区建设困境与出路——以杭州市社区建设为案例的考察》,《中国劳动关系学院学报》2013 年第 1 期。

陈雷:《梁漱溟乡村建设理论与实践新探》,《社会工作》2012 年第 9 期。

费孝通:《居民自治:中国城市社区建设的新目标》,《江海学刊》2002 年第 3 期。

徐勇:《在社会主义新农村建设中推进农村社区建设》,《江汉论坛》2007 年第 4 期。

夏建中:《现代西方城市社区研究的主要理论与方法》,《燕山大学学报》(哲学社会科学版)2000 年第 2 期。

荣宏庆:《论我国新型城镇化建设与生态环境保护》,《现代经济探讨》2013 年第 8 期。

朱达俊:《联合国三大环境宣言的发展及对中国的影响》,《资源与人居环境》2013 年第 9 期。

宋惠芳:《当前中国城乡环境利益协调问题研究》,博士学位论文,福建师范大学,2016。

俞继灿:《广东省新华镇公众环境意识调查》,《环境污染与防治》2001 年第 2 期。

杨莉、戴明忠、窦贻俭:《论环境意识的组成、结构与发展》,《中国环境科学》2001 年第 6 期。

庄楚剑:《村改居社区环卫工作存在的问题及对策》,《中国新技术新产品》2013 年第 21 期。

丁健:《上海构建全球城市软环境与硬环境保障力研究》,《城市》2016 年第 12 期。

陆益龙:《乡土重建:可能抑或怀旧情结》,《学海》2016 年第 3 期。

邓羽、孙超:《生态文明建设须树立底线思维》,《人民日报》2017 年 10 月 20 日,第 17 版。

任彦:《杭州垃圾分类 6 年,初显成效》,《杭州日报》2017 年 1 月 24 日,第 A09 版。

赵定东:《乡风文明建设的关键在于乡土性社区精神共同体的培育》,《杭州》(周刊)2017 年第 6 期。

杨弘、张等文：《中国社会协商对话制度的现实形态与发展路径》，《理论探讨》2011 年第 6 期。

张宇、刘伟忠：《公民身份认同：政策协商对话中的社会粘合基础》，《贵州社会科学》2014 年第 8 期。

杨华磊、黄少安、温兴春：《60 后婴儿潮退休背景下的养老和退休政策选择》，《经济评论》2016 年第 1 期。

吴毅：《"权力—利益的结构之网"与农民群体性利益的表达困境——对一起石场纠纷案例的分析》，《社会学研究》2007 年第 5 期。

应星：《草根动员与农民群体利益的表达机制——四个个案的比较研究》，《社会学研究》2007 年第 2 期。

刘彤、尹奎杰：《论农民利益政治表达机制的健全与完善》，《政治学研究》2008 年第 1 期。

三　网络类

《习近平：社会治理的重心必须落实到城乡、社区》，人民网，http://politics. people. com. cn/n1/2016/0305/c1024 - 28174494. html。

周炳泉：《"先富群体"竞选"村官"现象的调查与思考》，中国村民自治信息网，2002 年 8 月 19 日。

中华人民共和国国家统计局：《2010 年第六次全国人口普查主要数据公报（第 1 号）》，2017 年 2 月 28 日。

《2016 年社会服务发展统计公报》，民政部门户网站，2017 年 8 月 3 日。

《国务院关于印发"十三五"国家老龄事业发展和养老体系建设规划的通知》（国发〔2017〕13 号），2017 年 3 月 6 日。

《中华人民共和国宪法》（1954 年）中国人大网，通过时间：1954 年 9 月 20 日。

《中华人民共和国宪法》（1978 年），中国人大网，通过时间：1978 年 3 月 5 日。

新华社：《中共中央关于推进农村改革发展若干重大问题的决定》，通过时间：2008 年 10 月 12 日。

新华社：《中华人民共和国国民经济和社会发展第十三个五年规划纲要》，发布时间：2016 年 3 月 17 日。

《中华人民共和国农民专业合作社法》，中国政府网，http://www. gov. cn/
jrzg/2006 – 10/31/content_429182. htm。

《嘉兴秀洲区助推农民专业合作社释放多重功效》，人民网，http://zj. peo-
ple. com. cn/n/2015/0112/c186930 – 23522638. html。

《联合起来闯市场，共同致富奔小康——慈溪市周巷农产品专业合作社联合
社发展纪实》，中国合作经济学会，http://www. china – coop. org/in-
dex. php？ ac = article&at = read&did = 1007。

《全国农民专业合作社数量达 193 万多家》，新华网，http://news. xinhua-
net. com/fortune/2017 – 09/04/c_129695890. htm。

《农民专业合作社要谨防 "空壳化"》，金华新闻网，http://www. jhnews.
com. cn/jhrb/2014 – 01/22/content_3088464. htm。

《浒山街道简介》，浙江政务服务网，http://nbcxhs. zjzwfw. gov. cn/col/
col995506/index. html。

《村经济合作社股份制改革典型案例（一）》，慈溪市农办，http://www.
cixi. gov. cn/art/2016/8/5/art_76827_1321908. html。

《今年计划增收 10% 阳山社区股份合作社召开股民代表大会》，苏州高新
区新闻网，http://news. snd. gov. cn/news/23227. html。

《浒墅关经开区坚持富民工程提升群众幸福指数》，新华网江苏频道，ht-
tp://www. js. xinhuanet. com/2017 – 11/03/c_1121901555. htm。

《新建社区股份合作社取消 "集体股"》，苏州都市网，http://www. sz-
dushi. com. cn/news/201504/2015131382. shtml。

《浙江省嘉兴市人民政府办公室关于支持和促进农村劳务合作社发展的实
施意见》，中国农经信息网，http://www. caein. com/index. php/Index/
Showcontent/index/bh/022/id/93615。

《嘉兴解放街道的居民自治 让住户找到了舒心的感觉》，新浪网，http://
news. sina. com. cn/c/2007 – 03 – 20/043811448695s. shtml。

《"居民自治小组" 激发社区运转 "新动能"》，扬州网，http://www.
yznews. com. cn/yzrb/html/2016 – 08/12/content_804855. htm。

《中华人民共和国城市居民委员会组织法》，中国人大网，http://www. npc.
gov. cn/wxzl/gongbao/1989 – 12/26/content_1481131. htm。

《南京：居民代表民主罢免社区主任》，搜狐新闻，http://news. sohu. com/

2004/03/29/13/news219651305. shtml。

《我厅"乡贤参事会协商文化村治模式"获 2016 中国十大社会治理创新奖》，衢州市民政局，http：//www. qzmzj. gov. cn/show－35－25358－1. htm。

《浙江慈溪市基层老年协会建设现状及思考》，丽水老龄网，http：//llw. lishui. gov. cn/llgz/llyj/201603/t20160317_657037. htm。

《慈溪村村都有和谐促进会——新老居民一家亲》，浙江新闻，http：//zjnews. zjol. com. cn/system/2013/10/12/019639216. shtml。

《充分发挥基础设施建设的支撑引领作用》，网站名，http：//money. 163. com/17/0110/03/CACU1FEF002580S6. html。

《国家新型城镇化规划（2014—2020 年)》，中华人民共和国国家发展和改革委员会，http：//ghs. ndrc. gov. cn/zttp/xxczhjs/ghzc/201605/t20160505_800839. html。

《中华人民共和国土地管理法》，中国政府网，http：//www. gov. cn/banshi/2005－05/26/content_989. htm。

《闸弄口街道简介》，浙江政务服务网，http：//hzjgznk. zjzwfw. gov. cn/col/col908028/index. html。

《"村改居"何时能享受同城待遇》，浙江在线新闻网，http：//zjnews. zjol. com. cn/system/2012/02/03/018175147. shtml。

《关于开展杭州市主城区城中村改造五年攻坚行动的实施意见（2016—2020 年)》，中国杭州政府网，http：//www. hangzhou. gov. cn/module/idea/que_content. jsp？webid＝149&appid＝1&topicid＝538125&typeid＝11。

《国务院关于苏州市城市总体规划的批复》，中国政府网，http：//www. gov. cn/gongbao/content/2016/content_5100039. htm。

《市政府关于印发〈上海市住房发展"十三五"规划〉的通知》，上海市普陀区人民政府网，http：//www. ptq. sh. gov. cn/shpt/shxxwjhff－2017/20170712/230911. html。

《民政部关于进一步推进和谐社区建设工作的意见》，中华人民共和国民政部，http：//www. mca. gov. cn/article/yw/jczqhsqjs/fgwj/201605/2016050-0000427. shtml。

《浙江省国民经济和社会发展第十三个五年规划纲要》，浙江省人民政府，http：//www. zj. gov. cn/art/2016/2/1/art_5494_2045124. html。

后　记

本书是我主持的国家社会科学基金重点课题最终成果。

我从 2004 年硕士毕业至今，算来"进入"学术这个神圣的殿堂也已经 15 年了。记得当初从军队转业，曾陷入极度的彷徨和愁思中，主要是不知道我未来的路如何选择。尝试着从事各种不同的职业，但总找不到自我和激情。在"而立"的年龄，我尝试拿起书本，投入考研的大军中。这是我人生的重要转折。我花了 8 年时间一口气读完了硕士、博士、博士后。读书苦啊，现在想来还心有余悸。但我有福，一路上遇到了贵人相助。我的恩人高文新老师给我指点了学术迷津，我的硕士导师田毅鹏开启了我对学术研究的热情。博士期间，宋宝安教授一直对我不断鼓励和鞭策，给予我极大的自主发展空间。博士后学习期间，李培林老师细致指导我学读书、读好书，学交友、交好友，学做人、做好人。

在这 15 年间，我也尝试着不断通过国家社会科学基金项目的申报"强迫"自己思考一些问题。幸运的是，这期间几乎每次申报都能撞上大运。至今算来，也有五个课题入账。但已经完成的四个课题都来自不同领域的选题。如果说首个申报并获得资助的课题"1980-2000 年代中国与俄罗斯社会转型模式比较研究"是我对从军 10 年中与苏联军人打交道的军人情结和使命感思考，那么调到杭州工作后获得资助的第一个国家课题"长三角社会突发事件治理中的政府区域性协作机制研究"则是我真正开始学术研究的个人兴趣，之后的课题"军队现代化背景下的学生官群体军人身份认同矛盾调适机制研究"是我在军队工作的理论总结，而这个"新型城镇化进程中的长三角区域农民利益诉求形态及其治理机制研究"课题则完全将我的一点使命感和学术兴趣融合了起来。2019 年我又特别幸运，拿到了"公私合作视角下的农民养老福利可及性问题研究"，将农民研究进一步推进。

我曾经说过，我不是真正的学者，充其量是一个实践型的"专家"，如果还有几个观点侥幸能够获得学界的承认，那最多也算半个学子。基础弱、入门晚、悟性低、转换多是我的主要特点，是学界痛恨的典型的"打一枪换一个地方"的"游击者"。我每每深夜反思的时候都感觉老天对我太好，"怎么让一个混混进入了学术的殿堂呢？"而且怎么让这个混混不断享受着老天的眷顾呢？

俗话说得好，"可怜之人必有可恨之处"，按照这个逻辑，我这个长期受到老天眷顾的人必有一点可爱之处。客观而论，我还是比较喜欢思考，也相对比较勤奋和努力。这15年间，发表了100余篇论文，除去国家课题，还申报成功并完成了50余个其他类型的项目，出版了10部著作（含合著和主编），培养了近30个研究生。这些工作不花费大量的精力很难完成。如果还要列举优点，我有自知之明也能算一个。我来自农村，农村是我的根、我的命。我深爱着农民。长期以来，我每年都要花费大量时间深入农民家中，感受他们的幸福和惆怅，感受他们的无奈和唠叨。我总幻想着有机会为他们写点东西，能通过我的思考为他们带去一点福音。因此，从事学术研究多年来，我基本不申报什么人才工程，也不刻意寻求什么学术奖励，时刻掂量着自己的轻重，以"自知之明"时刻告诫自己、激励自己、磨练自己，踏实做个不超出个人能力的实在人。农民的本性让我不敢松懈。

在我的周围时刻充满爱，让我感到大爱无疆。本书的出版得到了我的导师田毅鹏教授的极力推荐，特别高兴得到老师的序言。本书的完成还要感谢很多好人，感谢浙江省民政厅给予我的机会，李爱燕处长、朱凌云、沈大友、陈庆徐副处长等多方位帮助我，让我深入了解了浙江省农村发展的现实。在指导杭州市余杭区、嘉兴市海盐县等省级实验区建设过程中，与当地许多村建立了良好的合作关系。与袁丽丽、黄焓弈、徐波、周刘晶、林敏、陈亚、刘丽娜、方琼、李成、万莺莺、葛颖颖、陆庭悦、李刚等人的探讨让我受益匪浅，我们亦师亦友。

我周边都是好人，我没有辜负好人期望的理由，继续努力工作吧。

赵定东

2019年6月于家中

图书在版编目（CIP）数据

村改居：城镇化与居民需求／赵定东著. —— 北京：
社会科学文献出版社，2020.8
ISBN 978 - 7 - 5201 - 6640 - 9

Ⅰ. ①村… Ⅱ. ①赵… Ⅲ. ①农业人口 - 城市化 - 研
究 - 中国 Ⅳ. ①C924.24②F299.21

中国版本图书馆 CIP 数据核字（2020）第 077870 号

村改居：城镇化与居民需求

著　　者／赵定东

出　版　人／谢寿光
责任编辑／谢蕊芬
文稿编辑／朱子晔

出　　版／社会科学文献出版社·群学出版分社（010）59366453
　　　　　地址：北京市北三环中路甲29号院华龙大厦　邮编：100029
　　　　　网址：www.ssap.com.cn
发　　行／市场营销中心（010）59367081　59367083
印　　装／三河市龙林印务有限公司

规　　格／开　本：787mm×1092mm　1/16
　　　　　印　张：24.5　字　数：399千字
版　　次／2020年8月第1版　2020年8月第1次印刷
书　　号／ISBN 978 - 7 - 5201 - 6640 - 9
定　　价／158.00元

本书如有印装质量问题，请与读者服务中心（010 - 59367028）联系